淑女教育的昔与今
——女性主义语境下中国传统女性教育合理性问题研究

关景媛◎著

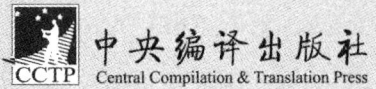
中央编译出版社
Central Compilation & Translation Press

图书在版编目（CIP）数据

淑女教育的昔与今：女性主义语境下中国传统女性教育合理性问题研究／关景媛著．—北京：中央编译出版社，2018.9
ISBN 978-7-5117-3535-5

Ⅰ.①淑…
Ⅱ.①关…
Ⅲ.①妇女教育-研究-中国
Ⅳ.①G776

中国版本图书馆 CIP 数据核字（2018）第 008357 号

淑女教育的昔与今：女性主义语境下中国传统女性教育合理性问题研究

出 版 人：	葛海彦
责任编辑：	曲建文
责任校对：	谭　伟
责任印制：	刘　慧
出版发行：	中央编译出版社
地　　址：	北京西城区车公庄大街乙 5 号鸿儒大厦 B 座（100044）
电　　话：	（010）52612345（总编室）　　（010）52612370（编辑室）
	（010）52612316（发行部）　　（010）52612346（馆配部）
传　　真：	（010）66515838
经　　销：	全国新华书店
印　　刷：	北京市金星印务有限公司
开　　本：	710 毫米×1000 毫米　1/16
字　　数：	389 千字
印　　张：	23.75
版　　次：	2018 年 9 月第 1 版
印　　次：	2018 年 9 月第 1 次印刷
定　　价：	90.00 元

网　　址：www.cctphome.com　　邮　　箱：cctp@cctphome.com
新浪微博：@中央编译出版社　　微　　信：中央编译出版社（ID：cctphome）
淘宝店铺：中央编译出版社直销店（http://shop108367160.taobao.com）　　（010）55626985

本社常年法律顾问：北京市吴栾赵阎律师事务所律师　　闫军　梁勤
凡有印装质量问题，本社负责调换，电话：（010）55626985

鸣谢

本专著是在博士论文《以"淑"为表征的传统女性教育合理性问题研究》基础上经过重新修订完善而成，博士论文的研究曾受到"联校教育社科医学研究论文奖计划"项目（编号：JY12026）的资助，本次出版受到东北师范大学"哲学社会科学青年教师优秀学术著作出版资助"项目的支持，在此特向"教社医研究论文奖计划"委员会、东北师范大学致以诚挚的谢意！

谨以此书献给我的母亲

序

淑女的美丽、哀愁与淡定

东北师大关景媛老师以其博士论文改写大作求序于我，不禁勾起了我个人学术、成长生活及东大讲学之片片涟漪……

我是在20世纪90年代初在台完成分析取向教育哲学博士论文之际，接触了J. R. Martin, N. Noddings, C. Gilligan等美国知名女性主义学者之论述，她们都把分析的教育哲学视为靶子，在阅读这些文献的过程中，也不断涌起我生命成长中的迷惘，许多女性主义的学理，跃然书本纸上的专有名词，顷刻间都成为个人生命及反思周遭的利器。当分析哲学谓上女性主义，竟成为我壮年学术生涯的重要关怀重点。台湾在20世纪90年代中期，也开始大力提倡两性（性别）平等教育，个人能躬逢其时贡献所学所思，接轨全球的学术发展实践，亦感与有荣焉。

西方女性主义20世纪的发展，号称三波革命，甚至已进入后女性主义的阶段。就学理发展及运动策略来看，最初免不了采取"抗争"的路线，诸如选举权、受教权、工作权、财产权，甚至情欲自主权，女性主义启蒙者蓄势待发地号召姊妹们向主流男性"夺权"。几乎各派女性主义者、自由派、社会派、激进派、存在主义派、精神分析派等，都从其视角中去解构过往男尊女卑的不公现象；当然，这也无可避免地引来传统社会的反挫，此间的情绪之争，也殆可想见。我们可以说，女性主义几乎已经浸染到各个学术社群，不仅是文学、艺术、心理、政治、社会、教育诸学门，甚至建筑、科学、医疗及神学诸领域，任何学门，若没能正视女性主义的诉求与视角，都将是严重的缺憾。然在女性主义抗争的过程中，学者们也逐渐发现，如果不是只狭隘地将女性主义视为增进女性权益的种种抗争路线（我相信时至今日，很多男性还是持此看法），其实更可以正视女性主义对既有文明的导进功能。固然，客观、实证、理性、分析、普遍、抽象等思考风格，是过往2000年来文明进展的特色，但主体、统觉、感性、体验、具体、当下的体察，或许也可提供更新文明的另一思考。我并不是在此要特别强调男女有别之特质，事实上，大部分的女性主义者在男女性别特质上是反本质论的，她们大致认为所谓的男女有别，是受到社会文化的后天人为建构。女性主义的发展到底要强调男女相同的意识形态——男人能做到，女人也行，还是各自从差异的立场来建立主体性，也有多元又丰富的讨论。后现代学者认为主体性高涨易沦为霸权，高喊主体已死，不少女性主义者刚刚要建立女性的主体，就得放弃，情何以堪？放弃女性主体，何能提升妇女地位？不放弃女性主体，又如何能免于女性霸权之指控？着实两难。历经这些辩论，相信较真的读者不会只满意男女有别、相互尊重的口惠，也不会支持男女必需一样的僵化形式思维。或许建立在多元复杂的后女性主义——后现代、女同志、后殖民、后结构、生态、赛伯格（cyborg）的观点，消解男女的二元对立，真正打破界域，那"互为主体"的时代，真有可能提供更多思考的可能，我们且拭目以待。

上面的简要概览，相信有助于读者更能看出关景媛书（以下简称关书）中的理想与折衡。作为一位熟悉西方女性主义论述的学者（读者可先独立阅读附录一、二、三）及个人有独特女性生存境域感的女性自觉（第14页局内人的觉思），关书必然不愿受制于传统"淑女"的桎梏。摆脱传统父权文化的牢笼，自是中西女性主义的共识。第一章很新潮地以当今恋爱、职场、家庭、社会中所呈现的女性自觉，来指陈传统"淑女"的错位，这些访谈内容，饶富生趣。心仪女性主义者,必然额手称庆,等待作者进一步挞伐传统淑女在旧式父权中的窘境。不过,关书已在第一章之标题预伏下现代女性可能面临的境遇危机,果不然,在第二章中,关书以一种"同情理解"的角度,耙梳传统历史文本脉络,从女四书等典籍,娓娓道来传统"淑女"教育的可能内在蕴义。虽然关书也做了调合与批判,不过,我怀疑一些女性主义者对于这一章的重点会心生不快,也可能质疑作者之立场;但不急,第三章"传承与嬗变"中,关书汇集多项文本资料,还原自19世纪来,特别是20世纪清末民初西风东渐之下,国人对西方女权的反思,诸如贤妻良母、性别政治、经济自主及文化传统等都做正反的探讨。关书在此不仅展现了历史的纵深,也"接地气"地援引许多当代的教育议题,如男女合校等,做各种正反务实教育实践的讨论,企图让前一章"淑女"的传统形象,在现代社会中能去其弊、扬其优。但我们不要误读作者,认为作者是以怀旧的情怀,持着企图恢复过去淑女被压抑的去主体性的立场。不是的,关书其实有更大的气魄,第四章以"和谐合理性",分别从淑女教育之价值、文化性、审美性出发,以探求淑女教育的时代出路,姑不论其理据是否充分,至少在二、三、四章中,关书已展现了正反合辩证精神。关书也不完全以西方女性主义马首是瞻,在第三、四章,细心的读者都可看出关书立足于本土文化的实践关怀。第四章也援引李泽厚的美学,来作为调和的理据。李泽厚是两岸1980年代后期恢复交流以来,最为台湾熟知的学者之一,我倍感亲切。当然,从第四章的副标题——现代淑女教育"突围",亦可看出,无论在理论或实践上,要达到关书的结论,还是一困难挑战。身为一名台湾学者,我个人不能遍览大陆学界成果,或许对西方学术的接触与掌握,台湾并不逊于大陆,但我欣赏大陆学界(无论师长或学子)对学术主体的坚持,以及勇于提出学术整合的气魄。个人在接触女性主义不久,即曾拜读邱仁宗主编的《中国妇女与女性主义思想》(中国社会科学出版社,1998),关书可说是在此脉络下的细部成果。

第一次结识景媛是在2013年暑假的哈尔滨师范大学参加建设性后现代主义的学术研讨会。继之，我在2014年受于伟教授邀请赴东北师大讲学，也蒙景媛多方安排照顾，并买了一只东北虎绒偶送我女儿。于伟老师等管景媛叫"闺女"，师生情缘，羡煞我这局外人。我知景媛有满族镶蓝旗血统，至今在微信中，仍保有瓜尔佳之祖姓，我当时戏称景媛为"格格"。"闺女""格格"在后女性的语汇中，也有着对全书淑女现代意义流变、翻转、肯认身体身份的多重意涵。我愿意以台湾读者的身份，向大陆学界推介此书，不全是私人情谊，对于想掌握哲史、文献梳理、访谈等方法论之研究生们，这是一本可供范例见习的佳作；对于执着西方女性主义的读者而言，本书更可以有中西搓揉的省思。激进的女权拥护者或许可暂时驻足回眸；对于敌视女性主义，不把女权当一回事，或只是口惠尊重女性者，关书应该也可以提供一真诚的反思空间。女性主义绝对是复数型，本书自然不可能让各种不同立场之女性主义者完全接受，但作者至少提供了一个立足于最传统中国妇女意象——淑女——回应西方女性主义本土关怀的尝试性努力。

最后，无关本书，以景媛对后女性主义之精熟，现又服务于东北师范大学体育学院，从女性身体、权力之角度，探索体育之性别偏见，或值得进一步之研究。尤有进者，我注意到书中附录已引述丹娜·哈瑞卫（Donna Haraway）之"赛博格"的人楔一体观，也可对应于最新科技对人身体之操练，也值得开拓出更大的研究创意。很荣幸能同时为华人世界推介这本佳作，先睹为快之余，是为序。

简成熙
台湾屏东大学教务长办公室
2017年7月赴美访学前

守望成长　砥砺前行

于　伟

近日得知弟子关景媛博士的论文即将在中央编译出版社出版，作为导师，我感到很欣慰。关景媛是在我所教授的"教育哲学导论"这门本科课程的修习过程中，表现出具有较好的学术灵性的学生。后来她以专业排名第一的成绩保送研究生，由于对教育哲学这个方向感兴趣而正式成为我指导的研究生。硕士毕业又考取了博士，若从她听我的课算起，师生缘分十年。这十年里，我看着她从一个不闯世、不健谈、比较内向的人逐渐成长为如今这样一个独立、自强、有韧性的青年教师，尤其是在博士毕业后，留校做师资博士后的两年期间，她面对跨专业、跨学科、跨学院的陌生而充满挑战的境况，顶住生活和工作的双重压力，超额完成科研考核任务，又拿到了国家社科基金青年项目，得到所在单位领导、老师和学生的一致认可，一个小女孩能有这样的坚持和行动力实属难得，作为导师我为她的成长感到自豪。

"天命之谓性，率性之谓道，修道之谓教"是我所提出的"率性教育"的理论源头。事实上，从教数十年来我对学生的教育和指导，始终践行的就是"保护天性、尊重个性、培养社会性"的理念。在我观察，关景媛是一个融合中西方女性思想特质、个性十足的人，大概因为有满族的家族教育背景，她对琴棋书画都有一些涉猎，是一个受到良好的中国传统教育的"才女"，但同时她又有非常敏锐和开阔的现代性眼光和视野，凡事有自己的见解和主见，属于比较有创造力的青年。在我们议定她的博士论文选题时，大概先后给她指了七八个方向，但是她坚持要自己选，我说可以，你选题就考虑三点：一是有价值，是个真问题；二是适合你来做，你的能力能保证研究的进行；三是我能提供给你切实的帮助和指导。她回去憋了一个假期，回来跟我商量要做"淑女教育"方面的问题，跟我简单说了一下思路，我当下就说"可以"，综合她的兴趣点、知识结构、个体生活经验等方面，直觉告诉我这个选题适合她，应该会有一定创新。

在教育思想研究的题材选择上，我曾主张研究者要关注那些弥散在民间的、平民的、草根的，包括弱势的、边缘的人的社会日常生活中的大众观念，也要拓宽以往没有被学术界普遍认可的、反映大众教育思想的资料。关景媛博士对传统"淑女教育"的聚焦和分析就是符合上述学术旨趣的研究选题。一方面，"淑女教育"在中国有着悠久的历史和绵长的影响力，尽管"淑女"这一传统女性角色的理想人格在近代"解放""女权"等启蒙话语的冲击下逐渐式微，但隐匿在习俗、仪式、大众观念、家庭教养中的"淑女"文化对于女性角色规范的形成依然有着不可忽视的影响力；另一方面，历经现代女性主体意识觉醒的洗礼，从"他者""第二性"向"平权"这一去性别化女权浪潮的推动，当代女性群体在社会中日益凸显出自我体认困境与性别角色异化的问题。我国传统的以"淑"为表征的女性教育实践对于当代有何镜鉴与批判价值，上述问题值得探究。

本书的理论旨趣在于探究传统女性教育的"合理性问题"——

包括历史的、逻辑的、文化的、经验的等不同的合理性形式。它关注从古典"淑女教育"向"现代自由女性"教育的历史变迁中，各种观念、常识、惯例和共识是如何获得合法性地位的，现代的女性教育观念、方式、内容又是如何完成其历史性转变的？由此也导致本书在研究思路上发生了两大转变：一是从关注"是什么"到关注"如何形成"，"为什么是这样而不是那样"？二是从关注"文献说了什么，说的是真是假"，到关注"文献怎么说、在何时说和为什么要这样说而不是那样说"；也试图通过对社会转型中女性教育观念的承袭、转向、冲突、融合、迷失和复归等变化谱系的梳理，镜鉴与反思我国当前女性教育改革与发展的合理化路径。

故此书在整体思路的设计上较之传统式的架构有所突破，通过对具有代表性、独特性的女博士群体的深描，表征了当代女性在自我体认上的困顿与异化等现实问题，使中国女性观念的"传统"与"现代"之间的矛盾冲突全方位显露，提供了论题的跨度和张力。进而运用细腻的眼光通过埋藏在文字和典籍中的"淑女"文化意象重温了以"淑"为表征的传统女性教育的内涵与价值，为整部作品铺垫了厚重的文化基底。随后通过回望晚清民国这一历史转型时期"妇女问题大讨论"所论及的诸多议题，重审新旧思想在女子教育问题上的争论与交锋，感受文化传承的跌宕历程与启蒙带来的涅槃之痛，激起女性教育发展的"当下"与"过往"跨时空的改革共振，为论证提供了历史合理性之参考和镜鉴。末章从"和谐合理性"的视角出发，对传统女性教育的价值合宜性进行了多维复观与省察，并尝试探讨未来发展之路向。统而观之，结构大气包容，行文舒张有度，引证翔实丰富，观点新颖辩证。当然，考虑到本书所探究的问题涉及多个学科和领域，且作为一本青年学者的探索性著作，此书并不尽善尽美，在论证中文献征引数量和跨度都很大，尝试贯通古今中西，资料整理工作庞杂冗繁，体现出作者具有一定的学术魄力和勇气的同时，也暴露出对于问题线索的聚焦尚存改善空间。但瑕不掩瑜，相信读者能从本书的阅读中获得不少学术收益和生活启迪，对于不足之处还请相关研究者和广大读者多为作者提出批评和意见，帮助她反复深入思考，激励其不断突破自我，在未来的研究工作中不断获得进步和成长。

于　伟

长春·东北师范大学

2017 年 7 月

目 录

引 言 \ 1

绪 论 \ 3
 一、研究缘起 \ 3
 二、研究问题与核心概念 \ 15
 三、经典女性研究史料概览与评价 \ 21
 四、研究视角与立场 \ 26
 五、研究思路与方法 \ 32
 六、研究内容与观点 \ 36

第一章 "淑"的传统式微：当代女性精神境遇危机 \ 40
 一、错位的取向——婚恋问题中的女性角色定位 \ 41
 二、失衡的定见——职业问题中的女性角色定位 \ 63
 三、艰巨的母职——家庭教育问题中的女性角色定位 \ 72
 四、性别的消解——社会性别问题中的女性角色定位 \ 81
 五、女性观念现代化的后果及反省 \ 101

第二章 "淑女教育"：以"淑"为表征的传统女性教育 \ 120
    一、中国传统淑女文化意象 \ 121
    二、传统"淑女教育"的训育——基于对"女四书"的探究 \ 127
    三、对"淑女教育"几种主张的扬弃 \ 137
    四、"淑女教育"的本质意涵 \ 142

第三章 传承与嬗变：近代思想启蒙视域下的"淑女教育" \ 147
    一、生活局域：服务与牺牲的角色定位 \ 148
    二、政治场域：于秩序裂缝中显露主体 \ 169
    三、经济领域：关键问题是"性别主义" \ 180
    四、文化视域：冲破传统性别秩序体认 \ 189
    五、清末民初"淑女教育"评析 \ 214

第四章 和谐合理性：现代"淑女教育"的突围 \ 236
    一、"淑女教育"的价值诉求 \ 237
    二、"淑女教育"的文化根基 \ 246
    三、"淑女教育"的审美取向 \ 258
    四、"淑女教育"的时代主题 \ 274
    五、现代"淑女教育"的可能出路 \ 279

结　语 \ 294

参考文献 \ 297

附　录 \ 325
    一、关于传统礼教的支持和反对 \ 325
    二、女性主义浪潮、流派、思想概览 \ 337
    三、后女性主义理论的核心范畴与内部歧见 \ 350

后　记 \ 362

引 言

　　针对当代女性群体中日益突显的自我体认困境与性别角色异化的问题，以及"国学热"带动下民众对"淑女班""淑女课程"的热捧现象，以后女性主义视角，聚焦中国传统女性教育观的承袭、转向、迷失与复归，反思启蒙现代性所建构的女性观与中国传统女性观的冲突与融合，是寻求后现代状况下女性教育改革与发展合理化取径的迫切要求。

　　以"淑"为重要表征和核心特质的"淑女教育"植根于中华文化儒道共生的土壤之中，尊崇阴阳和合、朴门永续的传世价值，隐行于我国两千年父权体制之下，成为一个匿名却顽强的亚文化影响着一代代中国女性的命运。清末民国这一政治、经济、文化多维转型时期，在西方启蒙思想和女权运动浪潮的推动下，中体西用的主张引导女性文化外切式发展，救亡图存的意图促逼女性教育与男性教育同质化推行。一方面为女性享有平等受教育权、谋求独立经济地位和平等政治权利、实现自由与解放提供巨大驱动力，把"女性"复归为"人"；另一方面两性教育单轨制发展经由新中国成立后平等教育政策的强化，埋下了当今女性异化发展的隐患。在中国从"大一统"走向开放多元、由现代性思维向后现代思维倾转的今天，立足现实，反观历史，归零思考"中国需要什么样的女性"的问题，是为中国女性教育健康合理发展诊病把脉的着手之处。

　　本研究贯穿一明一暗两条线索。明线以问题式展开，定靶于当代女性角色困顿与主体异化及由此投射出的女性教育观念的迷失问题，回望历史，求助经验，探讨"淑女教育"的合理性问题；暗线为本土文化与他者文化交融过程中"淑女教育"兴衰浮沉的经验史。以历史本体论与和合论为基础,以后女性主义"性别—社会性别体系"说为立场,循此二路,通过理论的、历史的、现实的多维反思与交互校验,探讨并校准女性的应然样态与存在,变"激情的蒙启"为"文明的解蔽",把女性教育发展的思路,从现下以西方"被动于他者,强掳于自然"的游牧文化的旨趣,牵引回以我国"主动和合,相宜于自然"的农耕文化的旨趣上来,使"淑女教育"的合度回归成为东西方文化无伤融合的可能尝试。

"淑女教育"是中国传统女性教育中以"淑"为核心价值取向和人格特质的女性教育。"淑女教育"是对"崇德尚仁"和"道法自然"之传统观念的认同和体现,是对"家国同构"文化体制下母育价值的肯定与彰显,还是"和谐共生""朴门永续"的审美诉求的具体表达,更是实现中华民族伟大复兴之"中国梦"的有力担当。应继承"淑女教育"的合理精神内核,以家庭教育为母体、社会教育为依托,成为对学校教育的必要补充,引领中国女性走上本土特色的幸福之路。

绪　论

一、研究缘起

(一) 当下女性角色困顿与教育观迷失

对女性教育的注视起初源于"淑女教育"在当下出现回暖的状况及由此引发的不同的公共态度。回暖趋势客观上反映了传统"淑女教育"精神内核的引力以及对拯救当下女性心无归处的茫然状态的拉力；争议则反映了文明化进程中，社会文化心理对"传统"与"现代"教育立场的纠结与担忧。

1. 现代性带给女性的身份不安

随着中国经济的飞速发展，文化的多元碰撞，启蒙以降的现代性观念越发暴露其自身的危机，对于女性而言，虽然实现了从"他者""第二性"向"人"这一去性别化的存在的回归，朝向自由与解放迈出关键的一步，但作为代价，女性的丰满个性却被压扁，与男人一样，"在生产系统中，被还原为像标准部件一样可以随意置换的操作工；在官僚系统中，被还原为无价值偏好的职能角色；在大众文化中，甚至艺术创作也服从于机械复制程序，成了标准化生产的文化工业"①。现代性的形成过程是使人世俗化的过程，是一个由一神论向自然神论、无神论的转变，由虔诚的宗教崇拜向世俗主义的转变过

---

① 张凤阳：《现代性的谱系》，南京：南京大学出版社，2004 年，第 303 页。

程。① 这一世俗化的结果就是自由主义、功利主义和资本主义。人们以理性的、数学的方式认识和思考，人类的一切良善的本真、感性的行为、浪漫的情愫、道义的秉持、关爱的奉献，在物质利益与商品化价值兑换中被排挤或被通约，显然这不但对男性而言是一种异化状态，对女性而言更是一种人性的扭曲——毕竟女性是感性占优的人，是更具同情、关爱、抚育特质的人，其创造性的实现途径不同于男性，男性主要通过破坏性模式进行创造，而女性的创造则经由孕育性模式展开。

后现代思想观念浸润了我国文化、教育、生活诸多领域，对现代化过程中的诸多副作用进行抨击与挑剔，女性主义与后现代主义在拒斥逻各斯中心主义、拒斥本质主义和基础主义、否定权威和霸权等方面自动自觉走到同一阵营。对于男女二元分立的性别制度的批判，对于女性妻职和母职的反叛，对于女性气质、性与身体、婚姻与家庭观念、职场中性别歧视和性骚扰、女性与媒介文化、女性与法律、女性与环境、女性话语、女性的疾病与健康以及女性教育等诸多问题的反思，都成为女性主义的志趣所在。然而无论注视哪个场域中的女性，都能感受到女性的角色困顿与身份纠结在弥散，在启蒙精神指引下女性解放了被束缚的身体的颓萎的灵魂，在平等、独立的神召之下向着自由一路狂奔，结果发现摆在面前的是两种未来：其一，做个激进的女权主义者，单身、不婚、性解放、仇视女性身份、与男性势不两立，追求通透纯粹的公正、平等、自由、独立、主体解放……固执地坚持理想、固执地不懈抗争；其二，做个犬儒主义者，在男权话语的专制下，被压迫的女性一旦意识到自己在冠冕堂皇的旗帜（如启蒙的宏大叙事）下实际上处于被愚弄被压迫的境地，转而对一切美好的价值失去信心，在试图抗争又遭到严重的挫折之后，放弃理想、放弃追求，甚至掉头嘲笑理想、嘲笑追求。显然无论是哪种未来，暂且不论是否能获得梦想的解放抑或些许的安慰，可以肯定的是注定与幸福渐行渐远。

后女性主义透视了女性解放之路的现代性困境，揭露了女性自我意识被启蒙的强光唤醒之后，又由于实现条件的不成熟、文化制度的不配搭，而感到的身心疲惫、精神痛苦、性别不安（gender dysphoria）②，越是向着光亮行走就越失去方向感，因此，是时候转身，望向来时的路，让现代性独立、平

---

① 于伟：《理性与教育》，合肥：安徽教育出版社，2009年，第3页。
② 〔美〕朱迪斯·巴特勒：《消解性别》，郭劼译，上海：上海三联书店，2009年，第5页。

等、自由、解放、理性的强光从后背照耀,明亮一路走来路径的顺畅与磕绊,以经验的力量指引我们选择一条更适切的路,戴上历史赠予我们的"滤镜"重新上路,以更清醒的头脑和更自信的姿态向光而行。

2. 教育观多元代入导致选择性障碍

中国两千年封建时代推行的女子教育基本都是男权中心主义制度下的"贤妻良母主义"教育。到了晚清民国时期,才开始发生质的变化。民国十一年(1922)"新学制"建立,真正的男女平等的教育以此为始。新学制已显示教育不是男子的或女子的教育,而是"人"的教育了,自无需再分辨男女,以性别为施教的标准。① 原来的男女两性双轨制的教育并为单轨制。这种教育模式在中国共产党土地革命时期得到更猛烈的推进,1927 年 7 月中共中央在《国民革命的目前行动政纲草案》中指出:"男女在法律上、政治上、经济上、教育上一律平等。"② 1928 年 8 月再次重申"妇女在经济政治教育上与男子一切平等"③,主张通过各种形式对妇女进行革命教育,强调妇女在农民运动、工人运动及妇女运动等中的作用。④ 至 20 世纪 30 年代,进步人士对"贤妻良母主义""妇女回家论""母性主义"展开批判,认为这些"都是要强制妇女实行希特勒主义的企图","只有击溃'贤妻良母'教育才能帮助处于中间状态和麻木的学生明辨是非,关心国家的兴衰和民族的存亡,积极投入到抗日救亡运动中去,……于是采用各种方式抵制上'家事'课"。⑤ 抗战时期,强调"坚持贯彻抗日民族统一战线的方针,以动员妇女力量参加抗战,争取抗战胜利为妇女工作的基本任务。……从争取抗战民主自由中争取男女在政治上、经济上、文化上的平等,改善与提高妇女地位,反对一切封建束缚与压迫……"⑥

中华人民共和国成立初期,明确规定"中华人民共和国废除束缚妇女的封建制度。妇女在政治的、经济的、文化教育的、社会的生活各方面,均有与男子平等的权利"⑦,"普遍实行男女合校制"。开展马列主义学习运动,在

---

① 程湘凡编:《中国现代女子教育史》,上海:中华书局,1936 年,第 115 页。
② 中央档案馆编:《中共中央文件选集》(第三册),北京:中共中央党校出版社,1989 年,第 214 页。
③ 中央档案馆编:《中共中央文件选集》(第四册),北京:中共中央党校出版社,1989 年,第 564 页。
④ 杜学元:《中国女子教育通史》,贵阳:贵州教育出版社,1995 年,第 531 页。
⑤ 杜学元:《中国女子教育通史》,贵阳:贵州教育出版社,1995 年,第 542 页。
⑥ 杜学元:《中国女子教育通史》,贵阳:贵州教育出版社,1995 年,第 573—574 页。
⑦ 中央人民政府法制委员会编:《中央人民政府法令汇编(1949~1950)》,北京:法律出版社,1982 年,第 18 页。

女子中进行思想改造，划清敌我界限，树立妇女为人民服务的思想，特别是对剥削阶级妇女或寄食阶层妇女进行劳动教育，针对妇女在旧社会受"三座大山"、封建"四权"的压迫很深，组织妇女进行诉苦，通过新旧社会妇女地位的变化培养起妇女对新中国的热爱。① 20世纪50年代，随着我国在经济战线上取得了社会主义革命的基本胜利，妇女的总任务集中在"继续建成和巩固我国的社会主义制度，在政治战线上和思想战线上继续取得社会主义革命的彻底胜利"②，提出："向妇女进行共产主义教育，促进妇女思想解放。……在妇女群众中大大提倡和发掘无产阶级的思想，插无产阶级的红旗，树立集体主义思想，树立敢想敢说敢干的共产主义风格。破除妇女中不同程度的个人主义思想和保守自卑观念，克服一切资产阶级思想残余。为了促进妇女思想的大解放，妇联组织要采取各种有效的宣传教育方法，启发妇女自觉地参加各种政治运动，参加阶级斗争和生产斗争实践，使妇女的共产主义觉悟不断提高，使妇女的先进人物更大量的涌现。""为使我们在斗争中不会迷失方向，为了更好地进行社会主义建设，我们妇女要努力学习马克思列宁主义，学习毛主席的著作和党的政策。"③ 出于政治的需要，逐渐形成了"平均的，也就是形式上平等"④的女性教育，"这种平等是脱离两性解放发展实际的，是强制的僵化的平等，具有空想的性质"⑤。

"文化大革命"时期的教育方针政策有明显左倾错误："强调以阶级斗争为纲，用政治活动、生产劳动、学军活动代替课堂教学、以《毛主席语录》代替教材，十分忽视女子的科学文化技术知识的学习；过分强调直接经验的获得而轻视间接经验的获得，几乎完全忽视男女之间的差别；绝对强调女子在各方面都应与男子一样，等等。"⑥应该说这一特殊历史时期女性异化问题相当严重。

到了80年代，我国进入改革开放的新时期，中国妇联"六大"提出"全

---

① 杜学元：《中国女子教育通史》，贵阳：贵州教育出版社，1995年，第738、740页。
② 中华全国妇女联合会编：《中国妇女运动重要文献》，北京：人民出版社，1979年，第116页。
③ 《提高觉悟学好本领，为建设社会主义奋勇前进》，载《中国妇女》，1958年，第18期，第10页。
④ 王成英：《马克思主义科学平等观对中国推进性别平等的现代启示》，载岳素兰主编：《女性学研究集萃（1990—2010）》，北京：北京大学出版社，2010年，第433页。
⑤ 王成英：《马克思主义科学平等观对中国推进性别平等的现代启示》，载岳素兰主编：《女性学研究集萃（1990—2010）》，北京：北京大学出版社，2010年，第433页。
⑥ 杜学元：《中国女子教育通史》，贵阳：贵州教育出版社，1995年，第779页。

面提高素质,做自尊、自信、自立、自强的新女性"①。1996年中共十四届六中全会后,提出"将培养'四有'(有理想、有道德、有文化、有纪律)、'四自'新女性作为妇联参与社会主义精神文明建设的根本任务"②。进入21世纪后,中国妇联"九大"(2003年)号召广大妇女"在遵守公民基本道德(即爱国守法、明礼诚信、团结友善、勤俭自强、敬业奉献)的基础上,追求更高的思想道德目标。要提高科学文化素质,树立终身学习理念,学会学习、学会适应、学会竞争、学会创新,不断提高运用新知识和参与竞争的能力。要提高身体素质和心理素质,以健康的体魄、昂扬的精神状态投身到全面建设小康社会的伟大实践中去"③。2010年,胡锦涛同志在纪念"三八"国际劳动妇女节100周年大会上,号召"要坚持解放思想、实事求是、与时俱进、振奋斗志,以更加开阔的眼界、更加务实的精神、更加昂扬的姿态,推动我国妇女运动继续扬帆远航、破浪前进,努力创造无愧于祖国、无愧于人民、无愧于时代的新业绩"④。2011年,习近平主席在妇女与可持续发展国际论坛开幕式上致辞,肯定"妇女是推动人类文明进步的伟大力量。没有妇女事业的进步,就没有全社会的进步。没有全球妇女的积极参与,就不可能真正实现人类社会的可持续发展"⑤。承诺"中国将与国际社会一道,进一步担当起推动妇女参与环境保护与可持续发展,促进性别平等和妇女发展的历史使命。中国将继续坚持男女平等,努力发展妇女事业,积极为妇女平等依法行使民主权利、平等参与经济社会发展、平等享有改革发展成果创造条件。中国将继续加大工作力度,切实保障妇女合法权益,促进妇女就业创业,提高妇女参与经济发展和社会管理的能力。中国将继续着力做好妇女教育培训、劳动保护、社会福利、卫生保健、扶贫减贫及法律援助等工作,积极改善妇女发展环境,努力促进妇女事业与经济社会协调发展、妇女与男性平等发展和妇

---

① 自尊,就是尊重自己的人格,维护自己的尊严,反对自轻自贱;自信,就是相信自己的力量,坚定自己的信念,反对妄自菲薄;自立,就是树立独立意识,体现自己的社会价值,反对依附顺从;自强,就是顽强拼搏,奋发进取,反对自卑自弱。参见《中华全国妇女联合会四十年》,北京:中国妇女出版社,1991年,第482页。

② 《陈慕华妇女儿童工作文集》,北京:中国妇女出版社,1999年,第415页。

③ 《中国妇女第九次全国代表大会文件汇编》,北京:中国妇女出版社,2003年,第44页。

④ 胡锦涛:《在纪念"三八"国际劳动妇女节100周年大会上讲话》,《人民日报》2010年3月8日。

⑤ 习近平:《在妇女与可持续发展国际论坛开幕式上的致辞》,新华网,2011年11月9日。

女自身全面发展"①。

综上所述，中国女子教育经历了封建主义女子教育，中国资产阶级性质的女子教育，帝国主义的女子奴化教育，半殖民地半封建性质的女子教育，社会主义、共产主义性质的女子教育，近几年又出现了传统"淑女教育"回暖现象。②各种性质的女子教育互相斗争，穿插反复，更增加了女子教育发展的曲折性和改革路径优化思路的多元性，也引发了女性教育观的选择性障碍，在枝繁叶茂的树林之中捕捉自由与解放阳光的斑影。

（二）与西方女性主义思想的交厄

我们是在一个传统语境里面运用西方的模式批判传统，在很多领域里一边优待那些年轻人和妇女们，同时又追求着古老的抗性力量。我们关注中国女性，试图去抓取这些携带着祖先记忆的、正在逐渐消失的优雅女人，她们是否就是"新社会秩序"最优秀的"管理人"？或者她们能否成功地使世界秩序变得更灵活、更和谐和更加多元？③无独有偶，西方社会中的女性解放事业也经历了由激进主义的、自由主义的、社会主义的女性主义向后女性主义思维方式的转变，东方女性正是通过以西方女性的理论和实践发展历程为镜像，认识自我、反思自我、突破自我、找寻自我的。

1. 20世纪七八十年代"经典女性主义之死"④

女性主义（feminism，又称女权主义）一词来自于拉丁文"femina"，意指妇女，最初的意义是"使有女性的品质"⑤，到19世纪80年代才被用来指一种要求性别平等的观点。女性主义的思想最早可以追溯到中世纪，是西方影响广泛、意义深远的社会思潮和政治运动之一。妇女为了争取自身解放，实现社会公平的目标而进行的社会运动和学术研究，在西方社会发展史上已

---

① 习近平：《在妇女与可持续发展国际论坛开幕式上的致辞》，新华网，2011年11月9日。
② 详见《淑女教育纷纷走进课堂，是时尚还是回归？》，新华网，2008年3月20日。
③ 〔法〕朱丽娅·克里斯蒂娃：《中国妇女》，赵靓译，上海：同济大学出版社，2010年，第7页。
④ "经典女性主义之死"的说法不意味着否定传统女性主义（前两次浪潮中孕育的女性主义理论与实践）的意义与价值，更不意味着其理论对于现今东西方的妇女问题失去奠基和启示的作用，而是指社会文化的后现代转向带来新的女性问题，也把有关女性的研究推向下一个阶段，在此情况下，经典女性主义的某些话语显现失效或式微，需要调整甚至重构，并且蕴含女性理论与实践的发展亟待找寻新的生存出路之意。
⑤ 胡术恒：《女性主义教育观及启示》，载《科教文汇》，2008年第29期，第54页。

经持续了几百年。①

在探究所谓"经典女性主义之死"问题之前，首先要从了解女性主义三次浪潮和女性主义内部的诸多派别开始。

女性主义的历史发展主要经历了三次浪潮（详见附录二）。19世纪下半叶到20世纪20年代，以沃斯通克拉夫特（Mary Wollstonecraft）、波伏娃（Simmone de Beauvoir）为代表的第一次浪潮，内容以争取妇女参政权、受教育权和就业权等基本人权为重心，主旨在于重视教育在纠正男女不平等状况中的作用，其核心教育观点是"两性的均等机会"②；20世纪六七十年代女性主义的第二次浪潮主要目标就是批判性别主义和性别歧视，力求消除两性差异。③ 在有关性别歧视的起源、性质及解决方式等问题上，出现了以自由女性主义、社会主义女性主义和激进女性主义为代表的"三大家（Big Three）"之说；第三次高潮是自20世纪70年代后期，女性主义受到后现代主义话语理论的影响和启示，发展为后现代女性主义，更加强调女性经验的复杂性及建立女性话语的必要性。其研究领域也开始拓展，不再仅限于妇女问题或性别问题，而是转向对西方整个学术传统和知识模式进行重新审视，否定、批判传统的（经典的）女性主义理论，关注差异，强调多元，反对权威性，反对男性话语的中心地位，以期建立女性主义自己的知识模式和学术传统。

女性主义派别繁多（见附录二），除自由女性主义、社会主义女性主义和激进女性主义为代表的"三大家（Big Three）"之外，还有生态女性主义、精神分析女性主义、存在主义女性主义、后现代女性主义、黑人女性主义等多个派别，研究涉及领域较广，包括史学、文学、人类学、教育学、文化研究等各个方面。但在某种意义上，关注的内容具有一致性：宣称捍卫妇女的利益和女性准则，任务是消除社会中存在的性别歧视、男女不平等以及压迫妇女等现象，彻底改变妇女的从属地位，争取妇女的真正解放和自由全面发展。④

由于对性别的意义和价值、女性受压迫的根源和走向解放的道路有不同的理解，经典女性主义理论的统一性与一致性在20世纪90年代初解体了，它们的观点有很大差别，有时候甚至是针锋相对的。因此，从广泛意义上看，

---

① 胡术恒：《女性主义教育观及启示》，载《科教文汇》，2008年第29期。
② 甘永涛、王新华：《后现代女性主义教育学的来龙去脉》，载《比较教育研究》，2008年，第3期。
③ 李姗姗：《他者教育理论本土化问题研究》，东北师范大学博士论文，2010年。
④ 胡术恒：《女性主义教育观及启示》，载《科教文汇》，2008年第29期。

西方女性主义从来就不是一个统一体。虽然以争取男女平等为宗旨，它不是一个严密的思想体系，也没有固定的模式。①

通过对女权运动和女性主义思潮历史发展及其内部分歧的了解，已然明了所谓经典女性主义——以"三大家"为代表的，重心停留在政治运动和妇女权利，强调自由、平等、解放的女性意识形态集合——由于经济与文化的后现代转向，正面临尖锐的攻击，女人开始感觉到被她们视为性别策略的东西所疏离。尽管前一代拥护女权主义解放，然而年轻的女人却在控诉她们被那些关于女人应该怎样体验性别确认的约定俗成的态度所限制。② 女性主义对政治正确和"牺牲者策略"（Victim Politics）的认同越来越少。然而，矛盾的是，同样是这些女人，却在寻求一种意识形态来表达性别确认。③ 后女性主义应运而生：她们通过保持一种寻求授权的渴望，但又不告诉女人怎样体验她们的欲望来回应这种需要。通过宣扬差异，鼓励女人去考察体现在性主体建构中的复杂性。最后，女性主义和后女性主义将不会成为对立鲜明的意识形态，而只能看作一个多面性话语发展进程的特征描述。这一话语以前是——以后也是，寻求女性的授权。从这个意义上理解，后女性主义大概可以成为经典女性主义的命运式的绝地逢生，并继续命运式地成为"经典"，且随时准备为新的"后——"所质疑、解构甚至颠覆，作为创造性动力存在的后女性主义也昭示着女性理论与实践的生生不息。

西方女性主义是在西方特定的文化、历史、政治、经济以及社会背景中产生和发展起来的。它是西方国情的产物，自然也具有浓厚的本土性。④ 西方女性主义的本土性决定了它的局限性：它不是放之四海而皆准的真理。⑤ 企图以西方的模式和标准来衡量一切国家妇女的状况，以及妇女运动的发展，这种做法本身就是西方中心主义的反映。这也正是第三世界女性主义者所大力

---

① 鲍晓兰主编：《西方女性主义研究评介》，北京：生活·读书·新知三联书店，1995年，序第4页。
② 〔英〕索菲亚·孚卡（文）、瑞贝卡·怀特（图）：《后女权主义》，王丽译，北京：文化艺术出版社，2003年，第168页。
③ 〔英〕索菲亚·孚卡（文）、瑞贝卡·怀特（图）：《后女权主义》，王丽译，北京：文化艺术出版社，2003年，第168页。
④ 鲍晓兰主编：《西方女性主义研究评介》，北京：生活·读书·新知三联书店，1995年，序第4—5页。
⑤ 陈骏涛：《中国女性主义文学批评的两个问题》，载《南方文坛》，2002年第9期。

抨击的倾向。① 西方女性主义的局限性，并不排斥它的可借鉴性。妇女在父权制社会中的特定地位，以及不同社会结构中的相似之处，决定着妇女研究相互间的可借鉴性。②

2. "后女性主义（postfeminism）"的突围（Sorties）③

后女性主义的发展肇始于1968年④，但其本身并不意味着女性主义的终结，而是意味着一种类似转换的东西：从以前的方向转到一个新方向。⑤ 可以说"后"有两个标准，不仅指"一个简单的标准是它摆脱了对客观真理的概念的依赖"⑥，而且还指对本质概念的抛弃。因此它意涵有强烈的批判与超越态度。

女性主义由平等（如自由主义女性主义、激进—自由派女性主义、社会主义女性主义等派别的基本追求）向差异（激进—文化派女性主义、后现代主义的女性主义、生态女性主义、多元文化与全球女性主义的追求）的转变不仅是女性主义自身发展的结果，而且在很大程度上受到西方当代各种思想的浸淫。⑦ 如福柯（Foucault）的后结构主义（Post-structuralism）、拉康（Lacan）的心理分析（Psychoanalysis）、德里达（Derrida）的解构主义（Deconstructionalism）以及各种新马克思主义等，帮助人们对客观的文明和文化、主观的自身和主体有了新的认识。⑧ 被统称为"后现代主义"（Postmodernism）的现代西方思想解构了文化，指出现存的思维习惯、习俗和道德等被人们当成"人之常情"的东西并不具有"真理性"意义。它们是

---

① 鲍晓兰主编：《西方女性主义研究评介》，北京：生活·读书·新知三联书店，1995年，序第5页。
② 鲍晓兰主编：《西方女性主义研究评介》，北京：生活·读书·新知三联书店，1995年，序第5页。
③ 这里的"突围"是借助于西克苏（Helene Cixous）用于表达试图走出那种由男女差异决定的将女人置于二元体系中的结构时所用的词语，表述后女性主义对于阳具中心主义主体优势的二元结构基础的动摇，以及打破传统女性主义当中对于妇女解放途径的统一性的观点的意图。
④ 女性主义向后女性主义过渡最初是以下述事件为标志的——1968年3月8日国际妇女节，巴黎的精神分析与政治组织（后又命名为政治与精神分析组织）成员在全市游行，高举"打倒女权主义"的标语。他们反对"女权主义"这一术语，但支持妇女运动。参见〔英〕索菲亚·孚卡（文）、瑞贝卡·怀特（图）：《后女权主义》，王丽译，北京：文化艺术出版社，2003年，第1—2页。
⑤ 〔法〕利奥塔：《后现代性与公正游戏》，谈瀛洲译，上海：上海人民出版社，1997年，第143页。
⑥ 〔美〕索卡尔、德里达、罗蒂等编著，《"索卡尔事件"与科学大战——后现代视野中的科学与人文的冲突》，蔡仲、邢冬梅等译，南京：南京大学出版社，2002年，第15页。
⑦ 王艳芳：《在通向自我认同的途中》，南京大学博士论文，2003年。
⑧ 王艳芳：《在通向自我认同的途中》，南京大学博士论文，2003年。

"人"所为的。① 后现代主义进而解构了"人",打破了西方自启蒙时期以来所鼓吹的"人是自然之主体"的观念。人的主体性是特定的历史时期,特定的地理环境以及特定的政治纲领的产物,不是天经地义的。"天赋人权"也受到了挑战。②

后现代主义与女性主义的联合是基于他们关注的许多焦点是相同的:一是后现代主义对现代性进行了激烈的批判,指出现代性不仅导致世界的异化,而且导致人生活在一个异化世界的边缘。女性主义也看到了启蒙政治思想中的至宝——"人权"概念在法律上也有意禁止用于妇女身上,迫使妇女认识到理性主义现代世界观的核心之处一定有东西错了③;二是后现代主义反对本质主义,认为不存在普遍本质④。女性主义也认为不存在超历史的、普遍的人的本质,所谓性别的中立都是以男性为标准的,更没有一类女性可以代表所有女性;三是二者都试图颠覆传统的二元对立模式所划分的人为界限,后现代主义把认识对象看作一个有待解释的"文本",把认识看作一个意义不断发现的解释过程。⑤ 女性主义认为正是二元对立的强调导致男性统治的局面,男性的独特性和价值正是建立在对女性的否定和排除之上的⑥;四是后现代主义注重语言的作用,引进权力的概念来解释知识的本质,女性主义也提出"话语权",要给行为加以语言规定以保证妇女的权利。⑦

但是后现代主义和女性主义的关系是一种很不稳定的关系。二者虽然取得一定的共识,例如对于普遍的"人"的批判,认为那实际上是男性统治的话语,主张解构理性、知识、主体和社会统治形式;强调多元性、宽容性,重视差异性、边际性,重视个别性、他者性,反对普遍性等,⑧ 但是也存在差异:第一,二者的逻辑起点不同。后现代主义是从西方哲学自身理论中发展出来的,而女性主义是从追求妇女解放的实践中产生的;第二,二者诉求不

---

① 王艳芳:《在通向自我认同的途中》,南京大学博士论文,2003年。
② 鲍晓兰主编:《西方女性主义研究评介》,北京:生活·读书·新知三联书店,1995年,第4页。
③ 〔美〕查伦·斯普瑞特奈克:《真实之复兴:极度现代的世界中的身体、自然和地方》,张妮妮译,北京:中央编译出版社,2001年,第82页。
④ 张晋:《论女性主义与后现代主义哲学的相遇》,载《山西青年管理干部学院学报》,2006年,第8期。
⑤ 董美珍:《女性主义科学观探究》,复旦大学博士学位论文,2004年。
⑥ 董美珍:《女性主义科学观探究》,复旦大学博士学位论文,2004年。
⑦ 董美珍:《女性主义科学观探究》,北京:社会科学文献出版社,2010年,第115—116页。
⑧ 董美珍:《女性主义科学观探究》,北京:社会科学文献出版社,2010年,第115—116页。

同。后现代主义注重逻辑推理，而女性主义关注妇女解放运动，理论与实践是紧密结合的；第三，对启蒙运动与本质主义的评价不同。后现代主义对两者更多的是批判，而女性主义不能完全抛开启蒙运动和本质主义，启蒙运动提出的人权、平等、民主、自由、权力、解放等正是女性主义同性别统治做斗争的理论武器。后现代主义拒斥本质主义，但女性主义关注群体的自然属性注定会对本质主义持暧昧态度；第四，理论旨趣不同。后现代主义解构主体性，而女性主义正是为争取自己的主体性而斗争；第五，方法论侧重不同。后现代主义是要丢掉统一，强调多元，女性主义是要在多元中把握统一。

　　后女性主义是女性主义受到心理分析、后解构主义、后现代主义和后殖民主义等当代各种思潮的基本分析策略的启发后发展起来的。正如所有后现代主义者一样，后女性主义者在写作中尽可能避免再去阐释任何菲逻各中心主义（Phallogocentrism，阳具理性中心主义）思想，即那些围绕着在风格上是男性的绝对词"理性"（logos）而安排确定的种种观念。否定传统女性主义的"男女平等"的概念，指出男性经验同女性经验一样，受到阶级、种族、民族和地理等观念的深刻影响，女性应该同哪个阶层、哪个种族的男性平等，是女性主义从未回答，也无力回答的问题①，而"平等"就意味着"相同"，但是生活中相同是相对的，差异是绝对的②。后女性主义强调男女之间由于知识、权力、霸权话语而造成的差异性，强调不同地域、文化、种族、阶级等导致的女性之间的差异性。并且妇女要寻求真正的解放最好避免一切言外之意是"背离常规"而不是"自由的性选择"的说法，因为类似"女性主义者""女同性恋"这些词提出了统一，却牺牲了差异。对于妇女受压迫，后女性主义者拒绝发展出一个无所不包的解释和解决方法，这对女性主义理论提出了重要问题，她们的拒绝态度推动了女性主义去发展多重性、多元性和差异③，为这一发展添加了必要的燃料。后女性主义鼓励每位思考写作的女人，鼓励其成为自己愿意成为的那种女性主义者。她们不承认有成为"好的女性主义者"的唯一公式。④

---

① 王艳芳：《在通向自我认同的途中》，南京大学博士论文，2003 年。
② 鲍晓兰主编：《西方女性主义研究评介》，北京：生活·读书·新知三联书店，1995 年，第 4 页。
③ 岳丽：《后现代女性主义探析》，载《探索》，2009 年第 12 期。
④ 〔美〕罗斯玛丽·帕特南·童：《女性主义思潮导论》，艾晓明等译，武汉：华中师范大学出版社，2002 年，第 285 页。

如果"人"的主体性不是一个永恒的价值标准,那么如何解释"女人"的主体性这一女性主义追求的最高目标呢?如果人权思想不是真理,那么基于人权观念之上的女权运动应该怎样发展呢?由于人道主义被解构,女性主义要反思,寻求新的理论观和实践观①,那么,反思的起点就只能是现实,后女性主义也将在中华传统文化的映照下,在中国女性多样化的存在中,突破这些难缠困惑的包围。对于现行的女性观念实存样态的捉取是重新思考"女人是什么""女性经验的类型""女性话语的价值""女性角色的定位"以及"这一切是如何形成的"这些问题的出发点。而中国女性的观念是个十分有代表性的样本,一方面中国有传承久远的传统女性观、女性教育观,并且这些观念的影响力绵延至今,成为中国人的文化基因;另一方面,中国又是东方文明与西方文明冲突交融的重要观念场,西方女性观念冲击并改造了中国女性的意识,事实证明这两种天差地别的观念之间的紧张经久不衰,直至今日仍然是中国女性头脑中的强劲风暴。此外,中国文化本身蕴藏着后现代旨趣,透过中国女性的观念样态、挣扎、转变的复杂性,可以观测更为广阔的世界,例如传统文化的断裂与传承、中国人的精神与民族性、中国人的思维与理性、启蒙思想在中国的作用与局促、中国人的生活美学与现实感等。正如法国著名符号学理论家克里斯蒂娃在《中国妇女》中写道:"如果我们对女性、对她们的处境、她们的差别不敏感的话,我们就会错过中国。"②

(三) 局内人的觉思

这需要从我刚读博士时母亲的病说起。我被吸引关注妇女问题是缘于2011年初母亲被诊断为卵巢癌中晚期。由于父亲的收入是家庭主要经济来源,且工作性质要求父亲处理了家事后尽早返回工作地,在陪伴母亲进行手术和第一次化疗之后,父亲不得不离家赴外地工作。因此在随后的大半年时间里,母亲的周期性入院治疗、每日的饮食和看护、与外部(医院和母亲单位)的沟通协调乃至家庭内部事务的安排和处理,都由我一力承担。在前前后后九个月的时间里,我都守在医院放化疗病区的病房里,经历了以往未曾经历过的人间艰难,见证了生命的挣扎和离开——我看到了手术室外等候的亲属们

---

① 鲍晓兰主编:《西方女性主义研究评介》,北京:生活·读书·新知三联书店,1995年,第4页。
② 〔法〕朱丽娅·克里斯蒂娃:《中国妇女》,赵靓译,上海:同济大学出版社,2010年,第6页。

的紧张、忧虑、盘算、祈祷、坐立不安和木然，看到了等候苏醒过程中盯着点滴发直的眼睛，听着监护器节律性滴滴声和自动血压计间隔性启动声的忽梦忽醒的疲态，听到了病人心焦时候的作闹、抽泣和呻吟，见识了患者家属和医生之间或激烈或柔和的互动交流，还包括医治无效宣布死亡的时刻家属的昏厥、躁动、哀嚎与疯狂。病房内外，太多故事，太多人情冷暖，九个月里，我的生命观、人生观、价值观无数次摧毁与重建，此间让我思考最多的问题都是围绕"女性"这个主题。在放化疗病区里，不夸张地说，每个患者都是"向死而生"的，面对死神的觊觎，作为"女儿"的女性、作为"妻子"的女性、作为"母亲"的女性，包括作为医生和护士这类"职业人"的女性，她们无意识的言语和行为都迫使我不得不关注女性的情感、价值、观念，不得不追问女性到底应该怎么活？不得不反复构想我要成为什么样的女性？

基于现象的、思想的、个体的三个维度的考量，结合现实的迫切性和研究主体的探究欲，逐渐明确了在女性主义语境下探究中国传统女性教育合理性的研究意图。既是对中西女性主义理论之间的碰撞及其影响下的女性观念（尤其是教育观念）发展变化的反思，又是对研究主体身为女性的角色与身份的体认和对未来发展路向的内省。

二、研究问题与核心概念

（一）研究问题

本研究探讨的核心问题，亦是研究的总体目标是：论证以"淑"为表征的传统女性教育的现代合理性问题，即试图以现代性的核心精神——启蒙精神（主体性、理性、自由、平等、民主等）为着眼点，审视中国传统女性教育中以"阴阳和合""天人合一""执两用中"为思想根基的"淑"的德行规范在现代教育中的存在价值，实际上是对传统"淑女教育"的时代扬弃，更是对当今社会需要什么样的女性和女性教育观的文化—历史—哲学的多维反思。

围绕传统女性教育中，以"淑"为表征的传统女性教育，即"淑女教育"的当代合理性问题，拆解出以下几个分问题：一是当下女性教育存在什么问题？回答为什么"淑女教育"有回归的必要性；二是传统"淑女教育"

的宗旨和内涵为何？回答为什么"淑女教育"有回归的价值；三是"淑女教育"的传承在哪里出现了断裂，为什么断裂了，怎样看待这种断裂？回答"淑女教育"回归的障碍和可能性；四是"淑女教育"在当代社会文化制度中有哪些合宜性？回答"淑女教育"回归的可行性和意义。

基于这四个具体问题，可以明确本研究应有四个具体目标：第一，表征现代化进程中"淑女教育"式微、现代女性在多重社会角色之间的困顿失衡以及对自我身份认同方面的障碍与不安感，并剖析女性启蒙遭遇的现代性危机的原因；第二，寻求解决女性现实问题的资源，抓取中华传统文化中，能够用来救赎和引领当今女性走失的灵魂的精神力量；第三，探析"淑女教育"与西方女性观念冲突融合的过程，剥离"淑女教育"传承的阻碍因素和有利因素，理性看待历史教训与经验；第四，阐明当今社会具备的传承和发扬"淑女"与"淑女教育"精神价值的有利条件和适宜性。

（二）核心概念界定

1. 淑

"淑"在《辞源》中的解释有三[①]：一曰"清澈"[②]，二曰"善良"，多指人品[③]，三曰"美好"[④]，对"淑人"的解释有二。一是指善良的人，《诗·小雅·鼓钟》："淑人君子，怀允不忘。"二是指封建王朝命妇的封号。宋徽宗时定制：执政以上封夫人，文官正从三品祖母、母、妻各封淑人。明清制，三品及宗室奉国将军之妻为淑人。可见，"淑"是个本土生发的、带有强烈中华民族精神内核、表征中国传统女性形象基因的概念。"淑女"则指贤良的女子，言女德之幽闲贞静。此外《辞源》中列举的与"淑"关联的词语还有"淑人""淑士""淑尤""淑茂""淑郁""淑旂""淑气""淑清""淑问""淑景""淑媛""淑湫""淑慎""淑貌""淑类""淑离"，汇而总之，可以明了"淑"是与四种价值密切关联的。

其一，"洁"，即纯洁、纯粹、清澈、本真。《管子·水地》中"耳之所听，非特雷鼓之闻也，察于淑湫"的"淑"做"清湛"讲，为闲寂无声之

[①] 广东、广西、湖南、河南辞源修订组、商务印书馆编辑部编：《辞源》（修订本）（1—4册），北京：商务印书馆，1979—1983年，第1827页。
[②] "淑，清湛也。"见〔清〕段玉裁撰：《说文解字注》，北京：中华书局，2013年，第555页。
[③] 《诗·王风·中谷有蓷》："有女仳离，条其啸矣。条其啸矣，遇人之不淑矣。"
[④] 〔汉〕桓宽：《盐铁论·非鞅》："淑好之人，戚施之所妒也。"

状。《淮南子·本经》中"四时不失其叙,风雨不降其虐,日月淑清而扬光,五星循轨而不失其行"的"淑"也有纯净、明朗之意,《史记》一一七《司马相如传·上林赋》"芬香沤郁,酷烈淑郁"中的"淑"有香纯、纯粹之意。

其二,"善",即善良、端正、良好。《诗·小雅·鼓钟》中"淑人君子,怀允不忘"的"淑"是"善良";《楚辞》屈原《九章·橘颂》云"淑离不淫,梗其有理兮"注:"淑,善也。梗强也。言己虽设与橘离别,犹善持己行,梗然坚强,终不淫惑而失义也。"《文选》南朝宋颜延年(延之)《赭白马赋》中"盖乘风之淑类,实先景之洪胤"的"淑"也做"善"之意。

其三,"美",即美丽、美好、美妙、精美。三国魏曹植《曹子建集》中与杨德祖书"盖有南威之容,乃可以论于淑媛"的"淑媛"、南朝宋鲍照《鲍氏集》三《代悲哉行》"羁人感淑景,缘感欲回辙"的"淑景"、晋陆士衡(机)《乐府·日出东南隅行》中"淑貌耀皎日,惠心清且闲"的"淑貌"、《诗·大雅·韩奕》中"王锡韩侯,淑旂绥章"的"淑旂",都指"美"。

其四,"和",即温和、柔和、和谐。晋陆机《陆士衡集》六《悲哉行》"蕙草饶淑气,时鸟多好音"、《初学记》十四唐太宗李世民《春日玄武门宴群臣》"韶光开令序,淑气动芳年"的"淑"有"温和"之意。

可见,以与"淑"相关联的词所呈示的价值而言,"淑"是一系列美好品德和性情的升华和概括。

2. 淑女

《辞源》对"淑女"的解释是贤良的女子。《诗·周南·关雎》:"窈窕淑女,君子好逑。"《传》:"淑,善。"言女德之幽闲贞静。[1] 按照"淑"所表征的"洁""善""美""和"四种价值取向,"淑女"应当符合"纯洁""善良""美丽""温和"这些基本价值诉求,具体而言,在外貌方面要美丽端庄,在品德方面要贤良贞静,在言行方面要温顺和柔,在才学方面要蕙质兰心。因此"淑女"名状的是这样一类女子:具备关雎之德和幽闲贞专的美好

---

[1] 广东、广西、湖南、河南辞源修订组、商务印书馆编辑部编:《辞源》(修订本),北京:商务印书馆,1979年,第1827页。

品性①，且具有优雅的气韵和令人称妙之才华②的美丽女子③。

若从英文的角度来辨析，"淑女"（Lady）从类本质上就是"妇女"（woman）、"女性"（female），她们的区别从英文含义看，woman 是相对于男人（man）而言，泛指"具有成熟女性性别特质的人类"④，主要言说女人的社会属性；female 是相对于男性的（male）而言，强调"性别上是具有生产后代能力的"⑤，主要言说女人的生理属性；但 Lady 的特殊性在于指"（与绅士相对）贵妇、淑女、有教养和社会地位的妇女⑥，更多具有文化的意味。

综合考量中国传统中对于"淑女"的界定和西方文化中"Lady"的意涵，本研究中指涉的"淑女"是妇女或女性的一种理想类型——具有优雅的言行、美好的品性、高洁的情操以及优秀的智识与才华的身心健康和谐的女性。

3. "淑女教育"

"淑女教育"这个词语并非臆造，通过对文献的查阅发现，"淑女教育"的内涵始终较为模糊，有的尊古，有的追新，但通过考察，"淑女教育"在中国有着悠久的历史和绵长的影响力。我国的"淑女教育"至少在周代就明确了，并且经过之后历朝历代的承袭和发展，逐渐形成有鲜明的价值取向（"淑"的价值诉求），有固定套系的教材（"女四书"），有明确的教育目的（"相夫教子"），有公允的理想人格（"淑女"）及其评价标准（如"三从四德""母仪""贤明""仁智""贞顺""节义""辩通"等），更有相应的教

---

① 参见《毛诗》注释："淑，善；逑，匹也。言后妃有关雎之德，是幽闲贞专之善女，宜为君子之好匹。""雎鸠"是南方的一种水鸟，这种鸟雌雄有固定的配偶，挚情而又有别。用以比喻君子和淑女，彼此仰慕美德，而又不贪恋美色。行事谨慎因而居处幽深，如同关雎雌雄有别，无不和谐。有这样的品德才能够风化天下，成为世人的楷模和榜样。也只有这般幽静娴雅、贞节专一的好女子，才是君子最适合的好伴侣。

② 参见《汉书·杜钦传》："将军辅政，宜因始初之隆，建九女之制，详择有行义之家，求淑女之质，毋必有色声音技能，为万世大法。"以及颜师古注："惟求淑质，无论美色及音声伎能，如此，则可为万代法也。"

③ 〔清〕李渔：《慎鸾交·却媒》："如今有个内相人家，养着两位淑女，都有倾城之色。"

④ Woman: adult female human being. A S Hornby: *Oxford Advanced Learner's Dictionary of Current English with Chinese Translation*. (Revised Third Edition). Hong Kong: Oxford University Press, 1984, P1352.

⑤ Female: of the sex that produces off-spring. A S Hornby: *Oxford Advanced Learner's Dictionary of Current English with Chinese Translation*. (Revised Third Edition). Hong Kong: Oxford University Press, 1984, P431.

⑥ Lady: (corresponding to gentleman), woman belonging to the upper classes; woman who has good manners and some claim to social position. A S Hornby: *Oxford Advanced Learner's Dictionary of Current English with Chinese Translation*. (Revised Third Edition). Hong Kong: Oxford University Press, 1984, P638.

育手段和课程（如琴、棋、书、画、诗、词、歌、赋、烹饪、女红、育儿等），已然自成体系，并深植于中国传统文化的土壤之中。从其起源来看，"淑女教育"始终是与中国传统经典男性主义教育形式上分开、实质上并行的一种亚传统，无论是教育目的还是教育内容都表现出与传统男子教育高度的交互性。比如"女四书"就是结合了传统经典男性主义教育的精髓而逐渐成型的。淑女教育是根植于本土、生发于本土、成长于本土并融贯于本土的女性教育体系，具有极强的本土特色。因此给"淑女教育"正名，明确其本源含义，是一项必要的工作。

本研究对"淑女教育"有两个层面的界定和理解。一是传统"淑女教育"，在中国历史上的传统女性教育内部根据教育的对象不同、目的不同、内容和方式不同，存在很多门类，例如官伎（歌伎、舞伎）的教育、名门闺秀的教育、女婢的教育、女官的教育、民间娼妓的教育（规训）等。其中存在一类以"淑"德为核心价值的女性教育，作为父权中心的宗法社会的礼文化体系下的"亚文化"①，匿名实存，隐行于世。因此，为了指称这一类有着独特教育宗旨（教化"淑"德）、教育目的（培养"淑女"）、教育内容（女子"四德"）、课程（琴、棋、书、画、诗词、乐舞、香道、茶艺、缝纫、烹饪、整理、育儿、理账、护理、日常医药知识等）和载体（以家塾为主）的女性教育，将其命名为"淑女教育"，以强调自身的独特性和相对于传统女性教育的有限性。二是本研究倡导在当今社会重构"淑女教育"，在这个层面上是提出一种教育构想，这种教育构想既是基于中国传统的文化基因以及传统"淑女教育"的合理内核，又是出于中国当下女性境遇的总体困境与现行女性教育的缺失问题，以及更高层次的中华民族伟大复兴的战略目标和让全体人民有尊严、充满幸福感的生活的美好愿望。

对应"淑"和"淑女"的含义，指出传统"淑女教育"是以"淑"（洁、善、美、和四种价值取向）为表征的，以培养贤良淑德的"淑女"（核心标准是能够胜任相夫教子之天职的贤妻良母）为目的，以内修德功（妇德与妇功）、外修容言（妇容与妇言）为主要内容，培养和修炼符合中国传统文

---

① 亚文化（subculture）指的是社会某一部分的人有着与主流社会不同的民德、民俗以及价值观。在某种程度上，亚文化可以被视为在主流社会中存在的一个子文化。亚文化通常会发展出一套属于自己的隐语（argot），也就是专属的语言，这种语言和主流社会有所不同。〔美〕理查德·谢弗：《社会学与生活》，刘鹤群、房智慧译，赵旭东译校，北京：世界图书出版公司北京公司，2006年，第82页。

化（核心为男权制社会的礼文化）审美标准的完美女性的教育。

中国"淑女"和"淑女教育"的命运变迁是中国本土文化、习俗、观念在悠久历史中不断选择、扬弃、融合、积淀的复杂过程的一个投影，是中国社会转型时期思想激荡、文化断裂承袭的典型表征领域。此中蕴含着女性传统道德伦理观念和行为规约与新时期主体性、平等、自由、解放等启蒙思想的紧张与冲突，也蕴含了前现代—现代—后现代的思想观念在社会、家庭、教育生活中的渗透与作用，更蕴含了男性主义与女性主义的分歧和妥协。因此"淑女教育"能够更直观、更直接地为人们展开复杂性图景。需要强调的是这里指的传统"淑女教育"的"传统"从根本上是要追溯到先秦。当时的"淑女教育"乃是基于"阴阳和合""天人合一"之道的"礼"文化形成的女子教化理念，区别于宋明之后基于权力阶层和男性群体特殊审美趣味与畸形欲望对女性思想与身体带有禁锢和迫害性质的规约。也就是说，随着封建社会文化的畸变传统，"淑女教育"也在一定程度上异化发展，衍生了强迫守寡、烈女殉节、缠足、冥婚等陈风陋习，这是对"淑女教育"某些规范的教条化解读甚至是别有目的的歪曲，并非"淑女教育"生发之处的本义。关于传统"淑女教育"中一些值得争议的内容将在后文中有针对性的阐释。

本研究所力图重构的"淑女教育"是中国传统女性教育中以"淑"为核心价值取向和人格特质的女性教育。"淑女教育"是对"崇德尚仁"和"道法自然"之传统观念的认同和体现，是对"家国同构"文化体制下母育价值的肯定与彰显，还是"和谐共生""朴门永续"的审美诉求的具体表达，更是实现中华民族伟大复兴之"中国梦"的有力担当。应继承"淑女教育"的合理精神内核，以家庭教育为母体、社会教育为依托，成为对学校教育的必要补充，引领中国女性走上本土特色的幸福之路。

4. 合理性

人是合理性（rationality）的动物。rationality 由 rationari 演化而来，具有计算之含义，是指人的一种能力。[①] 这种能力来源于个体生活经验与领悟、来源于先验的传递与突破、来源于对历史的反思与扬弃，因此合理性有三个特征：一是具有"经验性"，无论是科学哲学（逻辑实证主义）还是社会哲学，所论及的合理性都与经验知识有关，是为人们提供一种经验的、相对普遍的知识。因此，现代科学哲学、社会哲学中的合理性概念在起源上具有共通性，都涉及知识的经验性，"所有一切都必定能够从经验给予的最简单的陈述中推

---

① 陆自荣：《和谐合理性》，上海大学博士学位论文，2005年。

导出来"①。启蒙主义的合理性基本上指一种经验的、历史的合理性。二是具有"普遍性（university）"，合理性是经验的，但分为群体经验和个体经验两个层次。在个体层面，个体经验既是人类总体经验的最初来源，也是宏观历史经验在具体的人身上的呈现；在群体层面，总体的历史性经验成为个体经验的先验，而先验不断对遭受个体抗性的冲击而形成新的群体经验，因此无论是个体经验还是群体经验，都最终统一于普遍性，只有具有普遍性的经验才是合理性的。三是具有"必然性（necessity）"，必然性也是一种绝对的普遍性。横向的普遍性和纵向的历史性交织，形成了长期稳定的、印刻于文化基因中成为普世观念的信念。这种信念潜默地主导了人类的判断与行动，这就使得个体的偶然经验经过传承过程的分拣、凝练、规律化，成为先验的必然。

本研究所认为的"合理性"的标准，指向两个角度：其一，从思辨视角看，是对本质的追索，是对最终根据、理由、原因的追问。以女性教育而言，就是合目的性，即考察"淑女教育"合理性的根本依据是合乎女性的原初的、本质的存在，能够关怀女性践行其天赋天职，能够促进女性身心健康和谐发展，能够引领女性走近美感与幸福感；其二，从社会视角看，是一种对关系问题（人与自我、人与人、人与社会、人与自然等）的探讨。以女性教育而言，就是合规律性，即考察"淑女教育"合理性的重要依据是契合历史文化进程中观念、制度、人格层面的普遍经验，以及与"度"的调试点与捭阖节律合拍。

三、经典女性研究史料②概览与评价

（一）女性教育史、思想史类

《女诫》（〔东汉〕班昭）、《女论语》（〔唐〕宋若莘，宋若昭）、《内训》（〔明〕仁孝文皇后）、《女范捷录》（〔明〕王相之母刘氏）、《女孝经》（〔唐〕陈邈妻郑氏）等中国古代女性规训教材是首当其冲的重要史料。

《近代中国女子教育思想变迁史》（舒新城）从贤妻良母教育、女国民教育、男女平等教育和女子教育阐述近代女子教育思想的发展过程。认为梁启

---

① Trigg, Rogger: *Rationality and Science*, Blackwell Publishers UK, Cambridge USA, 1993.
② 在原博士论文中该部分对古今中外的近三百部专著和百余篇相关文献进行整理，在本书中仅对部分具有代表性的史料进行概览性呈现。

超的教育思想对近代女子教育具有重大影响,是贤妻良母教育之鼻祖,但贤妻良母、女国民教育思想并非从妇女自身的利益出发,而是均立足于强国保种。五四前后兴起的男女平等教育思想在于使男女立于完全对等的地位,民国初年则重视妇女自身的特性和女子对社会应尽的责任,主张对女子实行特殊教育。《近代中国留学史》(舒新城)中论及女子留学政策与规模问题。《近代中国女子教育史料》(舒新城,1928)搜集了同治初元至民国十五年间记述与新教育相关的事实现象、事变因果、代表思潮的言论以及在实施上发生影响的言论。

《中国现代女子教育史》(程谪凡,1936)是研究中国近代女子教育的重要专著,探讨了清末至20世纪30年代的女子教育发展历程,对学制的变化、沿革、女子教育的发展规模等问题有较深入研究。

《中国女子教育史》(雷良波、陈阳凤、熊贤军,1993)论述了不同时期女子受教育的情况。其中谈及礼教于妇道、"三纲五常""三从四德"与女子教育,述及《列女传》《女诫》《女典篇》《女史箴》《贤媛篇》《女孝经》《女论语》《闺范》等女性教材,第十章中还谈及"贤妻良母主义"的女子教育逆流。

《现代妇女》(傅学文,1944)是由谢东平主编的国立中央民众教育馆进修丛书中的一部。全书由八部分组成,分为绪论、主体六章、跋语。论及现代妇女的地位、现代妇女运动史略、抗战建国中的中国妇女、反侵略战争中的国际妇女、中国现代妇女的任务以及现代妇女与战后世界和平问题。

《中国妇女教育资料选编》(安树芬,耿淑珍,1995)收录了中央、全国妇联及其负责人历来部分文件、讲话、文章,以及一些报刊发表的论文,在一定程度上反映了不同时期学者对中国妇女教育问题研究的状况。

《中国女子教育通史》(杜学元,1996)细致梳理了中国古代、近代、现代三大历史分期的中国女子教育状况,其中第一编第三章论述了与淑女教育深刻相关的妇女胎教和"四德"教育问题。第四章探讨了作为淑女教育教材的"女四书"的重要组成部分《女孝经》《女论语》,第八章着重写了清代关于女子才德的第一次争论以及妇教思想。第二编和第三编主要论述了近代的女子教育,其中详细描述了一些思想热潮和斗争事件。此书还从艺术、宗教、婚育、礼仪、道德、文学等多方面对不同时期的女性教育进行了阐释。

《中国古代女子教育》（曹大为，1996）中的古代中世纪篇论述了正统女子教育的目的、内容、教材、方法、组织实施，揭示其发展演变的原因和规律。①

《发现妇女的历史——中国妇女史论集》（杜芳琴，1996）中对构建中国妇女史的方法进行了反思和探索，认为如果将妇女史学科建设只停留在构建体系设计框架而无实地运用这些概念、理论、方法于具体的研究之中，只是引进照搬国外的经验而不做本土化的学科建设工作，那么中国妇女史学科的创立则前途无望。因此作者避免了"坐而论道"的做法，分主题或按时代勾勒妇女史轮廓。另外该文集更多地从文化角度关注妇女的历史，把妇女的经验、经历和两性关系的历史视为一种社会文化现象的动态发展过程，并在与社会其他因素（经济的、政治的、宗教的）的关系中探索变化脉络与变化原因。该文集对于本研究的方法论有启迪作用。

《妇女教育》（史静寰，2000）是顾明远、梁忠义主编的"世界教育大系"中的一册。该书分为四部分、十六章，分别从理论和实际的角度，涉及性别、现代教育与社会性别公平、妇女教育研究、西方妇女教育的历史文化传统、社会变革与女权运动、女性主义教育理论与实践、妇女高等教育、发展中国家妇女教育特殊问题、女童教育、成人妇女扫盲教育、女性职业教育与培训、传统文化中的妇女观和女性教育以及近代、现代、当代中国妇女教育等诸多议题，几乎涵盖了历史、理论、实践多视角下对于女性教育的重要问题。其中第四部分"中国篇"全景式地呈现了从封建社会到当代中国的妇女教育。

《教育与女性——近代中国女子教育与知识女性觉醒（1820—1921）》（乔素玲，2005）借鉴历史学和社会学的研究方法，个案研究和整体研究相结合，将人格心理学引入对人物的分析之中，诠释中国近代女子教育、知识女性的觉醒、社会变革的关系，论证妇女解放、教育为先，指出发展教育科学是社会进步的首要条件、实现男女平等的基础。

（二）女性生活史、运动史、文学史类

《中国妇女生活史》（陈东原，1928）是一部通史性著作，叙述了从古代

---

① 许从彬：《宋代女训思想研究》，南京师范大学硕士学位论文，2011年。

到近代中国女性生活史的变迁。第十章《近代的妇女生活》叙述了戊戌变法至五四时期的中国妇女状况，涉及近代女子教育和妇女参政运动，其中还谈及女子评价标准问题，从无才便是德进步为贤妻良母。

《中国妇女问题讨论集》（共六册）以妇女解放问题为核心，展开对诸多问题的讨论，涉及妇女教育问题、生活问题、参政问题、生育制度问题、社交问题、两性问题、家庭问题、恋爱问题、婚姻问题、离婚问题、独身问题、贞操问题、道德问题、性教育问题、儿童公育问题、娼婢问题、女子心理问题、剪发问题。内容丰实、讨论深刻。此外还收录了李超、赵英、席上珍、袁舜英等特殊事件女主角的传记等。是研究中国女性问题必须参读的重要文献。

《中国妇女运动通史》（谈社英，1936）从妇女团体、女子协会、参政运动、社会改良、女界杂志和女性月刊等方面论述近代妇女运动的发展，内容翔实。

《中国妇女运动文献资料汇编（1918—1949）》（中国妇女出版社，1987）将"五四"运动以来中国妇女运动的有关文献资料汇编成册，资料来源囊括《中共中央文件选集》《中国妇女运动重要文献》《中国妇女运动历史资料》《中国妇女》《妇女工作》、历次全国妇女代表大会文献汇编等，以翔实的史料形式反映了中国妇女运动的光辉历程，研究和总结历史正反两方面的经验。

《蓝色的阴影——中国妇女文化观照》（胡坤，1989）中提出"中国妇女文化"的含义是指以女性为中心形成的一系列独特的文化观念、文化心理、文化现象和文化行为。它是中国传统文化的有机组成部分，同时，又以自身交织着女性凄惨血泪的内在质素而显示出与其他部分迥然相异的鲜明个性。① 该书从妇女文化主题精神、女教与妇女观念、妇女地位与价值、婚姻家庭、贞操观、妇容、特殊女性群体、杰出女性代表以及女性觉醒多角度、多主题地透视了中国妇女文化。

《中国历代婚姻与家庭》（顾鉴塘、顾鸣塘，1991）介绍了从远古时代起不同时期婚姻形式、家庭制度、婚姻成立的方式与条件问题，还探讨了不同时期女性的贞洁观、妇女地位的变化。

---

① 胡坤：《蓝色的阴影——中国妇女文化观照》，西安：陕西人民教育出版社，1989年，第8页。

《女书与女书文化》（赵丽明，1995）对女书和女书文化的发源、特点进行了细致的介绍和归纳，并且对女书与女性结交文化、自传诉苦文化、歌堂文化、婚嫁文化、女红文化等进行了详细考证和描摹。

《中国妇女文学史》（谢无量，1931）从上古时期起，探究妇女文学之渊源，详细考证了周、春秋、战国、两汉、魏晋南北朝、唐、宋、元、明、清历朝历代的妇女文学发展状况。对于研究女性文化及其承袭问题是十分重要的文本资料。

(三) 评述

从已有研究来看，有关中国女性史料、女性观、女性教育、"淑女教育"、后女性主义的研究已经取得了显著的成绩。

1. 现有研究成果引证丰富，材料翔实，为我的研究提供了大量的参考资料和借鉴。

2. 关于女子教育和妇女的历史资料丰富、全面，版本众多，内容互证互补，为研究提供了坚实的史料基础。

3. 现有成果从不同学科视角为中国近代女性教育的发展和女性角色的变迁历程梳理出了较为清晰的脉络。

4. 研究视界开阔，方法多元，注重多学科融合，对于教育问题、教育哲学问题的思考融合人类学、社会学、文学、史学的视角和方法。

5. 部分研究关注思想史、观念史的研究，注重微观史学的研究方法的运用。

然而也存在着一些继续探索的空间，"淑女教育"概念尚未明确，而以"淑女教育"为关键词和主题的成果基本局限于非学术研究性质的文献，学术论文几乎是空白。"淑女教育"无疑是中国传统女性教育中重要的一部分，虽然一直没有作为一个独立的、明确的概念被提出并构建体系，但确是与中国传统经典男性主义教育并行的一种亚传统、亚文化，是根植于本土、生发于本土、成长于本土并融贯于本土的女性教育体系，是带有中华民族特色文化基因的一般思想、观念和信仰。这也将成为本研究可能突破之处：

1. 虽然都在讨论"缠足""贤妻良母""三从四德"等中国传统女性文化、观念和教育问题，但是缺少一个明确的概念作为中国几千年来以"淑"

为表征的传统女性教育的指称。

2. 对女性教育的关注大多集中在当代女性主义教育观和研究观的研究，以及晚清民国时期的女性教育问题，对当下"淑女教育"的研究没有溯源性质的研究以及前提的合理性的反思，基本停留在讨论淑女教育的课程、实践、利弊等问题，对西周、秦时期基于礼文化的传统"淑女教育"的理论研究尚存很大空间。

3. 过多关注经典、精英、大写的历史，对那些一般知识、思想、信仰的关注略显不够。例如对传统女性教育（淑女教育）的断裂与传承问题有偏于宏观的倾向，对于所体现的文化断裂或断层的论断可能存在一些武断的成分，在宏观领域、从经典的历史、官方的、大写的历史角度看可能存在断裂或者说断层，但是从民间的、一般的思想、观念、信仰的角度看待同样的问题，可能结论就大不一样。

4. 现有的研究大多还是以男性主义的思维惯性去看待历史、看待女性、看待女性生活和女性教育问题，因此可以说女性问题仍然是由男性或者带有男性思想特征的研究者进行论说的，就历史谈历史，就传统谈传统，对传统女性教育问题的研究缺少后女性主义视角的观照。

四、研究视角与立场

（一）视角：后女性主义

关于研究视角，需要解释的核心问题是：后女性主义作为本研究的视角的合宜性。

首先，后女性主义是对经典女性主义的批判与合理方面的继承。后女性主义糅合了女性主义与后现代主义。二者的结合似乎顺理成章：后现代颠覆和解构传统的理念正好与女性主义消除两性生理差异、实现性别平等的发展目标不谋而合。女性主义自然地把后现代主义作为自己的同盟军，把它作为消解男性中心思维模式的理论武器，试图摧毁现存的男性中心主义的文化霸权。女性主义经历了与后现代携手的欢乐之后，随着研究的深入发展，发现女性主义在利用后现代理论作为解构男权社会模式的同时，也遭受着它的解构；在利用它作为改造工具的同时，也必然会受到它的改造。女性主义在获得新视角的同时，也使自身的发展陷入一个自相矛盾的境地。因此重新反思二者的搭档关系，可以重新定位和校准后女性主义的站位，即女性主义理论可以吸收后现代主义成分，但不可全盘接受它，或者用它来改造女性主义。而所吸收的后现代主义的成分主要是对于父权制权威话语的解构、对男权中心文化的批判以及反对理论化和统一性，提倡容纳差异与多元的模式。

其次，后女性主义是对东西方女性文化的兼容性反思。因为后女性主义在后现代思想那里得到了关于挑战宏大叙事、否定宏大理论体系、打破二元分立的男性化思维模式的启示与支持，因此后女性主义更能以包容的气度关注分散的、局部的、边缘的理论与实践，关注不同阶级、不同种族、不同民族的女性文化。不同文化根基的男权制对于女性的压迫和宰制在某种程度上具有跨越地域、超越种族的性质。东西方女性虽然面对迥异的传统，但都有共同的诉求：女性解放。以往的女性主义虽然在女性解放的道路上提供了巨大的前进动力和方向指引，但不得不说有一些局限性，例如三大家女性主义核心关注的是资本主义社会中白人女性、中产阶级女性的权利、地位与解放问题，无形中边缘化了第三世界的女性；而黑人女性主义由于过度强调种族问题往往又弱化了黑人女性群体对于性别平等的强烈诉求。诸如此类，总难免顾此失彼，而后女性主义最给力之处在于它并不寻求一个统一的框架或结构去找寻一个固定的解释模式和理论体系，而是以现实问题为靶向，以批判力作为核心武器，全方位地暴露由于生理、心理、社会、经济、文化等多重复杂作用力组成的女性解放的阻力，打迫不同传统的文化壁垒，深入女性群体具体而鲜活的本身去进行反思，以使得对女性的关怀更具兼容性。

最后，后女性主义在男女平等关系问题上提供新的视角。它进一步拓展了"社会性别"概念的内涵，指出社会性别的主体身份不是固定不变的，而是处于一个持续的构成过程中，这个过程充满了矛盾和冲突。[①] 因此，后女性主义更强调相同的相对性和差异的绝对性。在思考教育问题时，与其说后女性主义是在寻找一种改变男女不平等教育现状的行动策略，不如说是创造了

---

① 张旭：《当代西方女性主义教育——理论与实践》，陕西师范大学硕士学位论文，2000年。

以新的视角来重新审视教育的途径。① 以往的女性主义常常将"行动"与"平等"看得比"诊释"和"差异"更重要（当然这在女性主义发展的早期是必不可少的），20世纪90年代以来，为了更清晰地确定女性所面对的难题，"诊释"和"差异"就显得更重要了。于是，"积极地不确定"（positive uncertainty）的视角成了后女性主义关注教育问题的前提。②

应该说后女性主义的产生是女性主义理论内在冲突的必然结果，它的解构立场和多元认识论引导女性主义摆脱了传统的"平等与差异"、非此即彼的二元论两难境地，并避免了陷入新的霸权结构中，在教育中也强调要关注不同背景女生的处境。无疑后女性主义的产生丰富与深化了女性主义的教育理论，将后女性主义作为审视当今女性教育问题的视角具有合宜性。同时以此为视角也注定给女性主义的教育实践增加了难度。如何在坚持多种声音并存与培养主体意识之间做出协调，在解构的同时不放弃建构，在理论与策略之间找到平衡是后女性主义教育者当前所面临的严峻挑战。③

（二）立场："性别—社会性别体系"理论

"性别—社会性别体系"的建构源于两种基础性的理论，即"性别制度"和"社会性别"理论。

首先，"性别制度"是基于对"性别"差异本质主义的认同。在后现代女性主义理论中，存在两大阵营。一是唯本论/本质论者（Essentialists）；一是构成论者（Constructionalists）。前者继承、修正了传统女性主义的理论，以解构主义为方法论，重新讨论女性解放的可能性。④ 因为她们基本上承认男女是两个相对立的范畴，所以被称为本质论者；后者以解构主义为目的，否认"男性"和"女性"观念，认为两性平等观是男权的思维逻辑的延续，不能从本质上认识女性受压迫的问题。⑤

以"性别制度"（The Sex/Gender System）为理论基础之基础，意味着基

---

① 张旭：《当代西方女性主义教育——理论与实践》，陕西师范大学硕士学位论文，2000年。
② 甘永涛：《传统、现代、后现代：当代女性主义教育的三重视野》，载《教育科学》，2007年第4期。
③ 李晔：《高等教育中的女性问题研究》，苏州大学硕士学位论文，2007年。
④ 王芳：《性别差异与大学校园空间环境的关系》，华中科技大学硕士学位论文，2004年。
⑤ 潘杰：《女性人类学概说》，载《民族研究》，1999年第7期。

本立场是本质论的，因为事物和人本身具有本质和非本质属性。① 本质属性是一种不可改变、不可辩驳的普遍性；还是一种限定，因为它事先定义了人们能够做什么和不能做什么。② 本质论代表人物之一的戈尔·卢宾（Gayle Rubin）借鉴了三家学说——马克思、恩格斯关于社会分工和阶级的出现是女性受压迫之源的看法，结构主义人类学家列维—斯特劳斯（Lévi-Strauss）关于信物交换、乱伦禁忌的理论以及弗洛伊德—拉康的"恋母情结"（Oedipus Complex）的思想，总结出一套自成体系的"性别制度"说，从人类发展的初级阶段和个人发育的初级阶段中寻找女性受压迫的渊源。③ 本质论的讨论常见于马克思主义女性主义（Marxist-feminism）的讨论④中，学者李小江在马克思主义思想方法指导下在确认了妇女理论的人文科学意义后规划出哲学抽象可用于锻造的妇女范畴中的知识领域。为了使人类科学全新打造关于妇女的真理，就必须中断人类是男性的假设。这一真理（即作为抽象的妇女范畴）必须在理论中有一席之地，而且必须成为历史的主体（即走向妇女解放从而走向真正的人类解放这一历史发展的普世逻辑）。⑤（见图0-1）

其次，作为"视角担当"的理论基础则是后女性主义"社会性别"理论。"性别制度"理论对于女性受压迫的原因具有很强的解释力，但为了避免女性主义的现实主义/本质主义⑥和女性主义的唯名论/后现代主义⑦的缺陷，需要采取"妇女作为立场"（woman as position）的这一方式。⑧ 在成为女性主义者的过程中，妇女采取了一种被称之为"社会性别"的观点或视角来解释

---

① 本质属性就是只要事物和人存在就不能失去的属性，失去它们，人或事物就不能存在；而非本质属性却是可以失去的属性。
② 肖巍：《女性主义教育观及其实践》，北京：中国人民大学出版社，2007年，第87页。
③ 鲍晓兰主编：《西方女性主义研究评介》，北京：生活·读书·新知三联书店，1995年，第5页。
④ 马克思主义女性主义不完全是指引经据典地研究马克思或恩格斯关于女性解放的观点，经常用来泛指任何持经济基础—上层建筑结构影响女性的理论的学派，还可能包括对马克思，特别是恩格斯妇女思想的批判。
⑤〔美〕汤尼·白露：《中国女性主义思想史中的妇女问题》，沈齐齐译，李小江审校，上海：上海人民出版社，2011年，第368页。
⑥ 女性主义的现实主义/本质主义意味着所有的妇女都必须是一样的。
⑦ 女性主义的唯名论/后现代主义暗示妇女没有共同之处，因此协力合作的政治行动缺乏基础。
⑧ Linda Alcoff: "Cultural Feminism Versus Poststructuralism: The Identity Crisis in Feminist Theory", signs: *Journal of Women in Culture and Society*, 13, no.3, 1988, PP. 434-435.

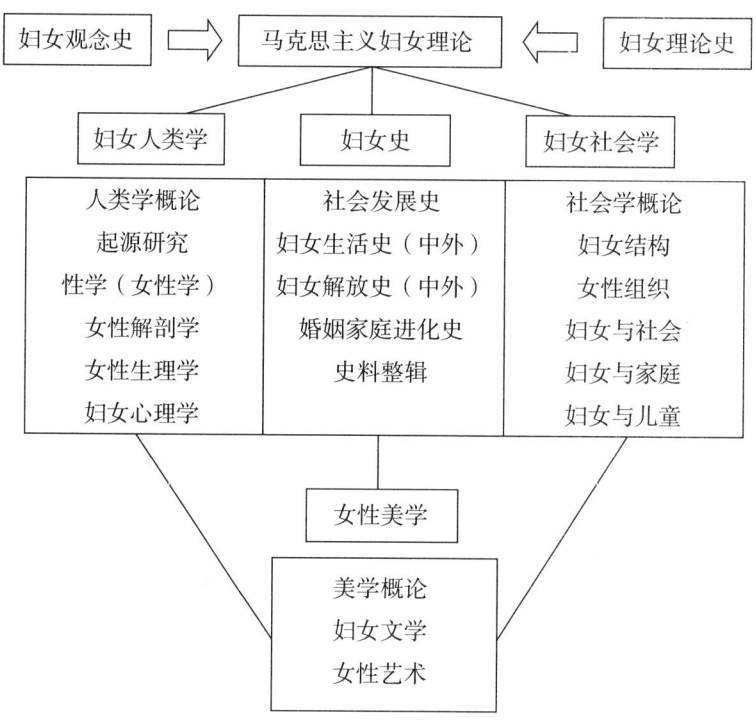

李小江：《夏娃的探索》，郑州：河南人民出版社，1988年，第89页
图0-1　马克思主义妇女学体系框架

或重新建构价值和意义。① 从具体而明确的社会历史场所——妇女的具体利益出发，女性主义的妇女自觉运用社会性别的概念范畴，结成坚强的政治联盟，致力于增强彼此在特定时空中的自由和幸福。性（女性）/社会性别（女性的）关系是这样的：社会性别既不是由生物学的性（Sex）所决定的无可置疑的过程，也不是纯粹的任意想象的建构。相反，社会性别是"许多社会技术的产物和过程"，这些社会技术"创造了差异的母体而且跨越了许多种语言"。② 社会性别指向一种妇女观念，妇女既不是已经统一的，也不是不可分离各自独立的，而是有着多元性的，因此也是有能力随自己意愿统一和分离的。如果后现代女性主义者依然愿意作为"女性主义者"存在，她们必须在某种程度上给社会性

---

① Teresa de Lauretis："The Essence of the Triangle or, Taking the Risks of Essentialism Seriously", Naomi Schor, Elizabeth Weed，*The Essential Difference*, Bloomington: Indiana University Press, 1994, P10.
② Teresa de Lauretis: Technologies of Gender, Bloomington: Indiana University Press, 1987, X.

别这个范畴以特别的重视,当妇女们团结起来改善自己的"社会地位"时,她们才有立足点,政治行动要求这样一个类似发射台般的平台。①

"性别—社会性别体系"既是一种社会文化建构也是一种语言机制,一种指定个人在社会中的意义(身份、价值、声望、在血族关系中的位置以及社会地位等)的再现体系。② 如果社会性别的再现代表着不同含义的社会地位的话,那么某个人被表示为或自表为男或女也就意味着承认了整个社会性别的意义体系。所以,社会性别的再现也就是社会性别的建构,双方互为结果与过程,更确切的表达是"社会性别的建构是再现与自我再现的结果与过程"。女性的主体是对于所谓的所有妇女都具有的某种内在本质的"再现":这种本质通常被看作自然、母亲、神秘、邪恶化身、(男人)欲望与知识的对象、适当的女人气质、女性特征等。③ 女性的主体同时处于社会性别意识形态的内和外,并且意识到那种双向的牵引、那种分裂、那种双重的视角④,女性对与她们的特定文化和亚文化内的社会性别意识形态的共谋关系意识与其受压迫的意识的"合拍"或是"对峙"的程度,是理解后现代文化和意识形态的关键。尽管围绕女性主义有着各种各样的分歧和争论,有政治上和个人间的差异,还有痛苦,但是男女作为两个既相辅相成又互相排斥的范畴,所有的人都被放置在这两个范畴中。在每一文化中,男女的文化概念都形成一种社会性别制度。这种制度是种象征制度或意义制度,按照社会价值观念与不同等级来调整性别与文化内容之间的关系。尽管每一文化对男女有不同的理解,但每一社会都有一个与政治和经济因素密切相关的"性别—社会性别体系"⑤。基于此种现实,我们有理由希望女性主义会继续发展一种激进的理论,探索一种改变社会文化的实践。但是,要达到这个目的,我们必须保留社会性别的歧义——因为我们无法通过使社会性别脱离自然性别(使社会

---

① Teresa de Lauretis: *Technologies of Gender*, Bloomington: Indiana University Press, 1987, P.48。
② 〔美〕佩吉·麦克拉肯主编:《女权主义理论读本》,桂林:广西师范大学出版社,2007年,第206页。
③ 〔美〕佩吉·麦克拉肯主编:《女权主义理论读本》,桂林:广西师范大学出版社,2007年,第211页。
④ 〔美〕佩吉·麦克拉肯主编:《女权主义理论读本》,桂林:广西师范大学出版社,2007年,第212页。
⑤ 〔美〕佩吉·麦克拉肯主编:《女权主义理论读本》,桂林:广西师范大学出版社,2007年,第205页。

别仅仅成为一种比喻、一个差延问题、一种完全的话语效应),或通过使社会性别阴阳同体化(或双性化,即坚持在特定的阶级、种族、文化内男女对物质条件的体验是相同的)来解决或驱走同时处在社会性别之内与之外的不舒服情形。①

五、研究思路与方法

(一) 研究思路

本研究遵循"提出问题"—"表征问题"—"分析问题"—"解决问题"的总体思路。

导论部分为问题的提出。从历史、理论和个人这三个不同角度,展现本研究的背景,指出现实当中存在女性角色困顿和女性教育观迷失问题,实际上提出的深层问题是"对女性应该如何存在的追问和反思"。

第一章,是表征问题的环节。核心是透视女性观念现代化的后果。指出女性遭遇现代性危机,现代女性教育观的选择出现了两种发展态势:一种是受西方经典女性主义思潮和女权运动鼓舞而产生的激进发展态势;另一种是受传统封建女性教育观和社会文化习俗拉扯而产生的复古发展态势。

为理性看待这两种发展态势的积极意义和消极影响,势必需要回望历史,求助历史。

第二、三章构成分析问题的环节,一方面,从中国传统女性教育中抽离以"淑"为表征的"淑女教育"的核心内容和目标,并对部分思想进行批判性解读,总结"淑女教育"的本质意涵,提供理论合理性判断依据。另一方面,从近代思想启蒙视域下,传统"淑女教育"传承和断裂的状况入手,基于民国初年关于妇女问题的讨论,从生活、政治、经济、文化几个维度,展现"淑女教育"在社会转型时期传承过程中的矛盾与冲突,从历史角度理性看待这种矛盾和冲突,以历史经验为镜鉴,观照现实,提供历史合理性判断依据。

第四章,集中论述"淑女教育"的当代合理性,是解决问题的环节,确

---

① 〔美〕佩吉·麦克拉肯主编:《女权主义理论读本》,桂林:广西师范大学出版社,2007年,第214页。

证了"淑女教育"作为一支突围力量可能引领我国女性教育走上第三条发展道路的重要价值,并进行前景展望。

研究认为传统"淑女教育"作为文化基因的一个载体,与激进式和复古式发展路径之间都存在牵拉张力,而清末民初这一社会转型时期对妇女教育和妇女问题的理论争论和实践探索,是传统女性教育现代化的必经之路,同时也是对传统的反思;我们今天所要做的又正是对历史经验的再反思和对前现代女性教育传统的归零审度,更是结合时代特征,汲取后女性主义思想合理成分,对启蒙现代性构建的女性观和女性教育观进行分拣与扬弃。

(二) 研究方法

1. 核心思想方法

本研究从总体上而言,核心方法诉诸"和合论"。中国传统哲学是"天人合一"的哲学,西方传统哲学是"主客二分"的哲学。但是无论是"天人合一"还是"主客二分",实际上都是以"一"为实体和本质的一种表述样式和形式。中国传统思辨方法中对"一分为二"和"合二而一"有充分表述,"一分为二"是最简单的分析方法,而"合二而一"是最便捷的综合方法。因而综观古今中外的哲学思想,竟都是执着于对"一"的孜孜以求:从中国古代哲学寻求"万物的统一性"到"理念的统一性"以至"原理的统一性";从近代哲学寻求"意识的统一性""逻辑的统一性"以至"人性的统一性";从现代哲学寻求"世界的统一性"到"科学的统一性""文化的统一性""语言的统一性"以至"人类活动的统一性"等。[①] 中西传统思辨方法可概括为"求一法",而和合方法可谓"生生法",即新生命、新事物不断化生。其价值目标并不是追求一个唯一的、绝对的、至极的形而上本体,也不追求一个否定多样、多极的"中心"或实体的统一性。"一"不仅可导致"哲学霸权",亦可导致"话语暴政"。[②] 和合方法所追求的正是和合学所追求的:"哲学总意味着'在途中',和合学亦是'在途中',它是一种生生不息之途!"[③] 基于此,亟需超越中西传统思辨方法显相和合逻辑。和合学的和合方法,是

---

① 孙正聿:《哲学通论》,沈阳:辽宁人民出版社,1998年,第213页。
② 张立文:《和合哲学论》,北京:人民出版社,2004年,第53—54页。
③ 张立文:《和合学概论——21世纪文化战略的构想》,北京:首都师范大学出版社,1996年,第120页。

在创造中超越,在创造中流行,是一切学术永葆生命智慧的无二法门。① 和合生生法犹如"土与金、木、水、火杂,以生百物"的"杂",即"合",指多样、多元的"融突协调法""和谐法",故"和实生物"。和合方法不"止于"某一界域或"一",但不放弃理想目标的追求:构想一个能让人"安身立命"的和合精神家园;谱写一首能使多价值"各得其所"的和合意义乐章;描绘一种能适应有限生命"终极关切"的和合自由境界。其价值理想的终极追寻便是"和合起来"。这既是和合方法的理论前提,也是一切活动的支撑点和发散点,不是中西传统的"分二""合一"的思维方法,而是"和"的乐章与艺术的生生不息之法。②

2. 获取资料的方法

(1) 文献检索法(literature searching)

文献检索法是社会科学研究中最基本的方法之一,是发现问题的便捷方式,是迅速进入研究前沿的便捷方式,是各种社会调查方法的基础。本研究所检索的文献,主要包括三类文献:①一次文献。主要包括原始资料(观察记录、访谈记录、内部资料等)、非正式出版物(未公开出版的著述、教材、论文集、杂记、评论等)、大多数正式出版物(报纸、期刊、学位论文、专著等)。②二次文献。二次文献按照一定的分类标准列出一定时期内的有关文献资料的篇名、作者等信息,便于了解一定时期内有关领域的大致情况,是为了文献检索的方便而对一次文献进行加工所形成的文献,如目录、索引、文摘等。③三次文献。即在一、二次文献出现之后,为了评价一次文献而对一、二次文献进行加工所形成的文献,如专题综述、评述、动态等。

(2) 访谈法(Interview Survey)

运用访谈法进行社会调查,需要事先做许多准备工作,如:确定访谈对象、了解访谈对象的有关背景材料,根据访谈领域和访谈对象的特点对于"信度陷阱"采取一定的防范措施。在原始研究中对访谈的 15 名女博士和 7 名男性受访者均有访谈对象说明、访谈提纲、访谈内容节录呈现,出于研究伦理的考量,在本书中做适当保密处理。

---

① 张立文:《和合哲学论》,北京:人民出版社,2004 年,第 52 页。
② 张立文:《和合哲学论》,北京:人民出版社,2004 年,第 54 页。

3. 处理资料的方法

(1) PPE 研究法

跨哲学（Philosophy）、政治学（Politics）和经济学（Economics）的综合学科 PPE 是最有活力、最有发展前景的新的研究方法。围绕女性教育观问题，遵循守一而望多的原则，从 PPE 的视角，以女性主义哲学观与方法论为指导，借鉴和合理论、生物进化论哲学、历史本体论等来研究传统女性教育观的合理性问题，体现了方法论的创新。该方法主要运用在第一章对当代女性精神危机和女性教育观迷失的表征以及第三章对社会转型时期淑女教育历史性断裂的反思。

(2) 文本分析法

文本分析的理论资源来自阐释学和人文主义，是按某一研究课题的需要，对一系列相关文本谨行比较、分析、综合，从中提炼出评述性的说明，是一种根据文本的实际情况进行解析的过程，该方法的意义在于从文本的表层深入文本的深层，从而发现那些不能为普通阅读所把握的深层意义。

文本分析的方法根据旨趣、手段的不同还有很多具体的方法，如叙述学分析法、"新批评"法、符号学分析法、解构主义法、互文、对话理论分析、文本社会学方法以及文化研究。本研究较具特色的部分是在叙述学分析法[①]，主要应用于第一章，综合运用文献法和访谈法，一方面基于资料的分析和对现实的把握，对高知女性（主要为女博士）进行目的性抽样，选取适宜的对象深入观察、访谈与研究。从其有意识坚持或无意识的遵从的教育观、性别观、身体观、婚恋观、事业观、家庭观几方面探究作为高知女性所认同或拒斥的传统女性观念，以及这种观念产生—发展、接受—拒斥、徘徊—冲突的详细过程和影响因素。揭示和描述一个个真实的、鲜活的当代高知女性观念世界的样态。另一方面，通过分析高知女性对传统女性观念抗争与接纳、解构与重构的过程，挖掘每个看似偶然的、片段的、微末的事件的作用，即通过具体的事例展现"指导一个独特心理的基本原则是如何在人们的实践中、

[①] "叙述"是人类社会性活动中的一个重要部分，是通过讲故事的方式把人生经验的本质和意义传示给他人。因此，叙述学的分析方法彰显了较强的实用性，在它的观照下，很多原本以为通晓明白的文本有了新的含义，一些习以为常的概念甚至受到了颠覆，一些新的概念迎面而来。"叙述学"分析主要是故事分析（包括故事序列分析、故事类型分析等），与叙述视角分析（包括叙述者的人称、位置、可信度；叙述者的声音、叙述的速度等）。

社会行动中以及在活着的经历（Lived experience）中得到具体体现的"（Thomas Shaw, 1996）。并在对微观文化情境的复杂性的展露与透视中升华抽象出本土的女性意识。

六、研究内容与观点

（一）主要内容

绪论部分。第一，提出研究问题的缘起，从历史、理论和个人这三个不同角度，展现本研究的背景，即当代女性角色困顿和女性教育观迷失问题，西方女性主义思想对东方女性启蒙的作用，以及基于个人生活经历产生的关于女性问题的思考。第二，锁定本研究的主要问题是论证传统"淑女教育"的合理性问题，并围绕这个核心问题提出四个分解问题，同时确立研究的目标。解释并厘定"淑女""淑女教育"以及"合理性"的含义、特征和标准。第三，阐释以后女性主义为视角的合宜性，以逻辑框架的形式阐明本研究的总体思路和设计，具体介绍研究中为解决不同问题采取的具体方法。第四，明确本研究的分析问题、解决问题以及总体架构的理论基础，分别为后女性主义理论、"性别—社会性别体系"理论、"历史本体论"与"和合论"。第五，阐释本研究的基本内容和主要观点。

第一章，表征现代女性在多重社会角色之间的困顿失衡以及对自我身份认同方面的障碍与不安感，并剖析女性启蒙遭遇的现代性危机的原因。五四以降，中国的现代化和西方女性主义思潮给传统"淑女教育"带来巨大的冲击，承袭晚清民国西式现代教育制度，经历一个世纪的长期教育实践，在启蒙现代性的核心精神（理性、独立、平等、自由等）的引领下，当今知识女性已基本摆脱无知愚昧、非理性、附庸依赖、没有自我等问题，却遭遇了新的问题，诸如在多重角色之间纠困、陷入身份焦虑、人性异化等。本章对这些新问题按照婚恋、职业、家庭教育、性等主题进行抽离与具体表征，并逐一进行剖析。

第二章，通过对中国文字和女学读本等材料的分析，提炼出传统女性教育秉持的核心观念。此外，针对几个有关"淑女教育"的历史性误会，为西周、先秦时代所推崇的"淑女"形象和"淑女教育"进行厘清,以展现真正的传统的"淑女教育"是中国文化"地母情节"与"和谐永续"观念的有力体现和有机构成,其合理性根基在于与作为中华文明和中华民族国民性之基础的"礼"文化、与天地阴阳和合关系及其内在运行的自然秩序的契合与顺应。一方面完善对"淑女文化"的观感;另一方面为确认传统"淑女教育"作为当代女性精神危机的救赎力量和女性教育观念迷失问题的解决资源之重要价值。

第三章,基于民国初年"妇女问题讨论"的核心议题,探析传统"淑女教育"与西方女性观念冲突融合的过程。结合中国女子教育传统和近代以来西方启蒙思想对女性观念的改造,就女性的地位与解放问题、女性的教育与平等问题、女性的生活与独立问题、女性的参政与民主问题、女性的生育与自主问题、女性的社交与自由、女性的婚恋与主体性问题等进行探讨。将这些问题放在生活、政治、经济与文化的视角下审视,揭示清末民初这一重大社会转型时期女性启蒙的突破与困境,重审民国初年这一历史切片之中如何思考女性发展和教育问题,剥离"淑女教育"传承的阻碍因素和有利因素,理性看待历史教训与经验,为进一步论证"淑女教育"合理性提供历史镜鉴。

第四章,以中国传统儒道共生的文化为根本,以和合哲学为依据,结合现代性诉求,基于和谐合理性的思维模式,从价值诉求、文化根基、审美取向和时代使命角度共同商讨现代"淑女教育"的可能出路。阐明当今社会具备的传承和发扬"淑女"与"淑女教育"精神价值的有利条件和适宜性,是呈现"淑女教育"合理性的主要部分,回答传统"淑女教育"在当代社会政治文化制度中的合宜性问题。一方面,从历史中寻找智慧,从实践中摄取经验,指出"淑女"是中华民族传统文化中一个重要的精神象征,是维系中国国民性精粹部分的文化筋脉;另一方面,强调"淑女教育"回归的可行性和意义。"淑女教育"有扎实的文化根基,站位于国民性的塑修,是一种广泛的社会性教育实践;"淑女教育"产生和发展以立美为旨趣,是一种生活美学,是美学—教育学的重要组成部分;"淑女教育"肩负重要的时代使命,是终身教育理念的有机组成。为传统的"洁、善、美、和"的"淑"德赋予新的时代意涵和启蒙精神,倡导新时代女性双重本体的融合,在传承传统女性气质的同时，能够自尊、自主、自强、自由，更重要的是通过现实的、入世的生活，学会"度"的调试和"美"的创造。

（二）基本观点

针对本研究提出的一个核心问题和四个拆解问题，经过现实—历史—理论的多维反思，提出以下几个基本观点：

第一，导致当今社会女性现实问题和女性教育观迷失问题的直接原因是现代女性教育没有很好地传承传统"淑女教育"的精神内核，根本原因在于从清末民初开始，在社会政治、经济剧烈变革的境遇下，东西文化没有条件进行充分无伤融合，导致政治经济制度和文化教育制度并没有为传统"淑女教育"提供存继的条件，也没有很好地配搭西方启蒙精神的现代性标准。

第二，传统"淑女"以美貌佳仪为首要标准，以端顺静懿为品性范典，以育儿持家为重要职责。传统"淑女教育"对女性有五点规范，分别是女德为要、敦伦尽分、卑弱勤励、和柔孝亲、母仪营家。且在"淑女教育"产生之初，"三从四德"虽有压迫女性的性质，也兼具修身齐家的旨趣；"三纲五常"虽然禁锢女性身心自由，同是也是为了完善道德秩序；"守贞持节"虽然造成对女性身心甚至性命的戕害，但同时也能够规范品行。其内涵发生畸变是封建社会父权制逐渐深化、权力欲望不断扩张以及男性审美情趣的衍变导致的。是"淑女教育"的异化发展状态，已然有悖于谋求"天人合一""阴阳和合"的根本宗旨和基于"阴阳理而后和"的思想基础。

第三，以民国初年"妇女问题讨论"中聚焦的核心问题为中心，分别从生活局域的角色与主体性、政治场域女性的权利与地位、经济领域女性的身份与境遇以及文化视域中女性的自由与平等四个方面反思我国女性启蒙之路的成绩与障碍，指出现代教育使女性获得一定的解放与自由，取得平等受教育权，学习现代科学知识，主体性角色有所拔擢，但埋下现代性危机隐患。根本原因在于现代性女性启蒙的思想武器是根源于西方世界"被动于他者，强掳于自然"的游牧文化的，与中国本土的"主动和合，相宜于自然"的农耕文化根基是相矛盾的，并且清末民初时期又是"救亡压倒启蒙"的特殊时代，东西方文化并没有充足时间和配搭的制度条件进行无伤融合，随后的战乱又使得文明被野蛮打败，于是成了邯郸学步式的泡沫启蒙。

第四，提出中国传统"淑女教育"的合理性应当予以发扬，应当继承传统"淑女教育"的精神内核，以引导女性走上本土化启蒙之路，肯定"淑女教育"是一种美学—教育学的实践，是终身教育应关注的重要内容之一，是实现中华民族伟大复兴之梦的一支重要的软实力。"淑女教育"在家庭教育、社会教育两大板块中能够发挥巨大价值，成为现代性学校教育的必要、合理补充。

第一章 "淑"的传统式微：当代女性精神境遇危机

> 多少次荣耀却感觉屈辱，多少次狂喜却倍受痛楚
> 多少次幸福却心如刀绞，多少次灿烂却失魂落魄
> ……
> 谁知道我们该去向何处，谁明白生命已变为何物
> 是否找个借口继续苟活，或是展翅高飞保持愤怒
> ……
> 谁知道我们该梦归何处，谁明白尊严已沦为何物
> 是否找个理由随波逐流，或是勇敢前行挣脱牢笼
> 我该如何存在
>
> ——《存在》①

有研究通过关注"淑女教育"展开相关的一系列教育及社会问题的讨论，剖析了"淑女教育"产生的主要原因有就业压力大、男性的社会期许、商业运作、教育面对的困境及社会多元化影响，同时从积极和消极两方面分析了"淑女教育"对教育和社会的影响。积极方面：有利于促进女性就业；提高女性人文素质，营造良好的社会风气；在一定程度上弘扬了我国传统文化。消极方面：助长一些不良风气，影响女性的婚恋观②；"淑女班"高昂的学费加重了贫富差距及贵族化意识；"淑女教育"的发展会使性别依附关系强化；"淑女教育"的发展容易加大职业性别隔离③。本章以新闻事件、调查访谈、

---

① 汪峰：《存在》，载《生无所求》专辑，2011年11月。
② 于文全、杜学元：《"淑女教育"产生的原因及其影响》，载《学园》，2011年第6期。
③ 于文全、杜学元：《"淑女教育"产生的原因及其影响》，载《学园》，2011年第6期。

社会焦点为依据，展现当代女性对传统的和现代性的女性教育观、性别观、身体观、婚恋观、事业观、家庭观的认同与反抗，表征以启蒙精神（主体性、平等、自由、理性、民主、博爱等）为核心的现代性教育，经过一个世纪的实践，在带来女性在政治权利、经济权利的平等，家庭地位、社会地位的提升以及主体性的独立和解放的福祉之外，所引发的更深层次的困境和危机——对于性别身份的认同困境和性别角色的体认纠结；揭示后现代状况下，现代女性所面临的寻求精神救赎之路的促逼，即对性别气质差异、阴阳二性趋同、身体与性欲等问题的全面反思以及对自我异化状态的观想。

基于对这个问题的表征目的，本章以传统女性观念和现代女性观念为思考基点，以现实生活中的新闻事件和公共话题作为问题的切入点，结合对当代高知女性的观察与访谈以及有广泛影响力的高知女性公开发表的文本资料，从错位的取向、失衡的定见、艰巨的母职以及性别的消解几个主题进行问题呈现和阐释分析。

一、错位的取向——婚恋问题中的女性角色定位

首先，通过已有的研究结果和访谈所得的一些具有代表性的观念（如表1-1）①，可以直观地感受到女人和男人在择偶、恋爱、婚姻、工作等方面的观念与认识存在差异。

表 1-1　男女两性在与婚恋和家庭相关的问题上的观念差异比较

	女人		男人		备注
	要求条件	自陈条件	要求条件	自陈条件	
择偶标准	1 人品 2 事业 3 年龄 4 健康 5 婚史 6 学历 7 身高 8 地区 9 相貌 10 户口	1 年龄 2 身高 3 婚史 4 人品 5 学历 6 相貌 7 职业 8 性格（温柔） 9 气质 10 健康	1 人品 2 年龄 3 婚史 4 性格 5 学历 6 相貌 7 健康 8 身高 9 地区 10 持家能力	1 年龄 2 身高 3 婚史 4 职业 5 人品 6 学历 7 财产 8 相貌 9 健康 10 职称	来源为他人研究①

---

① 朱松、董葳、钱铭怡、王易平、刘兴华：《十五年来中国男性择偶标准的变化》，载《心理与行为研究》，2004年2月第4期。钱铭怡、王易平、章晓云、朱松：《十五年来中国女性择偶标准的变化》，载《北京大学学报（哲学社会科学版）》，2003年第9期。需要说明的是这两篇研究关注的是一个15年择偶标准的变化过程，但根据本研究需要，采用其调查中最新一年（2000年）的数据，大致呈现进入21世纪后择偶观的状态。

续表

	女人		男人		备注
	要求条件	自陈条件	要求条件	自陈条件	
婚前期望		1. 偶尔跟朋友出去，不想失去单身的自由（J，2012）； 2. 想高兴吃什么就吃什么，不想变成理所当然的煮饭婆（Q，2013）； 3. 想花钱打扮自己让自己开心，不想每天想着要怎么节省来贴补家用（Q，2013）； 4. 想当妈妈永远的心肝宝贝，不想提心吊胆地想婆婆什么时候会嫌我（J，2012）； 5. 想当永远的情人，不想在努力当个好老婆时，还要当老公的另一个妈（D，2013）。	1. 女人要以家庭为重，不能老是往外跑（H，2013）（C，2013）（O，2014）； 2. 女人要入得了厨房，会做饭（H，2013）； 3. 当然要为两人的未来打拼，分担家计（H，2013）（C，2013）； 4. 孝顺是第一的，要把我的家人当作她的家人一样才行，不是这样的就是再优秀也不考虑（H，2013）； 5. 女人要会照顾老公才行（H，2013），被照顾的感觉特好（O，2014）； 6. 希望女方家庭条件好一些（N，2010）； 7. 找女朋友必须漂亮，找老婆还是踏实本分能过日子，但要是非常漂亮就不用特别会做家务（O，2014）；		来源为研究者的访谈①
生活抱怨		1. 结了婚，就不是一个人吃饱全家不饿了（K，2012）； 2. 结婚要改变很多，跟朋友相处的时间就少了，不自由（Q，2013）； 3. 为了抓住男人的胃当个煮饭婆（Z，2013）； 男人有钱不一定会养你，还是得自己有钱有地位，绝对不能为了男人牺牲自己的前途（T，2012）； 4. 结婚等于嫁给一家子人，尤其跟公婆一起住，他们都过着习惯的生活，女人却要舍弃自己习惯过的生活（M，2013）；	1. 其实自己一个人挺孤单，特别想有个家（O，2014）； 2. 为了娶老婆男人也是很辛苦，要有车子、房子、聘金、钻戒，省吃俭用（C，2013）； 3. 当老婆，本来就是要持家，相夫教子，必要时候肯定要适当为家庭做出牺牲……（H，2013） 4. 女的要说没感觉，就是说你磕碜；要是说不合适，就是说你穷（O，2014）； 5. 女的有时候就是特别小心眼儿，挺麻烦的（F，2012）		来源于研究者的访谈

---

① 该访谈内容均来自于受访的15名女博士和7名男性受访者，内容后面括号里的字母为身份代码，数字表示访谈内容获得的年份。原博士论文中有附录列表对受访者与身份代码关系进行说明，本节出于对受访者个人信息的保护，做了适当处理。

续表

	女人		男人		备注
	要求条件	自陈条件	要求条件	自陈条件	
婚后状态		1. 分散原本可以用来照顾自己父母的时间和精力，去照顾男人的父母（M，2013）； 2. 辛苦怀胎，还得承受生完小孩后的体质变差、身材变形的后遗症（Z，2012）； 3. 放弃其他追求自己的男人（Z，2012）； 4. 为了这个家消耗了最美的青春（D，2012）； 结了婚，就被冠上"某某太太"的称号了（T，2013）； 5. 同时承受工作和家事的双重劳动压力，跟男人一样赚钱养家（Q，2013）； 6. 得去适应一个完全不同的家庭环境和面对男人的亲友团的点评，亲戚的大事小情你都得操心费力，办不好还落埋怨（X，2011）； 7. 谁都可能遇到有小三来逼宫，想接着就干忍，不能过了就离呗（X，2014）。一般出轨也不轻易离婚，挺住，对付过，男的过了五十就自然回归家庭，没办法，现在社会风气不好，婚外情挺普遍的（Q，2014）。		1. 多一个人帮忙照顾双亲，挺好的（C，2013）（F，2014）； 2. 有人心甘情愿为我生孩子，特有成就感（C，2013）； 3. 跟我分担家务和分担养家糊口的重任，两人一起努力（H，2013）； 4. 多了一个人照顾自己日常生活（H，2013）； 5. 和没结婚的时候比，没什么太大区别，好像心里更踏实了（F，2014）； 6. 好好过，坚决不能整离婚了啊（H，2014）； 7. 男的出去玩，有时候逢场作戏，挺正常的，不是多大事，就看女的能不能想明白。男的不管怎么玩一般不愿意离散家庭（H，2014）。女的也有出轨的呢，若没有女的生扑，男的上哪儿出轨去？一个巴掌拍不响（O，2014）。	来源于研究者的访谈
工作		1. 一定要有工作，这很重要（J，2014）（Q，2014）（G，2013）；希望适合自己、自己喜欢（J，2014）（W，2013）（K，2013）（E，2012）；希望如果可能，最好不要太辛苦（Q，2014）（X，2013）（K，2013）（L，2011）； 2. 希望能够很好地完成工作，如果有机会仍然希望自己事业上有发展（T，2012）（D，2013）（J，2014）； 3. 如果能在事业上做出成绩，或者创业，实现自身价值，会赢得更多的尊重（J，2014）（X，2011）（Y，2013）（Q，2013）。		1. 有没有工作都可以，重点是要有空照顾好家（O，2014）； 2. 如果女方有一份好工作，能帮家里分担经济压力就更好了（H，2014）（F，2014）（N，2014）； 3. 不是很希望女方当领导，更不希望女方从事交际复杂、过于繁忙的工作（A，2014）（F，2014）（C，2013）。	来源于研究者的访谈

基于这些世俗中普遍的现实观念，选取一个典型又颇具争议的问题——女博士"缺爱""难嫁"的争论。我们首先假设：传统"淑女"以单纯成为贤妻良母、尽女性的天职为基本的人生观，以懂得和熟练掌握与日常生活相关的知识与技能（养育儿童、洗衣做饭等）为基本的知识观，以视家庭为世界、辅助丈夫成才、教养子女成人为基本的价值观。如果按照这些标准，女博士由于长期接受现代教育和系统学术训练，受启蒙思想中经济独立、人格独立、思想解放、自由平等思想影响深刻，显然是对传统女性人生观、知识观、价值观背离较为严重的一类女性。而按照启蒙思想的愿望，妇女的自由和解放能让妇女走向真正的幸福，那么摆脱传统"淑女文化"规约和束缚的女博士就应当是女性中最接近幸福或者是最有能力和资格获得幸福的人。基于这种假设，展开对这个话题的讨论与分析，探讨对于女性而言，启蒙的现代性是否寄予应许之幸福？在哪些方面、在多大程度上带给女性幸福感？启蒙思想在哪些方面造成女性的困顿？又是什么因素成为女性获得幸福的阻力？

话题：高知女的婚恋困境

事件：广东省政协委员罗必良在政协会议上有关女博士"缺爱"的言论引起热议。

起因：罗必良在2014年省政协会议参加分组讨论时说："女博士在上大学时不找对象，是很大一件事。""女孩子是一个产品，卖了二十几年，还没把自己卖出去。""从恋爱角度讲，读博士不是个增值的事，是贬值的事。"（1月17日）

反应：20日下午，华南师范大学政治与行政学院教授、博导王宏维邀请来自广外、华工、华师、中大等高校的近50位女博士、女博导及女性话题关注者，在华南师范大学召开"新闻发布会"回应罗必良的言论。与会者普遍认为罗必良的言论缺乏严谨的科学根据，甚至有违反相关法规的嫌疑，罗必良应该为此致歉。（1月21日）

回应：罗必良教授辩解道："当时正在讨论大学生就业难，我说女博士不仅不好找工作，毕业后也难找到好对象，所以建议女学生先找好对象结婚，做到工作和生活两不误。"（1月22日）

调查："新浪调查"网站以"政协委员称女子是产品，读博士贬值。你怎么看？"为题在全国范围展开的公开投票调查，结果（截止2014年2月4日）

如下：投票来源遍及全国大、中、小城市，并且此话题在北京、广东、上海等一线城市关注度明显高于其他省市地区。统计结果显示，64.9%的人批判或反对称女子是产品、读博士贬值的言论，21.8%的人认同或者表示理解，13.3%的人持中立态度。

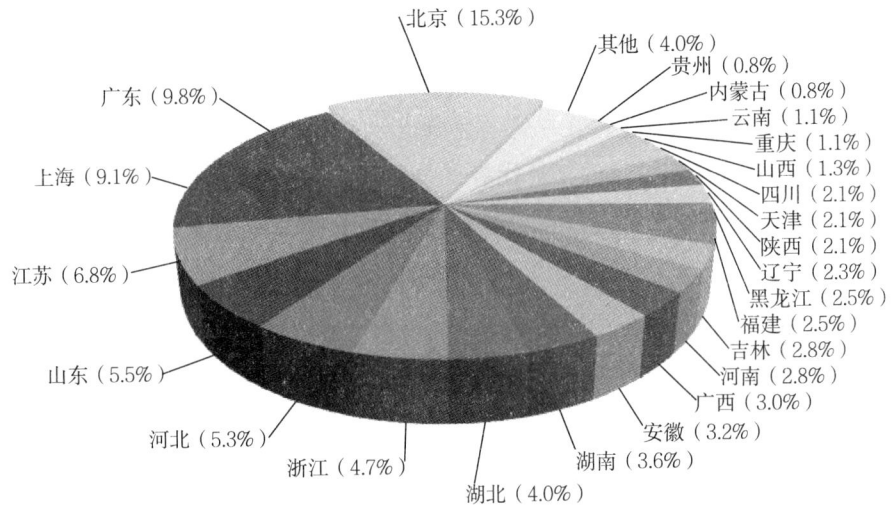

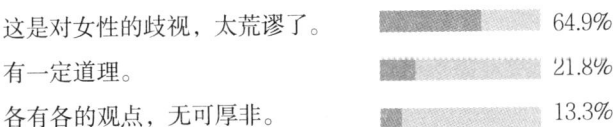

图 1-1　票源地统计及投票结果

这一事件引起了广泛的关注和讨论，中新网、人民网等网站也纷纷报道，可谓一石激起千层浪。我们不仅要看到这一事件被广为关注，更要追问这样一个事件何以得到如此广泛的关注和讨论？因此，以这一事件为引子，与几位高知女性及男性朋友进行了交流，归纳整理了一些感悟和思考。

(一) 女博士婚恋问题存在尴尬

P：以我的圈子为例，本人的大学同学有 190 位，其中 32 位女博士（我们本科的发展方向就是读博士）。研究生同学有 130 位，其中 10 位女博士（读博士有奖学金），目前的情况是：全部嫁出去了！很容易看出来，女博士

都是百里挑一，而且超抢手。

由此可见社会舆论对女博士往往存在一定的贴标签和妖魔化包装，而且在发达国家，或者发展中国家的发达地区，由于文明程度较高，高学历并不稀奇，并且社会认可度较高，可能在某种程度上成为择偶优势。

客观而言，现实生活中大部分的女博士过着平凡而大众化的婚姻、恋爱生活，但毕竟女博士自身的学习经历、思想层次、眼界心劲儿有一些特殊性，所以在婚恋问题上确实也存在一定的尴尬。

1. 修业年限决定婚恋的年龄优势丧失

有句俗语，用以形容这种尴尬最为恰切："香椿芽再嫩，过谷雨也没人要了。"虽说女博士在女性群体中文化素养、专业水平以及与此相应的社会地位和职业发展具有优势，但根据《中华人民共和国婚姻法》第二章第六条"结婚年龄，男不得早于二十二周岁，女不得早于二十周岁"，女性过了 20 岁便属于法定适婚范围，而对于女博士而言，根据北京大学出版社 2010 年出版的《中国博士质量报告》——"平均攻读博士学位所需要的时间为 3.54 年，平均毕业年龄为 33.17 岁"①，所以即便是一直不间断求学并且一帆风顺地按时完成学业，年龄也达到二十八九岁了。这个年龄在适婚女性群体中已然是"大龄女"了，在中国倾向于配偶年龄男大女小的文化氛围中，女博士的年龄以及由此带来的生育问题等成了减分项。

W：说女博士找对象难是有一定道理的

虽然说两条腿的蛤蟆不好找，两条腿的男人遍地都是，但是毕竟人熟悉的、可能的交往范围很有限，好的有的是，但是你不见得能幸运地碰到。在有限的范围里找符合自己标准的、自己喜欢的、同时也喜欢自己的、各方面没有硬伤的，然后相处下来又基本合得来的，其实不容易。尤其岁数在这摆着呢，所以就要学会珍惜、学会妥协吧。

Y：岁数大了，外貌和生育条件不占优势

读了博士拿到学位，最年轻也快三十了，跟二十几岁小姑娘肯定不能比，再加上被论文折磨个一年半载，确实会在外貌上受到一些影响。

一般男的都会考虑女方已经错过最佳生育年龄，虽然一般不会以此作为

---

① 佚名：《中国博士毕业平均年龄 33.17 岁 女博士比例上升》，载《长江日报》，2010 年 12 月 7 日。

拒绝找女博士的理由，但其实这方面真的挺受限制。

2. 高学历客观上导致择偶标准升级

高学历的女性在择偶方面的一个必然特点就是"要求高"，也因此总是被长辈指责"太挑""格楞子"，也往往被同龄人看作"傲娇女王"。事实上，高学历的女性大多是内心谦逊的，有精神追求，有自我主张，挑剔的原因一般不会是自诩为"高学历的知识女性"，而是更加看重精神层面的匹配度和心灵上的可沟通性。正是"把书读成了气质"，因此对于价值观不同的、没有共同语言的、不产生心灵共振的对象就自动屏蔽了；对内在需求的重视和不将就的态度，是导致标准高的主要原因。除了内在需求，高学历女性在对对象的外在标准上也是要求较高的，一方面，自己的能力和学历使得自身的发展和社会地位都比较好，因此要配条件相当的人，标准自然就会高。另外，在外在条件上，不容忽视的就是周围人的期待。很多高学历女性并不是自己把条件限制得很严苛，而是社会成见作怪，亲属的期待、朋友的想象，都是无形的手在推高择偶标准，所谓"把网撒大点，网眼弄小点"，就是这种公众期待的写照。

Y："愁嫁"是有原因的——要求高是一个重要原因

中国现在总共也就50万左右的博士吧，估计女博士也能将近20万吧，中国13亿人，女博士基本上算是万里挑一，所以女博士要求高，是正常的。

家长也不会愿意博士女儿嫁给一个专科生、本科生，会觉得亏。

虽然现在学历已经不太值钱了，学历不如女博的男人们，还是或多或少会心虚。

J：女博士特别不缺爱，但婚姻问题可能要纠结

社会上对女博士的看法太脸谱化了，根本原因就是可能他们见到的、听到的真实的女博士不多。

女博士会在挑选结婚对象的时候采用"广撒网、精挑选"策略，本着"以现阶段自身条件，尽力找到最好的"为原则，一般都会挑选有经济实力或社会地位的家庭或者男方个人能力卓越的。眼界要是高了，很难再降下来。

相信从更广大的范围看，女博士还都是女人中的佼佼者。而且在婚姻领域非常占优势，因为自动屏蔽掉自身素质、综合实力和自信程度不够好的对象，有优中选优的优势。

女博士找对象，绝对是少数人找少数人，肯定比专科女生找对象难得多，要求和标准不同了。

Q：精神成长力水平不同，埋下"错层"隐患

女博士要做研究，要经常看书，跟导师、同学交流学术，所以三四年下来，就算再不努力的博士，也是经过系统地专业学术训练了。在这个过程中，无论是从书本上，还是从与老师、同学的交流中，思想获得提升是必然的。

感觉层次拉开了，不管你是主动还是被动，确实有变化。

对很多事的观点、看法、处理方式、价值理解都慢慢会有变化，虽然不至于撼动婚姻，可是精神层面的共鸣减少确实有点影响幸福感。

思想层次起点挺高了，要想找到有心灵共鸣的、有共同语言的，其实有点难度。再加上其他硬件一限制，能成功牵手结婚的，那就是相当难得的缘分了。卢梭不是说过女人有才就是祸害吗，说女人"书读多了就是毒"，有一定道理的。

C：灵魂伴侣的选择，与学位无关

我老婆就是女博士，毕竟博士还是社会的精英群体，是少数人。所以多的找多的，很方便；少的找少的，很困难。

有的媳妇读了博士就离婚了，我想原因挺复杂的，比如出国了环境变了，异地聚少离多，有了新的诱惑，诸如此类的，总之就是感情没了、淡了。这种情况也不少，不过我觉得根本原因还是进步的幅度不同了，成长的进度不同了，慢慢变成陌生的了。这跟学习有关，跟经历有关，跟读不读博关系倒不是很直接的。

3. 学业"优势"性格成为婚恋"劣势"

众所周知，女博士都是在专业领域投入多年的精力，苦心钻研、坚持不懈，才能完成学业的。而且无论出于何种原因，女博士之所以会选择读博士这条艰苦的路，至少都是不甘落后的、有较强进取心的人。并且博士的学习和研究要求具有创新性，因此女博士一定是具备较强的独立思考能力、较强的批判精神、较为有主见的人。近于苛刻的严谨态度、追根究底的较真儿劲头、不断进取的好强品质、不甘落后的好胜心、咬住不放的意志力、不畏权威的捍卫主见的精神……这些放在追求真理的事业上是优秀的、珍贵的品质，但是若是移至家庭生活，无疑会成为悲剧。

Y：学业上的优势性格在生活上是劣势

好性格，那就是温顺，绝对是广大男性喜闻乐见的。可惜的是，女博士在一般人心中都比较有主见、自信，至少是有很强的意志力，否则不可能读出来。

女博士爱较真，爱较真的人不容易做朋友。还有最致命的一条就是完美主义，虽然不是所有女博士都这样，但相比非女博士，这个比例就高得太多了。我觉得是一直优秀的副作用，能考上博士并且顺利毕业取得学位的女博士绝对是人群中优秀的那类，包括跟男性相比。

X：女人太强就爱"刺硬"，很容易吃亏

以我个人的经验，女人无论在事业上还是生活上，最大的忌讳就是"刺硬"（脾气倔强，不服软，认死理，强硬）。我周围不少女强人，有的是博士，都因为这个离婚了。工作做得都特出色，在单位那绝对有话语权，说一不二的。回到家角色调整不好，就容易对老公、孩子也那样，为家里操碎了心，大事小情里里外外一把手。但最后费力不讨好，男的就在外面找人，最后离婚。

那些看上去各方面能力一般的女的，老公还都挺宠着；那些自己什么都能整明白、各方面都拿的出手的，不一定婚姻就幸福，就是这个道理。

家庭关系和谐的，基本上就是互相能包容的，一方强势，另一方就柔和一些，而且女人最好别当强势那角儿，没用不说，自己还整得很不快乐。

M：个性独立，不喜欢被别人插手私己生活

我的个性就是喜欢自己说了算，特别不喜欢被别人指手划脚，比如我就不喜欢婆婆以关心和爱的名义过分参与我的婚姻生活和插手孩子的教育。

如果条件不允许，哪怕借钱，创造条件也要独立生活，不能跟老人一起住。尤其是有孩子之后，教育孩子绝对是大事，要想管教好孩子，千万要自己带孩子。观念不同特别影响家庭关系，说是帮忙，其实很容易发生冲突而越帮越忙，到头来我们闹心、老人伤心。隔代教育对孩子也很不好，最好就是自立自强，自己顶门过日子，哪怕辛苦点，自己亲自带，亲自教育，养成好的习惯和规则意识之后就好了，孩子也能受益终身。

4. 学业占据大量时间精力，存在交往困境

以博士研究生和本科生比较来看，虽然修业年限相当，一般都是四年，在校园里方便接触到很多同龄的朋友，但是本科生的课程难度和学习要求相对研究生的而言是比较容易的，而且在学习之余有大量的社团活动、社会实践活动，生活丰富、有闲暇，有良好的人际交往的条件和氛围，结识志同道

合的对象的机会较多；博士生要在四年的学习中，完成基本的学分、课题研究、发表资格论文、完成博士论文，还要带着成果去参加各种学术年会，研究之余还要参与助研、助教的工作，因此巨大的压力感和紧迫感导致无暇顾及社会交往问题，而且交往活动也相对较少，认识合适对象的机会不多。这种情况在文科类专业中可能相对不是很严峻，对于理工类专业的博士则非常严峻。大多数理工类专业的研究是以试验为主的，研究生们会被实验、观测、记录数据、分析数据、汇总报告等这些繁琐而枯燥的工作牢牢牵制住，几乎所有精力倾注于研究过程，分身无力，分心无法，人际交往存在较大的困境。

Y：压力过大时人寻求交往的欲望会被压抑

很遗憾，对于理工科女博来说，这是真的。其实对男博来说也一样。为啥大家不去潇洒？为了要毕业啊！要发论文啊！据传现在国内博士因为发不出小论文延期已成常态，这挺让人纠结的。主要是影响心情，压力过大的时候人往往很多欲望都被压抑了，包括寻求交往的欲望。

L：哪有闲心谈浪漫

女人要想兼顾工作和家，有时候是力不从心的。

有的我带的研究生，长得都不错，学习都很好的，研究能力也不错，但真就没有对象，不是不好找，关键即使是有人介绍，也得有处对象的时间和精力。她们学业压力都很大，而且为了以后能留在医院工作可能还得接着读博士。

从专业发展上，我肯定愿意让我学生发展好，能读个博士，工作机会也能好一些，但是从朋友也好、她们的姐姐也好的角度，我真的劝她们慎重，毕竟女人还是到适当的年龄得有个家，有个依靠。

我现在就想，以后我有孩子，不管男孩女孩，可不让他学医，像你学教育，以后当个大学老师就挺好的，一年两个假期。在学校里，环境好，找对象也都愿意找老师，这个职业比当医生强，至少时间上能自由些，精神上不那么紧张。

（二）启蒙之幸福神话再思

1. 幸福更多是主观的

B：为见证两个女儿成长放弃年薪20万，很值得

整天寻思赚钱，总想等赚够钱了就回归家庭，享享福，但是赚钱哪有赚

够的时候呢？就算有那么一天不想赚了，回头一看，我两个女儿都成人了，都嫁人了，我错过了她们的童年，错过了陪她们成长的机会，一辈子都会遗憾。

我想了一段时间，就跟家里人商量，把工作辞了，回家做全职太太，当时我的收入水平大概是一年20万。

就这么考了博士，边学习，边陪两个女儿，每天看着她们的变化，我真的觉得特别值，很幸福。这种感觉是钱买不来的，也是我以前没有体会过的，真的就是幸福，觉得自己当时的决定是对的。

女性幸福感的来源有很多，但主要来自于日常的生活，来自于夫妻恩爱或是父母关爱，来自于点点滴滴的生活感受。因此，女人的幸福感大多寄托在稳定的生活基础、无忧的经济条件、安全的生存环境及和谐的夫妻生活之中。

2013年，由大连多家媒体和相关部门公益发起"寻找幸福女人行动"揭晓的"大连万名女性幸福指数问卷调查结果"显示：（1）社会主体工薪阶层女性的幸福指数普遍处于中上层次，收入并未过深影响工薪阶层女性当下的幸福感；（2）高调的爱情，在打造"幸福感"这样的实用价值面前，比不上低调的亲情，这也意味着多数女性的爱情幸福度有很大的提升空间；（3）部分女性因心理作用产生矛盾，认为收入影响幸福，但调查发现，在心理感知上，现在的幸福感与收入无关，只是心理认知矛盾；（4）虽然部分女性认为收入是影响幸福的因素，却并未因这种"认为"而影响关于未来的幸福感，多数女性能够在意识上正确把握"收入对幸福影响的尺度"。年长些的女性大多对幸福的定义是"孝顺的子女，乖巧的孙辈，健康的身体和相依相伴的老伴"；中、青女性对幸福的理解则是"丈夫的包容与陪伴"。总体上看，收入的高低并未影响女性的幸福感，而女性的幸福感大多来源于亲情，大于爱情和友情。[①]

幸福既是客观的，也是主观的，但更是主观的。经济基础和环境稳定性自然是幸福的重要保障，但主观幸福感（Subjective Well-Being，简称SWB）[②]才是衡量人生活质量更真切、更生动、更具整体性的考量。在这种意义上，决定人们是否幸福的并不是实际发生了什么，关键是人们对所发生的事情在

---

① 王燕婷、杨璐：《幸福感大多来源于亲情》，载《大连晚报》，2013年10月28日。

② 主观幸福感主要是指人们对其生活质量所做的情感性和认知性的整体评价。是积极组织行为学一个子概念，属于心理学中一个比较冷门和前沿的类别。

情绪上做出何种反应,在认知上进行怎样的加工。主观幸福感虽然是一种主观的、整体的概念,但也是一个相对稳定的值,用来评估相当长一段时期的情感反应和生活满意度。总的来说,主观幸福感的男女差异不显著,但在不同维度上,两性的差异还是存在的。女性在积极情感和消极情感的体验上,都比男性更强烈,但在总体的主观幸福感水平上又与男性相当。①

结合这些讨论,反思启蒙的现代性为女性勾勒的解放图景,会发现存在一些误会:女性走出家门就意味着女性解放,倡导男女权利的平等就能让女性获得公正的对待。其实这是对女性权益的扁平化理解,一方面,狭隘地认识了女性的价值;另一方面片面地理解了平等问题。女性的价值不应只通过她所能创造的经济价值来衡量,并不是更多地参与社会生产并创造越多的经济价值就代表这个女性越有价值。这种想法实际上仅仅把女性作为工具看待,只看到客体性价值,而忽略了女性的主体性价值和介体性价值。女性的价值可以体现在很多场域和很多层面。女性即使做一名全职太太,她的价值也是不可估量的:她为家庭提供了饮食、清扫、洗涤、育儿等家政服务,这些如果用外请服务人员来做也是不小的开销。所以女性的家政劳动理应受到情感上的尊重和感谢,也应当获得公正的价值评估。此外女性作为女儿、妻子和母亲,她本身就是一种软环境。软环境良好,会影响整个家庭氛围的良性发展,这就是女性的介体性价值。女性通过生育、教育子女、照顾家庭的过程体认自身的多重角色,实现对自我主体性的确认。女性的主体性价值本就是蕴含在与家庭、亲人之间的互动关系中,所以不能简单说女性的解放就是走出闺阁,或者经济上独立了就是解放。需要认识到,平等、平均、均等不是一回事。不能理解为男性可做的事情女性皆可以做,男性能从事的事业女性同样可以从事,这就是平等,显然是太形式化了。男女平等的前提在于承认两性是不同的两类人,并且在很多方面存在差异。为了不因为天然的差别而演绎出不公正的对待,才要呼吁权利的平等。恩格斯说:"无产阶级平等要求的实际内容都是消灭阶级的要求。任何超出这个范围的平等要求,都必然要流于荒谬。"而激进的女性主义把性别关系看作阶级关系,因此她们要求的平等就是消除男女差异,这显然不切实际。这种理解的最大贡献就是提供一种反叛力量,去否定既往实存的对女性形成的制度性压迫,但平等或许是一种权利,却没有任何力量使它完全变为现实。

---

① 王芳、陈福国:《主观幸福感的影响因素》,载《中国行为医学科学》,2005年第6期。

2. 潜在"次优止损"法则

启蒙精神鼓舞女人，应该有追求至高真、善、美的权利和自由。所以，法国大革命才会涌现一批女性豪杰，在女性思想解放运动中的作用不可替代。女性努力完善着自身——从自我意识觉醒之时起，就努力寻求智识上的进取和能力上的拓展。时至今日，越来越多的女性在诸多领域取得可喜可敬的成绩，我国博士生中女性的比例已经从 1998 年的 21.9% 提高到 2006 年的 35.7%。[①] 但如前文所讨论的，女博士在婚恋问题上存在一定程度的尴尬，甚至不如文化水平较低、经济能力较差的女性。自我提升和追求家庭生活完美的努力反而成为女博士追求幸福的阻力，这是男性和女性对于幸福的认知差异导致的，实际上也从侧面反映出男性择偶观存在问题。

H：找媳妇又不是找学历证书

我认为大多数男性找女朋友和找媳妇的心态和标准是有差别的。找女朋友首先看外形，漂亮很重要，即便很多男人不愿意直白地承认，但我认为这是事实。除此之外，女朋友当然越优秀越好。能在很大程度上满足男人虚荣心，并且证明自己能力不一般。但是找老婆可能不是这样的标准。

我相中她（指自己的妻子），认为可以作为结婚的对象，最重要的原因是她非常孝顺，对父母好；第二，是她会做饭、会收拾屋子、会理财，就是非常适合生活；第三，就是她不是个物质欲望强的人，即使是过苦日子她也不觉得有什么委屈。我俩现在都是全日制博士，每个月就是学校发的那点补助，合起来就两千多块钱，她仍然能让我家吃得不错。勤劳，会过日子，容易满足。

如果她只是有学历，只是长相我很喜欢，其他方面都不怎么行，我绝不可能愿意结婚。毕竟男人找的是居家过日子的媳妇，不是一张学历证书。

许多中国男人认为，找老婆不要找太有想法的。这成为许多男性潜在的择偶原则。在这个标准背后其实是中国男人的自卑——害怕女人的需求层次太高，自己 hold 不住。按照马斯洛的需求层次理论，可以明确"需求"和"满足需求"的匹配度在两性交往中的重要性。首先，女性比男性更迷信爱情。有研究揭示爱情的产生与激素密切相关。美国科学家（H. Fisher of Rutgers University）建议将恋爱分成三个阶段，每个阶段又各有其相应的化学物质，简

---

① 佚名：《中国博士毕业平均年龄 33.17 岁 女博士比例上升》，载《长江日报》，2010 年 12 月 7 日。

称爱情激素：(1) 欲望阶段。表现为想念、思念和惦念对方。爱情激素是睾酮（testosterone）和雌激素（oestrogen）；(2) 诱惑阶段。与多巴胺、去甲肾上腺素和血清素有关；(3) 依附/依赖阶段。是恋人能否终成眷属的阶段。催产素和血管紧张素是这一阶段重要的爱情激素。可见生理需求是产生爱情的基本前提。正是生理冲动产生激素，才有了进一步发展的可能。其次，是对安全的诉求。很多女人的需求层次是较低的。尤其是中国女性，由于精神不够独立以及社会文化环境影响，能够在安全需求层次获得满足已然很好，启蒙之前基本都停留在"嫁汉嫁汉，穿衣吃饭"的层面。再次，是社交需求。在中国这种"关系社会"，社交需求格外重要。在社交需求层面，已经可以解释90%的女性择偶行为。至于更高层次的需求，例如尊重、审美、自我实现，这些都是要依靠经济与文化较高水平的发展作为支撑的。因此，男性在择偶的时候，并不一味地追求高层次女性，保险起见，更多依据"次优以止损"原则进行选择。

让人降低自己的需求层次，去和一个低需求层次的人在一起生活一辈子，是一件注定要痛苦终生的事情。人生来就是独特的，但大多数人的人生是一个逐渐变得庸俗的过程，因为人要变得庸俗不需要付出太多努力。读书越多，思想越丰富，在自己的道路上走得越远，也就越难以遇到十分适合的婚姻对象，这也是优质剩女不断涌现的原因。排除个体性格和条件差异的限制，单纯考虑这种结构性失衡现象本身，问题主要不是出在这些优质女孩身上，是男性择偶价值取向出了问题。按正常思路，寻找到的伴侣应当是层次高为佳，因为伴侣的层次在一定程度上反映出自身的品位和层次。但之所以大多数男性主动放弃这种冲高层次的机会，就在于越往高的需求层次走，维护成本就越高，1+1<2 就越容易成为常态。所以，寻求次优而非最优既是一种止损策略，也是一场精心地博弈。

(三) 传统女性观念三思

1. "嫁得好"确实很重要

传统女性婚姻观念中，一条最为耳熟能详的认识就是"学得好不如嫁得好"，更有一种说法是"婚姻是女人的第二次投胎"。这种观念曾一度被批判为庸俗的、堕落的、无知的观念。从倡导女性自我完善、增进修养、提高能力、自立自强的角度批判这个观念，当然是很有立场的。而且教育越是发展，越能促使女性不期望依赖婚姻改变命运，而是通过个人努力进取，用知识改变命运。按这种推断，女博士应当最反对"学得好不如嫁得好"的观点，或者至少不把这种论点作为生活信条。可事实真的如此吗？

E："学得好"就是"不如嫁得好"

我非常认同"学得好不如嫁得好"，无论这个"好"的标准是什么，"学得好"就是"不如嫁得好"。如果认为"好"就意味着经济上富足，吃喝不愁，那如果能嫁入豪门，当然比你自己变成豪门相对简单和更容易，毕竟女人靠自己做事业很辛苦。如果认为"好"就是"有地位，有权力"，那如果嫁给当官的或者官二代，就是好呗，少奋斗多少年呢！也有认为"好"是有精神上的吸引，那就是找个真爱结婚，多好啊！这几种哪个都比自己苦学好，使劲学可能也不见得能有什么重要的成果。再说即便是在学术上很有名气，在专业领域很有建树，一说是单身剩女，或者对象找的不理想，或者离婚了，总觉得是个很大的遗憾，人生就缺彩。

G：女儿以后嫁得好我才放心

虽然她现在学习非常好，但是我并不希望她以后像我一样读博士。当然如果她自己要求一直读书那就随她，我倒是觉得读到研究生，就可以了。先找对象、结婚，生不生孩子这都无所谓，但是一定要在适当的年纪把婚姻问题解决掉。之后她愿意读书就读书，愿意干嘛就干嘛。

"男怕入错行，女怕嫁错郎"这句话太对了，女人挑老公比找工作更要擦亮双眼。虽然婚姻其实是带有赌的成分，而且输不起，但是必然要去赌的，还得争取赌得赢。即使输了，也只能认了。运气好的话，还可能再次找到合适的，但我认为还是原配夫妻最靠谱了。所以决定嫁之前要考虑得很慎重才行。

W：好的婚姻比学业优秀更重要

虽然我是博士生了，也确实认为学习很重要——不然也不能这么多年坚持学，但是如果要让我在读博士和结婚中只能选一个，我肯定会选结婚的。

读博士本身就是考虑到就业问题，本科不好找工作，硕士吧……倒是找工作够用了，但是很难称心，总是觉得上上不去，下下不来的，尴尬。所以说既然有机会，那就读博士吧，毕业可能选择余地大点。

人无论是学习，还是工作，最终都为了生活。生活中婚姻又是非常非常重要的。工作可以将就，不满意可以换，但婚姻不能不谨慎，不能不稳定，不能不幸福。

Q：如果重新选择，标准会有变化

当初我找对象的时候，标准很明确，就是学习要好。

不过随着阅历增长，加上亲历过日子的现实，再加上读博士，换了新环境，看看周围人的生活，我觉得以现在的心态和眼界，如果回到当时让我重新说择偶标准，会跟当时不一样。都说"学得好不如嫁得好"，越想越对，即便按照最世俗的理解，我都觉得其实还是说得通的。

过日子，经济就是基础，不管你是否愿意承认，有钱就会避免很多问题。当然也可能带来新的问题，但有一点很重要，有钱人的痛苦和穷人的痛苦绝不是一个层面上的。就像你吃不起大鱼大肉所以只能啃苞米面和人家吃大鱼大肉吃烦了回过头想啃啃苞米面，那滋味绝不是一样的。

我试探过我女儿，关于她的择偶标准。她才七岁，她说找个有车有房的，有钱给我花……内心真的觉得现在小孩看问题准呐！从做母亲的角度，就是希望女儿过上衣食无忧的生活，不要太辛苦，这就是最基本的。而且虽然她学习挺好的，特别爱看书，但是我并不期望她以后跟我一样读博士，随她喜欢，只要把婚姻这事整明白比啥都强。

2. 外显依赖，精神独立

很多女性容易犯一个错误——外显独立，精神依赖。在古代，女性身心都依赖于丈夫，被子女捆绑。启蒙思想确实给了女性对于独立和解放的最初理解，当时社会政治、经济、文化情态的剧变，女性被压抑已久的激情猛然喷发，使女性对启蒙精神的践行集中在外显的部分——职业自由、经济独立、地位平等、行为解放，沸腾而繁华。但事实上，外显的解放行动没有等待内在灵魂的真正解放，甚至，女性在精神上产生了更多依赖。以婚姻为例，旧时代的婚姻，是父母之命、媒妁之言。女性从礼教规范上自然是依赖丈夫、依赖家庭，但精神上也保有自由的张力，"女书"（Womanese or Nushu）[①] 的存在就是一个有力证明。而自恋爱自由、婚姻自由流行后，女性在选择权上获得了自由，是历史的巨大进步，但同时也迎来了新的捆缚——精神依赖。

---

① "女书"又叫作"女字"，当地人称为"长脚蚊（长脚文）"，是由民间妇女创造的一种汉语方言的单音节文字。"女书"是世界上唯一的女性专用文字，是一种独特的文化"化石"。其起源和主要流行的地域是湖南省永州市江永县上江圩镇，所以又叫"江永女书"。女书靠母传女、老传少的自然方式传承，具有独特的社会功能。作品长的可达四五千字，短的只有几十字。绝大部分为七言诗体唱本，其载体分纸、书、扇、巾四大类。内容大多是描写当地妇女的婚姻家庭、社会交往、幽怨私情、乡里逸闻、歌谣谜语等。

因爱情而产生难舍难分的情感依赖无可厚非，夫妻之间因共同生活形成精神依赖也天经地义，但"度"的把握尤为切要。精神依赖过甚直接导致女性失去自我，而失去自我所引发的任何一种后果都是悲剧——差别只在程度——主体性的丧失使本来立意于解放的自由堕落为迷茫。正是因为女性逐渐体会到了这种精神上更深刻的隐痛，才会滋生另一种觉悟——外显依赖，精神独立。这无疑是精致的利己主义者的"丛林法则"。

T：绝不能把自己的人生绑在男人的裤腰带上

我很小的时候，父亲就抛下我和我妈，跟别的女的走了。特殊的童年经历让我精神上非常独立——我不可能信任任何一个男人，更不可能把我的人生绑在某一个男人的裤腰带上。对男人我是缺乏安全感的。

但是我依然不会选择单身。我会结婚，是因为我需要在什么样的年龄就做什么样的事，就像到点了得吃饭一样，我到点了就该嫁人。我找丈夫的原则就是以现阶段我的层次找我能找到的最好的。我从来不会奢望什么白头偕老。人生的变化太多，所以就关注好当下，谁能肯定陪谁走一辈子呢？

我的策略就是该弱小就弱小，该强硬就强硬。总体上要表现出很依赖他，但是我内心始终是独立的。毕竟我不认为哪个男人是一定靠得住的。

Q：结婚了也要有自己的追求

我就经常觉得自己是不是婚结早了，孩子生得早了。

直到我出来读博士之后，看到你们年轻的小博士，才知道原来生活可以这么多姿多彩。所以有时候会后悔自己没有所谓的青春年华，会后悔从毕业到现在这段时间是虚度了，没有什么理想啊、追求啊、冒险啊、挑战啊……都没有，十年过得跟一年一样。

所以我体会，女人要想活出自我，即使结了婚，也不要放弃自己的梦想。即使是再爱自己老公，也不要改变自己的信念。

X：婚姻的本质是经济合作社、利益共同体

我和我的爱人之所以能够从相识到现在这么多年，中间还经历了异地恋，都没有发生过狗血的剧情，拥有稳定的婚姻、和谐的关系，从根本上说是我们对生活、对爱情、对婚姻的认识和理解是一致的、是理性的。在我看来，婚姻的本质就是经济合作社、利益共同体。你听起来觉得这可能太过现实，显得冷冰冰的，但是其实很多婚姻的失败都因为给了婚姻过分的期待——类似童话般粉红色的幻想——因此也给婚姻中的双方带来无尽的要求和达不到要求的苦恼。其实你认清了婚姻的本质,就会对一切鸡零狗碎的小事淡然一笑。因为你知道你跟这个人就是要过日子,过正常日子,这就够了。

3. 有些"自由"太昂贵

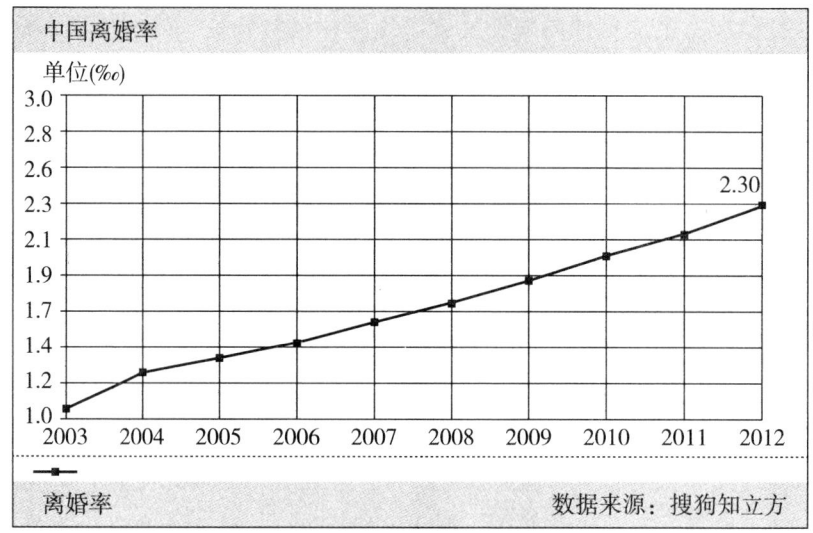

图1-2　2003—2012年中国离婚率

在现代社会,单身主义的、离婚的现象早已见惯不怪。越是经济发达的城市,就有越多的人不想结婚或者很晚结婚。离婚率也居高不下①,逐年上涨(见图1-2)。2013年,民政部发布《2012年社会服务发展统计公报》显示,2012年共有310余万对夫妻办理离婚手续,比2011年增长8%,离婚率为2.3‰,比2011年增加0.2个千分点。而结婚率则为9.8‰,比2011年上升0.1个千分点。根据民政部提供的2003年至2012年的数据对比,2012年国人离婚率增幅首次超过结婚率增幅。② 结婚率增幅低于离婚率增幅,意味着婚恋、家庭观念的变化使得适婚年龄的男女结婚的意愿弱化,不愿委屈地"搭帮过日子,凑合一辈子"的人在增加。显然这是个值得关注的问题。一方面,暴露了社会道德教育和公序良俗建设式微。加之结婚和离婚的程序简化,婚

---

① 据2012年的数据统计显示,中国离婚率排名前十的城市和比例分别为:1. 北京39%;2. 上海38%;3. 深圳36.25%;4. 广州35%;5. 厦门34.9%;6. 中国台北34.8%;7. 香港特别行政区33.8%;8. 大连31%;9. 杭州29%;10. 哈尔滨28%。参见《中国离婚率前10位城市排行榜》,载《扬子晚报网》,2012年9月26日。

② 《中国离婚率增幅十年来首超结婚率》,载《中国妇女报》,2013年6月26日。

姻的神圣感弱化，人们对离婚的态度越发宽容，对婚外情、第三者等社会问题见惯不怪，不以为耻，甚至有些反以为荣的倾向，缺少道德和舆论上有力的规范和导向，不良社会风气对婚姻家庭的冲击有扩大化的趋势。另一方面，这种现象在一定程度上昭示了文明的进步。"中国正在通过几代人完成核心家庭转变，即以亲子关系为轴心转向以夫妻关系为轴心。在转变过程中，夫妻双方的感情越来越为个人所看重。"①以往婚姻用共同的经济利益、生育关系等利害关系来捆绑夫妻双方，现代婚姻更多的是依靠情感、文化和性等内在纽带来凝聚夫妻关系。如今婚姻作为一种"心理—文化共同体"更多的是通过精神层面的力量维系，越是受教育程度高的女性对于婚姻内"精神饥饿"的隐忍度就越低。这与家族主义的婚姻模式比确实更脆弱，但有利于保证婚姻质量，让婚姻回归人性本真，更文明，也更进步。

随着社会经济的转型、人文环境的变化、思想行为的解放，人们的婚恋观变得复杂多元。女博士应当是女性中思想进步、开放程度较高的，自我意识也较为强烈，但通过访谈和观察，大部分女博士对于单身、离婚等问题的看法仍明显受传统的婚姻家庭观念影响明显，也表现出理解—认同—践行之间的落差。

K：婚姻靠缘分不靠努力

（单身时）

单身挺好的，一个人吃饱全家不饿。自己管好自己这点事就行了，不用担心别人吃喝拉撒，也不用关心别人的喜怒哀乐，自己赚钱自己花。我一个月四五千吧，自己花就比较宽裕了，喜欢吃的喜欢穿的，想买就买了，化妆品也可以挑好的用。但是要是有家，那就完了……呵呵。

我父母以前着急，现在也习惯了，不着急。我自己更不着急，因为着急也没用。不能因为岁数大了就将就、对付一个。都已经挑到这份上了，更不能妥协了，就得坚持挑下去。找老公要以后一起过后半辈子，对付个一天两天的，有啥不满的都能忍，但是能对付一辈子吗？要不是十分可心，自己也遭罪，那还不如自己过呢。

（处朋友后）

我对象学设计的，挺有自己的想法的。最让我称心的就是他什么事都能

---

① 《中国离婚率增幅十年来首超结婚率》，载《中国妇女报》，2013年6月26日。

处理，不用我操心，我就是不想操心……

我俩不打算要小孩，这方面我俩有共识。因为小孩很麻烦，小的时候你就要为他赚钱、为他操心，等长大了，就跟别人跑了。养孩子的话要么就是添麻烦，要么就是指不上。

（结婚后）

我觉得婚姻就是靠缘分的，跟自己努力一点关系都没有。不像写论文，你努力看书、思考，早晚能写出来。爱情、婚姻，都得是两人一起努力，还得往一个方向努力，但凡一个人懈怠了、退缩了、放弃了，就失败了。所以这不是努力就行的事。天老爷配婚姻，缘分都是既定的，该来的时候就会来，等着就行。

S：单身主义可以理解，但最好不要

我接触过几个单身大龄女博士，她们本身可能不见得很着急。心态还都很好，基本上都过了三十四五，仍挺淡定的，而且有自己的坚持——宁缺毋滥。

女博士和剩女没有必然的联系。即使不是女博士也存在剩的问题。我个人在某种程度上赞同宁缺毋滥的观点。毕竟人生苦短，不能对付，所以找不到十分可心的，就单着。只要自己不觉得难过，也不是什么不正常的事。

恋不恋爱、成不成家都是个人的私事。一些女博士愿意一直单身，反而生活得蛮有品质的，至少在外人看来挺潇洒的，谁也不会说这就是"贬值"了吧。

但如果是我，我可能做不到一直单身。毕竟中国社会习俗是男大当婚、女大当嫁。到了该结婚的时候一直单着，确实不合常理，会被别人指指点点。虽然现在越是发达的一线城市、越是高学历的优质的女性，就越多单身贵族或者不婚族，见惯不怪了。但是从人性角度看，无论从生理还是心理，有一个稳定的伴侣还是有助于身心和谐的。

Z：为了孩子，选择隐忍

就在哺乳期，我得知他（指自己的前夫）和他女同事搞婚外情……他们是在我怀孕期间好上的。我全身心放在家里，放在孩子身上，所以没察觉……当时非常受打击，但是我还得照顾我儿子，他那么小，我还要喂奶，所以就冷静处理了，协议离婚……当时我们双方父母年龄都大了身体不好，不想让他们受刺激，就没告诉。对孩子也假装没离婚，还都住在家里，只是分房居住，他在外面怎么样我也不管。当时就想至少在我儿子懂事之前，别让孩子感觉到家里有变故，怕给他留下心理阴影。

我为什么就不能原谅？其实道理很简单，你的牙刷，别人拿去刷牙了然后你还会用吗？肯定觉得恶心。信任就像一张纸，一旦揉皱了，就算重新抚平也终归是留下痕迹了。夫妻没了信任，没可能再有幸福。

其实很多离婚都是不得已的选择。但凡能够继续，都不会轻易离婚的。尤其有了孩子，会因为心疼孩子，不想让孩子受伤害，就宁可妥协、隐忍、委屈自己，是没有办法的办法。

D：婚姻，到最后就是亲情，无所谓对错

知道我为什么选择读博士吗？因为我得知，我爱人外面有人，而且还是个博士……他说他不可能跟我离婚，因为他根本就没想过离婚。……我一度觉得这个打击太大了，毕竟这么多年，从一无所有，相互扶持，到有今天的生活，我以为我们的感情坚不可摧……其实我也不想离婚，毕竟我们有女儿，而且我们都爱女儿，可能这也是唯一的共同点了。我们在家里变得越来越不亲密，甚至没有拥抱，也很少说话……所以我决定换个环境，考博士！一方面，凭什么她（指丈夫的情人）能读博士，我不能呢？另一方面，我也是眼不见心不烦，出来充充电，回到学生的状态，静心。

正像很多人说的，男人中年的时候，谁没个晃神儿的时候？只不过程度不同吧！到老了，就收心回归家庭了。过日子，到最后就是亲情了，什么爱情不爱情的，就那么回事儿。

这些年他专注做事业，我们家里的大事小情、洗衣服、收拾屋子、做饭、接送孩子、辅导孩子作业……都是我承担，公公婆婆生病也都是我伺候，也算是个不折不扣的贤妻良母吧！我自问没有哪里做得不好，他也说我很称职，没得挑。但就是有感情、没激情了……

我们现在就达成默契了，对于他在外面怎么样我不关心，他工资卡还是放我这，家里有任何事跟他说，他都很上心地处理。在孩子面前也都还和以前一样……所以有的时候婚姻走着走着，就剩亲情了。有些对错，揪着没什么意义。这就好比，如果我有个儿子，我儿子犯了个错误，我即使生气也不会跟他断绝母子关系，一个道理。

离婚，可能这一步不好迈，毕竟拗不过旧观念。一旦离婚，我姑娘就变单亲了。我这岁数再找合适的也难，不得找五十岁开外的啊。而且现在他有钱还都拿回家，还管他姑娘，一旦离婚了，可就不一定了。所以现在的状况虽然不好但不至于太坏，权衡利弊，就只能选择妥协。安慰自己，难得糊涂吧。

基于以上对于婚姻、恋爱、单身、离婚问题的故事，的确带来一些情理之中的意外。

一方面，女性由于享有受教育的权利和参与社会工作的权利，大多数的知识女性已经突破了传统的以家庭为核心，以妻职、母职为核心角色的定位，更多地意识到自我的独立、自由，更多地寻求在家庭以外的场域获得安全感和认同感。同时由于现行制度并没有提供给女性以充分的关怀和保障，在就业、从业问题上的弱势地位和在竞争环境与评价标准上的两性同质化，以及女性家庭职责定位的封建性和劳动付出得不到公正的价值评估，都使得女性逐渐感到家庭支持力的有限性和关怀与理解层面的精神饥饿。导致女性不愿再过多地承担家庭的责任，尤其是高知女性更愿意把精力和能力转移到工作场域以获得成就感和安全感。这就带来一种副作用，即导致男性在家中传统的"领导人"地位衰弱。男主角色"失宠"，甚至"交权"给女性。女性戴上强势的面具以自我保护，不愿意过多地迁就、奉献和牺牲。晚婚、不婚、离婚、丁克现象日趋严重，客观上呈现出女性在"妻职"和"母职"上某种程度的"放弃"。如果以个体自由意志为考量，无可厚非。但从群体的角度，置于长时段考量，恐怕就会带来更多的社会问题。比如：单亲家庭子女增多及由此引发的青少年情感缺失问题，后组家庭环境下子女教育和生存问题，社会少子化现象及老龄化问题，社会弱势群体的生活保障问题，由于家庭情感缺失造成青少年心理障碍甚至引发的犯罪问题等。

另一方面，我们预设由于女博士思想独立，观念开放，经济自由，自尊心强，好胜心强，这些特性会让女博士至少在"学得好不如嫁得好"的问题上更倾向于"学得好"，在结婚的问题上不会受社会习俗的限制而"将就"，在原则问题的处理上不会由于现实的考量而"妥协"，甚至会飞蛾扑火般追求身心自由和狂热地投入自我实现之中。不过看来事实并不能证明我们的假设。虽说只是一些个案，但也给了一个直观感受——幸福的状况大体相同，无外乎尊重、包容与理解；不幸的状况却多种多样，总是和复杂的社会环境、心理状态、文化氛围交错。对幸与不幸具有决定性作用的力量主要来自家庭。虽然个体的观点和选择既不能代表总体，也不足以就此形成确定性的结论，但至少提供了一种理解：女性观念的形成和女性的行为逻辑，是生活本身塑造的，是实践理性的，是现实主义的。最重要的在于，那种宣扬自由、解放、理性、主体性的启蒙精神作为理想在其中只是提供了一种反思的立场和挣扎的力量，而启蒙唤起的激情和浪漫主义的情怀终究是贵族式的享受，盖不过真切的生活。

二、失衡的定见——职业问题中的女性角色定位

话题一：职场中女性的优势

事件：人民网《环球人物》专栏报道《在美国，女富豪增长速度是男富豪的两倍》，并大胆指出，未来的商界，将是女人的天下。

溯源：2014年新年伊始，《福布斯》网站上刊登了一篇文章，认为由女性管理的企业在新的一年将会取得更大成功。在美国，近年来资产1000万美元以上企业数量增加了20%，而女性当家的此类企业增加了57%。2013年，风险资本对女性管理的企业投资比上一年增加20%，此类企业得到的合同也增加了221%。道琼斯公司发布的一份研究报告指出，风险投资所支持的企业中，如果有女性当高管，成功率会更高。[①]

调查：《环球人物》杂志记者根据此问题进行了调查采访。

（调查一）访谈大型跨国企业白领——女高管很有人格魅力

女高管有的是华尔街数得上的女强人，有的是某专业领域里唯一的"花木兰"。她们的共同特点是非常聪明、非常漂亮。有的即便长相不漂亮，也非常善解人意，总之都"很讨人喜欢"[②]。

（调查二）美国网络营销公司CEO波匹柯的成功故事——稳定团队的关键

"作为企业家，最大的苦恼就是如何留住好员工。在硅谷，很少有员工乐

---

① 江明：《未来商界，女人的天下》，载《环球人物》，2014年第3期。
② 美国作者格萨梅在《女性如何统治未来》一书中说，女性天生就拥有21世纪所需要的领导才能，她们重视合作、交流、共享。还有研究者认为，女性比男性更能很好地结合直觉和逻辑思维，更擅长与下属交流，建立和维护良好的团队，留住人才。在以高科技企业为代表的新经济以及金融、法律等高端服务业中，人才是一个公司最重要的资源，谁能留住人才，谁就是好的管理者。

意'终身服务',为了福利和薪水会不断跳槽。"通过观察和思考,波匹柯①找出了稳定团队的三大关键。②

(调查三) 一个女性国际职业组织的创办者克劳切克的示弱——正视失败

女性比男性更不怕展现自己的弱点③,这让她们变得更加讨人喜欢。有心理分析师认为,适度地显示自己的缺点和不足,是赢得对方好感的重要手段,自我感觉太好的人则令人讨厌。

(调查四) 女性对财富管理的优势——能力强,敏感度高,成功率高,追求完美

女性领导的私人科技企业,资金利用效率更高,投资回报率比男性管理的企业高35%,营业收入也比男性企业高12%(美国考夫曼基金的报告)。

女性领导的高科技公司,在获得风险投资之后往往早期就能赢利,而且平均比男性企业少用1/3资金(某风投公司调查报告)。

在美国,22%的天使投资人是女性,而且增长迅速。④

有估计,到2030年,2/3的美国财富将被女性控制。⑤

女性比较挑剔的天性也转化成了女企业家的竞争优势。⑥

企业研究人员拉里·基利分析了30年的创新企业数据,发现女性解决问题的方式和男性不同,她们往往不是寻找一个简单的答案,而是设法提供全

---

① 波匹柯用十多年的时间,把企业员工从一个使用便携式空调的小办公室,带到旧金山数千平方米的海景写字楼。在这个过程中,有的员工离开了,但有一批老员工一直跟着她。

② 首先是员工与企业的"基因"一致。"如果一个员工加入你的公司时,对公司事业的理解和你一致,那么他通常会长期工作下去。"其次是员工喜欢自己的工作。美国心理协会曾经在2012年做过调查,67%的美国人认为自己留在一个公司的最大原因是喜欢这里。第三是工作环境适合他们的生活方式。

③ 克劳切克创办了一个女性国际职业组织,资产过千万美元,但曾在美国银行和花旗银行担任高管的她也有"丢脸"的经历——两次遭到解雇,可贵的在于她并不隐藏这些,仍乐意分享自己的秘密、谈论自己的不足,乐意谈论和探讨女性应该如何在遭受挫折后转换职业轨道,把"走麦城"的往事变成自己的正能量来源。

④ 从2011年到2012年,一年间就增加了50%。在拥有可投资资产超过60万元的美国人当中,40%是女性,加上男性投资时往往也要听取身边女性的意见,可以说,美国半数以上的可投资财富被女性控制。女富豪的增长速度也比男性快两倍,现在百万身家的美国人,45%是女性,500万美元以上的大笔遗产48%由女性控制。而且,在那些拥有高资产净值的女性中,60%都是白手起家。

⑤ 美国通过众筹方式成功创办的企业,有42%都是女性经营的,这个比例要高于总体上女性掌管企业的占比。而且,女老板吸引来的投资,无论是投资者人数还是投资总金额,都高于男性。

⑥ 有研究发现,很多女企业家都是所谓的"用户企业家",也就是说,她们开公司是因为自己存在某种需求,但在市场上找不到合适的产品。为了满足自己的需要,她们开发了一种产品、创办了一个企业。这种类型的企业在所有的初创公司中,只占约11%,而创办5年后还能够生存的企业中,这类企业占了近一半。正因为这类企业是"挑剔"的产物,其产品才更加完美。

面的解决方案。

话题二：女性求职中的性别歧视

事件：湖南省红头文件要求女公务员需双乳对称才合格

湖南省在录用公务员的体检标准中要求女性乳房对称，在当年掀起铺天盖地的讨论。根据湖南省人事厅、湖南省卫生厅发布的文件《湖南省国家公务员录用体检项目和标准》，这项要求的全部内容为：第二性征发育正常，乳房对称、无包块，外阴无炎症、溃疡、肿瘤，无子宫脱垂，为合格。

反应：关于该条新闻，在网络上有六百多条相关搜索，仅天涯论坛一家，以"湖南红头文件：女公务员需双乳对称才合格？"为题的帖子就引发六万多网友关注，四百多条跟帖讨论。内容涉及对该项规定的目的的质疑，被指是现代官媚新标准等，恶评满篇。也有对该项规定的合理性的批判，认为这条规定不合理之处在于它与公务员是否能履行本职责任与义务毫无关联，因此被揶揄是部分领导的私人趣味。此外还有网友将这条规定与美国"艾滋病病毒感染者在美国政府机构内享有平等的就业机会"对比，感叹平等就业权利的差异。此外更有从女性视角出发，指责该规定是赤裸裸的对女性的不尊重，是对女性求职者的歧视和意淫，质疑如果对女性第二性征的发育状况有规定，为什么对男性没有相应的对等的规定等？总而言之，该标准的出台，引发网友的广泛不满和嘲讽，以及对社会职场、官场不良风气的揭露和恶评，客观上，造成了不良的社会反响。

回应：湖南公务员录用体检规定将做大的修改，湖南省人事厅公务员管理处处长陈放民表示虽然有些需改动的规定内容还未最终确定，但可以肯定的是"女性双乳对称这条规定将被废除"。

应该说，美国关于职场女性优势的研究结果，颠覆了一些在中国大众心中的固有观念，女性在金融、互联网、电子商务、管理之类这些传统观念中男性占优的领域能够取得超越男性的成就，并且研究表明女性甚至有很多气质是优于男性的、有利于成功的素质。相对于美国的乐观状况，反观中国公务员招聘标准中引发舆论波澜的"双乳对称"规定以及公众的反应，恐怕不是文化差异就能解释得通的。

B：女性若要成功，要付出比男性翻倍的努力

在我身边，也有一些成功的女性，女董事长、女政府官员、女校长，总体上有两种风格：一种是强势型的，领导风格比较像男人，粗犷、大气、豪爽。还有一种是温和型的，很优雅、温和、细致、敏感。但共性都是很能吃苦。虽然说职场男女平等，但真的在职场打拼过的，绝对不会认同这个"平等"，因为根本就不平等。

先说找工作，我也参与过招聘，从用人单位的立场，真的是宁愿要个条件差一点的男的，也不愿意要一个条件更好的女的。先不说刚毕业的女孩可能会很快结婚、怀孕、生子，就是每个月的生理期也会影响工作的效率和情绪。同样作为女性，对此肯定理解，但也只能是理解。

唯一的途径就是比男性更努力——翻倍的努力。像男性那样思考，像男性那样行事。但还要维持女性的优雅和关爱的特质，还有就是要漂亮，不能因为埋头工作就变得邋遢疲惫。外表其实还是很重要的。

最不好平衡的当然就是家庭和事业，不免顾此失彼。可能也是出于这种顾虑，女性晋升就更难了。有的女人一心扑在工作上，忽略了家庭，最后有了事业没了家庭，挺无奈的。这真的很难平衡，就是有舍有得吧。

X：女性更有韧性，能给员工更多关怀

我们学校现在主要部门的领导都是女的，个顶个的女强人。我觉得女人做事比男人有更强的责任心和坚持。可能正是因为女人感性，所以女人在困难面前更不退缩，认准的事，就一根筋。我们遇到很多难事，但我这帮姐妹没人打退堂鼓，没有说"要不别弄了"之类的话，都是努力想怎么解决问题，没有退的可能，就是向前冲。这可能是女性做事业的优势。

女人无论是做事业还是生活，一定要有自己的圈子。有好事可以分享，有烦心的事可以倾诉，有人关注你，时不时关心你，能保持好心情，觉得生活挺美好的。

Q：女性在职场是被物化的存在

虽然这件事存在一定的误解，我想应该原本意图就是对拟聘女公务员进行全面健康体检。但是它能引起舆论的关注，这本身就证明它触碰了社会的敏感神经。其实本质上，就是把女性视作物的存在了。这种现象显然在社会上比比皆是。

网络时常就有报道，说女性借助身体、性等寻求工作机会和职业发展，屡屡爆出丑闻，就是求"上位"之类的。这除了道德的堕落以外，其实也反映了女性在社会工作方面困境重重。踏实本分的女性靠勤奋，但往往累垮了身体也不见得有什么成就，有点进取心的就靠经营人际关系，给自己搭平台，寻求发展，那就要认可花钱疏通关系呗。有的想走捷径的就靠搞不正当关系，不是有那句话么："用钱能解决的问题就不是问题。"还有一句话更赤裸裸："啥都不算事，睡一觉就好了。"有些女性自身也把自己看成了物，并且以物易物。在这个权力与金钱横行的时代，女性成了象征意义上的存在，象征性、权力、地位的等价交换物。

（一）女性深陷制控性（agentic）素质的矛盾中

女性在职场中是弱势群体，由性别带来的不公平待遇至今仍然很多见——即便是明确禁止招聘、任用、提拔工作中不可以仅因性别原因而对女性有所歧视或不公正对待。但是，在中国这样一个有"男主外、女主内"传统的国家中，隐形的性别歧视和不公正待遇始终潜藏于职场。女性在职场一旦有所成就则会被格外赞扬，也反证了女性想在职场取得竞争优势是不容易的。

至今人们仍然强调所谓的女性气质与男性气质，把女性描述为温婉、娴静、感情脆弱、富于感情、具有依赖性、擅长形象思维、适于做助手；而男性则是刚强、好动、意志坚强、富于理性、具有独立性、擅长逻辑思维、适于做领导。[①] 当然，生物学意义上的女性也可以与"优秀的男性典范"相一致，在某种程度上，她们具有的是女性的身体，却同时具有"男人般的灵魂"[②]。拉德曼和格里克（Rudman and Glick）研究发现，那些表现出具备制控性（agentic）素质的（如自信力、掌控力、决策力、竞争力等男性化的能力）女性求职者，比具备制控性的男性申请人的受雇用率低相当多。因为对于一个已经被"女性化"管理性质的职位而言，要求的不仅是技术技能和在压力下工作的沉稳性，还要具备帮助他人以及敏感性方面的能力。矛盾就在于，女性必须表现出基本工作能力和制控能力才可能被录用，但她们又会因为违背了女性富于关爱的刻板印象（the stereotype）而被看作有人际缺陷的、

---

① 骆晓戈主编：《女性学》，长沙：湖南大学出版社，2004年，第9页。
② 〔澳大利亚〕薇尔·普鲁姆德：《女性主义与对自然的主宰》，马天杰、李丽丽译，重庆：重庆出版社，2007年，第75页。

对人漠不关心的，得到有偏见的工作评估。①此外由于女性被认为是具有养育关怀特质的，所以虽然总体上而言，女性领导者与男性领导者一样得到的评价是积极的，然而，若同男性领导者一样被描述为严肃无情的、冷酷的独裁者，这在女性领导者身上则被明显地作为严重的缺点——超过在男性身上的——被描述。②

  当代中国社会中的性别角色，仍然带有传统的不平等因素，不带偏见的多元价值取向的性别角色尚未真正塑造起来。和贤妻良母一样，职业妇女也逃不出女性气质的囚笼。的确，在某些方面，职业妇女的处境比家庭主妇的处境还要艰难，因为人们都期望，无论何时何地，她们的行为举止都要有女人的样子。换言之，人们期待职业妇女把她的"女性气质"所蕴涵的"责任"融入她的职业责任中。这也就是说，社会希望她们有某种取悦于人的外表。结果，她的内心在职业关注和对自己女性气质的关注之间挣扎。如果职业妇女完全投入工作中，以至忽略了外表，她会看到自己完全达不到美貌标准。她会发现自己从头发、牙齿、指甲、肤色、体形到衣着，处处都有毛病。感到自己貌不惊人、缺乏性魅力。惊惶失措之余，职业女性不得不压缩自己的工作时间去美容。即使是这样重新分派了时间的用场，职业妇女很快还是会发现，相对于职业男性，她不过是个次要角色，因为那些职业男性与她不同，社会不要求男人培养自恋的美德。③ 正如为柏拉图所看重并赋予护国者身份的女人类型只有当她具有某些（男性）本质，并以哲学家的方式接受训练才能获得。绝不是大多数女人的生活都可以得到改变，或者作为统治者得到人们的尊重，这些人只能作为从事家务的劳动者，而且这个分工界限分明不可逾越。只有成功地被理性殖民化的精英女性能够成为"美好的城邦"的护国者中的成员。正如艾里加蕾所指出的，女人能够参与政治是因为她们与男人具有相同的特征，而不是（与男人的）差异。④

---

  ① Rudman, L. A., & Glick, P.: " Feminized management and backlash toward agentic women: The hidden costs to women of a kinder, gentler image of middle managers." *Journal of Personality and Social Psychology*, 1999, 77, PP. 1004-1010.
  ② Eagly, A. H., Makhijani, M. G., & Klonsky, B. G.: *Gender and the Evaluation of Leaders: A meta-analysis.* Psychological Bulletin, 1992, P. 111, 3-22.
  ③ 〔法〕西蒙德·德·波伏娃：《第二性》，陶铁柱译，北京：中国书籍出版社，1998年版，第761—763页。
  ④ 〔澳大利亚〕薇尔·普鲁姆德：《女性主义与对自然的主宰》，马天杰、李丽丽译，重庆：重庆出版社，2007年4月，第75页。

要改变职场女性的不公正待遇，需要对社会文化进行"去父权化"重构，并通过女性的自强、自立、自主来塑造女性角色，从而达到建构平等性别角色的目的。① 当然这是个相当漫长而曲折的过程。

(二) 职场女性"物化"存在

在职场上，女性总是缺少被尊重感。这恐怕跟社会分工和婚姻制度有一定关系。在原始的社会分工中，男性主要负责外出狩猎、耕种、获取生产资料、制造生产工具等；女性则主要在家里采摘、织布、哺育子女。因此男性总是被认为是更具理性的、有较高智能的、富有创造力和竞争力的；而女性在某种程度上是被动的、附庸的、被限制的、被征服的，被视为男性的私有财产。因此在男性和女性的二元结构中，男性是高级的，女性是低等的。女性的劳动也很难被赋予同男性一样高的价值，这也是为什么女性距离成功比男性更遥远。

男女分工的贵贱差别和地位的尊卑，形成了指挥与被役使的阶级统治关系，类似一种政治压迫。在柏拉图的理论中，女性被反复地和自然这种与理性相对立的低等存在联系在一起，并与变动不居、难以控制的物质或原初的混沌相联系，与杂乱无章、难以驾驭的情感相联系，与无意义的闲聊和意见相联系，与道德上的恶、动物本性和远离逻各斯相联系，与低等的奴隶性和对公共生活的不适应相联系，与较为低贱的自我和身体欲望相联系。② 对女性的这样一种否定，也出现在《理想国》中对灵魂的划分和对艺术及情感的看法中。柏拉图把消除女性式的柔弱和缺乏控制作为军事化教育的主要目标，这一点是很明确的。这些评价被笼统地运用到所有妇女身上，她们被作为一种欠缺，作为逻各斯的对立物，以及灵魂要与之做斗争的对手而存在。这种一贯的否认和贬低绝不是"偶然显露的对女人的厌恶"。它代表了柏拉图哲学体系中主要的和影响力巨大的方面，他把女人和她们的生活与低级秩序联系在一起，而把理性和哲学看成是对立和排斥于这种低级秩序之外的理智生活。③

---

① 骆晓戈主编：《女性学》，长沙：湖南大学出版社，2004年，第9页。
② 〔澳大利亚〕薇尔·普鲁姆德：《女性主义与对自然的主宰》，马天杰、李丽丽译，重庆：重庆出版社，2007年，第73页。
③ 〔澳大利亚〕薇尔·普鲁姆德：《女性主义与对自然的主宰》，马天杰、李丽丽译，重庆：重庆出版社，2007年，第73页。

女性被作为某种象征来看待，也是有深远的原因的。在很多原始图腾和壁画中，女性最容易被简化成用性器官表征。综观中西艺术作品，西方最乐于突出表达女性的乳房，东方则含蓄很多，大多以女性孕育子女的形态表达其性的特质，"无庸置疑，社会所接受的主要艺术，是建立在有一定距离的感觉上的。那些依赖于触觉的艺术（诸如烹饪技术、搽香水技术等），经常会被认为是'次要'艺术"①。按照梅茨（Metz）的说法，艺术代表了欲望和客体之间的距离。因此，在某种程度上，男性对女性的物化是一种元欲望的驱动。例如柏拉图即便是主张女人作为护国者可以获得同样的荣誉和奖赏，但不是出于公平的考虑，而是作为实现城邦目的的一种手段。② 他并没有假定女人作为一个阶层具有与男人——作为另一个阶层——同样的能力。作为一个阶层，女人本性上就比男人低劣。但是，如果一个不留地把女人排斥出去的话，对于城邦来说，有一部分潜在的天赋就要浪费掉，尤其是她们发动战争的能力。③ 女人只被看作工具，一种不能享有同男性一样地位的、物化的存在。

（三）言说"关爱"与刻板印象

吉利根（Gilligan）认为女人的道德"话语"不同于男人言说的方式。女性的道德话语是言说关爱的，而男性的道德话语是言说正义的。因此女性是富于关心和关爱的，男性则是缺乏关爱的。④ 这种关于性别差异的认识，产生了两种后果。对于男人而言，是会被认为是不懂得关爱的，即使是在家庭里作为父亲角色也是不会抚养的；对女人而言，则会带来更大的职业压力，即如果女性有违懂得关爱的、随和的刻板印象，则会在聘用和评估中遭受惩罚。

出于女性是"懂得关爱的"这一刻板印象，大多数女人仍然被看成与奴隶、小孩和"其他的动物"一类，看成远离逻各斯的一类。⑤ 把儿童的社会化和早期教育交付给低等级的妇女，因为这样的工作带有如此鲜明的女人职

---

① Christian Metz: "The Imaginary Signifier", *Screen* 16, no. 2, *Summer*, 1975, P60。
② 〔澳大利亚〕薇尔·普鲁姆德：《女性主义与对自然的主宰》，马天杰、李丽丽译，重庆：重庆出版社，2007年，第74—75页。
③ 〔澳大利亚〕薇尔·普鲁姆德：《女性主义与对自然的主宰》，马天杰、李丽丽译，重庆：重庆出版社，2007年，第74页。
④ Gilligan, C.: *In a different voice: Psychological theory and women's development*, Cambridge, MA: Harvard University Press. 1982.
⑤ 〔澳大利亚〕薇尔·普鲁姆德：《女性主义与对自然的主宰》，马天杰、李丽丽译，重庆：重庆出版社，2007年，第76页。

责特征。如果他（男孩）或她（女孩）注定要成为一个文化人，要进入理性、文化和男性控制的领域，只有这种教育才被看成是构成了真正的"教育"。例如认为男生在数学方面的能力要优越于女生①，这一刻板印象被宣布在大众媒体的头条新闻上②。但是事实真的如此吗？经过整合分析研究，指出在对于数学的学习表现出两性的"性别相似性"③。然而原有刻板印象的代价就是，一个极具数学天赋的女孩很可能由于父母和老师这些成年人并不期望在女孩中找到数学人才而被忽略掉。父母对于子女在数学上取得成功的期望，表现在女儿的身上的要比表现在儿子身上的期望值低④，尽管事实上，女孩在数学方面比男孩往往获得更好的成绩。⑤ 研究已经反复证明，父母对于子女在数学上取得成功的期望与结果，如孩子在数学上的自信、能力和智慧，有很大关系，这个观点可以从一个关于父母的期望会影响子女的模式中获得支持。⑥ 简而言之，在父母和老师受到女生在数学上能力较弱的信念影响的情况下，女生通过挑战数学课程或在一个面向数学的职业生涯中获得成功的能力中找到她们的自信。⑦

基于上述这一批判性别刻板印象的例子，我们可以获得一种认识：既往对于性别特质基础上建立的分工制度存在主观意判、缺乏论证的不合理之处。而且现在倡行的男女平等并不是建立在男性和女性在性别特征和责任范围统一的基础之上的，而是通过女人改变自己来完成的。即她们呈现出男性的特征，适应男性的典范，而不是女人和男人同时改变，非精英女性还将继续承

---

① Hyde, J. S., Fennema, E., & Lamon, S.: "Gender Differences in Mathematics Performance: A Meta-analysis." *Psychological Bulletin*. 1990.

② Barnett, R., & Rivers, C.: *Same difference: How Gender Myths are Hurting our Relationships, Our Children, and Our Jobs.*, New York: Basic Books. 2004.

③ Hedges, L. V., & Nowell, A.: "Sex Differences in Mental Test Scores, Variability, and Numbers of High-Scoring Individuals." *Science*, 1995 (7), 269. Hyde, J. S., Fennema, E., & Lamon, S.: "Gender Differences in Mathematics Performance: A Meta-analysis." *Psychological Bulletin*, 1990, 107. Leahey, E., & Guo, G.: "Gender Differences in Mathematical Trajectories." *Social Forces*, 2000, 80.

④ Lummis, M., & Stevenson, H. W.: "Gender Differences in Beliefs and Achievement: A Cross-Cultural Study." *Developmental Psychology*, 1990. 26.

⑤ Kimball, M. M.: "A New Perspective on Women's Math Achievement." *Psychological Bulletin*, 1989. 105.

⑥ Frome, P. M., & Eccles, J. S. "Parents' Influence on Children's Achievement-Related Perceptions." *Journal of Personality and Social Psychology*, 1998. 74.

⑦ Janet Shibley Hyde.: "The Gender Similarities Hypothesis". *American Psychologist*: September 2005.

担受歧视的女性任务。① 显然这只是把一部分"女性"通过"男性化"而进行有限的解放,同时遭受"有违女性特质"的质疑。相应的,大多数女性都还被传统性别道德所言说,仍然要出于女性懂得关爱、随和的性别道德而被迫从事被赋予较低价值的那类劳作,辛苦却不被尊重。

三、艰巨的母职——家庭教育问题中的女性角色定位②

话题:"虎妈式"教育

事件: 2011年,被认为是中国式家庭教育典型案例的"虎妈"式教育观念,随着蔡美儿著作《虎妈战歌》的出版引起了广泛的讨论,教育界、社会媒体等都以不同的视角(社会的、心理的、教育的、文化的)发出支持或反对的声音。

不夸张地说,女人,决定了上一代人的幸福、这一代人的快乐、下一代人的未来,简言之,母亲决定了一个家族的命运。"虎妈"式教育是"中国式家教"的典型表征,"虎妈"的教育信条反映了万千中国家庭的教育观念,分析这些代表性的教育理念和假设,是探究中国家庭教育观念逻辑起点的第一步。

信条一:"不给孩子选择不努力的机会"——让优秀成为一种习惯

把选择的权力交给孩子,结果孩子很轻易地就选择了放弃。因为没有什么人天生就喜欢努力,孩子们也宁愿张开双臂去拥抱轻松。时间对每个人都是公平的,做每件事情都会有机会成本。因此我们所做的每个选择,其实都意味着与此同时的某些放弃……在一开始就不给孩子选择"不努力"的机会……这其实是最好的一种选择。③

优质教育资源与较好的就业机会在中国这一人口众多、竞争激烈的国度里呈现僧多肉少的局面。由此带来的与日俱增的生存压力使中国母亲在教

---

① 〔澳大利亚〕薇尔·普鲁姆德:《女性主义与对自然的主宰》,马天杰、李丽丽译,重庆:重庆出版社,2007年,第76页。
② 关景媛、于伟:《母育的逻辑与传统文化的深植》,载《东北师范大学学报(哲学社会科学版)》,2013年第6期。
③ 〔美〕蔡美儿:《虎妈战歌》,张新华译,北京:中信出版社,2011年,译者序XXI。

孩子的过程中坚决"不给孩子选择不努力的机会",在儿童成长的全过程中竭力消除由于主观懈怠、懒惰而导致落后、失败的问题。主要表现在"不让孩子输在起跑线上"和"杜绝不务正业"。

"Things are always hardest at the beginning, which is where Western parents tend to give up."① 然而中国父母却会在一开始,就不给孩子选择"不努力"的机会。中国自古便有"慎始"传统。"正其本而万物理,失之毫厘,差之千里,故君子慎始。"②《大戴礼记》中说"《春秋》之元,《诗》之关雎,《礼》之冠昏,《易》之乾坤,皆慎始敬终云尔"。中国家庭对于胎教、幼儿择园、小学择校、特长启蒙等方面近乎疯狂的物质和精力投入,如果从文化心理的角度来看,乃是源于对"初始之时"的重视,目的在于希望"不让孩子输在起跑线上"。早在战国时期,人们便已意识到孕期母亲的行为会影响胎儿的思想③,这种认识已转化为民间常识,影响着一代代中国家庭的教育行为选择,对孕妇早教课程④的热捧,对贵族式幼儿园和小学的趋之若鹜,对课后班的盲目追逐,既包藏为人父母者愿意付出一切代价给孩子"最好的"的良苦用心,也投射出身份、权力、经济、地位在家长脑中的取舍万殊。门类繁多、花样百出的各种课程和教学法套牢了家长的期待和钱袋,也深刻抓住了中国人普遍认同"好的开始等于成功的一半"的心理,一切为的就是给孩子一个"高起点"。

"Make sure you come in first so that you have something to be humble about."⑤ 除了要在儿童早期教育方面积极消灭不努力的怠惰倾向外,在孩子学习习惯养成阶段,中国式的教育较之西方式的教育显露出更多的严苛和不近人情。中国式的母亲心中往往都为子女拉一张"清规戒律",子女言行有所逾矩,必将上演"教子从严"的戏码。而一切所谓规矩制订的标准是要有助于提高学业成绩。其实质是围绕三个中心——以进步为中心、以学业为中心、

---

① "在千难万难的'开头',许多西方父母都会选择放弃。"Amy Chua:*Battle Hymn of the Tiger Mother*, Published by the Penguin Group (USA) Inc., 2011, P26.
② 〔清〕王聘珍撰,王文锦点校:《大戴礼记解诂》,北京:中华书局,1983年,第58页。
③ 《国语·晋语》中记载晋文王母亲在妊娠期处事不惊,从而诞生了一位具备贤明君主一切优点的婴儿。晋文王母亲遂成为后世胎教文献中模范母亲的象征。参见〔吴〕韦昭注:《国语·晋语》卷十,上海:上海古籍出版社,1978年,第386—387页。
④ 孕妇早教课程包括孕期妇女胎教、孕期营养、孕期运动等的指导与心理调适。
⑤ "确保你名列前茅,这样你才拥有谦虚的本钱。"Amy Chua:*Battle Hymn of the Tiger Mother*, Published by the Penguin Group (USA) Inc., 2011, P23.

以考试为中心。从好的方面看,承继了中华民族精进不怠的勤奋、乐学为高的觉悟和题名金榜的气魄的传统;另一方面,也暴露出国民学习观有一定实用主义、功利主义、目的指向的倾向性。

信条二:"吃得苦中苦,方为人上人"——靠勤奋学习改变命运

要想走向卓越,就得坚持不懈地练习、练习、再练习。成为行家里手的过程,其实毫无乐趣可言。要掌握任何高超的技艺,必须付出艰苦的努力。孩子们如果勤学苦练,就会4岁的比6岁的厉害,6岁的比16岁的更牛。①

在父母的眼中,孩子常是自我的一部分,子女是他理想自我再来一次的机会。家长本心都希望孩子自由、快乐、无拘无束地成长,只要健康幸福就好。可是半生的生活经验却把家长的教育信条引向另外一条道路,尤其独生子时代使得家长"输不起""赌不起""伤不起",面对理想与现实的角力,尤其是期望通过学习改变生活现状,通过教育改变孩子命运的家庭,不得不选择相信"吃得苦中苦,方为人上人",对他们而言教育成为获得尊重的唯一可寄望的途径。

此外,中国人普遍有"状元情怀",封建社会里人们世代对功名利禄的追逐使得官本位思想根深蒂固。科举取仕更促使国人把学习作为入朝为官的主要手段,执着于"学而优则仕"的信念,也将金榜题名看作人生幸福感和成就感得到满足的重要指标,这种成功的标准随着中国源远流长的历史延续至今。对家长而言,人到中年便是"拼孩子"的时段,因为普遍认同"孩子在学业上的成就反映了家长教子有方"。

中国妈妈相信:(1)完成学业总是第一位的;(2)考试中的"A-"是不合格的;(3)必须在数学上比同班同学领先两个学年;(4)绝不能在公共场合夸奖孩子;(5)如果孩子与老师或教练发生冲突,做家长的必须坚定地站在老师或教练一边;(6)父母唯一允许孩子参加的课外活动,是那些他们能赢得奖牌的项目;(7)而且必须是金牌!②

---

① Amy Chua: *Battle Hymn of the Tiger Mother*, Published by the Penguin Group (USA) Inc., 2011, P26, 24.

② Amy Chua: *Battle Hymn of the Tiger Mother*, Published by the Penguin Group (USA) Inc., 2011, P11.

中国人重视学习，认为"时教必有正业，退息必有居学"①。而对"正业"的教学尤为重视，"谓四时之教各有正业，如春秋教以礼乐，冬季教以《诗》《书》，春诵夏弦之类是也"②。努力研习正业被视为有良好的家教和品行的标志。沿袭至今，中国家庭多数把良好地完成学业看作第一要务，从千军万马过高考独木桥的现象可见一斑。现代教育中这种倾向由于科学理性的催化更为显著，"学好数理化，走遍全天下"恐怕是几代中国孩子从长辈口中听到最熟悉的教诲。至于发展其他特长，永远置于文化课学习之下位。从专科学校、职业学校和普通中高等教育的招生状况中足以窥见此种倾向。总之，一切跟中考、高考不直接相关的内容都不值得分散精力，否则就是不务正业。所谓尊重儿童的兴趣和自由的教育理念在现实和功利面前显得虚妄而做作。现在儿童成人化的现象开始显现，在经济、文化发展较快的地区更为显著。儿童的思想、意识、话语、行为全面地成人化，家长不仅不为消逝的天真反思，反而把孩子这种"逆天"的状况视为优越发展、超前教育的成果来"晒"，实在需要警醒。

信条三："惩罚是有效的教育手段"——慈母有败子而严家无格虏③

"快点儿，我数三下，你就得找准音调！""如果下次你再弹错一个音符，我就要把你所有毛茸茸的小动物扔到火里化为灰烬！"现在回想起来，这些"杀气腾腾"的督战方式似乎有点儿过激，但它们的确十分奏效。④

呵斥、恫吓、打揍、体罚（变相体罚）等这些一直以来被习惯的教育方式在素质教育的呼声下，突然间成为社会各界揭露、质疑、批判的反教育行为。实际上从"教"的甲骨文写法上看，左面从爻、从子（也就是人），右面是攵旁。无论是"攵"旁或者"攴"旁都是手拿棍子的形象，讹变成这两种偏旁。有这两种偏旁的字多数都有敲打、攻击的含义。教的甲骨文本意，就是"拿著棍棒，要求人民服从爻（宗教）"，就是教化的意思。对人的教化、规训的过程本身就附带惩罚作为必要手段。但是惩罚是否适度，就取决于惩罚的目的和可能的后果。即使所做的事情相同，但是目的不同，后果有

---

① 王文锦：《礼记译解（下）》，北京：中华书局，2001年，第516页。
② 〔元〕陈澔注：《礼记集说》，上海：世界书局，1936年，第200页。
③ 〔汉〕司马迁：《史记·李斯列传》，北京：中华书局，1959年，第2555页。
④ Amy Chua：*Battle Hymn of the Tiger Mother*，Published by the Penguin Group（USA）Inc.，2011，P25.

别。"狂者东走,逐者亦东走。其东走则同,其所以东走之为则异。"① 孟母断机杼实则也是对孩子不努力学习的一种惩戒手段,但目的上是告诫孩子学习持之以恒,后果既不会对孩子本身造成伤害,又有可能使孩子知错能改。这便是适度而有效的惩罚。

惩罚是在修正孩子的错误行为,导向正确的发展之路。本质上是家长为孩子做人生的基本设计,中国家长认为"要为孩子做更高远的人生设计才是尽职"。

我盼望她多才多艺、全面发展,有自己醉心的业余爱好和着迷的活动,但不是任何小兴趣(比如"手工劳动"这种努力方向不明确的活动;或者更糟,去练习敲鼓,最后可能染上吸毒的恶习),而是更有意义、更难掌握、更能发展高深的艺术造诣、提高自身潜能的爱好。

我没有时间来临时拼凑或编造自己的法则。我要维护家庭的名誉,要为一天天衰老的父母赢得骄傲和自尊。我喜欢明确的目标,看到通向成功的确定无疑的路!②

孩子很难独立为自己找寻发展目标和步骤设计,然而成长不可逆,教育无法试验。因此家长在让孩子自由快乐成长和为成功的未来奠基之间,往往选择后者,并为之设计发展轨迹。实践过程中,家长负责严格地规约和惩罚矫正。实际与儿童的自由选择和快乐成长有一定冲突,但为了孩子未来能更好,眼前的小快乐、小自在是值得牺牲的。

上述三种典型的中国家长认同的传统教育观念或常识,面对现代教育现实时,往往显得像是一种"教育幻想"——优秀未必成功、知识未必改变命运、严格未必不出败子。受到新时代青年人身心发展样态、社会环境、知识生产与传播方式、教育理念与方法革新等诸因素的影响,母亲在遴选教育方式的时候更容易出现选择性障碍。于是其潜在意识中文化心理开始起作用,传统的教育经验是最能带给母亲们安全感的选择。

母亲因其爱的无私与包容而受到赞美,因其执拗的、反教育的言行而遭

---

① 《韩非子·说林上》,〔清〕王先慎撰,钟哲点校:《韩非子集》,北京:中华书局,1998年,第183页。

② Amy Chua, *Battle Hymn of the Tiger Mother*, Published by the Penguin Group (USA) Inc., 2011, P13, 24.

受诟病,中国家庭教育中母亲教育子女的传统观念和言行习惯在某种程度上是中华文明行走的足迹。一些看似扭曲的教子经、执着的教子逻辑、非理性的教育选择背后,包藏了深层的矛盾和危机,即中国传统文化遭遇现代性危机。从这一层面上看,母亲教子过程中的纠结与无奈是当代人困惑与迷茫的一个镜像。立足于中国传统文化及其积淀而成的中国特色文化心理,对在中国大部分家庭中承担主要教育职责的母亲所表现出的非理性行为所透射的教育观念进行透视和深入解读,可以发现中国传统母育方式深受道家、儒家、法家思想的浸染,是中国传统文化的一个缩影。显像了中国人的民族性逻辑特征的起源,即以道家为核心的人的自然性观、以儒家为核心的人的社会性观以及以法家为核心的人的奴性观。

(一) 中国式"终极关怀"(Ultimate Concern) 使然

所谓中国式终极关怀,不同于西方以基督教文化为基础的终极关怀,它不追求"我"以"与上帝同在"的方式获得"不朽",而是强调人一生所立之德、言、功,虽久不灭,嵌入历史,与历史同在,此为"不朽"。实则追求个体生命价值与历史相融合。这种不朽观可溯源至老子,老子以"出生入死"概括人的生命过程,当人与不死的"道"同在,人就"无死地"[1]。中国人向来主张"循天道,尚人文""远鬼神,近俗世"[2],因此不分裂肉体和灵魂,不划分此岸世界与彼岸世界,不笃信死后灵魂向神处皈依,而追求在现世当中寻求自身的存在感和安全感而免于沦落到流离失所的境地,通过在俗世之中修道,实现现实性与超越性的统一。这符合中国人精神追求的人性特征。中国女性的观念一直以来也依附于元典精神的教化,古代女子"四德"也正是强调"妇德、妇容、妇言、妇功"。这"四德"既是男权话语对女性形象的塑造与规约,也是女性要毕生修炼的"妇道"。女人的生命价值全部绑定其上,作为范典的女性必是恪守妇道、贤良淑德的女性,即使身死德犹生,将有限的生命融入无尽的历史之中,实现了死生如一、精神不朽。这种传统文化心理铸就了中国母亲潜意识中的"视死如归"。中国有太多的母亲会说类似的话:我宁可孩子现在恨我甚至说我是后妈,也不要以后他一事无成的时候

---

[1] 〔魏〕王弼注,楼宇烈校释:《老子道德经注校释》,北京:中华书局,2008年,第134—135页。

[2] 冯天瑜:《中华元典精神》,上海:上海人民出版社,1998年,第193页。

怨恨我不曾严格管教他。作为母亲能够不惜隐忍失去母子之爱的痛苦，也要追求立功绩于未来，这种卧薪尝胆的勇气和毅力不得不让人敬佩，这不是经过合理性论证和理性审慎思考得出的决策，而是归功于如同浇筑在由历史文化搭建的钢筋框架中的水泥砂浆一样的中国式"终极关怀"所形成的中国女性集体无意识。

（二）儒家淑世主义精神使然

淑世精神①本是中国集知识与权力于一身的"士"阶层的一种"以美淑世，以学致仕"的情怀，是在知识探求的同时在公共关怀上也有所担当，忧国忧民，负荷担道。这种淑世精神或者说淑世意识尤其在五四时期的知识分子阶层当中显现得极为显著，从革命的理论到理论的革命几乎是无役不与，这种精神源于儒家"修身、齐家、治天下"的教诲，业已深入中国民众的文化性格之中，形成一种淑世主义的人生观。讲求对自身、对生活乃至对世界的改良和孜孜不倦的趋善努力。又由于中华文化中的男尊女卑的传统，使得男主外、女主内的两性分工模式根深蒂固，即便是现代女性获得更多的政治自由、职业自由、个人自由，但是女性"以家为世界"的传统观念依然潜在中国女性的思想意识之中。也因此，儒家的淑世主义精神在女性这里就更多地反映为"家庭改良"。当然这一初衷无可指摘，若中国女性能够运用自己的学与德，以美与善为旨归对她们的世界——家庭做出合理的改善，这无疑是功在自家、利在举国，功在当代、利在千秋的事情，不亚于大丈夫治天下的卓越功勋。这在中国历史上不少母亲教子的事例都能作为例证，如孟母择邻而处、断机杼、岳母刺字等。若非要对这些教子的行为进行伦理主义审视，也不都像我们习惯认为的那么值得褒奖，甚至也有非理性的冲动痕迹可寻。那么为什么面对今天母亲的种种非理性行为人们就不能从母育过程中的必要牺牲的角度来看呢？虽然程度有差异、时代有差异，但本质上不都是一样的吗？是什么发生了变化？我想可以这样来解释，中国是讲求"礼"的民族，也是个"等级"社会。在几千年的历史之中，天地为至尊，其次就是父母为

---

① 淑世即是济世，"淑世主义"亦译"改善主义"。简单说就是"主张逐渐改变现实世界的缺点"，它介乎乐观悲观之间，认为世界有不断之改进，人生有不断之创新，而希望正复无穷者也。"极端悲观之人生，苦而不乐，积极乐观之人生，乐而不苦，消极乐观之人生不苦不乐，淑世主义之人生亦苦亦乐。纯悲观乃自杀杀人之人生观，纯乐观乃自欺欺人之人生观，惟淑世主义为自救救人之人生观。"从思想史的角度来看，它与美国实用主义密切相关。

大，个人是小。从中国传统婚礼跪拜的习俗中直观可见。因此母亲对孩子的教育行为被认为是天赋之职权，毋庸置疑。但现代性对于人的主体性的呼唤使得人们的自我认识受到启蒙，个人的地位膨胀，天地、父母的地位动摇，传统的相对稳定的等级秩序观被打破。在中国的文化中，孩子质疑父母的想法、不服从爹妈的管教，或与长辈顶嘴，都是不被允许的。但在中西冲突之中，中国人重新认识人与自然、人与他人、人与自己的关系和秩序，现代性也教会人们批判与反思。对于审视母亲的非理性教育行为的角度，也从传统基于女性的淑世主义精神和母命不可违的惯习来理解转为基于人的主体性权利、自由、尊严的维护和对权威的拒斥的意识来批判。然而中国社会人口、经济、就业等巨大压力又对所有具有淑世主义情怀的母亲提出更为迫切的要求和考验，现代女性自身又负荷着职业人、女儿、妻子、母亲等多重角色，夹杂着各种隐性的竞争与自身欲求尚未获得满足的焦虑，以及改善家庭的现状与未来的重责。在这些高压和不得已的比较之中，女性作为母亲的幸福感降低，压抑感增强，当受到一个或几个方面的刺激的时候，就可能做出非理性的反应。

（三）对"大一统"[①] 的常识化认知使然

自秦始皇统一六国，统一钱币、文字、度量衡开始，中国的"大一统"观念就如同长河中的泥沙一样随着岁月的冲刷渐渐淤积在中国百姓的思想沟壑之中。"大一统"带给我们喜忧参半的生活：喜在它使得中国有了主流文化和民族意识，促进了广阔地域范围内边缘的小众的文化之间的交流与融合，进而成就了中国集权的、制度化的、高度统一的政治经济发展模式；忧在它磨灭了国人的差异意识，并且将成功的标准、有价值的人生全部归为同一。最典型的就是官本位思想。中国之道在于立志为官，包括读书、婚姻、社会交往等都可作为在谋仕途的工具，知识与权力成为最紧密的双生体，人生的成败也大多基于学术—政治地位来评断。有人说考试是中国的第五大发明，

---

① 孔子首创"大一统"思想，"大一统"一词，最早见于《春秋公羊传》。《公羊传·隐公元年》解释称："何言乎王正月，大一统也。"后代学者对此段经文有进一步的诠释，如第一位系统阐释孔子"大一统"思想的西汉大儒董仲舒称："《春秋》大一统者，天地之常经，古今之通谊也。"唐代学者颜师古进而解释："一统者，万物之统皆归于一也……此言诸侯皆系统天子，不得自专也。"从这里我们可以把握"大一统"的原始意义，即以周朝天子为核心将社会有序地组织起来，使中国完成真正的政治统一。

甚至可以说科举制是透视中国文化的一个棱镜。它迎合且不断强化着中国人"唯有读书高"的普遍心态，更在其中塑造了中国人乐于"攀比"的特性。好的比较我们称为"见贤思齐"，这是比较积极的意义和应然状态。而面对中国精英位置资源稀少，觊觎者众多，竞争异常激烈的现实情况，这种催人上进的比较就异化为一种基于功利性、现实性的庸俗的攀比，成为一种非发展性、非切实性、非平衡性的"攀比"，甚至出现恶性的竞争。这种"短视比较"把中国人引入一个焦躁、不满、怨恨、嫉妒的不平衡状态。在这种状态之下人们越是加大竞争的砝码，就越是迷途深陷，进入更深层的不平衡。而实现"大一统"的重要方式之一就是法度的确立。"矫上之失，诘下之邪，治乱决缪，绌羡齐非，一民之轨，莫如法。厉官威民，退淫殆，止诈伪，莫如刑。"① 统一行为、确立管理者威信，奖善除恶，关键在于法刑有度。既是治国之道，也是治家之道，更是教育之道。虽然"大一统"的真正内涵远非常识化的"大一统"的理解，但其中对于人具有的天然奴性，并需要礼法治之的认识和基于这种认识而被重视的法与刑的运用，却形成传统教化观念中的重要部分。虎妈式的教育方式对此也有所体现：其一是"非要让我在孩子的快乐和成就（成功）之间二选一，我会毫不犹豫地选择快乐。但问题是，快乐是没有统一公式的"②。而成功有统一的标准和可实施的公式，中国人追求的是被普遍认同的成功而非个体主观认为的成功；其二是乐于比较，因为成功有了标准，那么整体上就自然分野出成功与不成功两个层次，而每个层次内部就生成各种细微的比较，名次、级别、段数就成为家长比较教育成果的量尺；其三是习惯约法三章，列出一系列"不许"，孩子如果违背章程，就将被惩罚。以此让孩子明确自己行事自由的范围，消除怠惰懒散情绪，同时树立家长话语的权威性。

中国式的"终极关怀"、淑世主义精神和"大一统"理念分别是以道家、儒家、法家思想为核心基础的人性观的体现，分别聚焦于人与自然、人与历史、人与自性的关系，实际是从人与天、地、神之间的矛盾关系中凝炼出中国传统文化对于人性的基本认识——自然性、社会性、奴性的有机复合。

受到中国传统文化对人性的认知及由此形成的教化观念的影响，母亲以

---

① 《韩非子·有度》，〔清〕王先慎撰，钟哲点校：《韩非子集解》，北京：中华书局，1988年，第38页。
② 袁野：《"她们将来会跟我一样严格"——专访"虎妈"蔡美儿》，载《中国新闻周刊》，2011年3月21日。

家庭为世界，为家庭成员、家族声誉地位的改良而不断探索和奉献，包括虎妈式的教育方式都属于此种探索。母亲的非爱教育行为虽然无法得到认同，但不能怀疑其教育行为的选择既是源于中国传统文化心理，同时也源于母性。此间存在的爱之心境与非爱之行径的悖谬是"母性的力量胜过自然界的法则"① 的一种体现，更是母亲面对传统和现代教育观念的冲突，根据经验进行的理性选择。可见"母亲们是天生的哲学家"②，勇敢地运用理性引领自己的孩子走向她们认为的成功。

从以上对中国母亲教育逻辑的文化起点的透视中，可以清晰地看到，中国的文化传统为中国特色的女性教育——"淑女教育"的发展，提供了肥沃的土壤。并且这种特色的女性教育只能在中国的文化中深植，西方的追求妇女平权、自由、解放、独立的女权主义教育观念对于中国现代女性教育虽然具有重要的启迪性，但民国时期的大胆尝试已经证明其在历史悠远的中国土地上的某种程度的水土不服，进而造成当下中国女性群体的角色困顿与身份纠结。因此，敢于直面中国文化的独特性，悦纳中国文化在中国女性身上留下的印痕，未尝不是一条突破的路径。

四、性别的消解——社会性别问题中的女性角色定位

性别角色是社会赋予女人或男人的不同行为期望与行为规范的总和，是与作为女性或作为男性相联系的社会角色。生活在社会中的人，由于生理上的不同而分为两类——女性和男性。人们赋予这两种人以不同的行为期望，为他们设定了不同的行为规范。当一个人认同社会给予他（她）的角色分派与定位时，就会按照社会的期望与规范来行动，以表明她（他）是一个社会认可的"女人"和"男人"。这就是性别角色意义上的女人和男人。这种性别差异，已不再是生理意义上的，而是社会文化意义上的。③ 下面将提取几组作为"性别—社会性别体系"失范④的表征之关键词，作为探讨后现代状况

---

① 美国当代著名作家芭芭拉·金索尔夫名言。
② 美国女作家斯托夫人名言。
③ 骆晓戈主编：《女性学》，长沙：湖南大学出版社，2004年，第7页。
④ 失范（Anomie），涂尔干的术语，用以描述当社会控制个人行为无效时，社会所经历的失序感。〔美〕理查德·谢弗：《社会学与生活》（插图第9版），刘鹤群、房智慧译，赵旭东译校，北京：世界图书出版公司北京公司，2006年，第477页。

下女性状况的着眼点。

第一组："伪娘"与"异装"

"伪娘"作为 ACG① 界名词，多为御宅族所用，是指一切自然非加工或通过人为手段达到让他人误认为是女性效果的男性，即生理性别为男的正常人类，五官和脸型有女性美，天生拥有接近或等同于女性的美丽相貌、身材，且变装后常常带有很强的萌属性，拥有男女两性魅力，化妆或伪装后有的可能更胜过一般女性角色的魅力。②伪娘形态分为两个阶段、三个层次。第一个阶段就是伪娘预备阶段③，并不是真正意义上的伪娘；第二个阶段是伪娘阶段④，包括处于第二个层次的"公主"和最高层次的"瑞穗"。

如今"伪娘"一词已经取得领域界限突破，成为一个在现实中可通行的词语（因为媒体的滥用而渐渐融入三次元社会中并成为一种亚文化，因而在现实生活中，多表示男扮女装的男人）。"伪娘"这个专有名词是生成的⑤，但是作为一种客观的生态现象却是一直存在的。而值得注意的是，"伪娘"不同于 TS 或者人妖的根本差别在于，伪娘了解女性心理但不具备女性心理的自我认同，具备女性气质但不具备女心。女心是完全的女性人格，女心者属于 TS。也就是说伪娘本身并不影响其作为男性的气质，伪娘本身就属于美男子。

---

① ACG 为英文 Animation、Comic、Game 的缩写，是动画、漫画、游戏的总称。为华人地区常用的次文化词汇。

② 在日文 ACG 界中以"男の娘"来对应伪娘。被称为伪娘者，虽生理上为男性，容貌多天生有女性化的美，身形也不如一般男性般壮大，外观上与女性相近甚至无异，甚至在非生理性别本位的社交场合以女士身份打扮参与。

③ 该阶段的预备伪娘处于萝太（LOTAI，即 LOLI+正太，喻指具备女性的资质的正太，通常都很萌，魅力无法抗拒）层次，特征是年纪小（8 岁以上 12 岁以下）、没有明显的第二性征、长相漂亮似女孩子的可爱小男生。由于是天生丽质，五官秀美，雌雄莫辨，缺少自我认知，无关自主选择，因此是伪娘预备阶段。

④ 二者共同之处在于都拥有具有女性特质的秀美面孔和外形。差别在于"公主"的特点是异常的华丽，他们可能已经懂得一些女性的心理了，但对女性的理解还处在比较表面化的层次，属于伪娘的中级形态；相比而言"瑞穗"是高级形态，与注重外形女性化不同，瑞穗返朴归真，深入了解女性心理，外表温和，有良好的品行，表象上能呈现出女性的人格魅力，同时又具有男性的心理认知，拥有对女性和男性无差别吸引的能力。这个形态需要天分和长时间的培养。

⑤ 在动漫发展的历史上，有一部分动漫男性人物由于自身的外貌、身材、性格的设定具有少女化或者泛少女化的特征，而被其他的动漫人物和读者错认为是少女，被冠以"美男"或者"花样美男"的称号。但随着时代变化和观念转变，以及这类动漫人物设定的过于唯美而超越一般认识中男性魅力的范畴等原因，导致"伪娘"这个合成词的出现与广泛使用。

伪娘绝大多数对异性（女）有好感，女心者不是伪娘，伪娘与女装没有必然联系。此外伪娘不同于反串，反串主要靠化妆，而伪娘主要靠自身的外在条件。

异曲同工，"异装"也成为后现代社会一种逐渐外显的亚文化。"异装"本身并不会对社会产生巨大危害，但是如果转换成为"异装癖"，则被认定是一种心理不健康的表现。

"异装"分为两大类：一类是指服装设计层面的怪异和不同寻常；另一类就是变换性别进行穿搭。这里我们主要探讨的是第二类——变装，也作CD（即英文Cross dress的缩写），分为男装变装和女装变装两大类，而其中容易与伪娘相混淆的是女装变装者。女装变装者通常指的是那些喜好穿着女性服装的男性。就其外在而言，与伪娘的主要区别在于，女装变装者长相不一定呈现女性化，但是十分喜好穿着女装；而伪娘则长相呈现女性化，且不一定要女装，通常伪娘是着男服或中性服装。

应该说，十年前提这两个名词，大多数人基本会有两种反应：一种会表示没听过、没关注过；另一种则认为应该不是好的词语，也有用"二刈子"①"娘娘腔""变态"之类的词来描述这类存在。而现在这种"伪娘"和"异装"者在网络文化（动漫、网游、网拍、网络社区等）、民俗文化（如东北地方戏二人转）、综艺文化（如台湾标志性综艺节目"康熙来了"）当中变成前卫的、个性的、时尚的象征。不禁要问：这世界怎么了？何以出现了这种"阴阳同体化"的现象？又为何这种性别的趋中化会在当下获得滋生、蔓延的温热土壤？

（一）"伪娘"与"异装癖"的成因的分析

伪娘和"异装癖"的成因较为复杂。最首要的因素是性别定势。如果没有基于生理性别的差别而架构起来的男性气概和女性气质的差别认知，伪娘的概念就无从存在；其次，和个体经验相关。基本上"伪娘"和"异装癖"在一定程度上存在心理层面的性别认同障碍；再次，出于社会关系层面的友群作用和交往需要；除此之外，还可能出于某种特别的兴趣。在这里，我们

---

① 中国北方方言中的贬义称谓，特指不男不女的中性人。

重点从教育的角度进行反思。

第一,成长环境中性别差异气质养成方式不当。每个人一出生就具有明确的生理性别——男性或者女性。大多数的人类社会中,两性都被划分为不同的类别,人们对他(她)们给予不同的行为期望和价值评判,由此建构出"男性气质"和"女性气质"。① 男性气质指男性应当具有成就取向以及对完成任务的关注和行动取向的一系列性格和心理特点。男性往往与理性、坚定、独立、果断、勇敢、富于竞争性、不拘小节、慷慨大方等词汇相联系;女性气质则是指女性应当具有同情心,令人感到亲切以及对他人关心等亲和取向的一系列性格和心理特点。女性往往是感性、温柔、善良、细致、耐心、富有爱心、依赖性强、心肠软、爱整洁、注重修饰、敏感、情绪化的形象。实际上男性气质和女性气质只是一种"理想型"。在这个意义上,现实生活中,没有一个人是彻底的纯粹的"男性"或"女性",或多或少会有气质的杂糅。但这涉及一个"度"的问题,对自身性别疏离过大会带来一种违和感。这与日常生活中,父母不当的性别期待和恶趣味的性别暗示导致儿童性别失认有密切关联。一些父母出于对孩子性别的期待,任性地称呼女儿为儿子(这种状况在中国家庭中较为多见),或把儿子打扮成穿花裙子的小姑娘。把男孩当女孩来对待或以女孩为榜样进行教育,或者相反,把女孩当男孩来教育以男孩为榜样,使孩子在儿童和青少年期缺乏正常的引导和人格范典,养成异性化的气质性格。这一方面会传递给孩子他/她现在的性别不是父母理想中的性别的讯息,伤害孩子的自尊心;另一方面会使孩子产生性别认知的混乱感,无法锁定正确的性别"理想型"。

第二,仇视自身性别角色引发的角色退出(role exit)。例如幼年在性认知形成过程中受到环境的干扰,如父母本来想要个女孩,却偏偏生了个男孩,或者相反。有的家长为了填补缺憾,便把孩子打扮成异性并给予更多更大的关注和爱抚。也有些家长受封建迷信思想的影响,为求孩子平安成长,便将孩子打扮成异性形象,取异性名字。由此引发角色自卑感甚至厌恶感,仇视自身的性别。社会学家海伦·罗斯·富克斯·伊博(Helen Rose Fuchs Ebaugh,1988)提出"角色退出"来描述一个人摆脱自我认同中心的角色,并重新建立新角色身份的过程。角色退出分四个阶段:第一阶段始于怀疑。当一个人对他现有的性别角色感到挫折、精疲力竭或是厌恶时,怀疑就可能

---

① 韩贺南、张健主编:《新编女性学》,北京:首都经济贸易大学出版社,2010年,第22页。

因应而生；第二个阶段是找寻替代的角色；第三阶段是行动或脱离阶段；第四阶段是创造一个新的认同。"伪娘"实际上大致处于前三个阶段，并未最终实现角色退出。教育所能发挥最佳干预效果的是第一阶段，也就是通过关注、理解、鼓励、疏导，帮助迷失的灵魂找回身份的认同，化解由于挫折、厌恶导致的仇视自身性别角色的情绪，确认对于自身性别角色的尊严与自信。

第三，缺乏稳定而良好的性别交往圈。俗话说，物以类聚，人以群分，"伪娘"和"异装"这类亚文化的言说者和践行者，更多的是活在自己的世界里，局限在自我欣赏和对特定圈子的归属感之中，并且在这种非主流价值观念主导的子文化圈中互相确证自我的合理性。当然，有些是受到刺激或伤害，例如由于遭性侵害或失败婚恋，而由衷对异性产生反感，对两性关系有一种惧怕和忧患的心理，或感到自身责任压力难以承受，借异装来逃避现实，进而越发不愿意转向主流群体，越发不屑于主流文化的陶冶。因此，如果能够通过恰当的教育，引导有这种性别认同障碍的孩子适时地进入正常有序的社交圈子，开展常态化的良好的交往活动，很可能可以挽救一个濒临堕落的灵魂。通过建立稳定的性别明晰的小环境，也将有效地预防那些场依存型的人的"灵魂住错了身体"之观念的形成。

（二）良好性别教育的缺失

性别角色的认同问题之所以会在当下日益突出，表面上看，是网络文化、媒介传播为其提供了诱导力量和生长空间。大众传媒传播迅速、覆盖面广、渗透力强，已然远远超出学校教育对人们观念的干预。不可否认，大众传媒一方面改变了女性原有的生存状态和思维方式，在赋予女性自由意识和解放思想方面功不可没，在寻求男女平等问题上发挥了积极作用。但另一方面，其发展过程中自身的不完善和外界诸多因素的影响，也导致女性生活、形象、发展当中的不少消极取向。[①] 尤其由于商业文化的影响，有的传媒为迎合某些受众群体的需求，抓取大众眼球，一味地追求新、奇、怪而变得庸俗。事实上，社会传媒应当有这样的社会担当：通过大众传媒搭建一个良好的社会性别教育平台，秉持一种性别公正意识，去引导更改现实中的性别角色失范现象，用理性的眼光认真审视基于男女两性生理差别的性别气质分化和职责分工，合理的予以宣扬，不合理的予以矫正。既不盲目宣扬男女的对等，也不

---

① 骆晓戈主编：《女性学》，长沙：湖南大学出版社，2004年，第161页。

鼓吹男女两性的对峙,更不能为了获取关注,就夸大宣传变性、同性恋、异装、伪娘等非主流文化的合理性。出于尊重和多元文化的考量,我们可以了解和尊重这些特殊的文化形态,但不能以此作为时尚、前卫、新新人类、值得追捧的噱头来包装。因为对于没有稳定、独立的辨别能力的青少年而言,过渡开放的文化是一种毒药。在现在初高中、大学的文艺汇演舞台上,男扮女装、同性暧昧的段子早已不稀奇,并且学生们对此持包容、认可的态度。这在一定程度上反映了学校对于性别教育的重视不够,甚至有严重的缺失。没有形成对低俗的传媒文化的抗体,更没有为青少年提供网络恶俗文化之毒的解药。

第二组:"女汉子"与女"爷"

以一首名为《女汉子》(歌手:王麟)的流行歌歌词拉开探讨本议题的帷幕:

别说我不温柔不会撒娇	姐我不愿做粘人的猫
要怪就怪你心脏太糟糕	河东一吼你就受不了
别说我不浪漫不懂情调	我行我素这样才最好
若你喜欢我把我当至交	前路一起哭哭又笑笑
我是女汉子 我骄傲	青春的路上不能跌倒
哪怕哭过痛过自己知道	遍体鳞伤不吃后悔药
我是女汉子 我骄傲	一起努力把梦想寻找
现实无情人心猜不到	自己强大才是最重要

女汉子(wo—man、womenman),简称"媭"。这一词由名模、主持人李艾在新浪微博发起的"女汉子的自我修养"这一话题引起。通常是指一般行为和性格向男性靠拢的一类女性,用来形容那些外表是女的但是性格"纯爷们"的姑娘。具备如言行粗鲁、个性豪爽、独立、有男子气概等传统观念中女性本不应拥有的特质,是一个有褒有贬的网络语言。

2013年一篇题名为《网传"女汉子"的20个习惯,不少姑娘"躺着中枪"》[1] 中给出了"女汉子"的具体标准:

---

[1] 《网传"女汉子"的20个习惯,不少姑娘"躺着中枪"》,载《中国新闻网》,2013年9月4日。

1. 瓶盖拧不开，会较劲但不求助；
2. 天太热时，在家会"裸奔"；
3. 常发出"当女生好麻烦"的感叹；
4. 喜欢仰着头把薯片渣往嘴里倒；
5. 平时或上网聊天时会说脏话；
6. 夏天愿意去吃没空调的老火锅；
7. 能自己换饮水机水桶；
8. 爱玩网络游戏；
9. 时间太晚会不洗漱直接睡觉；
10. 不爱化妆，很少自拍；
11. 跟男生很容易成为"哥们"；
12. 喜欢跷二郎腿或抖脚；
13. 觉得逛街购物是种麻烦；
14. 很少进理发店、美甲店、美容院；
15. 吃苹果通常是洗干净不切块，直接啃；
16. 在家时经常不洗脸不梳头；
17. 外出旅游行李自己扛；
18. 看不惯发嗲的女生，觉得矫情；
19. 穿高跟鞋也敢追地铁公交；
20. 有异性在场点餐也敢点大份。

在此之前，生活中和影视作品中的"女强人"形象已是对传统温良贤淑的女性形象最大的反叛。然而，在这个后现代文化强力冲击现代文化的时期，"女强人"在所描写的"女性对于女性气质的疏离"状况已经落伍，现代意义上的"女强人"比较有代表性的形象大多是长相刻薄、装扮土气、讲话颐指气使的革命女干部，或是不解风情、不懂生活、戴着高度近视眼镜的女知识分子，或是婚姻非常不幸的女政客、女商人形象。但如今，女性自己喊出了"女汉子"、女"爷"的新词，来对抗被男性话语言说的"女强人"，这些词汇显露了一个事实，即当代社会女性符号已经破碎，女性抛离原初的自我，成为异化的主体,标示了中性人①的诞生。

(一)"女汉子"对"女强人"的超越

"女汉子"、女"爷"其实跟"女强人"是有所区别的,即便本质上都是女性对男性气质的一种僭越式的抢占。

首先,针对"女强人"缺少女人味的刻板印象,"女汉子"和女"爷"做出了超越。在公共场合,"女汉子"和女"爷"往往以精致的装扮出现,并懂得发挥女性气质的优势,与私下的怠惰状态形成鲜明对比。琼·雷维尔②1927年在《国际精神分析》期刊上发表了著名的论文《作为面具的女性气质》(Womanliness as a Masquerade),其中涉及对一个成功的职业已婚女性进行研究的案例,这位女士通过卖弄风情在男人那里寻求安慰。据此研究女人的俄狄浦斯情结形成的过程,在雷维尔看来,女性通过她"男性的"成功,使自己变得男性化,但试图通过戴上女性面具(Womanly Masquerade)来隐藏这种特征,从而披上了一种"女性"身份。因此可以说,女性特征是根据社会惯例建构起来的,借着这种惯例,女性主体通过一个摹拟过程而变成女人,女人"表演出"女性气质是为了转移焦虑以及对来自男性报复的恐惧。女性气质能够假装并作为一个面具戴上③,面具具有双重目的:一个是拒绝从父亲那里得到的拥有阳物的幻想;另一个是保护她免受来自父母惩罚的危险。

最后,"女强人"、女知识分子的眼镜形象,是很值得分析的标签儿。"戴眼镜的女人"这个形象是一个高度浓缩的主题,它传达的信息是被压抑的性欲、知识、视野与视界、智力、欲望。戴眼镜的女人同时意味着智慧和不合乎男人的需要。但是当她摘掉眼镜之后,她就被转变为景观,成为男人向往的对象。其中有复杂的社会意义:女人戴眼镜通常重点不在于指示"观看能力的不足",而是指"积极的观看",而不是被看。知识女性可以既观看又分析,通过篡夺凝视的权利,对男性的主体地位构成了威胁,或者说已经强有

---

① 对于"中性人",需要在两种层面上做以理解:一是以人的"生物性"角度给出的概念,即生理上不具备医学意义上明确的、完整的性征的人。二是以人的"社会性"角度给出的含义,包括人在心理上对自己的性别认同和在社会交往中的角色归属。本节论述主要针对第二层面的意义展开。

② 琼·雷维尔(Joan Hodgson Riviere,1883.6.28—1962.5.20),英国精神分析学家、作家。1921—1922年,与弗洛伊德及其女儿安娜·弗洛伊德是同事,负责把其著述翻译成英文,是对精神分析做出巨大贡献的非女权主义者。

③ 〔英〕索菲亚·孚卡(文),瑞贝卡·怀特(图):《后女权主义》,王丽译,北京:文化艺术出版社,2003年,第28—29页。

力地移到窥视的一端,成为主体。摘掉眼镜的女人比戴眼镜的女人更多的具有休闲和自然的效果,从而交还男性观看的主角地位。在很多情况下,女性不是有个性、有思想的完整个体,即便是"女强人"也是作为男性中心主义文化体制下被观赏的对象出现,客观上渲染了女性客体的地位。因此"女汉子"和女"爷"是对这种观看的抵抗,是继"女强人"对男性优势地位的抢夺之后,进一步宣称自我的主体价值。

(二) 女性比男性更双性化

"欲望在文本中被赋予文化物质性,因此对于女人(从儿童时期算起),跨性别的认同是一个习惯,它会很容易变成第二重要的本性。然而,这个本性在它所借穿的异装者外衣中,不会舒坦地静坐,而是不安地移动。"① 丘克(Cukor)的戏剧《亚当的肋骨》(*Adam's Rib*)中的一幕,生动形象地表明女性乐意成为易装癖。凯瑟琳·赫伯恩(Katherine Hepburn)请求陪审团想象一下案件所牵涉的三个主要人物转换性别角色。这时出现了三个叠化画面:三个人物逐一穿上异性衣服,出现在画面上。这几个画面有这么一个特点,两个女人扮成男人非常容易;与其形成对比的是,那个男人在扮成女人时却遇到某些阻力。女性转变成男性角色很容易被接受,而男性转变成女性角色,似乎只会出现在闹剧中,二者形成鲜明的对照。男性易装癖只是供耍笑的,而女性易装癖却是令人向往的。因此,当男性被固定在性别认同之中时,女性却至少可以假装她是另一性——事实上,在女性气质的文化建构中,性别的可变性,即女性可以变成男性,这似乎是女性气质区别于男性气质的鲜明特征。因此,易装癖完全是可复原的。这个主意似乎是这样:女人要变成男人的想法是可以理解的,因为人们最不愿意处于女性气质的位置上。

令人不解的是,为什么女人要炫耀自己的女性气质,使自己成为具有过度女性气质的人?换句话说,也就是突出伪装的人。伪装不像易装癖那样容易复原,因为它认可了这样的事实:被建构成假面具的,正是女性气质本身——它被建构成隐藏着"无身份认同"的装饰层。琼·雷维尔是第一个把这个概念做理论总结的人,她说,女性气质的伪装形成一种反应,它反对女性的跨性别认同,即她的易装癖。雷维尔所分析的知识女性,在接受话语主体而非客体的地位之后,感到她们不得不去补偿对男性气质的窃用,其方法

---

① Mulvey: "Afterthoughts…inspired by Duel in the Sun," *Framework*, *Summer*, 1981, P.13.

是夸大女性气质的调情姿态。

女人可以接受女子气质并把它当作面具戴上，这样既可以掩饰她拥有男性气质，又可以在有人发现她拥有男性气质的情况下，避免报复行为——这很像小偷把自己的口袋翻过来让人搜查，以证明自己没偷东西。读者可能会问我是如何界定女性气质的，或者我是如何区分真正的女性气质与伪装的。我认为，不在于二者之间有什么区别，而在于它们是一样的，无论从激进还是从表面的角度看。①

（三）女性的"不确定性"对男权文化的破拆

朱迪思·巴特勒（Judith Butler）为后女性主义思潮代表人物之一，她指出："女性"是一个不确定的概念。人的社会角色是靠表现（performance）来实现的。所谓社会角色，就是人们对社会中具有某一特定身份的人的行为期望，以及与这一期望相关的一整套行为规范。社会角色不是天生的，而是社会赋予的。一个人在社会过程中接受社会规范而认同社会赋予的角色，就获得某一个社会角色。由于社会中的人基于生理差异而分为男性和女性，人们对某人的行为期望及相关的行为规范，也就存在着性别的差异。如果某人在生理上是男性，人们便希望他的行为"像一个男人"；如果某人在生理上是女性，人们便希望她的行为"像一个女人"。人们接受了这种期望和规范，分别成了社会文化意义上的"男人"与"女人"。因此，性别角色的差异也不是天生的，而是社会造成的。② 性别角色和性别特征（sex roles and sexual identity）是靠性表现决定的，服装、举止都是表现的道具。社会固定了性歧视的场景，规定了男角色女角色的模式。巴特勒的理论对以性别为依据的社会分工、性别差异等有解体性的认识。性表现论对女性主义电影理论的影响也很大，巴特勒认为破除男权制度最为有效的方法是男女混装（cross-dressing）。衣物、发式、举止是社会区别男女的主要标准，一旦打破了其中的性界线，人们就会习惯其他种种性别角色和特征，就会从性别角色中解放出来。"当人们不能确定自己的社会性别时，随着性别差异而出现的性压迫就有可能消失。"③ 唐那·哈拉威（Donna Haraway）认为"不固定性"是我们所处时

---

① Joan Riviere：*Womanliness as a Masquerade*，*Psychoanalysis and Female Sexuality*，ed. Hendrik M. Ruitenbeek，*New Haven*：College and University Press，1966，P. 213.
② 骆晓戈主编：《女性学》，长沙：湖南大学出版社，2004年，第6页。
③ Juduth Butler：*Gender Trouble*，New York，1990.

代的特征。她把后现代主义形象地比喻为半机械半人化的赛勃克（Cyborg）①。作为后现代主义的社会理想和希望的赛勃克打破了一些以往很重要的界线——人与动物、人与机器、头脑与身体、唯物主义与唯心主义之间的差异基本消失。哈拉威认为跨越日常的界线对消除男性和女性之间的界线有奠基作用，以破除界线为特征的后现代主义时代是铲除男权文化的时代。②

（四）"♀"的隐喻与女性认同的"镜像期"

男女符号♂、♀的来历有两种说法。第一种说法：因为爱神丘比特的弓箭袋状如"♂"，女神维纳斯爱美，常持小镜子形似"♀"，人们就用这两个符号作为爱神和女神的代号，后来它们就被分别用来表示男和女了。植物学家就借用这两个符号来表示植物两性花。另一种说法：起初，这两个符号并非表示男女，而是植物学家用♂表示雄花、♀表示雌花。

根据拉康对于力比多动力学与人类世界的本体论结构的转化问题的探讨，如果把历史看作"镜子"，把女性看作在镜子前行动的"婴儿"，女性对于自身的认知也存在一个"镜像期"③，即"自我"的形成及其向"主体"的转化。这个过程中呈现以下几个阶段：

1. "欢愉的接纳"——在一种典范的情境里，暴露了象征的母体。"女性"突然处于某种原始形式之后，通过和他者的认同辩证法，"女性"被具体对象化了。

2. "虚构的方向"——女性依据"性别全貌"幻觉式地预见了自我力量的成熟，而这种"性别全貌"是一种外部性的、格式塔式的。它的孕育象征女性自我的心理持续性，预示了异化的命运。同时也孕育着某些对应性：将"女性"与女性投射于社会、历史、文化之镜中的"塑像"联成一体，将

---

① 赛勃克是美国电影 *Robocop*（机械战警）中主人公的名字。赛勃克曾经是位英勇善战的警察。在一次任务中，不幸被所追的匪徒打死。警察机关将其大脑取出，移植到一个机器人体内。这个新造就的警官不但具备按输入的程序冷静处理事端的能力，还具有人类爱憎情感，优于完全由计算机控制的机器人。

② 鲍晓兰主编：《西方女性主义研究评介》，北京：生活・读书・新知三联书店，1995年，第12页。

③ "镜像期"是拉康的核心概念和核心思想之一，揭露了"自我"的形成以及"自我"向"主体"的转化过程。他指出婴儿在6—18个月期间，工具手段智力方面低于黑猩猩，但仍可以认出镜中自己的形象。这个辨认在儿童发出"啊哈"的富于启发性的拟态中表现出来。科勒视其为情景认知的表现，一个基本的智力行为阶段。参见汪民安、陈永国、马海良主编：《后现代性的哲学话语——从福柯到赛义德》，杭州：浙江人民出版社，2000年，第173页。

"女性"同支配女性的"幻影"联为一体,将"女性"和男女两性关系里女性自我的世界趋于完结的"自动机器"联为一体。

3. "隐约的象征"——如果我们对有关女性的"像"出现在不同历史时期和社会性质中的文化之"镜"的排布进行判断,不管关注的是女性形象的哪个侧面,如果依据重影的外相观察"镜子"装置功能,似乎是可以成为可见世界的入口,即通过提取异质性历史片段中的女性之"像",整理其反复叠合的要素,恰恰是我们认识和理解女性本质的入口。

4. "同形认同与异形认同"——这是个体到群体的转变过程,是内心世界与外在世界之间建立的某种关系,且这种关系是实践性的。"形态模仿"是对非实在性的空间着魔般的迷恋。① 女性主体性的发展是作为一种时间辩证法而被体验到的,这种辩证法毅然决然地将女性主体的成型投入历史之中。"镜像期"是一出戏剧,它的内在驱力猛然由匮乏转向期待——这就为沉迷于认同诱惑的主体产生了一系列幻觉。这些幻觉从碎片化的身体—形象一直到它的总体性形式,最终,转向某种对异化身份防护甲的设想,而这则由于其生硬的结构标志着主体的全部心理发展。于是,要破除内心世界与外部世界的彼此循环,就会造成自我明证的无以穷尽的结果。②

第三组:"性欲"与"身体"

《藏在书包里的玫瑰》是一本由两名青少年问题研究专家对北京13个有过性行为的中学生所做的调查报告。作者对这些学生发生性行为的原因与过程逐一做了剖析后发现了至少五个事实:

1. 半数以上是师生公认的好学生;

2. 1/3来自重点中学甚至是名声显赫的学校;

3. 他们初次性行为时100%不用安全套;

4. 父母与教师对他们有过性交经历的事实100%不知道;

5. 他们对学校与家庭的性教育100%不满意。

在《广州市中学生性心理及其行为》调查报告中显示,有54.2%的中学

---

① 汪民安、陈永国、马海良主编:《后现代性的哲学话语——从福柯到赛义德》,杭州:浙江人民出版社,2000年,第175页。

② 汪民安、陈永国、马海良主编:《后现代性的哲学话语——从福柯到赛义德》,杭州:浙江人民出版社,2000年,第176页。

生认为未成年性行为是正常的。应该说，"性"的问题在当今社会中已经不是一个讳莫如深的话题了。抛开成年人不说，在未成年人当中也相当不避讳。中学午休期间，学校附近的餐厅里一对对小情侣亲密搂抱、喂食物、接吻，早就是见惯不怪的事情。甚至有报道指出，有一些同学表示，初中时就已知道身边有同学去堕胎的事情。学习压力越大学生们就越需要情感上的慰藉，一些重点中学或者成绩优秀的同学也同样发生了早恋甚至性行为。高一学生有50%的人在谈恋爱。还有的女生做完人流手术，接着去医院修补处女膜！可以说，开放的性态度、贫乏的性知识和不成熟的性心理，是中学生性观念的真实写照。也许十年前，"早恋"还算是个值得老师找家长谈话的理由，而如今，"早性"早已挤占了那个让青少年好奇、让家长老师敏感的位置。一项调查显示，某妇科门诊所做人流手术中最小的未婚先孕者只有13岁，而某医院泌尿科收治的最年轻的阳痿病人只有19岁（沉迷性行为，房劳过度，导致阳痿）。至于大学生，婚前性行为的比率就更高了，教育部十五重点课题《大学生性文化研究和性健康实践》的调查数据显示，恋爱中的大学生几乎都有过拥抱行为，其中60%有过亲吻行为。在接受调查的大学生中，11.3%的学生明确表示自己已经有过性行为，还有29.5%的学生未做出答复。在2013年中英性病艾滋病防治合作项目专家论坛上有报告称，大学生对婚前性行为持肯定态度的比例，在20世纪80年代是48%，90年代上升到76%，如今上升到了91%，这个比例与西方的比例已经非常接近。由"早性"引发的少女做人工流产的问题也日趋严重。2010年暑假开学后，"人流季"一词就成了许多媒体关注的焦点，撩拨着大众敏感的眼球，牵动着无数父母的脆弱神经。所谓"人流季"，是指暑假结束后出现的人工流产高峰，其中有不少是大学生、高中生甚至初中生。每年暑假和寒假，是青少年发生性行为的高发期。暑假和寒假结束之时，往往也成为少女人流的高峰期，怀孕少女成为许多妇产医院人流手术的主流群体。根据2011年广州某整形机构的调查报告显示，在整容手术的女性中，二十岁左右的女孩比例上升。近些年由于现代观念较为开放，女性对于性爱质量的要求提升，女性私密整形比例上升。

（一）性开放源自本能的压抑

当我们的生活面临着诸多选择可能性时，人们更容易陷入对性问题的危险的狂乱中。当代人关于性价值观和色情品的冲突和论争，具有重大的象征意义。关于性行为的论争，往往会变成解除社会焦虑的工具和媒介，用以宣泄人们的情感焦虑。因此在社会压力过于强大的时期，性应当受到特别的重视。①

应当说，在中国文化中有对性的认识与对"贞"的理解有很大关系。其实在礼教观念形成之时，大概是周以前，并没有对于性的压抑。人们的"贞"的观念是很宽泛的，《易经》对"贞"的观念大概有三种解释②：第一种，认为"家人利女贞"，能"正位乎内"的，便是"贞"了。这种解释与肉体的贞洁可以说毫无关系；第二种，认为"恒其德贞，妇人吉"，是说夫妇的关系能长久的，便是"贞"。这个解释，才有不事二夫的意思，但与处女的贞洁与否并无关系；第三种，认为"姤女壮，勿用取女"，《本义》说"一阴而遇五阳，则女德不贞，而壮之盛也。取以自配，必害乎阳，故其象占如此"，这个解释才含有女子杂交便是不贞的意义。那时人对于性的观念，并没有单纯从"肉体"的贞洁上加以过多的限制，而且重点在已婚的妇人身上，因为已婚的妇人，如不守贞，有乱伦纪、乱宗支的危险。对于"贞"的观念渐紧，到了宋代，贞节观念遂看中在一点——性欲问题——生殖器问题的上面。从此以后，对女性的摧残遂到了不可知的高深程度③，也正是那时起，性成为一种压抑人性的政治力量。尤其表现在"处女情结"的普遍扩大化上，以及男性出于非繁衍目的的"买妾"行为。这种风俗一经倡行，便不容破灭，有时虽表面为新风俗所代替，而旧风俗的意趣，往往还在人们心里作祟。社会家称此种情形为"遗蜕"（Survival）④，所以发展到了明代，遂出现"处女裸体受检查"。这种检查不以生理是否合于常度为目的，而只在关注是不是处女，唯一的标准就是处女膜是否完好。在对女性肉体纯洁的要求的同时，男性却公然的纳妾、嫖娼，这都是男性将女性视为欲望对象物的写照，更是女性身心皆遭受日益深重的压迫的表现。

中国传统的保守的性观念（所谓保守实际主要是针对女性），并没有随着"五四"时期的启蒙运动和新中国的妇女解放运动而产生质的变化。不同于法国女权运动以后对于人性本质的还原和宽容，我们虽然也承认性是自然的力

---

① 〔美〕佩吉·麦克拉肯主编、艾晓明、柯倩婷副主编：《女权主义理论读本》，桂林：广西师范大学出版社，2007年，第386页。
② 陈东原：《中国妇女生活史》，上海：上海书店，1984年，第29—30页。
③ 陈东原：《中国妇女生活史》，上海：上海书店，1984年，第146页。
④ 陈东原：《中国妇女生活史》，上海：上海书店，1984年，第216页。

量，存在于人的荷尔蒙或灵魂中，却始终没有把性的问题放在先于社会生活和政治制度的位置来关注，包括对青少年的性教育的问题上，始终处于遮遮掩掩的神秘状态。这客观上造成关于性本身对年轻人有害的概念，已经铭刻在社会、法律和文化心理的深层结构中，这种结构就是为了使青少年与性知识、性实践隔绝开来。① 这种暧昧的性的表达，遮掩不住力比多（Libido）② 的抗力。在看似坚不可摧的文化、制度、法律的地表之下，以不可估量的速度四下蔓延生发。而网络时代的到来，刺穿了原有社会文化、习俗制度的堡垒，那一抹原本难于想象的放荡无拘的自由之光照入裂缝，网络媒体无限度撩拨隐私空间，使得原本深埋不露的人性欲望的表达无度地袒露。2008 年的"艳照门"事件，对于中国的性观念而言是一个赤炎暴风，所过之处，所谓节操、信念、荣辱、尊严皆化为灰烬，把后台的"性"与前台的"人性"都炼成废墟，呈现给公众。由于过于真实而让人一时之间"三观"震荡。而这次事件并没有成为人们重建道德约束的警鸣，事实上，却如同打开了潘多拉盒子。即便主流媒体息事宁人、正面引导，但在更为广泛的草根媒体当中，事件男主角被网民封为真正的男神，男人的偶像，行为艺术大师，性摄影的鼻祖；对于事件牵涉的女性的评论最多的并非出于道德考量，而是针对素颜、肤质、身材、姿态、服饰等。而且，该事件引发接下来的五年多里网络媒介对性话题的报道尺度大开，甚至无底线。一些人竟然效仿拍摄性爱照片和视频后放在网络上，更有人以此争夺公众眼球、寻求上位，成为所谓的媒介红人。悲哀的是，其中不乏未成年人，甚至包括小学生。无怪乎一般"把性视为一种危险的、具有破坏性的、反面的力量"③。事到如今，我们不得不承认性压抑现象的存在，而不是将它诉诸欲望话语的本质主义假设。并且也不得不承认，绝大多数性解放的思想都来自本能及其抑制模式，无论是对性的生理学解释上，还是在建构主义的框架中理解的自然冲动受到违反人道的压迫的概念上。

---

① 〔美〕佩吉·麦克拉肯主编、艾晓明、柯倩婷副主编：《女权主义理论读本》，桂林：广西师范大学出版社，2007 年，第 387 页。

② 力比多，指以性欲为生命活动的根本动力。〔英〕勃洛尼斯拉夫·马林诺夫斯基：《两性社会学——母系社会与父系社会之比较》，李安宅译，上海：上海人民出版社，2003 年，第 329 页。

③ Jeffrey Weeks: *Sex, Politics and Society: The Regulation of Sexuality Since 1800*, New York, Longman, 1981, P22.

（二）性自由是对"性价值等级体系"的反抗

惯常观念中，我们习惯把性视为一种与生俱来的罪恶。只有婚内以生殖为目的的性和不追求快感享受的性，才有可能赎罪。认为生殖器官在身体器官中具有内在的低下性，比精神、"灵魂"、"心"，甚至于比消化系统的上半部分（排泄器官的地位与生殖器官接近）都要低下得多，远不如后者神圣。① 性被证实无罪之前总是被假定为有罪，除非可以提出使它免罪的特殊理由，最可接受的理由是婚姻、生殖和爱情。有时还可以加上科学方面的好奇心、美学体验或者长时间的亲密关系。② 医学和精神病学对性行为的谴责求助于精神与情感低下的概念，美国精神病协会的《精神与肉体疾病诊断统计指南》（缩写为DSM）的最新版本（第三版）把同性恋从精神疾病的名单上删去了，但是恋物、施虐、受虐、易性、异装、露阴、观淫和恋童，仍被确认为心理障碍。③ 大众文化渗透了性的差异形式是危险的、不健康的、堕落的，是对一切事物的威胁，从小孩子一直到国家安全。大众的性意识形态是一团充满毒素的性焦虑，其中包括以性为罪恶的思想，以性为劣等心理的概念，大众传媒通过毫无怜悯心的宣传培植了此类态度。基于此，形成了性价值的等级制，其运作方式是使性特权阶层的幸福以及性下等公民的厄运合理化。

所谓的性价值等级体系是这样一种性意识的集合——"美好的"、"正常的"和"自然的"性，从理想形态上说应当是异性恋的、婚内的、一夫一妻的、生殖性的和非商业性的。有害的性行为是同性恋的、非婚的、滥交的、非生殖性的或者是商业性的。④ 处于"内环"的就是美好的、正常的、自然

---

① "Pope Praises Couples for Self–Control". San Francisco Chronicle, October 13, 1980. p.5.; "Pope Says Sexual Arousal Isn't a Sin If It's Ethica." San Francisco Chronicle November 6, 1980, p.33; "Pope Condemns 'Carnal Lust'As Abuse of Human Freedom". San Francisco Chronicle. January 15, 1981, p.2; "Pope Again Hits Abortion, Birth Conctol". San Francisco Chronicle. January16, 1981, p.13; "Sexuality, Not Sex in Heaven". San Francisco Chronicle. Deceber 3, 1981, p.50. Gayle S. Rubin: *Thinking Sex: Notes for a Radical Theory of the Politics of Sexuality*. First Published in Carol S. Vance, ed., Pleasure and Danger: *Exploring Female Sexuality*. 1984。

② 〔美〕佩吉·麦克拉肯主编，艾晓明、柯倩婷副主编：《女权主义理论读本》，桂林：广西师范大学出版社，2007年，第401页。

③ American Psychiatric Association, *Diagnostic and Statistical Manual of Mental and Physical Disorders*, 3rd edn. Washington, DC, American Psychiatric Association.

④ 〔美〕佩吉·麦克拉肯主编，艾晓明、柯倩婷副主编：《女权主义理论读本》，桂林：广西师范大学出版社，2007年，第404页。

的、受祝福的性；处于"外环"的则是邪恶的、反常的、不自然的、受诅咒的性。

此外，出于对性危险的多米诺理论，需要把性秩序和性混乱用一个想象中的"界线"划分开，前者代表"好的"性行为，后者代表"坏的"性行为。只有在分界线美德一边的性行为才是具有道德的复杂性。所有在分界线邪恶一边的性行为都被认为是彻头彻尾令人厌恶的，它们也不会有任何情感上的差异。某种性行为越是远离那条分界线，就越邪恶。这存在一种唯一理想的性行为方式的观念，是绝大多数性思想体系的特点；对宗教来说，理想的方式是生殖性的婚姻；对于心理学来说，则是成熟的异性恋关系。虽然我们大多数更容易接受认为每个人都应当是异性恋的、结婚的或香草型的（Vanilla）① 的主张，但是也应当注意到差异是所有生命的基本性质。假定这件事有一种最佳方式而每一个人都应当按照这一方式行事，遵循一个唯一的标准，实际上形成一种性制度的暴力。大多数人认为自己拥有的性倾向属于一个将会或应当适用于一切人的普遍体系的观念，实际上有待商榷。一方面我们应当意识到，真正民主的道德应当用这样的标准来评价性行为——伴侣对待对方的方式、相互关心的程度、有没有强迫性，以及某种关系所提供的愉悦的数量与质量；另一方面应当警惕对于性的差异表现出文化沙文主义的思想。我们应该学会把性的差异当作人类创造性的表达，而不是简单地看作低下的或恶心的野蛮习俗。对于不同的性文化，也需要人类学理解力。

（三）女性的三种身体

古语说"常舞则荒淫，乐酒曰'酗'，酗歌则废德"②。揭示了身体和德性之间具有关联性。因此如何看待女性的身体，女性如何定位自己身体的意义，如何使用自己的身体，小则影响女性自身的言行举止、行动做派，大则会对社会风气和道德秩序产生影响。根据看待女性身体的意义的方式不同，我们认为存在着三种女性身体：不显的身体、色情的身体和审美的身体。

第一，女性的不显的身体，实际上是对女性身体的否定形式，即人们视而不见的、看不到的身体。它出现在正常人的心中，因其规范性而不引人注

---

① 香草型的（Vanilla）意为寻常的，相对于"虐恋的"而言。
② 《孔安国传》，参见王子今：《古史性别研究丛稿》，北京：社会科学文献出版社，2004年，第35页。

目。女性身体形象的可爆炸激情被这种不显性的道德明智地消解了。① 这种不显的、平常化的身体观念，是现代性的产物，是现代化带来的后果，是通过裸体的展示实现的。与封建时代不同，女性的身体在现代化的过程中，不断从含蓄遮掩转向奔放暴露，这从女性服饰的变化上可见一斑。现代的淑女装一般奉行时尚、优雅、简洁、大方的风格，给人以亲切、清新、可爱的感觉，在对性的表现上是偏向保守的、凸显纯洁感的。后现代性消费文化的刺激，使得女性的着装走向个性、新奇、野性、奔放的风格，给人以意外、诱惑、性感的感觉，在对性的表现上是开放的、肆无忌惮的、凸显性的意味。但是这种对于身体的展示，并没有使女性更具个性，反而消解了个体身体的独特性，而趋于平常化。包括电视广告对于女性身体的滥用，无论是多么没必要展现女性身体的广告，例如手机、车、饮料甚至拉面，都无止尽地以女性身体为卖点，把性感玩坏了。网络上就更是乱象丛生，抛开非法的以性为主题的网站不说，一些商业化的网站的广告，也大肆运用嫩模的诱惑照吸引点阅，明明是卖商品，却频频展示各种大尺度自拍。由此引发女性身体的隐秘感消失，这种裸露平常化不再与人数有关联，"所有人都这样做"的观念并不反映一种准确的统计与一定时间的观察，而是反映一种普遍的感觉，正所谓媒体真实和客观真实是有差距的。但这似乎早已不重要了，这种感觉建立在一种已在的不显性上，即身体的暴露是正常的，是一种集体的认同，可以保证某一结构的永恒真实性。正如裸泳、裸体日光浴、海滩比基尼，按照传统观念是难以接受、不方便尝试的。但是随着影视文化的引领，媒体有意无意的报道，似乎作为女性没有一套比基尼，没有穿着它在海滩拍过性感照就是不时尚。这也使得女性的身体在日常生活中变成司空见惯的平常物，它成为非个人性的东西，任何女性身体只是一般女性身体的无特征体现。古老的视觉吸引力只能归结于物质的稀少性，而今天，这种稀少性转变为众多性，从而消除了任何吸引。身体的平常化不再取决于看者尤其态度构成的观看能力，而是取决于对所看物的视觉兴趣的绝对消失。② 这便是身体的中性化。女性身体作为性别的个性和特殊吸引力被在想看就能看的便利之中消解了，对女性身

---

① 〔法〕让-克鲁德·考夫曼：《女人的身体 男人的目光：裸乳社会学》，谢强、马月译，北京：社会科学文献出版社，2001年，第165页。

② 〔法〕让-克鲁德·考夫曼：《女人的身体 男人的目光：裸乳社会学》，谢强、马月译，北京：社会科学文献出版社，2001年，第169页。

体的观看目光变得平和无欲，丰乳肥臀也不过如同手和脚一样，只是身体的一部分。

第二，作为色情的身体，实际上表达的是女性身体作为性的意义的存在。在这个层面上，女性的身体与女性性别的独特性形成有密切关系。这一独特性体现在女性始终难以逃离物化的存在。女性自身把自己的性的特征作为物来展示，作为商品来交换，作为自我来表达。这种"物性"或许可以用象形文字的特征来加以解释：一方面，象形文字（尤其是当它与关于女性的话语汇合时），指一种无法破译的语言，一个指示系统，它无法在不熟悉的领域以及对那些掌握着奥秘的人表示事物，因此它就否定了自己的功能。在这个意义上，女人如同象形文字一样隐藏着奥秘，即可望而不可即的他者。另一方面，象形文字是最容易读的文字，它的直接性和易接受性，都是作为图解语言、形象书写系统所具有的功能。这是因为，这个形象被理论化的基础是某种近似性，即符号与所指对象之间没有距离或差异。正是由于缺少此关键的距离或差距，才同时确立了象形文字与女性的特征。这就解释了弗洛伊德在关于女性气质的讲座中，为什么要驱逐女性的原因。女性与自己距离太近，陷入自己的奥秘中，因此她就无法脱身，无法形成"回顾"之必要的距离。① 因此，一方面象形文字是一个不可破译或至少是费解的语言；同时，它又有可能是最易于理解、最为人所理解和最适宜使用的语言符号系统。② 女人也是处于这样自相矛盾的地位之上。但就在这里也出现了相似之处。因为象形文字不完全是象征性的，作为象征符号，假如具有某种不可概括性的话，那么它们就不会获得作为语言的地位。女人的身体太过于亲近，使得女人无法在表意系统中取得与男人相似的地位。因为女人总是怕失去业已失去的东西，即怕缺少业已缺少的东西，这个缺少的东西对实现女人在符号系统中的理想是至关重要的。女性的独特性就这样在理论上被表述为空间的亲近性。与女性身体的"亲近性"相对立的是，男性与他身体的空间距离，很快就消失在知识结构中了。在弗洛伊德对建构"理应了解的主体"的分析中，这一点被

---

① 〔美〕玛丽·安·多恩：《电影与伪装——对女性观众的理论概括》，朱坤领译，载《复旦大学：视觉文化与社会性别》，2010年4月28日。

② Oswald Ducrot、Tzvetan Todorov: *Encyclopedic Dictionary of the Science of Language* trans. Catherine Potter, Baltimore and London: Johns Hopkins University Press, 1979. 象形文字潜在的可理解性只是理论上的，只能被认为是象征系统里无法达到的理想："既不能夸大形象与客体之间的相似性（这个设计方案迅速地成为一种风格），也不能夸大符号'自然'或'共通'的特点：苏美尔语、汉语、埃及语和赫梯语在指示同一个对象时，根本就不一样。"

表达得很清楚。这里牵涉的知识是关于两性差异的知识，它是在与观看结构的关系中组织起来的，而观看结构又取决于阴茎的可见程度。对弗洛伊德所描述的女孩而言，观看和了解是同步的——二者之间没有短暂的差距。在《两性之间解剖学差异的一些心理学后果》一文中，弗洛伊德宣称，女孩子在第一次见到阴茎后，"就迅速地做出了判断和决定。她已经看到了阴茎，知道自己缺少它，并想得到它"①。在关于"女性气质"的讲座中，弗洛伊德重述了这个立场；他把直觉与思维融合了起来："她们（即女孩们）立刻注意到了有无阴茎的区别，而且我们必须承认，她们也认识到了这个区别的重要性"②。在另一方面，小男孩不需要进行这种理解的直接性。当他第一次见到女人的性器官时，他"先是表现出犹豫不决和缺少兴趣；他什么东西也没看到，或否认自己看到的东西，他想把大事化小，或者想方设法使女性的性器官与自己的期待相吻合"③。第二个事件，即阉割威胁，就成为必要的了：它促使人们重新阅读这个形象，赋予它与这个男孩自身主体性有关的意义。男孩与性别差异知识的关系，正是在观看与威胁之间的距离上建立的。

第三，作为审美的身体，把一种难以捉摸的复杂性输入男人的目光，让男人在女人的三种身体中徘徊不定。审美提供了一种把性的意味升华的力量。艺术—色情目光的这种崇高炼丹术产生一种语言含混现象，最美的语言确定着最直露的本性，"美"只能表达一种纯粹的冲动，但需保留一种为美赏美的距离。男性和女性对身体美的看法是不同的：男性谈及女性身体美的时候，立即会转到性上来。他们看待身体的目光不是冷漠的，是纯粹的凝视，在平常性和性之间存在某种模糊意义，审美使之更加暧昧；而女性谈及身体美的时候，立即会转到比较上来，是以自己的现状去与谈论的身体比较。与其说是在审美，不如说是在审视丑。整形、非理性的减肥大概出于这样的心理。很多整形的女性本身并不是不美，在常人看来并没有必要动手术，没有必要用强力干预的手段进行减肥，但是媒介塑造了女性美的种种范本，使得女性总是处于审美的被动地位。例如与美容产品、食品、电器、科技产品、服装

---

① Freud: "Some Psychological Consequences of the Anatomical Distinction Between the Sexes," *Sexuality and the Psychology of Love*, ed. Philip Reiff, New York: Collier, 1963, PP. 187-188.

② Freud: "Femininity" *The Standard Edition of the Complete Psychological Works of Sigmund Freud*, ed. James Strachey, London: The Hogarth Press and the Institute of Psycho-analysis, 1961, P. 125.

③ Freud: "Some Psychological Consequences of the Anatomical Distinction Between the Sexes," *Sexuality and the Psychology of Love*, ed. Philip Reiff, New York: Collier, 1963, P. 187.

等相关的广告中,与专业技术、高科技相关的大多被男性形象表达,其他的多是由女性代言。且除了中老年药品、补品之类的广告会用年长女性代言之外,其余都是用年轻貌美的女性来做,无形中暗示观众,对女性而言美貌比智慧重要,年轻比资深更有优势。此外,在美容产品、技术的推广广告中,多是由女性说出自己的困难和忧愁,而由男性告诉女性如何化妆、如何装扮、如何保养,提供办法解决,并由男性对成果做最后评判,暗示了男性的审美才是女性追求美的风向标。

当今社会对女性形象的理解存在一定误区。把女性当成花瓶装扮,如何化妆、如何健美、如何减肥、如何使自己的肌肤白嫩、如何使自己的三围达到标准等,社会上许多关于女性形象的书籍也从这些方面来教导女性,使得年轻妇女,尤其是少女,一直处在美貌竞赛的巨大压力下,用男人观点从"外在"判断、批评自己的身体,而否定自己身体的"内在"感觉。一部分年轻女性每天要花数小时,想让自己看起来很美。几乎每一个女人都认为自己的身体某个部位"不对劲",需要改善,近而由内在升起不满意、不自信、不尊重自己的心态,不知道如何爱自己,只是日复一日、年复一年地以镜中平凡的自我形象和被塑造得很完美模特竞争。结果是,永远在追,却总是无法企及。因此,迫切需要一种教育,使女性树立正确的形象认知,摆脱媒体的诱导力量,独立而理性地对自己的身体进行认知与评判。在内心深处重建自我价值,并不断强化这种认知,克服盲目的、跟风的审美判断和由此引发的自卑心理,培养起健康的、积极的人生态度。

五、女性观念现代化的后果及反省

在上文中,通过对男女两性在婚恋问题上错位的认同揭示了女性在独立与解放过程中面临的巨大障碍;通过女性在职场上遭受的性别刻板印象和性别歧视问题阐明一个残酷的现实,即所谓的性别平等和女性的自由其实是一种理想性质的存在,更像是一个神话,美好却遥不可及;通过对一个母亲教育子女过程中,面对现实生存和竞争的要求和内心希望孩子幸福开心的愿望之间的权衡抉择,反映了"母亲"这一角色责任的艰巨和矛盾的心理,以此窥见女性游走于多重社会角色之间的艰难窘境;通过对当今社会与性别相关的关键词的分析,揭示在后现代文化冲击之下,性别呈现中性化趋势,两性

都存在自我体认纠结的问题，客观上反映了女性观念的迷失和性别教育的缺失。这些现状，无一不在言说原本可以成为妇女作为人的完整性之源泉的各种因素——一切事物（工作、性和游戏），一切人（家庭、朋友）——都反过来成为她的分裂状况的原因，这就是女性的"异化"。这种异化的状态，一方面体现在对传统女性观念的挑战；另一方面表现为对现代女性教育观念的冲击。

(一) 挑战传统女性观念

> 妇女的需要：无论妇女是学者还是非学者，妇女需要的不是以妇女的名义去行动或统治，而是如自然一样成长，如知识分子一样明察，如灵魂一样活得自由而自在，以展示她先天具有的力量。
>
> ——玛格丽特·富勒

女性对于自由与有尊严的存在的追求，是启蒙激发起来的女性内心最激烈的渴望。包括女性群体为了追求受教育权利的平等、求职与参政权利的平等而做过的任何运动和努力，都是最终实现女性作为人有尊严的存在，实现女性作为自然一部分的自由的存在。独立与解放是女性群体在通往这一目标必然经历的途径，并且具有里程碑意义，为逐步靠近自由与尊严奠定重要基础。

从这个层面上看，传统"淑女教育"所倡导的女性观念，由于历史的、经济的、制度的多种因素的变化，存在一些不合时宜的、阻碍进步的、影响推展的观念。事实上，也是政治经济发展至今日，面对新一轮的"文化热"以及历史与现实应如何安置女性的追问。反观历史与传统，作为一种后见之明，应该看到传统女性观念与农耕文化的需求相匹配，在历史上有其必然性与合宜性，客观上维系和稳固了中国封建社会制度。然而我们这里探讨的，是在政治经济体制、文化观念发生转变后的今天，传统女性观念面对时代考验，应当做出调整、改良甚至丢弃之因素。目的在于试图在现代工业化社会的现实与传统农耕文化返璞归真理想的张力中寻求和合之境。

1. 主体缺位问题——以相生代二元

我国古代的淑女教育课本都是以中国传统经典书籍为参照构思的。比如在《女诫》中，班昭从《礼记·内则》中汲取事例，还把女性的素质定义为四种遵从《周礼》的女性品质，即"四德"。再如《列女传》的观念来源于

《史记》，同时还大量引用了《诗经》的内容，甚至与早期的《战国策》也有一定关联。唐代的《女孝经》模仿《孝经》，明代"女四书"的编撰效仿朱熹编"四书"的方式，清代蓝鼎元所编《女学》读本仿照朱熹的《小学》的风格，陈宏谋在1742年编撰的《教女遗规》更是集合了之前的众多文著而成。① 其用意十分明显，即提供如何做妻子的职责和做女活的实际指导，通过含有著名女性的美貌、德行、贞洁行为的故事以及那些作为中国年轻女性道德模范的人物来特别突出女性的道德品质的培养。一部中国女子教育史可以说是一部妇德教育史，内容皆与女子自身德行的修养，以及为人女、为人媳、为人妻、为人母的道德有关。刘向为列女立传开后世重视女子教育风气之先河，对妇德的要求由宽松日趋严苛。西汉刘向《列女传》罗列了七种可效可诫的妇女类型："母仪"——匡夫教子的贤妻良母；"贤明"——通达事理、明辨是非的妇女；"仁智"——有胆识才智的妇女；"贞顺"——恪守礼教的妇女；"节义"——躬行节义的妇女；"辩通"——能言善辩，从容应变的妇女；"孽嬖"——荒淫无道的妇女。② 除了孽嬖，其他六种德性才行都是那个时代对于淑女的规范。以"教""才""学"来区分衡量，当时的淑女教育是以"教"（如"母仪""贞顺""节义"以及作为反面教材的"孽嬖"等道德上的规定）为上，兼顾"才"（如"贤明""仁智""辩通"）、"学"（如"辩通"以及"母仪"所要求的具体从事家庭事务的技能），以"内""外"为度，比较内外兼顾，这从《列女传》取材广泛，只要是才行高秀，有一善值得称颂便可入传可见一斑。他不仅肯定了妇女在家庭生活中的重要性，也一定程度上肯定了妇女在社会政治生活上的角色。但是后世编写女训书的人，唯取贞顺、节义和母仪，关于辩通、才智则不再强调。到了宋明以后，由于理学的兴盛，大力倡导节义贞烈，对于妇女德行的评论标准大多数都集中在"贞烈"，贞洁观念更变成宗教化，提出"忠臣不事两国，烈女不更二夫"，把女子守节之事提升到对国家忠诚的相对位置上。③ 这一流变过程客观上使得淑女教育的内容狭隘了，更像是女性道德教育，对于"教"的过分强调凸显

---

① 包含《女诫》，汉代蔡邕的《女训》《女论语》《女小儿女语》（1522—1567），吕坤的《闺范》（1590），王孟箕的《家训御下篇》，温横之母所编的《温氏母训》，史播臣的《颐体集》，唐冀修的《人生必读书》，王朝川的《言行汇撰》以及无名氏的《女训约言》。参见季家珍：《女性教育中的文化与文本传播：历史情境中的20世纪早期女性课本》，李涛、史静寰译，载《法国汉学（第八辑）——教育史专号》，北京：中华书局，2003年，第338—339页。
② 参见黄丽玲：《〈女四书〉研究》，南华大学硕士学位论文，2003年，第2页。
③ 参见黄丽玲：《〈女四书〉研究》，南华大学硕士学位论文，2003年，第3页。

了男性中心话语体系对于女性的压抑和排挤，是对女性心理空间和身体空间的双重挤压，也形成对于女子"教""才""学"全面发展的阻力，阻碍了女性走出深闺参与社会活动的步伐，使得女性的主体性随之式微，并且形成恶性的循环强化。女性越是闭守家中，就越对男性有依赖性，自我就越是残缺，主体性越无从体现，进而甘愿也只能从事家庭内部的劳动。毫无经济地位的状况逼迫女性放弃主体性，接受男女能力有强弱之差、分工有内外之分、地位有尊卑之别，于是女性深陷于与男性对立的二元概念体系中，并且自身总是那个"次等"的"他者"。当代美国心理学者 Janet Shibley Hyde 通过对关于性别心理差异的 46 个成果的整合分析（Meta-analyses）①的审查，用大量的科学数据验证了"性别相似性"的假设——一种与传统上认为男人和女人、男孩和女孩有很大的不同的心理形成鲜明对比的性别认识模式。它阐明男性和女性在心理变量（psychological variables）上虽不是全部相同（几个显著的例外：有较大的性别差异的主要表现在一些运动行为和性的某些方面上；性别差异幅度较为温和的例如在侵略性方面），但是大部分是一样的。因此反思"现在是考虑过度膨胀的性别差异论造成的代价的时候了。可以说，它们在许多领域造成了伤害，包括女性在工作场域的求职机会、夫妻之间的冲突与沟通，以及对青少年自尊问题的分析。最重要的是，这些说法与科学数据是不一致的"②。因此传统女性观念中对性别定势的默认和对主体性的放弃心态在现实社会中已经是陈腐而荒谬的论调，必须予以摒弃。取而代之以两性各自发挥自身优势，认同和理解对方的特征与价值，形成双主体的和合共生态交互模式。

2. 自由缺失问题——独立的限度

中国素有男尊女卑的传统，在中国两千多年的封建历史中，妇女始终是一个受强制、被统治的性别，始终处于一个被压制的、没有自由的地位上。"妇人有三从之义，无专用之道。故未嫁从父，既嫁从夫，夫死从子。"③"女子之嫁也，母命之。往送之门，戒之曰：'往之女家，必敬必戒，无违夫子'

---

① Meta-analyses，是一种通过同样问题而聚合众多研究成果的统计方法。
② Janet Shibley Hyde："The Gender Similarities Hypothesis". *American Psychologist*: September 2005, p.592.
③ 《仪礼·丧服》，〔清〕阮元校刻：《十三经注疏》，北京：中华书局，1980 年，第 1106 页。

第一章 "淑"的传统式微：当代女性精神境遇危机

以顺为正者，妾妇之道也。"① "夫有再娶之义，妇无二适之文，故曰夫者天也，天固不可逃，夫固不可违也。"② 中国古代女性完全是广衍子嗣、辅佐丈夫的工具，而且把男人与女人之间的性别秩序等同于天与地一般的自然秩序来言说，形成一种性别差异的宏大叙事。女性在强大的男性话语下沦为男性的附庸，占统治地位的父权文化通过习俗、秩序和诸种禁忌，将女性这一异己性别群体降格为"第二性"，女性在政治上、经济上、法律上和文化习俗上深受男性的全面压抑。③ 她们自己的话语和感受被排除在主流体系之外，女性成为边缘化的群体，她们不但要遵从"三从四德"，还随时受到"七出"④ 的威胁，她们是作为男性的"物"而存在的。这种现实社会对女性永恒的道德规范和文化传承的认识一直贯穿于从后汉到 20 世纪早期的女性教科书中。焦点均在于"教"，特别是道德伦理教育，而不是"才"和"学"，基本目的是教化女性具备适当的道德伦理行为，而不是开启女性的心智，是为了明晰社会和家庭的实用性而不是促进女性的博学或才能。⑤ 在晚清时期（1895—1911）关于新式教科书的出版一事，张百熙、张之洞等人依旧提倡从中国传统的女性教育课本中选择内容，编纂成正式的课本，不是供女子在学校，而是在家里或在训练育婴女佣和母亲的机构中使用。认为编辑这种课本将有助于巩固关于如何培养称职的女儿、贤惠的妻子、慈祥的母亲的传统教学，削弱外国新的女性教育对中国的影响。显然他们反对进行正规的女性教育，依旧倡导传统的淑女教育。当时也有开明人士提出《女四书》⑥、《妇法》、《列女传》之类的书"惟与女子谈旧事"，教女性成为堕落男人的依附，已经不合

---

① 《孟子·滕文公下》，〔清〕阮元校刻：《十三经注疏》，北京：中华书局，1980 年版，第 2710 页。
② 〔东汉〕班昭：《女诫》，引自〔清〕沈朱坤译注：《女四书白话解》，北京：中国华侨出版社，2012 年，第 83 页。
③ 参见崔娃：《淑女的叛逆——论简·奥斯丁女性意识的双重性》，长春：吉林大学硕士论文，2002 年。
④ 七出一词到唐代以后才正式出现，但其内容则完全源自汉代记载于《大戴礼记》的"七去"，又称作"七弃"。内容如下："妇人七去：不顺父母，为其逆德也；无子，为其绝世也；淫，为其乱族也；妒，为其乱家也；有恶疾，为其不可与共粢盛也；口多言，为其离亲也；窃盗，为其反义也。"
⑤ 参见季家珍：《女性教育中的文化与文本传播：历史情境中的 20 世纪早期女性课本》，李涛、史静寰译，载《法国汉学（第八辑）——教育史专号》，北京：中华书局，2003 年，第 334、347 页。
⑥ 在明代《女论语》、《女诫》、《女孝经》和《女训》合并为"女四书"。清代王相（1789—1852）稍微修改了"女四书"的成分，用他母亲编写的《女范捷录》替代了《女孝经》，这种组合在大多数版本的"女四书"中流传下来。

时宜了，不应在20世纪早期的中国青年女性教育中扮演任何角色。①

19世纪末20世纪初，中国知识界出现了介绍西方资产阶级民主学说的热潮。在新思潮的激荡下，西方的妇女理论也开始传入中国②，为中国的妇女解放运动提供了思想武器。辛亥革命时期，全国各地纷纷成立女子社团，创办妇女报刊。③短短的十几年中，中国社会在外力冲击下向现代化的被动转型，确实给长期受宗法制度压迫的中国女性提供了千载难逢的历史契机。她们打破"女子无才便是德"的观念，从闺房走向社会，参与到政治、文化活动中。④"五四"新文化运动的实绩之一，就是唤醒了沉睡已久的女性意识。女性意识是激活女性追求独立、自主，发挥其主动性、创造性的内在动机，是女性解放的关键。传统的"淑女教育"经过五四之后弱化，取而代之的是新女性教育，培养有独立意识、有民主意识、有知识有文化的自由女性。传统"淑女教育"不能够适应新时代对女子的要求和标准，女性自我意识的觉醒也使得淑女变成腐朽、做作、封建、被压迫的代名词。

"淑女教育"的阶级或者说阶层局限性，面对男女儿童都能平等入学以及专门女子学校、女子学堂的不断建立的新局面，显然表现出各种不适应。这也是它面对现代新式女性教育时显得缺少普众引力的原因。社会政治的革新和社会性质的转变，对阶级和阶层的冲击，使得传统"淑女教育"这种脱胎并依赖且用以帮助维系封建等级制度和父权体系的女性教育结构遭到解构。但是这一时期"淑女教育"并没有彻底沉寂，它更多以一种隐性的方式传承着。女性意识的觉醒与困惑是形影相随的。女性"情"与"智"的冲突、"母爱"与"情爱"的冲突、"为人"与"为女"的冲突⑤，都反映出新女性价值观与淑女价值观在当时女性头脑中的混战状态，这种冲突更是现代性与传统习俗的冲突。时至今日，也不能说已经彻底完成了女性独立化的过程。

---

① 参见季家珍：《女性教育中的文化与文本传播：历史情境中的20世纪早期女性课本》，李涛、史静寰译，载《法国汉学（第八辑）——教育史专号》，北京：中华书局，2003年，第335页。
② 1902年由马君武翻译的斯宾塞的《女权篇》、约翰·穆勒的《女人压制论》开始连载，1903年林乐知的《全地五大洲女俗通考》出版，中国近代第一本讨论妇女的专著《女界钟》问世。
③ 1901—1911年辛亥革命前夕，全国主要的女子团体达40余个，影响较大的刊物有《女子世界》《中国女报》《神州女报》等。
④ 杜平：《试论"五四"女性文学中女性意识的觉醒与困惑》，吉林大学硕士论文，2006年，第5页。
⑤ 杜平：《试论"五四"女性文学中女性意识的觉醒与困惑》，吉林大学硕士论文，2006年，第5页。

因为传统淑女教育的两个基本原则——区分"教"(道德礼教)、"才"(才能与情智)、"学"(学识与技能),区分"内"(家庭内部需求)、"外"(社会外部领域)——仍然在整个20世纪里激起反响,在五四的精神和共产主义者的意识形态中,传统"淑女教育"及其原则不可避免地导致贬低与社会公共领域相关的才智方面的追求。当20世纪中国女性逐渐在政治、教育、职业等方面找到自己的位置时,她们继续以自己独特的性别方式,在家庭内部的需求和社会外部的领域之间探求不稳定的平衡。①

3. 解放缺力问题——寻求合力

倡导传统女性观念的"淑女教育"之所以被认为是阻滞女性解放的,或者在女性解放的事业上不甚给力,就是因为其本身带有一定的阶级(阶层)局限性。从传统"淑女教育"的对象上便可瞧见其阶级性(阶层性)十分明显。第一,"淑女教育"的培养目标虽然具有广泛的导向意义,但是从其标准上看,这种富有道德的完美人格是儒家"仁"的观念的具体化,若放在男性身上便是"君子"。君子是对统治者和贵族男子的通称,常与"小人"或"野人"对举②;也指地位高、人格高尚的人③;还可泛指才德出众的人④。较之"君子"的内涵足见"淑女"并非一个容易企及的形象规定,她不同于形貌出众、温婉可人的"美人",也不同于绝世独立、颇具才情的"佳人",淑女是更为内外兼修而又切合现实的完美人格,尤其强调道德的完善。第二,淑女的锻造和熏陶是需要一些条件的,古时女子不便抛头露面,需请先生到家中来教授。淑女的养成除读书识字习礼,还有一些技艺的训练,书、画、琴、棋、诗、茶、女红等,无一不需要良好的经济支持和文化氛围。第三,封建社会中家族教育女孩的初衷并不是期望女子在某个领域有所建树或者培养其独立生存的意识和能力,而是为成就美好的婚姻做准备,培养自己的女儿成为淑女对自家门第、声望的维系和晋升而言是一种投资。由此可见,"淑女教育"有其阶层局限性。也正是这种原因,对传统积弊"缠足"一事的挑

---

① 参见季家珍:《女性教育中的文化与文本传播:历史情境中的20世纪早期女性课本》,李涛、史静寰译,载《法国汉学(第八辑)——教育史专号》,北京:中华书局,2003年,第358—359页。
② 如《诗·魏风·伐檀》:"彼君子兮,不素餐兮!"《孟子·滕文公上》:"无君子莫治野人,无野人莫养君子。"《淮南子·说林训》:"农夫劳而君子养焉。"高诱注释为"君子,国君"。
③ 如《论语》中"不亦君子乎"、《荀子·劝学》中"君子博学",其中的"君子"指的是地位高、人格高尚的人。
④ 如〔汉〕班固《白虎通·号》:"或称君子何?道德之称也。君之为言群也;子者丈夫之通称也。"宋王安石《君子斋记》:"故天下之有德,通谓之君子。"

战最早是从社会下层找到突破口的,后来"天足"才作为一种新的审美标准为士大夫阶层接受并为女性贵族推为一种新的时尚。① 而教会办女学的对象最初也是面向下层穷苦百姓家的女孩子,以提供免费食宿和发放补贴吸引她们入学。在具有一定规模和影响力后才逐渐转向富裕的官宦或买办人家,向贵族化转变。除此之外,作为"淑女教育"的传统女性读本的编撰特点上也能证明其读者指向特定的女性阶层,如宫廷闺秀,或是特定族群人士,这种情况直到1904年开始出现新式女子课本时才有转变。② 这些细节都证明"淑女教育"自诞生起就带有显著的阶层性特征。虽然"淑女教育"是使人具有较高审美情趣、较深文化底蕴的高雅教育,是帮助女性从灵魂层面上获得真正自由和解放的教育,但由于经济力的限制,势必会导致普及性较差,因此难以惠及更广泛的女性。尤其是生活水平不高的不发达地区的女性。"淑女教育"若想更多关爱边缘人群,就需要两个条件:一是寻求政策上的倾斜和经济上的扶持,例如送古典文化进乡村,让村里的孩子们了解中国传统的琴棋书画、工艺技艺、雅乐诗歌,就需要政府和相关部门在政策上给予支持;二是寻求来自男性群体的支持,因为女性身心的解放程度与男性对于女性的认同和尊重程度有相当的关系。并且要意识到女性的解放,不仅仅是历史上曾致力于的从男性那里获得解放,这只是解放的第一个层次,更重要的是从人的天性那里获得解放,发展女性特有的优雅气质,以更为自信、自尊的姿态寻求与男性的平等对话,这才是真正的解放。所以在这个过程中不但不能敌视男性,更不能忽视男性。女性的解放是人类解放的重要部分,注定要在人类整体之中寻求合力。

(二)重审现代性的女性教育观

应该说,启蒙的现代性为女性带来新生活的曙光,在教育观上强调"使女人成为人"的根本目的,倡导女性的独立与解放,争取女性与男性享受同等的教育,学习相同的知识,进入相同的学习环境,女性能够成为新文化的

---

① 最初实行放足或不缠足的大多是那些不得温饱、需要得到教会女校衣食救济的女孩子。后来中国的维新人士接过"废缠足"的口号,并将它作为改造中国的一个步骤。

② 新式女子课本试图构建新型教科书,在文本和文化上与淑女教育传统决裂,读者群也转向关注所有受同一教育水平的年轻女性。参见季家珍:《女性教育中的文化与文本传播:历史情境中的20世纪早期女性课本》,李涛、史静寰译,载《法国汉学(第八辑)——教育史专号》,北京:中华书局,2003年,第340—341页。

学习者和传播者，参与女权运动、参政运动、改革运动的理论探索和实践。这些都是时代进步赐予女性的珍贵礼物，但结合现代女性的教育发展状况，会发现当时的女性教育发展至今，有些观念和做法需要重新审视、重新定位，这种重新审定的力量来自现代性的自反和后现代主义的批判。

1. 目的观

女性主义认为传统的教育目的无异于"残忍的学术训练"[①]，主张教育目的的确立必须照顾到个人的差异性，重视教育过程以及在这个过程中学生的情感体验[②]。对于女性而言，更为恰当的教育目的应当是"使女性成为女人"，在保持"独立"与"解放"的前提下，使女性不仅成为有主体性的"人"，更要成为自我不断完善的"女人"。

美国文化的女性主义者诺丁斯主张对传统学校教育进行彻底的批判，学校必须充分重视学生发展的多样性。[③] 主张学校的主要目的是教育学生学会关心——关心自己，关心身边最亲近的人，关心与自己有各种关系的人，关心与自己没有关系的人，关心动物、植物和自然环境，关心人类制造出来的物品以及关心知识和学问。[④] 显然，懂得关爱是女性气质当中很重要的一种，这种特质不但不应当在女性社会化的过程中（出于与男性共同竞争的目的）被消磨，反而应当提倡和发展（男性也应当具备这样的品质）。杜威的"教育无目的"论，其实正是肯定了人的智力因素不仅只有一种，学生的个人情况也千差万别。需要充分注意到每个孩子的独特天赋、能力和学习兴趣，学校要给学生提供其充分发展的机会。要向学生传递这样一个信息：学校不是通往上流社会的阶梯，而是通向智慧的道路[⑤]，因此教育本身就是目的，除此之外无他。

在向后现代主义靠拢的时期（拒绝客观方法、鲜明的个人主体性、伦理的统一性以及统一的认识论标准的时期），太多教育家还是死守现代主义的进步预设及过时的方法不放。[⑥] 正如后现代理论家利奥塔，他拒绝接受一种理性普同性的假设。在《后现代状况》一书中，他指责现代三大叙述体（启蒙精

[①] 〔美〕诺丁斯：《学会关心——教育的另一种模式》，于天龙译，北京：教育科学出版社，2003年，第2页。
[②] 刘丽霞：《西方女性主义教育观问题研究》，长春：东北师范大学硕士学位论文，2005年。
[③] 胡术恒：《女性主义教育观及启示》，载《科教文汇》，2008年第29期。
[④] 刘丽霞：《西方女性主义教育观问题研究》，长春：东北师范大学硕士学位论文，2005年。
[⑤] 刘丽霞：《西方女性主义教育观问题研究》，长春：东北师范大学硕士学位论文，2005年。
[⑥] 刘丽霞：《西方女性主义教育观问题研究》，长春：东北师范大学硕士学位论文，2005年。

神、理性主体的解放、意义的诠释学）所共有的性格乃是"理性的辩护"，因为这种性格的前提乃是接受世界在本体上的同质性。① 对于新形势的反省已经将其完全带到另一个境界，或可谓"大破大立"。所破的是"作为历史整体之主体性"的虚妄信仰，其寓意与尼采所宣称的"上帝之死"对于西方文明发展的洞察有异曲同工之妙；所立的是在真正多元、各说各话、各行其是、百花齐放、"道并行而不悖"的世界中，物物各归其类、各安其分的"还我本色"。②

因此，女性教育目的要注重教育的人性化，强调女性与男性、女性个体与人类整体、女性与环境的和谐关系，强调女性教育不仅仅是为将来的生活做准备（培养贤妻良母或者是和男性一样的社会职场的竞争者），更是为了使女性感受当前的幸福，倡导以关心、合作代替竞争。这样一种基于女性的关怀伦理的教育目的对于共生、和谐的强调，对女性教育目的的确立影响很大。

2. 课程观

从早期女性主义运动到现在一直践行的现代教育实际上是一种"中性化"的教育，形式上给男性和女性以平等的权利与地位，但客观上中性化的教育抹杀了男女区别、片面求同于男性标准的主张，实际也反映了女性对自身性别卑下的一种默认。③ 因此"中性化"（beneutralized）教育不但在实践上难以行得通，而且也很难取得良好的教育效果。④ 激进的女性主义者露丝·伊丽加莱曾有过"什么时候我们才能变成女人"的呼唤。她呼唤女性气质的回归，强调不能以牺牲自我性别为代价来寻求所谓"平等"，而在于重新认识男女两性各有的文化价值：它只有异同，没有高下之分。

美国学者埃米莉·斯泰尔（Emily Style）将课程比作学校建立在学生周围的建筑物。理想的情况是，课程应当为每一个学生提供理解他人的窗口和反映自身现实和价值的镜子。⑤ 事实上，对于女性而言，显然是"窗口"过多，

---

① 关景媛、于伟：《后现代教育思想民主特征论析——基于利奥塔〈后现代状况〉的研究》，载《外国教育研究》，2013年第10期。
② 关景媛、于伟：《后现代教育思想民主特征论析——基于利奥塔〈后现代状况〉的研究》，载《外国教育研究》，2013年第10期。
③ 杨莉馨：《试论西方女权主义理论走向》，载《南京师范大学学报（社会科学版）》，2000年第7期。
④ 杨莉馨：《试论西方女权主义理论走向》，载《南京师范大学学报（社会科学版）》，2000年第7期。
⑤ 肖巍：《女性主义教育观及其实践》，北京：中国人民大学出版社，2007年，第100页。

"镜子"太少。① 知识的唯利化不可能不触动现代民族国家在知识的生产和传播方面过去掌握、现在仍然掌握的特权。知识从属于社会的"头脑"或"精神",即从属于国家。② 因此在父权制的国家中知识是由男性来定义的,课堂总是把占主导地位的话语建构成知识,而在无形中便规范或者忽略了其他知识,课堂设置上也把基于男性的样板体验得出的知识当成人类的体验,因而形成"理性和理性思考的霸权",形成祛情境化的知识(decontextualized knowledge)。③ 利奥塔通过对现代性知识合理性的反思,批判"宏大叙事"和"元叙事"的失信,强调那些琐碎的、微观的、局域的"小型叙事",否定现代性知识的唯一本质和中心的存在,要求重新赋予不同论述相同的发言机会,使得原为边缘的、局部的本土论述等得以登上历史舞台,并使一直处于课程"金字塔"底端的人文知识重新受到人们的重视。④

随着"西方课程""科学课程"霸权的消解,倡导设计一个多元课程——要求以全体学生为对象,注重多元文化在课程之中的统合,展现不同性别、不同族群、不同地域、不同国家文化的差异与贡献。课程内容既要包括以主流文化、精英文化、优势文化为核心的巨型文化,也要涵盖边缘的、民俗的、弱势的、隐匿的、碎片的微型文化。⑤ 多元文化课程的设计始于了解自身,培养自尊自信,继而了解他人,尊重他人,最后懂得尊重所有生命,是民主与博爱的有益启迪。⑥ 如今,传统教育中与女性相关的价值观正在受到与公共领域相联系的价值观——理性主义、竞争、政府、商业化和个人主义的威胁。在这种背景下,女性所需要的不是性别中立的教育,而是在基础教育之后的与私人领域相联系的"性别敏感性教育"。因此在女性课程的设计中,女性的特点应当被重新认识和强调,对两性的认知方式进行平行的探讨,把两种方式都吸收到课堂上来。应当意识到女性教育的关键问题并不在于女

---

① 肖巍:《女性主义教育观及其实践》,北京:中国人民大学出版社,2007年,第103页。
② 关景媛、于伟:《后现代教育思想民主特征论析——基于利奥塔〈后现代状况〉的研究》,载《外国教育研究》,2013年第10期。
③ 肖巍:《女性主义教育观及其实践》,北京:中国人民大学出版社,2007年,第103页。
④ 关景媛、于伟:《后现代教育思想民主特征论析——基于利奥塔〈后现代状况〉的研究》,载《外国教育研究》,2013年第10期。
⑤ 关景媛、于伟:《后现代教育思想民主特征论析——基于利奥塔〈后现代状况〉的研究》,载《外国教育研究》,2013年第10期。
⑥ 关景媛、于伟:《后现代教育思想民主特征论析——基于利奥塔〈后现代状况〉的研究》,载《外国教育研究》,2013年第10期。

性的学习方式，而在于女性所具有的关系倾向与强加在她们身上的传统女性价值之间的冲突。① 同时，对男性也要进行与女性相关的价值观教育，如与女性角色相联系的关怀教育。所有的学校教育都应包括同情、关切、联系和体验责任等内容，这不仅是对于女性的课程，也是对于全社会的课程。学校教育应当以关怀为中心，把身体、思想和精神整合起来。②

3. 师生观

现代二元对立式的师生观随着后现代文化对于启蒙的宏大叙事的基石的解构，已然不合时宜，如今的关于师生关系的探讨，旨在如何打破这种传统的二元对立。"要重差异个性多元而非本质权威一元。后现代者都强烈反对权威、本质主义，允许和提倡多种声音，认为没有人拥有真理而每个人都有权利要被理解。"③ 诺丁斯在《学会关心》中认为师生之间的关系不是一种对立的存在，不是传授与接受、先知与后知、控制与服从、主导与主体的关系，而是一种合作对话关系、民主关系。但这种关系并不是绝对的平等。教师肩上承担着学生不能承担的责任，是引领者，他必须具有包容精神，在教师的包容下，让学生自由探索。④ 在知识与智慧的交流方面，教师与学生则是平等的，师生双方作为完整的人，在对话中共享着知识与经验。在这种关系中，师生之间是一种在共同的学习情境中的"相遇"关系，师生双方都作为自由的人投入共同创造的教育氛围当中，各自独立而又相互理解。双方不仅获得"认识"，更是一种精神的共同拓展。

教师要切实地考虑学生的差异，尤其是性别的差异，考虑他们/她们需要什么，可能对什么感兴趣，以及怎样把学生和老师的不同生活经验和背景很好地结合起来。利奥塔关于悖理逻辑（paralogy）⑤ 的陈述增进了我们对差异的敏感程度，强化了我们容忍差异性的能力。因为"一致"意味着恐怖主义，恐怖即"通过把对话者从人们原先与他一起玩的语言游戏中除去或威胁除去

---

① 周群：《女性主义思潮对现代西方教育的影响》，载《全球教育展望》，2011年第3期。
② 肖巍：《女性主义教育观及其实践》，北京：中国人民大学出版社，2007年，第108页。
③ 〔美〕小威廉姆·E·多尔：《后现代课程观》，王红宇译，北京：教育科学出版社，2000年，第238页。
④ 胡术恒：《女性主义教育观及启示》，载《科教文汇》，2008年第29期。
⑤ "悖理逻辑"（paralogy）是一种反对追求整体性、普遍性的现代哲学思想方法，它与"宏大叙事"的现代知识合法化模式针锋相对，它倡导规则的异质性、局部决定论、创生论。

而得到的效率"①。世界是丰富多彩的，每个生命都具有独一无二的特质，对个体的尊重，对生命差异性的尊重是天经地义的。②

4. 研究观

后女性主义对教育研究观的影响是建立在女性主义认识论（feminist epistemologies）③和方法论（methodology）④基础上的。

女性主义认识论是思考性别在知识概念、认识主体、实践探讨以及知识证明中的作用和影响。女性主义科学哲学家桑德拉·哈丁提出女性主义认识论的探讨大体上有三种基本理论倾向——女性主义经验主义、女性主义立场论、后现代女性主义。女性主义经验主义把问题看成只存在于"坏科学"中；女性主义立场论在揭露科学中的男性偏见时把特权赋予女性视角；后现代主义对于科学基本的客观性和真理的假设提出争论。哈丁把女性主义、后殖民主义、后现代主义对于现代科学批评的精华整合起来，反对种族主义、反对阶级压迫、反对性别歧视。总体而言，女性主义认识论对于传统认识论的挑战主要体现在四个方面：一是对这种认识论所揭示的知识客观性以及普遍性进行挑战；二是对传统"父权制"认识论中二元结构的统治逻辑进行挑战；三是对于普遍的、抽象的认识主体进行批评；四是对于传统认识论中贬低女性、忽视女性体验的倾向提出挑战。所以女性主义认识论的任务是揭示父权制如何渗透在我们的知识概念以及知识体系的具体内容之中，以性别分析的视角来清理我们的知识体系和性别系统。⑤

女性主义教育理论中的结构理论提出一种反文化的框架。试图分析社会的权力结构以及由此产生的教育上的性别不平等。例如，妇女研究项目通常并不意味着正确的主流知识，却可以为女性提供与主流权力关系不同的视角，也允许学生把维持主导秩序的意识形态工具搁置起来，努力通过根据女性体验编写的教科书来理解女性的不同处境。

---

① Jean-Francois Lyotard：*The Postmodern Condition*：*A Report on Knowledge*，translation by Geoff Bennington and Brian Massumi，University of Minnesoda Press，Minneapolis，1984，p. 63.
② 关景媛、于伟：《后现代教育思想民主特征论析——基于利奥塔〈后现代状况〉的研究》，载《外国教育研究》，2013年第10期。
③ 女性主义认识论是指以女性主义为分析方法所形成的关于认识的理论。一些女性主义学者也用这个词来说明女性的体验、女性的知觉方式或者女性的知识。
④ 事实上，女性主义方法论属于认识论的一个分支。参见〔美〕艾尔·巴比：《社会研究方法》，邱泽奇译，北京：华夏出版社，2000年，第27页。
⑤ 肖巍：《女性主义教育观及其实践》，北京：中国人民大学出版社，2007年，第74—77页。

女性主义方法论是尝试根除研究中的男性至上主义的偏见，寻找并获取与女性追求男女平等主义的理想相一致的声音。确切地说，不存在独特的女性主义研究方法，只存在独特的女性主义方法论。① 所以女性主义研究是一种可以产生方法论的研究程序。女性主义研究方法论原则有十条。② 总的来说，女性主义研究只是修改而不是发明了研究方法。不过他们已经形成自己独特的方法论，其核心就是批判当今知识生产的社会机制对性别压迫的支持和维护。女性主义方法论体系提供了不同于以往的研究实践标准：（1）女性主义追求一种以"发掘"为己任的方法论，即改变男性所关注的标准实践的重心，以便揭示女性所在的位置和视角；（2）女性主义追求一种使研究过程中对被研究者的伤害和控制达到最小化的目标；（3）女性主义追求一种支持女性价值的研究，并导向有利于女性的社会变革与行动的方法论。③

（三）传统"淑女教育"可能成为解救资源

1. 当今女性面临两种异化④趋势

当今社会，女性是一种异化的存在。黑格尔认为人所制造的基督教变成一种僵化的反过来压迫人的异己力量，主体在异化中分裂为二，由主体所产生的对立物，对于主体是一种压迫性的"吞食它的力量"。马克思主要是从资本主义社会中劳动的异化来分析异化概念，并且把外部的异化发展为人的内部的异化。即虚假意识的形成，也就是说主体所具有的意识并不是它本身所处的环境和地位的，而是其对立面的意识。在女性主义看来，女性为了在男

---

① "方法"主要指收集证据的技巧，主要包括观察、分析（即重新检验先前收集的材料）、采访（可能是被设计好的或半设计的）、参与观察；"方法论"则被看作一套研究方法的理论。

② （1）女性主义是一种研究视角，而不是一种研究方法；（2）女性主义运用多样化的研究方法；（3）女性主义研究包括对非女性主义研究的持续批判；（4）女性主义研究是由女性主义理论所引导的；（5）女性主义研究是跨学科的；（6）女性主义研究以创建社会变革为目标；（7）女性主义研究努力代表人类的多样性；（8）女性主义研究常常将作为人的研究者包括在研究范围之内；（9）女性主义研究常常与被研究者之间形成一种特殊的互动关系；（10）女性主义研究常常与读者建立一种特殊的关联。详见 Reinharz Shulamit: *Feminist Methods in Social Research*, New York: Oxford University Press, 1992, p. 227.

③ M. Devault: *Liberating Method. Feminism and Social Research*, Temple University Press. 1999, pp. 1-3.

④ 异化（Alienation），在原始社会末期就出现，但把这种现象提到理论高度的却是近代的事情。也指"一种与周围环境疏离分化的情形"。〔美〕理查德·谢弗：《社会学与生活（插图第9版）》，马戎、杨文山审阅，刘鹤群、房智慧译，赵旭东译校，北京：世界图书出版公司北京公司，2006年，第477页。

人的世界里生存，就不得不以男性的思维来思考，用男性的标准来发展，从而失去乃至鄙视女性本身的思维特征。其实这就是一种异化，是女人的男性化。[①] 此外，女人出于对独立和自由的渴求，一边参与社会工作，一边经营婚姻家庭，维系友谊，保养呵护爱情，以此成就女人的完整性，却无时无刻不受到来自家庭、社会不同身份角色的拉扯。要驾驭好这些身份，反而失去最初想要获得的独立和自由，这也是女性的"异化"，即多重身份的内部异化。基于这个标准，当代大多数女性并没有在现代化的路上演绎出真正幸福的节奏，反而是向两个方向跑偏：其一是成为激进的女权主义者，独立、顽强、执着，满脑子充斥巾帼不让须眉的竞争意识，追求自由、平等、解放；其二是成为犬儒主义者，在遭受现实的挫败和打击之后，成为对现实的妥协分子，不再抗争，不再相信所谓的解放叙事。

2. 女性异化状态病因剖析

若想为女性的这两种异化发展的极端状态做出预防和挽救，首先要诊断产生此种异化状态的病因。下面从婚姻、职场、家庭教育、性解放几个方面逐一剖析。

（1）婚恋问题对当代女性而言是较为显著的矛盾所在。首先，对于女性中的高级知识分子而言，一个难以解决的危机就是时间的威胁。对于学业，时间的累积和"在场"是必然的条件，尤其是全日制的研究生，有严格的修业年限和在校学习时间的限制。而对于婚姻而言，时间和"在场"似乎也是必要的，培养感情，成就婚姻，经营家庭，都需要分流大量的时间和精力，长期与家人分隔两地或者投入较少时间在家庭生活中，会削弱家庭的归属感和凝聚力，甚至是抵御外来诱惑的抗力，不少人的爱情和婚姻输给了时间和不在场。这对矛盾其实不容易平衡，或者说难以从制度上给予改善的支持。其次，对于幸福的认识和理解，男女之间是存在差异的。从广泛意义上说，越是受教育程度高的女性越对精神层面的共鸣感有强烈追求。这并不是说其对客观的物质层面的条件持清高态度，而是因为自身的知识与能力，能够满足独立生活所需的物质基础，因此才对于婚恋质量有更高层次的要求。男性虽然也呈现这种趋势，即依据自身条件寻求层次匹配的女性作为配偶，但是男性普遍存在"次优止损"的心态。由于追求高质量、高品位、高层次的女性，势必从物质上和精神上均需要长期稳定的高投入，因为物质上的、地位

---

① 牛楠森：《女性主义教育研究观研究》，东北师范大学硕士学位论文，2008年，第10页。

上的落差显然会对男性自尊心形成潜在威胁，而精神上的维护成本就更高，优秀的女性往往无意识地寻求精神层面的创造性满足感。男性若要对优秀女性形成持续性的吸引，就要不断寻求自我突破，一旦自身的进取能力衰减或出现疲惫感，就更容易爆发关系危机。基于此种现实，男性一般会选择一个不对自身潜能造成过度开发和透支的异性，即"次优"，以使自己生活得更稳定、更没有压迫感。最后，启蒙现代性对于传统女性观念的一种批判，来自于解除女性对男性的依附关系。用现代科学知识、理性精神武装女性头脑，实现身心的独立，不再把"婚姻"看作第二次投胎。但是包括高知女性在内，仍然有"学得好不如嫁得好"的观念，并为其寻找合理性，即使面对男性的背叛，精神层面解除绑定关系，也不抛却外在的依赖表现。这无疑是对"独立"的嘲讽，客观上也反映出"独立"的条件尚不成熟，例如文化心理、社会认同、法律支持、社会保障、习俗观念等都成为阻滞女性走向"独立"的阻力。

（2）在职业方面，女性面对的最大问题仍在于"平等"。职场男女平等的第一步，是摆脱男女不平等的压迫，突破性别差异论的宰制力量，竭力在择业、就业、从业问题上，寻求机会的平等和选拔的公平，斗争的对象是男女不平等问题。而现在面临职场男女平等的第二步，则是摆脱男女平等绝对化的束缚，突破女性要同男性"一样"的宰制力量。曾经的理想——平等——已然成为新的宰制力量。首先，理想状态的绝对平等，或者说平均化的、一刀切的平等是不可能实现的。因为从本质上讲，男女之间存在天然差异，这种差异绝对不只是生理层面的，还有宏观的、社会的、文化的，更有微观的、思维的、心理的。因此男女趋同化的平等本身是一种永远不可能兑现的空想，在理论层面就说不通；此外，绝对的平等，即便是通过法律、制度强制设计出来，但在具体实施、推行过程中也会失败，在操作层面不具有可行性。职场男女平等的第三步，是我们努力的方向，在于争取在两性不平等的体制下实现公正。公正意味着正义、公平，视维护纯正真实的事为己任。可见"公正"较之"平等"带有明显的"价值取向"。且侧重的是社会的"基本价值取向"，十八大报告分别从国家、社会、公民三个层面提出了我国所应当坚持的核心价值观：倡导富强、民主、文明、和谐，倡导自由、平等、公正、法治，倡导爱国、敬业、诚信、友善。这些概念反映的是现阶段全国人民"最大公约数"的社会主义核心价值观，也就是公允的、正当的、适宜的"基本价值取向"。因此，对于两性在职场上的公正首先应强调的是"尊重"的概念，尊重女性与男性的差异，尊重女性的独特价值，尊重女性在岗位上付出的劳动。以此实现国家层面的文明与和谐、社会层面的平等和公正以及个人层面上的敬业与诚信。

（3）在家庭教育方面，迫于当代社会生存压力和竞争压力，原本"慈母"的形象大多为"虎妈"取代。很多母亲也表示其实不愿意对子女进行严格的教育，而造成母子关系敌对紧张，更不愿意出于世俗的考量而让孩子错过本可以天真无忧的童年。但是敢于直言就是要做"虎妈"的母亲其实并不多，更多的母亲处于一种心行不一的状态，她们总是无奈于自己的教育选择，批判着自己的恻隐之心。一边反省自己其实应该把孩子的"快乐"放在"成材"之前，又一边比任何人都无法接受自己的孩子不够优秀。前文已对产生这种现象的原因从传统文化的视角进行了剖析，不再赘述。但此处要强调的是，很多母亲教育子女的着力之处是指向知识与技能的，而忽略了情感、态度和价值观，这才是现代母育的最大弊端。知识与技能确实能够保障孩子生存能力和竞争能力的增进，但过分偏重这方面，相对而言就轻视儿童的精神成长，恰恰是后者决定了生活的质量。

（4）在对自我的理解和认识上，当下一个最值得警惕的问题在于"中性人"的诞生。并不是生理意义上的中性，而是指如今社会上男性女性化、女性男性化、女性非女性化问题已然不是隐蔽的现象，对于性别消解问题的研究已经成为一种显学。近几年，"伪娘"成为挑战传统女性形象的外部力量——来自男性，而"女汉子"成为对传统女性形象的颠覆力量——来自内部。"中性人"模糊了社会文化意义上的男性气质和女性气质，虽然在某种程度上，可能更适合于当今社会的"丛林法则"，但客观上，是阴阳混沌、礼崩乐坏的景象，即阴阳不分，性别角色混乱，性别关系混沌，性别秩序错乱，这种现象非但不是两性的和谐，而是两性对自身身份认同的紊乱和对对方性别属性的僭越，是对自身性别规范和行为底线的无视。由此，传统的伦理道德被弱化，进而引发社会多种乱象。除了自我性别角色紊乱问题，性观念的解放和性态度的自由化着实是社会的一块毒瘤。女性对于自己身体的不尊重和性观念的过分开放，在成人世界里无疑释放了人性恶的因子。二奶、情妇和小三走上台面，甚至已经不顾良知和自尊，明刀明枪地拆解别人家庭，肆无忌惮地求上位、求扶正，败坏社会风气；在未成年人的世界里，"早性"取代"早恋",成为令老师烦恼无奈、令家长忧愁愤怒的棘手问题,由此导致的人工流产年轻化更对当今的女性教育提出严厉的警告。一个致命的误解在于我们对于"性解放""性自由"的理解都集中对性行为有自由选择的权力,亦即让人敢于说"Yes",而忽略了所谓自由和解放也包含对性邀请、性诱惑有否定和拒绝的权力,亦即教会人敢于说"No"。而且,性教育欠透明、欠理性、欠科学,缺乏对身体保护和健康保养的理念的传递。

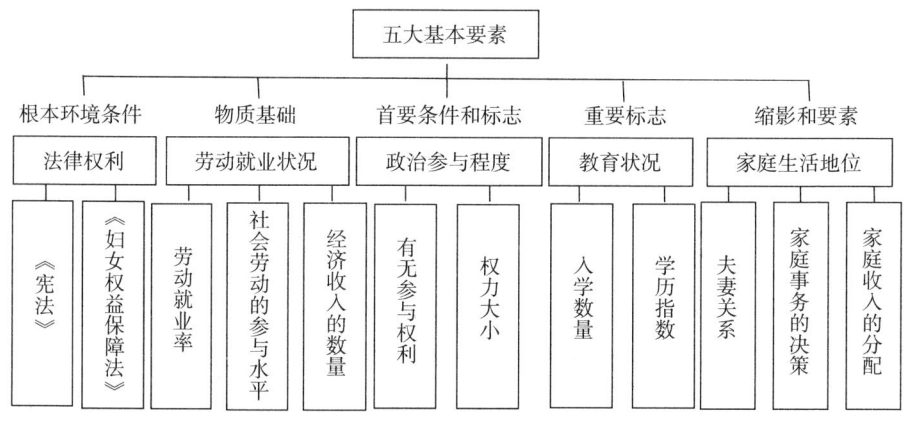

图1-3 影响女性角色地位的五大要素

综上所述,这些问题的形成,虽然有着复杂的成因,女性角色定位及由此带来的社会地位的变化受多种因素的制约。(见图1-3)妇女地位的高低标志着妇女解放的程度,而妇女解放的程度又是人类解放的天然尺度。① 妇女的法律权利是国家以法律的形式对妇女在社会关系中位置的确认,是社会为妇女发展提供的根本环境条件。它不仅是衡量妇女地位的重要标志,也是妇女地位达到某种程度的保障,在妇女地位诸因素中起决定性作用。② 中国已经形成以《宪法》为基础、以《妇女权益保障法》为主体,包括国家各种单行法律法规、地方性法规和政府各部门法规在内的一整套约一百余种保护妇女权益和促进男女平等的法律体系。③ 关于女性教育,中国的法律规定,妇女在入学、升学、毕业分配、授予学位、派出留学等各个方面以及从事科学研究和

---

① 王春梅:《关于中日两国妇女社会地位的诸多问题的探讨》,载岳素兰主编:《女性学研究集萃(1990—2010)》,北京:北京大学出版社,2010年,第7页。
② 王春梅:《关于中日两国妇女社会地位的诸多问题的探讨》,载岳素兰主编:《女性学研究集萃(1990—2010)》,北京:北京大学出版社,2010年,第7页。
③ 王春梅:《关于中日两国妇女社会地位的诸多问题的探讨》,载岳素兰主编:《女性学研究集萃(1990—2010)》,北京:北京大学出版社,2010年,第9页。

文学创作等文化活动方面都与男子享有平等的权利。① 此外针对女性就业、劳动、参政等都有相应的制度，并且处于不断讨论和完善的过程中。但是女性的解放并不是只有制度保障就能够实现，在女性解放道路上出现的种种宏观的、微观的问题，也不是单从制度上就能够解释并彻底解决的。体制是保障性的，但是真正起到无孔不入的规范作用的力量来自于女性群体内部，来自于女性心中的道德律令和底线意识。当今社会，望及政治、经济、教育、家庭和社会生活，有一个无法规避的共性问题——传统女性精神和道德观念式微。如果女性对自身的天赋价值有正确的理解、自然的悦纳和坚定的信念，则在婚恋问题上就更能够摆正自身的角色地位，并能以更包容的气度和更淡然的心态应对婚恋过程中的冲突与矛盾；在求职、就业、从业问题上，更懂得发挥自己性别优势，更懂得运用女性细腻的观察力、敏锐的觉知力、关爱的凝聚力和感性的创造力，去实现女性的职场价值，而不是通过发展男性化的制控性素质提升竞争力，或者为了生存把自己当成"工具"或"物"；在家庭教育问题上，就会更明白教育是培养孩子的"精神长相"而不是把孩子塑造成自己构想的样子，母亲的价值不在于设计、算计，而在于提供成长的"基质"和"养料"；在对性与身体的认知上，将会更懂得以生命为起点进行思考，核心指向身心的健康和可持续发展，是为了更有质量地生活，而不是听从荷尔蒙指挥的放纵。基于这些考虑，中国的传统"淑女教育"在女性德性和品行教化上的价值应该予以考虑，将其作为解决现实女性种种问题的有利资源。

---

① 王春梅：《关于中日两国妇女社会地位的诸多问题的探讨》，载岳素兰主编：《女性学研究集萃（1990—2010）》，北京：北京大学出版社，2010年，第8页。

第二章 "淑女教育":以"淑"为表征的传统女性教育

> 关关雎鸠,在河之洲。窈窕淑女,君子好逑。参差荇菜,左右流之。窈窕淑女,寤寐求之。求之不得,寤寐思服。悠哉悠哉,辗转反侧。参差荇菜,左右采之。窈窕淑女,琴瑟友之。参差荇菜,左右芼之。窈窕淑女,钟鼓乐之。
>
> ——《国风·周南·关雎》①

诗经开篇的这首《关雎》大概是中国人最普遍知晓的对淑女②的描述,核心词是"窈窕"③。窈为深邃之意,比喻女子心灵美;窕为幽美之意,喻女子仪表美。因此对于"淑女"的意象至少有两层指示:一是容颜仪态美好文静;二是贤良深邃的内在修养。一语概之,即内外兼修的女子。本章通过对中国历史上汉字、人物传记、女学读本等材料的分析,提炼传统"淑女教育"秉持的核心观念和崇尚的核心价值,并对传统"淑女教育"中的"三从四德""三纲五常""守贞持节"这三个在后续发展中被误读和产生畸变的核心主张进行扬弃。是对当今社会需要什么样的女性和女性教育观择选的一次回溯性质的"文化—历史—哲学"多维反思。

---

① 是周朝人赞颂文王及其夫人太姒的一首诗。高亨注:《诗经今注(中国古典文学丛书)》,上海:上海古籍出版社,1980年,第1页。
② 淑女是指贤良美好的女子。
③ 窈窕是指美好文静的样子。

第二章 "淑女教育"：以"淑"为表征的传统女性教育

中国传统女性观的生成与发展一直深植于中国传统文化土壤之中，也因此二者几乎遭遇着同样的历史洗礼。中国传统女性文化在两千多年隐现交叠的传承中不断丰实、沉淀，以至日用而不知，深刻地嵌入中国人的集体无意识之中。随着现代经济的发展与时代的变迁，中国传统文化迎来现代性的挑战。对现代女性而言传统淑女文化成为"最熟悉的陌生"，女性解放运动、女性主义思潮引领中国现代女性走向自由与解放，一阵欢喜过后发现，为了勇敢、自由地运用理性争取自由、平等、解放，却又不经意地套上新的心灵枷锁，承受更深刻的精神痛苦，开始意识到要去历史中寻找平衡生活的智慧，要回到传统文化之中寻求失堕灵魂的救赎。

一、中国传统淑女文化意象

"意象"在我们的文化里属于一个"以小见大"的概念范畴。简单来说，"意象"就是"意"和"象"，我们要理解的就是以"小象"见"大意"。中国传统的文学、艺术、学术都讲求"意"字。无论是古文字的起源、《周易》之六十四卦、理学家所引用的"太极图"，还是书法讲求的"尚意"、绘画追求"写意"、古琴音律中的"意境"，甚至在中医学、武术、戏曲、诗词歌赋各个领域，中国人对"意"的崇尚和运用可谓登峰造极。"意"就是所谓无形的、心念的、精神层面的内容。

汉字是表意性质的文字，其记录语言的途径是以与语义相对应的词或语素为单位，以形系义、因义而音。从文字体系上看，汉字的构字符号大多是表意符号，在有表音声符的汉字中，用以区别字形和字义的仍是其表意符号。① 汉字点划成文、合文为字的结构特征，使汉字对文化的物态层面、制度层面、行为层面和心态层面都有着丰富的记载和反映。正是汉字符号的表意性质和独特的结构特点，使汉字体现出强大的文化功能和独有的文化内涵。②

《说文解字》是我国第一部按照部首编排和归纳汉字的字典，其中540个部首中的绝大多数都属于汉字构形系统的表义部件。《说文解字》收字按照

---

① 邢燕萍、吴永社：《汉字符号中蕴涵的中国传统女性观》，载《大理学院学报》，2009年第7期。
② 邢燕萍、吴永社：《汉字符号中蕴涵的中国传统女性观》，载《大理学院学报》，2009年第7期。

"方以类聚，物以群分，同牵条属，共理相贯"①的原则，同一部首的字反映出一个民族或一个群体的思想观念、道德准则和礼仪制度等。其中女部字共238个，新附字7个，共245个字，是全书中字数最多的部类之一。综观女部诸字，在一定程度上折射出古人对女性这一社会群体的客观现实、生理基础、心智作用、社会文化的认知理念。②"在《说文》女部字所保存的这个'女性语义场'里，伟大和渺小共存，高贵和低贱杂糅，显示出异常复杂的情形。"③女部字大致分为以下几类：姓氏、字号、婚姻、家庭、亲属称谓、美貌、德行以及为数不少的贬义词。

通过对大量例字进行结构和本义的考察，能够折射出自汉字产生之初直至现在，始终存在于中国男权文化体系内的传统淑女的文化意象：以美貌佳仪为首要标准；以端顺静懿为品性范典；以育儿持家为重要职责。

（一）以美貌佳仪为首要标准

在语言运用中，描写妇女容仪的词在"四德"中最为丰富，"妇容"始终是淑女不容躲避的关键词，女性在任何时代都是美的重要主体和载体。在《说文解字》"女"部中，描写女子容貌和姿态的字共42个。虽然不同时代、不同民族对女性美的解释有所不同，但由于"凡处于父系文化阶段内的女性，均受制于男子的性审美欲求"④，因而美的评判话语权实际是掌握在男性的手里，男性对美的评判标准便也决定了女性的追求标准。例如"好"字，会意字，《说文·女部》："好，美也。从女、子。"本义为女子美貌。⑤此外汉字同样留下了评判女性美貌的具体标准（如表2-1）。

---

① 〔汉〕许慎：《说文解字》，北京：中华书局，1963年，第319页。
② 李勇：《由〈说文解字〉"女"部字看中国古代妇女非主流的社会地位》，载《重庆邮电大学学报（社会科学版）》，2012年第7期。
③ 臧克和：《说文解字的文化解说》，武汉：湖北人民出版社，1996年，第68页。
④ 孙绍先：《英雄之死与美人迟暮》，北京：社会科学文献出版社，2000年，第3—8页。
⑤ 谷衍奎：《汉字源流字典》，北京：华夏出版社，2003年，第234页。

第二章 "淑女教育"：以"淑"为表征的传统女性教育

表 2-1 《说文解字》"女"部中描写女子容姿的字的分类表

美的具体表现	汉字	甲骨文	金文	小篆	《说文》解释	引申义
眉目之美	娃			娃（篆）	娃，圆深目貌。	美貌；美女，女子姿态美好。
	妜 [yuè] [jué]			妜（篆）	妜，鼻目间也。	美貌；眉目轻佻传情的样子。
	娥	娥（甲骨）		娥（篆）	帝尧之女，舜妻娥皇字也。秦晋谓好曰娃娥。	借指眉毛，女子容貌美好。
	媌			媌（篆）	媌，目里好也。	眉目美好。
肤色之美	孂 [zàn]				孂，白好也。	色白而美好；（服饰）鲜盛；绮。
容颜之美	姝			姝（篆）	姝，好也。	美女；美色。
	嬿 [yàn]			嬿（篆）	女字也。	美；安乐貌、安顺貌。
	媛 [yuàn] [yuán]			媛（篆）	媛，美女也，人所援也。	美女；美好；年轻大人。
	妶 [shí]		妶（金）	妶（篆）	妶，美女也。	美，美好，美女。
身材之美	娙 [xíng]			娙（篆）	娙，长好也。	体长之好也；女子修长美好。汉女官十四等有娙娥。
	嬥 [tiǎo]			嬥（篆）	嬥，直好貌。	直而好也，形容女性身材笔直好看的样子；娇艳。
	婧 [jìng]			婧（篆）	婧，竦立也。	纤弱苗条的样子；有才品。
	妸 [ē]			妸（篆）	女字也。	身段柔软而美好。

续表

美的具体表现	汉字	甲骨文	金文	小篆	《说文》解释	引申义
仪态之美	媱 [yáo]				媱,曲肩行走貌。	美好。
	媥 [piān]				媥,轻貌。	轻快回旋的样子;身体轻盈的样子;衣服摩挲貌。
	娇				娇,姿也。	柔嫩美态,妩媚可爱;柔弱;年轻女子。
聪慧之美	妍				妍,技也。又慧也。	巧;慧巧;美丽。
	姶 [è] [yà]				女字也。	美好,美好的样子;巧,女子灵巧。
妩媚之美	妩				妩,媚也。	美女;娇美;女子、花木等姿态美好可爱。
	媚				媚,说(悦)也。	爱,喜爱;美好,娇艳;明亮动人;婀娜多姿,逗人爱。
装饰之美	妆				妆,饰也。	修饰、打扮;衣装服饰。
	婴				婴,颈饰也。	女孩颈上的颈饰。

(二) 以端顺静懿为品性范典

字源演变:

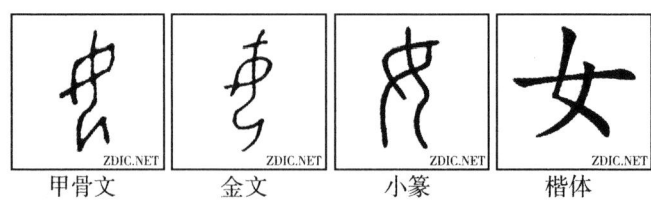

甲骨文　　金文　　小篆　　楷体

第二章 "淑女教育":以"淑"为表征的传统女性教育

从上图可见,"女"字的甲骨文、金文、小篆形体相似,从字形上看像两臂交叉、屈膝跪踞之形。① "女"字的本义是指"未嫁之女",所描绘的应当是女子低眉柔顺、端庄安静地跪坐于席上的姿态,表达的是当时社会对女子应具备的美好气质的规范。此外还有好多女部字都表达了柔顺、顺从的审美倾向:"婑 [ruǎn]",义为"柔美貌";"如",从随也。幼从父兄,嫁从夫,夫死从子。故白虎通曰,女者,如也。②

字源演变:

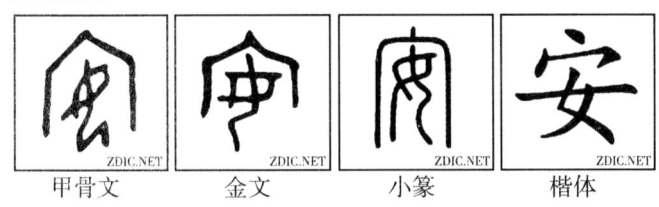

除了要求女子要和柔、温顺之外,"静"是中国古代淑女的重要的意象之一。比如"安",静也。从女在宀下。本义为平静,稳定。对生活工作等感觉满足合适,没有危险,不受威胁。从"安"的构形可体会,是以女子的端庄、安静之态比喻平静、安稳的意义。再如"娴",雅也。同样是取女子在闺阁之中沐浴月光的文雅安详的意趣。因此女子性格恬淡清幽,文静娴雅也是淑女的规范之一。

字源演变:

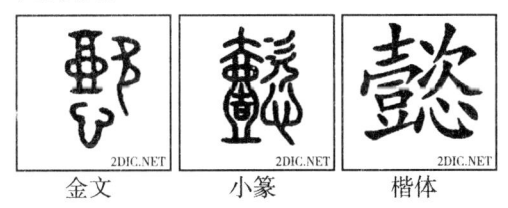

此外,还有一项对于女子品性的重要规范就是"懿"所指示的"嫥久而美也"。嫥者,一也。释诂,诗《烝民》传皆曰,懿,美也。周书谥法曰,柔克为懿。温柔圣善曰懿。许益之以专久者,为其字从一也。专一而后可久,可久而后美。其中"嫥 [zhuān]"意味着调和与专一,《淮南子·俶真训》中也提到"提挈阴阳,嫥捖刚柔",揭示出当时人们已经意识到女性在家庭生活、社会生活中的重要"调和"作用,温柔是女性经营婚姻、爱情的应当具

---

① 王燕:《〈说文·女部〉字的文化意蕴》,载《辽宁工程技术大学学报(社会科学版)》,2007年第9期。

② 〔清〕段玉裁:《说文解字注》,北京:中华书局,2013年版,第626页。

备的良好素养,在此基础上做到长久专一,才可能享受到美好幸福的生活。

对传统淑女端庄、柔弱、和顺、静懿的气质的推崇,至今也没有本质的改变,虽然经历一系列的社会变革,中国女性在政治、经济和社会地位上已经摆脱了男性附庸的命运,但是在家庭关系、社会角色和文化心理的层面,无论男性还是女性自身,仍然自觉或不自觉地认同和遵守女性以端顺静懿为美的气质修养要求。

(三) 以育儿持家为重要职责

中国几千年的父系文化体系,还规定了女性的职责范围就是以家庭为世界,一生一世,专心致志地履行生儿育女、操持家务的义务。包括在女子未嫁时受到的教育,例如知书识字,琴棋书画,烹饪女红等,都是为了日后更好地履行相夫教子职责所做的准备。

首先看"妻"字。妻,会意字,甲骨文从女,有长发形,从又字,用"妇女以手梳理长发"会"结发为妻"之意,"又"字兼会"操持事物"之意。《说文·女部》:妻,妇与夫齐者也。从女,从屮,从又。又,持事,妻职也。从金文和小篆字体可以大致看出"屮"象家具形,又是手,合起来像女子手拿家具从事劳动的形象。因此从构字来看,妻子的本职定位就是操持家务。

字源演变:

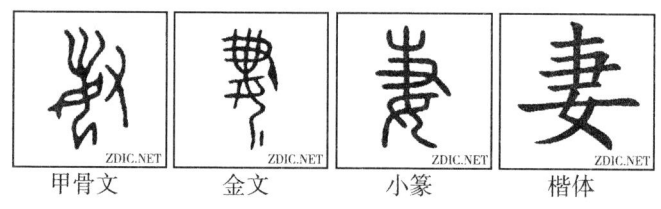

| 甲骨文 | 金文 | 小篆 | 楷体 |

再来看"母",牧也。从女,像裹子形。一曰像乳子也。段玉裁注曰:牧也。以韵为训。牧者,养牛人也。以譬人之乳子。引申之,凡能生之以启后者皆曰母。从女。象裹子形。裹,抱也。象两手抱子也。一曰象乳子也。广韵引仓颉篇云,其中有两点者,象人乳形。也就是说母亲的核心价值在于"启后",也就是传宗接代。这突出了女性在生育方面的重要作用,但也或多或少被物化为人口再生的工具。

字源演变:

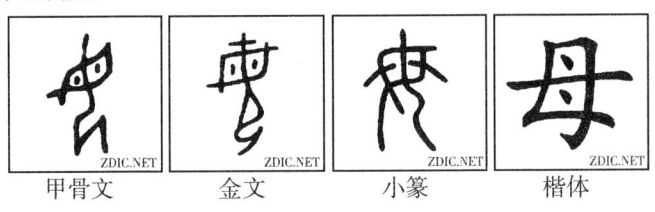

甲骨文　　金文　　小篆　　楷体

虽然随着妇女解放运动的不断推进，女性可以与男性一样，获得平等的受教育和参加工作的机会，经济独立，获得更多的自由和自主，但是女性在家庭中应当扮演的角色仍然延续着传统模式，相夫教子的成效依然是社会观察女性的主要眼光。

综上可见，自汉字产生之初直至今日，中国父系文化体系内，一些传统女性观念始终没有随着时代的变迁和文化的变革而淡化抑或消亡，它们仍旧在人们的思想意识和文化心态中保持着不变的地位和内涵。

二、传统"淑女教育"的训育——基于对"女四书"的探究

中国古人很早就意识到对女子的教化关乎家道成败、风俗美善、社会兴衰。"治天下，首正人伦；正人伦，首正夫妇；正夫妇，首重女德。"[①] 正所谓王化出自闺门，家利始于女贞。逮自明朝，王相著《女诫》《内训》《女论语》《女范捷录》四书之集注，名曰《女四书集注》，可以说这是我国淑女教育的经典读物，是女德教化之集大成之作。清末光绪年间会稽沈朱坤奉翁姑沈张氏之意作《女四书白话解》，成为当时各级女学堂修身教科之教材以及家庭教育的重要读物，有力地推动了"女四书"之要义的普及化。

《女诫》一书为东汉班昭所著，由于其是后汉平阳曹世叔妻，和熹邓太后嘉其志节，诏入宫以为女师，赐号"大家"，因此也称曹大家。只有一千八百多字，原本是用来教导班家女儿的私家教科书，却被京城世家争相传抄，不久之后便风行全国各地，在此后的两千多年中，一直是历代女子德行教育的良箴，是我国最早的女德教育的教材，后被列入"女四书"之首。共有七篇（见表2-2）。

---

① 〔清〕沈朱坤：《女四书白话解》，北京：中国华侨出版社，2012年，第1页。

明成祖文皇帝的元配徐氏，即明仁孝文皇后，博学好文，著《内训》二十篇以教宫壸（见表2-2）。文皇后指出，"求古贤妇贞女虽称德性之懿亦未有不由于教而成者"①。古时候教人有一定方法，比如"男子八岁而入小学。女子十年而听姆教"②。可惜"小学之书无传"，后来宋朝"晦庵朱子爱编辑成书为小学之教者，始有所入"。但是"独女诫未有全书，世惟取范晔后汉书，曹大家女诫为训恒病其略。有所谓女宪女则皆徒有其名耳"③。文皇后肯定了曹大家《女诫》的重要价值的同时，也指出其不完善之处，主要是内容不够具体详尽，有待丰富。而元末明初，"女教之书盛行，大要撮曲礼内则之言与周南召南诗之小序及传记而为之者"④，属于相合而成，并非一个人所作。"仰惟我高皇后教训之言，卓越往昔，足以垂法万世。吾耳熟而心藏之。"⑤所以文皇后在永乐二年的冬天，发愿承述我高皇后的教训并推广之，教化内宫的女子。值得注意的是，在《内则·御制序》中，文皇后特将二十篇的逻辑顺序加以说明："夫人之所以克圣者，莫严于养其德性以修其身。故首之以德性，次之以修身。修身莫切于谨言行，故次之以慎言谨行。推而至于勤励节俭而又次之以警戒。人之所以获长久之庆者，莫加于积善。所以无过者，莫加于迁善。数者皆修身之要。而所以取法者，则必守我高皇后之教也，故继之以崇圣训。远而取法于古故次之以景贤范，上而至于事父母事君事舅姑，又推而至于母仪，睦亲慈幼，侍下而终以待外戚。"⑥ 足见其体系的审慎与完备。

《女论语》又名《宋若昭女论语》，产生于中唐时代。为宋若莘⑦原著、宋若昭⑧为之注解。虽然不是女教的开山之作，却具有首开平民化通俗女教著

---

① 〔清〕沈朱坤：《女四书白话解》，北京：中国华侨出版社，2012年，第28页。
② 〔清〕沈朱坤：《女四书白话解》，北京：中国华侨出版社，2012年，第28页。
③ 〔清〕沈朱坤：《女四书白话解》，北京：中国华侨出版社，2012年，第28页。
④ 〔清〕沈朱坤：《女四书白话解》，北京：中国华侨出版社，2012年，第29页。
⑤ 〔清〕沈朱坤：《女四书白话解》，北京：中国华侨出版社，2012年，第29页。
⑥ 〔清〕沈朱坤：《女四书白话解》，北京：中国华侨出版社，2012年，第30页。
⑦ 宋若莘，唐贝州（今河北省清河县）人，擅长文辞诗文，志向高远，一生未嫁。唐德宗贞元中期，被召入宫中，封为"学士"，贞元七年（公元791年），诏宋若莘总领秘阁图籍，著有《女论语》十篇。
⑧ 宋若昭，若莘之妹，若莘著《女论语》，若昭申释之。若莘死后，唐穆宗召若昭入宫中，掌管六宫文学，封为"外尚书"。同时，还教导诸皇子、公主，被称为"先生"。经历唐德宗、顺宗、宪宗、穆宗、敬宗五朝，唐宝历中期去世，封为"梁国夫人"。一生著有诗文若干卷，现存仅有诗一首和传奇文《牛应贞传》。

第二章 "淑女教育"：以"淑"为表征的传统女性教育

述之端，也是第一部针对民间劳动女子的女教著作，开创以通俗韵文讲述礼仪规则的女教著述新形式，彰显中古以后女教逐渐下移和平民化的端倪。① 其言模仿论语，以韦逞母宣文君宋氏代仲尼，以曹大家等代颜、闵，期间问答，悉以妇道所尚。若昭注解，皆有理致。② 内容主要是妇女日常生活与处理人际关系的仪礼规范。共十二章（见表2-2）。

《女范捷录》产生于明代。为王集敬之妻王节妇刘氏所著，刘氏"幼善属文，年三十夫丧，守节至九十岁寿终"③。收录中华民族古往今来具有贞烈品格的女性典范及事迹，其中一些良好的修养准则对今人仍然具有重要教育意义。

表 2-2 《女四书》篇目通览

《女四书》篇目通览			
《女诫》	《内训》	《女论语》	《女范捷录》
	御制序	女论语序传	
卑弱第一	德性章第一	立身章第一	统论篇
夫妇第二	修身章第二	学作章第二	后德篇
敬顺第三	慎言章第三	学礼章第三	母仪篇
妇行第四	谨行章第四	早起章第四	孝行篇
专心第五	勤励章第五	事父母章第五	贞烈篇
曲从第六	节俭章第六	事舅姑章第六	忠义篇
和叔妹第七	警戒章第七	事夫章第七	慈爱篇
	积善章第八	训男女章第八	秉礼篇
	迁善章第九	营家章第九	智慧篇
	崇圣训章第十	待客章第十	勤俭篇
	景贤范章第十一	和柔章第十一	才德篇
	事父母章第十二	守节篇第十二	
	事君章第十三		

---

① 陈文和：《〈女论语〉研究》，台中：逢甲大学中国文学系硕士学位论文，2006年，第1页。
② 〔后晋〕刘昫：《旧唐书·列传第二·后妃下》，北京：中华书局，1975年，第2198页。
③ 〔清〕沈朱坤：《女四书白话解》，北京：中国华侨出版社，2012年，第136页。

续表

《女四书》篇目通览			
《女诫》	《内训》	《女论语》	《女范捷录》
	事舅姑章第十四		
	奉祭祀章第十五		
	母仪章第十六		
	睦宗族章第十七		
	慈幼章第十八		
	逮下章第十九		
	待外戚章第二十		

综合"女四书"对女子的规范与训育，所体现的基本立场即为闺闱乃圣贤所出之地，母教为天下太平之源。具体而言，有以下几点核心价值规范。

（一）女德为要

《女诫》书曰："幽闲贞静。守节整齐。行己有耻。动静有法。是谓妇德。"①《内训》书曰"贞静幽闲。端庄诚一。女子之德性也孝敬仁明。慈和柔顺。德性备矣。"②《女论语》中也开篇即指出"凡为女子。先学立身。立身之法。惟悟清贞。清则身洁。贞则身荣"③。而《女范捷录》除《统论篇》提及"正常之德著。而大本以敦"外，第一个篇目即为《后德篇》，汇总了周文王后妃、帝喾三妃、夏禹王妃子涂山氏、商汤王妃子有莘氏、娥皇、女英、周宣王皇后姜氏、楚昭王妃子越姬、汉明帝马皇后、和帝邓皇后、唐高祖皇后窦氏、太宗皇后长孙氏、荣英宗宣仁高太后、金朝葛王妃子乌林氏、元世祖皇后宏吉氏、明高帝皇后马氏、明成祖皇后徐氏辅佑父亲、丈夫、儿

---

① 〔清〕沈朱坤：《女四书白话解》，北京：中国华侨出版社，2012年，第12页。
② 〔清〕沈朱坤：《女四书白话解》，北京：中国华侨出版社，2012年，第32页。
③ 〔清〕沈朱坤：《女四书白话解》，北京：中国华侨出版社，2012年，第101页。

孙的德性，涉及"麟趾关雎"① 的仁爱专心、"际唐虞之盛"② 的敬顺慈孝、"待罪之谏"③ 的深明大义、"践心许之言"④、"乌林尽节于世宗"⑤ 的忠贞信义、"加恩于宋后"⑥ 的宽厚仁恕等优良的德性。并指出："稽古兴王之君，必有贤明之后。"⑦ 再一次强调女子德性对于家国存亡兴衰具有重要意义。综合《女四书》篇目要义，第一位的规范便是女德，具体标准有：贞固守节、沉静慎密、幽寂庄肃、闲雅端正、诚实纯一、孝敬仁爱、明察谨行、慈淑温柔、和睦恭顺。

（二）敦伦尽分

所敦之"伦"是指"伦常"，具体而言，"伦"是对人与人之间交往的五种基本关系的规范，即父子有亲，长幼有序，夫妇有别，君臣有义，朋友有信；"常"是人自身修行的五个根本信条，即仁、义、礼、智、信。"五伦"与"五常"具有内在的统一性，而女性在家庭中所应尽的本分恰恰就在于糅合"五伦"与"五常"之统一，即理解个人的仁、义、礼、智、信与亲、序、别、义、信的具体内涵，懂得以家庭成员个人修身之道齐整家庭内部与外部关系的复杂秩序，能够运用家族伦理关系规训家族成员的个体成长，使得家族公允的价值观念、行为惯习以及长久以来形成的默会契约、处世腔调得以印刻在后裔的文化基因中，逐渐积淀、完善成为家族精神，实现整体与个体的一致性发展。以夫妻关系为例，"阴阳殊性，男女异行。阳以刚为德，阴以柔为用；男以强为贵，女以弱为美"⑧。男女从根本属性上各有其所应持

---

① 麒麟的脚，不踏生草，不踏生虫，比方后妃的仁心；雎鸠的鸟，有一定的配偶，同在水中游戏，两不轻狎，比方后妃的仁德。
② "汭汭二女，绍际唐虞之盛"，汭汭是两条水名，当初大舜皇帝住的地方。唐尧因为舜孝顺，所以把两个公主娥皇、女英嫁到汭汭给舜做妻了，后来二女孝顺公婆，恭敬丈夫，其父尧和其夫舜都是圣人，所以说是"际唐虞之盛"。
③ 周朝宣王坐朝迟了，皇后姜氏脱了发簪、耳环待罪，宣王从此便勤于政事。
④ 楚昭王一次出游，问妃子们寡人若是死了，你们哪个肯随我而去？妃子们都说肯跟他去，唯独越姬不说。后来昭王死了，这班妃子都不从死，越姬却就死从王，她说从前我虽不说从死的话，但心里已经应许了，所以要践行这个约。
⑤ 金主亮遍淫宗族的妇女，只有葛王的妃子乌林氏不从，自己吊死在车子里，后来葛王登基，终身不立皇后。
⑥ 宋朝灭亡后，太后谢氏到了元朝，元世祖的皇后宏吉氏事奉她如同姐妹一样，恩礼有加。
⑦〔清〕沈朱坤：《女四书白话解》，北京：中国华侨出版社，2012年，第142页。
⑧〔南朝宋〕范晔，〔唐〕李贤等注：《后汉书·列女传》，北京：中华书局，1965年，第2788页。

定的本分，而夫妇双方遵义为贤方能平衡，"夫不贤无以御妇，妇不贤则无以事夫。夫不御妇，则威仪废缺；妇不事夫，则义理堕阙"①。夫义妇从，男人于人伦关系中若能对妻子有情义，对父母有恩义，对朋友有道义，对他人有信义，对尊长有仁义，那么他的妻子就会对他敬顺有加；妻子贤德通达义礼，对于丈夫能否笃行情义、恩义、道义、信义、仁义影响十分重大。妻子言行得体，心性纯善，能够给男主人营造安定、和睦的家庭环境和健康、积极的心理环境，使得男性专注经营事业，为家庭的发展提供稳定的条件保障，妻子便能获得更强烈的安全感与归属感，进而为家庭投入更多心力。"夫为夫妇者，义以和亲，恩以好合"②，妻子不会不敬重丈夫甚至僭越夫权，阴阳各自归于本位，和谐共生，家合业兴。可见，家有好女方得"安"。

（三）卑弱勤励

《女诫》开篇即把"卑弱"放在第一，示女性常道。文中说："古者生女三日，卧之床下""卧之床下，明其卑弱，主下人也。"③ 古代女子生下三天，就让她躺卧在床下，是指女子生性卑弱、在人之下。此外"弄之瓦塼，明其习劳，主执勤也。斋告先君，明当主继祭祀也"④。把玩砖瓦，表示女子应当学习家务事，日后能辛勤劳作。祭告祖先，预示着女子将承担祭祀的重责。这就是女人的常道，也是礼法的典教，要求女性"谦让恭敬，先人后己，有善莫名，有恶莫辞，忍辱含垢，常若畏惧，是谓卑弱下人也"⑤，并且还对女性提出了具体要求："晚寝早作，勿惮夙夜，执务私事，不辞剧易，所作必成，手迹整理，是谓执勤也。"⑥ 要睡得晚起得早，做妇人家分内的事情，不可问事体烦难容易，所做之事必要成功。而女性之所以要如此辛劳，就是为了获得名望，进而"黜辱"。《内训》有专门一章讲女子要"勤励不息"，不可"怠惰恣肆"。女性有女性的职责，"夫治丝执麻，以供衣服，羃酒浆、具菹醢以供祭祀，女之职也"。如果不能勤劳这种职事，把女工废弃，就要被责

---

① 〔南朝宋〕范晔，〔唐〕李贤等注：《后汉书·列女传》，北京：中华书局，1965年，第2788页。
② 〔南朝宋〕范晔，〔唐〕李贤等注：《后汉书·列女传》，北京：中华书局，1965年，第2789页。
③ 〔清〕沈朱坤：《女四书白话解》，北京：中国华侨出版社，2012年，第4页。
④ 〔清〕沈朱坤：《女四书白话解》，北京：中国华侨出版社，2012年，第4页。
⑤ 〔清〕沈朱坤：《女四书白话解》，北京：中国华侨出版社，2012年，第5页。
⑥ 〔清〕沈朱坤：《女四书白话解》，北京：中国华侨出版社，2012年，第5页。

罚。"夫早作晚休,可以无忧;缕积不息,可以成匹。戒之哉,毋荒宁!荒宁者,刻身之廉刃也,虽不见其锋,阴为其所戕矣。《诗》云:'妇无公事,休其蚕织。'"① 做女人的,天生就不应当干预公事,只有养蚕、织布是她应该做的事情。万万不能因为事情容易或者生活富足而安闲怠惰起来,因为"农勤于耕,士勤于学,女勤于工。农惰则五谷不获,士惰则学问不成,女惰则机杼空乏"②。纺棉织布的机子一旦空起来,家道也就要穷乏衰败了。如《女诫》《内则》一样,《女论语》中也单列一章——"早起章",要求女子"侵晨早起"以使"百事无妨","凡为女子,习以为常。五更鸡唱,起着衣裳。盥漱已了,随意梳妆。拣柴烧火,早下厨房。摩锅洗镬,煮水煎汤"③。这些就是女子早起要做的事情,并且对于烹饪的水平也有明确的要求:"随家丰俭,蒸煮食尝。安排蔬菜,炮豉舂姜。随时下料,甜淡馨香。"④ 此外,还明确提出了两大忌:一是忌"懒","莫学懒妇,不解思量。日高三丈,犹未离床。起来已宴,却是惭惶。未曾梳洗,突入厨房。容颜龌龊,手脚慌忙。煎茶煮饭,不及时常";二是忌"馋","又有一等,哺啜争尝,未曾炮馔,先已偷藏。丑呈乡里,辱及爷娘。被人传说,岂不羞惶"⑤。可见妇女好吃懒做就有损名望,甚至迁羞于父母。《女范捷录·勤俭篇》中也说,"勤者女之职,俭者富之基。勤而不俭,枉劳其身;俭而不勤,甘受其苦。俭以益勤之有余,勤以补俭之不足"⑥。这里强调"勤""俭"相辅而行,不可偏废。书中列举《诗经》中咏后妃之贤劳的《葛覃》《卷耳》、述夫人之恭俭的《采蘩》《采蘋》篇来说明女子无论贵贱都要勤干家庭的职事。陈仲子的妻子辟纑⑦、汉朝鲍宣的妻子桓少君挽车、出汲⑧,"皆身执勤劳,躬行节俭,扬芳誉于诗

---

① 〔清〕沈朱坤:《女四书白话解》,北京:中国华侨出版社,2012年,第48页。
② 〔清〕沈朱坤:《女四书白话解》,北京:中国华侨出版社,2012年,第46页。
③ 〔清〕沈朱坤:《女四书白话解》,北京:中国华侨出版社,2012年,第109页。
④ 〔清〕沈朱坤:《女四书白话解》,北京:中国华侨出版社,2012年,第109页。
⑤ 〔清〕沈朱坤:《女四书白话解》,北京:中国华侨出版社,2012年,第110页。
⑥ 〔清〕沈朱坤:《女四书白话解》,北京:中国华侨出版社,2012年,第187页。
⑦ 战国时齐王想请陈仲子为相,但他不肯受命,逃避到于陵的地方去了。他自己织鞋了,他的妻子就辟草结绳纫麻做线,跟他一起以此为衣食之计。
⑧ 汉朝时,桓少君嫁给鲍宣的时候从嫁的婢女和妆奁很多,但是鲍宣觉得少君生长在富贵之家,嫁入自己这种贫苦人家,他是当不起的,很不高兴,于是少君说:"家父因你是个修德君子,所以叫妾事奉君子,现在你说什么,我都准命是从。"便把婢女仆人衣裳首饰都还给了娘家,自己戴荆钗穿布裙,与丈夫一起挽鹿车回到家中拜了公婆,就提着桶到河边汲水去了。

书,播令名于史册者也,女其勖诸"①。综上,足见《女四书》中对于女子做家事,早起晚睡,勤励节俭的要求强调再三,具体而明确,说明这一规范是几千年来对女子的一项不变的基本的要求。

(四) 和柔孝亲

这是对女子品行的规约,关涉自身修养、夫妇之礼、孝悌之义。首先,强调女子以性格柔顺为好。《女诫》指出:"阴阳殊性,男女异行。阳以刚为德,阴以柔为用。男以强为贵,女以弱为美。"②《女论语》专作"和柔章",强调"处家之法,妇女须能以和为贵,孝顺为尊,翁姑嗔责,曾如不曾。上房下户,子侄宜亲。是非休习,长短休争。从来家丑,不可外闻"③。陈列了妇女以和为贵的各个层面的标准,可谓事无巨细。其次,指女子对丈夫应当敬顺。"夫得意一人,是谓永毕。失意一人,是谓永讫。欲人定志专心之言也。"④"修身莫如敬,避强莫如顺。故曰敬顺之道为妇之大礼也。"⑤《女论语》对于如何"事夫"给出了明确具体的要求:"女子出嫁,夫主为亲。前生缘分,今世婚姻。将夫比天,其义匪轻。夫刚妻柔,恩爱相因。居家相待,敬重如宾。夫有言语,侧耳详听。夫有恶事,勤谏谆谆。莫学愚妇,惹祸临身。……夫若发怒,不可生嗔。退身相让,忍气低声。莫学泼妇,斗闹频频。"⑥再次,就是对父母公婆要"孝",即还报父母的爱。"舅姑之心,岂当可失哉。物有以恩自离者,亦有以义自破者也。夫虽云爱,舅姑云非,此所谓以义自破者也。然则舅姑之心奈何,故莫尚于曲从矣。姑云不尔而是,固宜从令。姑云是尔而非犹宜顺命。勿得违戾是非,争分曲直。此则所谓曲从矣。故女宪曰,妇如影响,焉不可赏。"⑦意思是不能失掉公婆的心,因为世上的夫妻也有因为恩爱过头反害到离开的,也有处处守着礼反而犯了过失的。如果丈夫说妻子极好而公婆却嫌弃媳妇,丈夫自然不敢违拗父母,也只能顺着父母说不好,这样看来公婆的心是失不得的。而要得公婆的心,除了委顺

---

① 〔清〕沈朱坤:《女四书白话解》,北京:中国华侨出版社,2012 年,第 189 页。
② 〔清〕沈朱坤:《女四书白话解》,北京:中国华侨出版社,2012 年,第 9 页。
③ 〔清〕沈朱坤:《女四书白话解》,北京:中国华侨出版社,2012 年,第 130 页。
④ 〔清〕沈朱坤:《女四书白话解》,北京:中国华侨出版社,2012 年,第 18 页。
⑤ 〔清〕沈朱坤:《女四书白话解》,北京:中国华侨出版社,2012 年,第 9 页。
⑥ 〔清〕沈朱坤:《女四书白话解》,北京:中国华侨出版社,2012 年,第 118-119 页。
⑦ 〔清〕沈朱坤:《女四书白话解》,北京:中国华侨出版社,2012 年,第 18-19 页。

曲从、千依百顺以外没有更好的了。公婆说的对要听从，即使不对也要顺应，不能争辩是非曲直。要如同伴声一样，婆婆怎么说，媳妇就跟着怎么说，这就能得到婆婆赏识了，也是对公婆孝顺的表现。最后就是对亲朋要"悌"，即兄弟姊妹的友爱以及和朋友之间的友爱，亦即睦宗慈幼。《女诫》讲到，"妇人之得意于夫主，由姑舅之爱己也。姑舅之爱己，由叔妹之誉己也。由此言之，我之臧否毁誉，一由叔妹，叔妹之心，不可失也"①。"然而求叔妹之心，固莫尚于谦顺矣。谦则德之柄，顺则妇之行。知斯二者，足以和矣"②。《内则》则用了四章来阐述"睦宗族""慈幼""逮下""待外戚"等和睦亲朋的要点。"一家之亲，近之为兄弟，远之为宗族，则同乎一源矣。若夫娣姒姑姊妹，亲之至近者矣，宜无所不用其情。""是以施仁，必先睦亲，睦亲之务，必有由助。""内和而外和，一家和而一国和，一国和而天下和矣。"③《内则》强调了和睦亲友的重要性，而《女范捷录》则阐述了其根源："任恤睦婣根于孝友，慈惠和让本于宽仁。"《周礼》讲孝、友、睦④、婣⑤、任⑥、恤⑦，叫作"六行"。任恤睦婣这四样德行都根于孝、友二字，可谓"老吾老以及人之老，幼吾幼以及人之幼"的体现，而慈惠、和让的根本则在于宽、仁这两个字。

（五）母仪营家

母仪营家有这样几层含义：一是"三从"。《内训》专作《母仪章》以明母仪之教训。先言知识的根由："孔子曰：女子者顺男子之教，而长其理者也，是故无专制之义。所以为教不出闺门，以训其子（通"职"）者也。"⑧意思是讲女子本来就是没有知识的人，因为听顺了男子的教训，才能够开她的心智，长她的伦理的。所以女子在家从父，出嫁从夫，没有自己可以专制的义理。论到她的教令，与同训诲她子女的事情，总不出于闺门的外面。这

---

① 〔清〕沈朱坤：《女四书白话解》，北京：中国华侨出版社，2012年，第20页。
② 〔清〕沈朱坤：《女四书白话解》，北京：中国华侨出版社，2012年，第23页。
③ 〔清〕沈朱坤：《女四书白话解》，北京：中国华侨出版社，2012年，第85—87页。
④ 睦做和顺于家庭宗族间讲。
⑤ 婣，同"姻"，做恩义于亲戚邻里讲。
⑥ 任做受人之托，该他担任抚育赡养事情讲。
⑦ 恤做矜怜鳏寡孤独又周恤他们讲。
⑧ 〔清〕沈朱坤：《女四书白话解》，北京：中国华侨出版社，2012年，第83页。

就是母仪的职分。① 二是"教子"。《女论语》讲"大抵人家，皆有男女，年已长成，教之有序，训诲之权，实专于母"②。作为母亲，教育子女的道理在于"导之以德义，养之以廉逊，率之以勤俭，本之以慈爱，临之以严恪，以立其身，以成其德"③。而其教子，需先以身作则，因此作为母亲，要引导孩子德行义理的方向，养成孩子清廉逊让的节操，示范给孩子勤劳俭朴的榜样，本我慈爱的心性，临他以严恪的气象，自己就要有德行、守节操、能勤俭、富慈爱、讲原则。"夫教之有道矣，而在己者亦不可不慎。"④ 正如《诗》云："淑人君子，其仪不忒；其仪不忒，正是四国。"⑤ 此外要懂得运用恰当的方法，"慈爱不至于姑息，严恪不至于伤恩，伤恩则离，姑息则纵，而教不行矣。诗曰：载色载笑，匪怒伊教。"⑥ 和颜笑貌使孩子乐于听从教诲。三是"善德"。《易》曰："积善之家，必有余庆。"《书》曰："作善，降之百祥。"可见营家的核心在于"积善"与"迁善"。《内训》讲"夫享福禄之报者，由积善之庆。妇人内助于国家，岂可以不积善哉。古语云：积德成王，积怨成亡。荀子曰：积土成山，风雨兴焉，积水成渊，蛟龙生焉，积善成德，神明自格"⑦。以明孝慈高皇后为例，因为她有上天好生的大德，勤劳内政以为帮助，所以天降阴骘⑧，太祖高皇帝得以灭掉元朝，天下一统，百姓安生，可谓"天之阴骘不爽于德，昭著明鉴"⑨。不仅是贵族妇人，平凡百姓家的女人也"必勉于积善，以成内助之美。妇人善德，柔顺贞静。乐乎和平，无忿戾也。存乎宽洪，无忌嫉也。敦乎仁慈，无残害也。执理秉义，无纵越也。祇率先训，无愆违也。不厉人适己，不以欲戕物。积而不已，福禄萃焉。嘉祥被于夫子，余庆留于后昆，可谓贤内助矣"⑩。从另一方面讲，人孰能无过，"夫妇人之过无他，惰慢也，嫉妒也，邪僻也。惰慢则骄，孝敬衰焉；嫉妒则刻，

---

① 〔清〕沈朱坤：《女四书白话解》，北京：中国华侨出版社，2012年，第83页。
② 〔清〕沈朱坤：《女四书白话解》，北京：中国华侨出版社，2012年，第121页。
③ 〔清〕沈朱坤：《女四书白话解》，北京：中国华侨出版社，2012年，第83页。
④ 〔清〕沈朱坤：《女四书白话解》，北京：中国华侨出版社，2012年，第84页。
⑤ 《诗经·国风·曹风》，〔清〕阮元校刻：《十三经注疏本》，北京：中华书局，1980年，第385页。
⑥ 〔清〕沈朱坤：《女四书白话解》，北京：中国华侨出版社，2012年，第83页。
⑦ 〔清〕沈朱坤：《女四书白话解》，北京：中国华侨出版社，2012年，第57页。
⑧ 是上天降下福禄之意。参见〔清〕沈朱坤：《女四书白话解》，北京：中国华侨出版社，2012年，第56页。
⑨ 〔清〕沈朱坤：《女四书白话解》，北京：中国华侨出版社，2012年，第57页。
⑩ 〔清〕沈朱坤：《女四书白话解》，北京：中国华侨出版社，2012年，第58页。

蓄害兴焉；邪僻则佚，节义颓焉"①。所以在积善的基础上，懂得改过迁善尤为重要。故谚曰："屋漏迁居，路纡改途。"《传》曰："人谁无过？过而能改，善莫大焉。"四是"勤俭"。《女论语》专章写营家，核心词为勤俭。"营家之女，惟俭惟勤。勤则家起，懒则家倾，俭则家富，奢则家贫。"② 以此点明克勤克俭对于家道兴衰的重要作用。把女性在家中早起、洒扫、耕作、炊饭、收纳的职责逐一规范："凡为女子，不可因循。一生之计，惟在于勤。一年之计，惟在于春。一日之计，惟在于寅。奉箕拥帚，洒扫秽尘。撮除邋遢，洁静幽清。眼前爽利，家宅光明。莫教秽污，有玷门庭。耕田下种，莫怨辛勤。炊羹造饭，馈送频频。莫教迟慢，有误工程，积糠聚屑，喂养孳牲。呼归放去，检点搜寻。莫教失落，扰乱四邻。"③ 妇人家懂得勤俭持家对于家庭经济状况的改善好处很多："夫有钱米，收拾经营。夫有酒物，存积留停。迎宾待客，不可偷侵。大富由命，小富由勤。禾麻菽麦，成栈成囷。油盐椒豉，盎瓮装盛。猪鸡鹅鸭，成队成群。四时八节，免得营营。酒浆食馔，各有余盈。夫妇享福，欢笑欣欣。"客观上有利于家庭和谐。④

三、对"淑女教育"几种主张的扬弃

（一）"三从四德"虽为压迫，亦可修身齐家

所谓的"三从"是指：未嫁从父，既嫁从夫，夫死从子。"从"不仅仅是表面上的"跟从"之意，而是有工作性质的"从事"之本质。⑤ 所谓"四德"是指：德、容、言、工。首先强调女性最要紧是品德，是正身立本；其次是相貌（端庄、稳重、持礼）、言语（谦恭、明理、和善、有度）以及治家（相夫教子、尊老爱幼、勤俭节约）。中国传统文化强调的"三从四德"重点在阐明女性在维系家庭的稳定性和社会秩序中的核心准则，这种规范是与中国自然经济、农耕文明社会生活的基本需求相和谐的。

---

① ［清］沈朱坤：《女四书白话解》，北京：中国华侨出版社，2012年，第60页。
② ［清］沈朱坤：《女四书白话解》，北京：中国华侨出版社，2012年，第124页。
③ ［清］沈朱坤：《女四书白话解》，北京：中国华侨出版社，2012年，第124—125页。
④ ［清］沈朱坤：《女四书白话解》，北京：中国华侨出版社，2012年，第126页。
⑤ 叶玉琴：《关于传统女性观的几点解读》，载《福建师范大学福清分校学报》，2006年，第6期。

在中国以自然经济、农耕文明为主导生活方式的背景下，形成人的心性成长与自然宇宙的紧密连接，"中国人生命的学问的中心就是心和性"①，"心性之学乃中国文化的神髓所在"②。"三从四德"虽然从本质上是把男女两性作为对立的阶级，进行一种阶级压迫，但同时也是出于以家庭为核心，以情感为联结的道德追求。"夫贤则妇从"，"从"的前提是被从者的贤德贤能，"从"的实现条件是爱与信任，"从"的结果是家庭价值观的统一和凝聚力的增强。因此并不意味着无主见的、无立场的、无话语权的单方面"屈服"。而"四德"则是女性自性的陶冶和修炼的核心内容，它客观上肯定了女性情感性的存在，肯定了女性在家庭中的地位与价值。梁漱溟说，"周孔教化自亦不出于理知，而以情感为其根本"，"孔子学派以敦勉孝弟和一切仁厚胚挚之情为其最大特色"。③ 钱穆说，"宋儒说心统性情，毋宁可以说，在全部人生中，中国儒学思想则更着重此心之情感部分"，"知情意三者之间，实以情为主"。④ 所谓心、性为本，实际上是以道德为本，以心性道德为本体是把握了伦理道德的人类心理特征，即人之所以为人在于行动实践中的自觉意志，是历史和教育所形成的文化心理积淀，是伟大而庄严的，超越人和个体的感性幸福、快乐以及任何功绩、事业之上。"三从四德"从其本源意义上理解，除了已形成定见的认为是对女性的压迫与禁锢，还有一种解读，即站在人类总体发展和个体心性陶冶的立场上，选定的女性教化观。至于在后来历史上出于政治话语、权力维系的目的对其进行教条化的抽象和工具化的片面强调，实在是历史的误会。

（二）"三纲五常"虽是禁锢，亦是道德秩序

所谓"夫为妻纲"的"纲"本为表率和责任之意涵，强调了男人的社会责任与担当。远古先秦时期并没有男尊女卑，强调二者合之为夫妇，甚至以浪漫的积极思维视父为天，视母为地。中国文化自古便有"地母情结"，以乾（男）为天，以坤（女）为地，《易》中提出天地交媾则生万物是为"泰"。

---

① 牟宗三：《中国哲学的特质》，台北：台北学生书店，1963年，第87页。
② 李泽厚：《实用理性与乐感文化》（修订本），北京：生活·读书·新知三联书店，2008年，第55页。
③ 梁漱溟：《中国文化要义》，载《学林》，1987年，第119页。
④ 钱穆：《孔子与论语》，转引自李泽厚：《实用理性与乐感文化》（修订本），北京：生活·读书·新知三联书店，2008年，第56页。

周敦颐《太极·图说》里说"乾道成男,坤道成女,二气交感,化生万物",天地之间是和谐共生的关系。在传统中国,天人合一,阴阳互补,共同创造了有着东方特色的男耕女织的农耕文明。以古代赋税来说,往往以"一床"(一对夫妻)为单位,不但要交粮食,还要交布绢、丝麻。正因为如此才促进"女织"与"男耕"并驾齐驱,成为古代中国社会自然经济存在的模式。《白虎通·嫁娶》里说"妻者,齐也,与夫齐体",提倡一夫一妻,共生共存,生死相随。传统的中华文化,正逐渐为世界上许多政治家所称道,提出要吸取孔子的智慧来维护人类生存,重视人与自然的和谐,物质与精神的和谐,首先还是两性之间的和谐。

汉儒本着文人、士大夫兼济天下忧国忧民的情怀,实现"仁治"和"养生"是他们最为关切的政治理想。中国人家国同构的观念决定了当时所提倡的礼教用意十分明确,期待在社会的基本单位——家庭之中贯彻"仁"和"礼"的道德秩序。道德特征、自觉意志、心理形式是人类长期由文化积淀而成的"理性的凝聚"。不同于"理性内化",不是理解、知性、逻辑、思想,而是一种由理知参入的确认,即执着于某种观念或规则。这种"理性凝聚"的人性能力对人类生存延续具有根本的价值,它不依附更不低于任何外在的功过利害、成败荣辱,而可以与宇宙自然并美,"直与日月争光也可"。孔子和儒家的由"礼"(人文)归"仁"(人性),便显示着这个由文化("礼")而积淀为人性("仁")的转换完成,虽其形态表现为"仁"先"礼"后,似乎"仁"(心理结构)是根本。[①]"夫为妻纲""男尊女卑"都是在以"仁"(人性)为先的前提下,构筑"礼"(人文)的秩序,强调家庭的稳定性,以达到和谐、自然、稳定的社会秩序。封建社会后期,随着君主集权政治的发展,夫纲、三从、男尊女卑作为一种性别制度,日益成为迫害束缚女性的枷锁,并在沧海桑田的历史进程中,渗透和融入人们的社会生活,规范着人们的生活行为、心理情操。虽然"三纲五常"是需要剔除的女性观念,但如果归咎于最初出于仁、礼追求而建立的道德秩序本身,实在是有失偏颇。

(三)"守贞持节"实属戕害,亦能规范品行

公元前 58 年诏赐贞妇顺女帛,是有史以来第一次褒奖贞顺。过了 177

---

① 李泽厚:《实用理性与乐感文化》(修订本),北京:生活·读书·新知三联书店,2008 年,第 59—60 页。

年,又发现旌表贞节的事。《后汉书·安帝本纪》云:"元初六年(公元119年)二月,诏赐贞妇有节义谷十斛,甄表门闾,旌显厥行。"秦代只用法律劝导贞节,汉代用法律奖励贞节,这种方法被后来的君主沿用了一千七百多年。汉代朝廷虽用官势褒奖贞节,刘向、班昭等又用文字鼓吹贞节,社会对于贞节,终不重视。妇人再嫁,无人制止,也有人愿娶,这足证明汉代不过是贞节观念由宽泛向严格的一个过渡时代。①《晋书·列女传》跋云:"夫繁霜降节,彰劲心于后凋;横流在辰,表贞期于上德;匪伊君子,抑亦妇人焉。"《北史·列女传》序云:"盖女人之德虽在于温柔,立节垂名咸资于贞烈。"可见世道越不好,贞烈越是提倡,诏旌门闾的事越是盛行。② 实际的贞节观念,唐时尚不甚注重,故公主再嫁者,达二十三人。高祖女四,太宗女六,中宗女二,睿宗女二,元宗女八,肃宗女一;三嫁者四人,高宗女一,中宗女一,元宗女一,肃宗女一。俱详《新唐书·公主传》。③ 除了皇室,书香门第、普通百姓之中也有离婚、改嫁的习俗。宋代出了一班儒者,遂使宋代为中国学术思想以至风俗制度的一个转变时代。宋代前期(960年至1009年),对于妇女的贞节观念跟从前差不多,比较宽泛。中期(1010年至1030年之间)是变化期,是学派蜕分的开始,对于妇女的观念很不一样,有的宽泛,有的严格。自程颢以后,是宋代理学成立的时代。程颢、程颐的学说,渊源于周敦颐,其理学一派战胜各家得了宋儒正统大位,周敦颐在《通书》里说:"礼,理也,乐,和也。阴阳理而后和。……万物各得其理然后和,故礼先而乐后。"(《礼乐》第十三)由此可见宋儒正理乐明五伦的态度。二程因崇理之故,把古说看得太认真,对于贞节的观念遂严格起来。《近思录》载一段云:"或问:'孀妇于理,似不可取;如何?'伊川先生曰:'然!凡取,以配身也,若取失节者以配身,是己失节也。'又问:'人或居孀贫穷无托者,可再嫁否?'曰:'只是后世怕寒饿死,故有是说。然饿死事极小,失节事极大!'"④ 女子不能再嫁,男子可以出妻,二重道德的观念到了程子才正式成立,从前虽有这种说法,却不如是严格。但值得注意的是,程子似乎很注目于男女平等,他同时也主张男子不再娶,不过在无人主持家事的情境之下,是可以再娶的。妇女应重贞节的观念,经程朱的一度倡导,宋代以后的妇女

---

① 陈东原:《中国妇女生活史》,上海:上海书店,1984年,第55页。
② 陈东原:《中国妇女生活史》,上海:上海书店,1984年,第84页。
③ 陈东原:《中国妇女生活史》,上海:上海书店,1984年,第118页。
④ 陈东原:《中国妇女生活史》,上海:上海书店,1984年,第138页。

生活便不像宋代以前了，《郑氏家范》有言："诸妇必须安详恭敬，奉舅姑以孝，事丈夫以礼，待姊娣以和。……如其淫狎，即宜屏放。若有妒忌长舌者，姑诲之；诲之不悛，则责之；责之不悛，则出之。……男女不共圊溷，不共滔浴，以谨其嫌。……男女不亲授受，礼之常也。"① 自宋人对于贞节的态度加严后，夫死守节，差不多为妇人应尽的义务，甚言之，这种观念差不多成为人们下意识了。五代时有节妇断手的事②，到了元代，节妇马式，乳疡不医，元明善作《节妇马氏传》云："大德七年十月，乳生疡，或曰当迎医，不而且危。马氏曰，吾杨氏寡妇也，宁死，此疾不可男子见，竟死。"贞节讲到这个地步，是泯没人性至极了。明朝更是提倡贞节，一方面搜罗前世搜罗的节烈较多，另一方面实录与志书多有记载，所以明朝节烈传记"不下万余人"，掇其尤者，也还有三百零八人。③ 风俗习惯，当其根基牢固的时候，往往忘其本意。即如贞节这件事，到了明代，已经变成迷信、教条：就是这样的，应当这样的，谁还有心去问为什么、谁又敢问："妇道惟节是尚，值变之穷，有溺于刃耳。"张烈妇这几句话，后来简直是全国上下、母诫其女、姑诫其妇的普通话，谁还想到它的错误？贞节提倡到这步田地，真是无以复加了。④ 经过明代一度轰烈的提倡，贞节观念变得非常狭义，差不多成了宗教，妇女的生命，只不过是第二生命，贞节却是她的第一生命。中国向来是只有贞节问题，没有贞操问题的，清代妇女的贞节观更是发展到了非理性的程度。乾隆时，山西陈维善因为女儿嫁给有生理缺陷的李姓男子之后总是不安于室，常常逃回娘家，就亲自把女儿缢死之后自缢，这就是极端扭曲和非理性的贞节观的遗毒！

《易》对"贞"的解释就有三种。一是说"家人利女贞"。即妇女能"正位乎内"，安于家庭中的地位就是"贞"。二是说"恒其德贞"。妇女能长久保持夫妻关系没有任何非分之举也是"贞"。三是说"女壮勿用取女"。只有和丈夫之外的人发生性关系甚至怀了孕才是"不贞"。秦明确提出了"贞"的观念："有子而嫁，倍死不贞。防隔内外，禁止淫佚，男女洁诚。"可见"贞"是对男女双方的约束，并不反对妇女再婚和改嫁，只是认为妇女不尽母

---

① 陈东原：《中国妇女生活史》，上海：上海书店，1984年，第140页。
② 她运送丈夫的灵柩回家，夜投逆旅，旅店主人拒而不纳，牵了她的手臂，要她出去，她便拿起刀来斫去手臂，说是被男子污了。当时此事受礼学先生的赞颂。
③ 陈东原：《中国妇女生活史》，上海：上海书店，1984年，第181页。
④ 陈东原：《中国妇女生活史》，上海：上海书店，1984年，第183页。

亲的职分而改嫁是不贞。所以当时提出的贞节观和后来所谓从一而终的节妇烈女观并不是一回事。① 通过贞节观念的生发和变异过程，可见贞节观念基础是建立在宗法的组织上，但其成为迷信、宗教化，则是由于男子的嗜好和偏私，是男子的利己要求导致的对其原初意义的片面强化。

四、"淑女教育"的本质意涵

通观中国几千年的"教化"传统，于男子而言，自西周建立了较为完备的学校教育制度以降，以儒家为代表的一系列政治主张通过教育得以传承，强化统治阶级对广大民众的思想控制，以达到稳固政权的目的。历代统治者无不充分认识到教化在治国安邦中的重要作用，视之为"大务"和"先务"。② 男子自幼便通过接受孔孟之道谙熟纲常礼教，以"学而优则仕"为理想，将个人的抱负与国家的前途联系在一起。于女子而言，虽没有接受学校教育的权利，但一些女子自幼就接受着形式不同的各式各样的教育，其宗旨是为维护封建统治秩序、传承礼教纲常，目标是培养符合封建社会普遍审美标准、道德操守和行为规范的"淑女"，因此可以把中国封建社会盛行的这种女子教育以一形象之名概括——"淑女教育"。

（一）"淑女"标准合于"礼"

"淑女"之所以长久以来被广泛视为好的女性的标准，是因为与中国的礼文化深刻吻合，在《国风·周南·关雎》中，就呈现了三个层次的礼。首先是祭祀之礼："参差荇菜，左右流之。""参差荇菜，左右芼之。"其中"荇菜"是生长在湖泊池塘中的一种水生植物，其鲜嫩的部分可以食用，可用作祭祀的供品。隐喻后妃具有娴静幽深的关雎之德，祖先才欢喜接受她的祭祀，所以能够承担采摘荇菜、准备供品以承事宗庙的家庭重任；第二是男女之礼："窈窕淑女，寤寐求之。求之不得，寤寐思服。悠哉悠哉，辗转反侧。"这一场景描绘充满君子朝思暮想娴静贞洁的淑女的即视感③，凸显矜持含蓄的东方情感表达方式，这种追求是在儒家礼文化讲求男女有别和"发乎情，止乎礼

---

① 叶玉琴：《关于传统女性观的几点解读》，载《福建师范大学福清分校学报》，2006年第6期。
② 熊贤君编著：《中国女子教育史》，太原：山西教育出版社，2009年，序第2页。
③ 即视感（也作既视感，源自法语"Déjà vu"），指未曾经历过的事情或场景仿佛在某时某地经历过的似曾相识之感。

义"的规制之下适度而和谐的互动方式，体现了中和之美；第三是教化之礼，主要借由器物的规训予以呈现："窈窕淑女，琴瑟友之。""窈窕淑女，钟鼓乐之。"琴、瑟、钟、鼓都是器物，且是作"乐"的器物："琴"具有防止邪思淫欲、导正人心的效用；"瑟"具有克制欲望、启发心性美德的作用；"钟"是地位和权力象征的礼器，平稳庄重，端庄安详，具有祈祷、感化、超度的功用；"鼓"气势宏伟，有沟通天地神灵之间关系的作用。琴瑟联袂、钟鼓和鸣都是高雅之乐、君子之礼。礼乐在几千年华夏文明中极为重要，早在夏商周时期，古代先贤就通过制礼作乐，形成了一套颇为完善的礼乐制度，并推广为道德伦理上的礼乐教化，用以维护社会秩序上的人伦和谐。《孔丛子》曰："古之帝王，功成作乐，其功善者其乐和。"① 足见其地位举足轻重，所以君子以和谐美好的琴瑟之音，与淑女共享，以钟鼓之声，与淑女相合。这是中华文明"礼"文化核心价值观的体现，也因此，"淑女"与"君子"这两个至臻至善的理想人格始终是人文教化的重要标的。

（二）"淑女教育"的内在价值

《关雎》所勾勒的乃是"后妃之德也，风之始也，所以风天下而正夫妇也。故用之乡人焉，用之邦国焉。风，风也，教也，风以动之，教以化之"②。可见女德关乎风化、关乎伦常、关乎齐家、关乎治国以至平天下，培养贤良淑德的"淑女"则于女性个人而言可以陶养心性、修炼气质，于家庭而言可以相夫为事、教子成才，于国家而言可以奠基礼教、端肃伦常。这便是传统"淑女教育"的重要价值所在。

"淑女教育"之要有四："曰去私、曰敦礼、曰读书、曰治事。盖妇德莫病于私，故以去私为首。私念净尽，则天理流行；天理者礼也，故以敦礼次之。敦礼则耳目手足，起居动作，皆有规矩可循而不容越；然节目度数，亲疏③隆杀，具载于书。故以读书次之。读书则见礼明透，知伦常日用之事，责备无穷，自当着力事事而不敢怠惰，故以治事终焉。——四者皆所以检束身心，而立齐家之本，其叙有如此者。"④

---

① 《孔丛子》，出自〔南朝宋〕范晔：《后汉书》，北京：中华书局，1965年，第1344页。
② 《毛诗正义》，〔清〕阮元校刻：《十三经注疏》，北京：中华书局，1980年，第269页。
③ 疎，同"疏"。
④ 〔清〕李晚芳：《女学言行录》，载陈东原：《中国妇女生活史》，上海：上海书店，1984年，第279—280页。

"淑女教育"之道亦有四:"曰事父母之道,曰事舅姑之道,曰事夫子之道,曰教子女之道。""以事父母之道为首,就其天性未漓之时,引诱其易入之良心,各缀以古人贤孝之事迹;令读之观感兴起,以从善而戒不善。事父母之道能尽,则在家为孝顺之女,他日于归,孝便可移于事舅姑而无过;顺亦可移于事夫子而无违;事舅姑事夫子之道皆尽,则教子女亦不事外求矣。……而家焉有不齐者乎?随行各有工夫,随地皆有效验,四者皆齐家之道,所以验修身之功。"①

虽然在漫长的历史过程中"淑女教育"表现出显著的时代性特征,会根据不同时代的经济、文化状况的变迁自行进行教化重点的转移和度的调试——"淑女教育"的递嬗以审美为尺度,而民族审美心理会因文化冲突与融合、经济政治情势变动而发生变化,因此"淑女教育"的时代性主要体现在完美女性之标准的差异上——但总体而言,"淑女教育"的基本诉求和旨趣仍以传统文化意义上的"淑女"样态为核心和基础,遵从"阴阳和合"的传统观念。"度"作为第一范畴,将认识和存在都建立在人类的实践活动基础之上。"度"以其实践性格在感性操作层构建思维规则。"度"以其成功经验在理性思维层生产辩证智慧。② 每种文化由于长期历史生存经验的不同,传统承续和着重方面的不同,认知范畴会一致,也会有差异而各具特色。中国以人事关系为主要对象的文化传统,实用理性本来就重视自己在人际关系上的工具性的使用性能,缺少对纯粹思辨的兴趣。它的辩证范畴与经验、感性、实践、实用有着更为具体和直接的联系。③ 中国的"阴阳互补"便是如此。阴阳观念从现存文献看,最早似见于西周伯阳父所说"夫天地之气,不失其序。若过其序,民乱之也。阳伏而不能出,阴迫而不能蒸,于是有地震"④。阴阳是指自然变化中的两种功能或力量。以后《老子》讲"万物负阴而抱阳",再到《易传》,则已经以阴阳作为两个最基本的观念来解说八卦从而解说万事

---

① 〔清〕李晚芳:《女学言行录》,载陈东原:《中国妇女生活史》,上海:上海书店,1984年,第279—280页。
② 李泽厚:《实用理性与乐感文化》(修订本),北京:生活·读书·新知三联书店,2008年,第27页。
③ 李泽厚:《实用理性与乐感文化》(修订本),北京:生活·读书·新知三联书店,2008年,第27—28页。
④ 《国语·周语上》,引自徐元浩撰,王树民、沈长云点校:《国语集解》,北京:中华书局,2002年,第26页。

万物。于是《庄子·天下》篇总结说"易以道阴阳"①。中国远古关于昼夜、日月、男女……等原始对立观念，大概是在最后阶段才概括为阴阳范畴的。②阴阳始终保持着相当实在的具体现实性和经验性，并没有完全被抽象为纯粹思辨的逻辑范畴。它们仍然与特定的人们的感性条件、时空、环境和生活经验直接间接相联系。例如阳与光、热、夏、白天、男性……等相联系；阴与暗、冷、冬、黑夜、女性……等相联系。阴阳作为哲学范畴，既不是纯抽象的思辨符号，又不是纯具体的实体（substance）或因素（elements）。它们代表具有特定性质而相互对立又相互补充的概括的经验功能（function）和力量（forces）。随着具体不同的结构方式。这种具有概括性的现实经验性格的"阴阳"之间的对立、依存、渗透、互补和转化，也就各有具体不同的结构方式，其中"阴阳"有主次或主导（"阳"）、基础（"阴"）等具体区别。它们不是思辨理性，也不是经验感性，而是某种实用理性。③正因为中国的"阴阳"观念由人的操作、活动、动静、作息两种既区分、对立又彼此渗透、依存的状态概括而来。④"阴阳"双方虽然平等，但"阴""阳"作为矛盾双方又各自具有特定的感性征候，从而它们之间的对立和依存便具有鲜明的经验性的色彩。它更重视矛盾双方的"互补"性能，亦即重视双方在对立、斗争甚至决裂之中或其后的平衡和稳定。它不强调对立双方的斗争、冲突使存在整体的毁灭、消失或双方永远的水火不容。⑤"阴阳互补"实际上是直接经验地与人群维系自身存在（生存—生活—生命）的根本出发点紧密联系着。作为实用理性的"阴阳互补"范畴，主要不在如何叙说、解释客观事物或世界，而在如何处理、调节人群社会、生活活动以及个体身心，以维持和延续生活、生命和生存。它仍然是产生在"人活着"这一本体存在的基础之上，并服务和服从于这一存在的工具性的"经验合理性"。而这，正是"度"的本体性的逻辑延伸。⑥

综上所述，"淑女教育"最根本的合理性就在于它是基于"阴阳互补"

---

① 《李泽厚集——思想·哲学·美学·人》，哈尔滨：黑龙江教育出版社，1988年，第72页。
② 李泽厚：《秦汉思想简议》，载《中国社会科学》，1984年第3期。
③ 《李泽厚集——思想·哲学·美学·人》，哈尔滨：黑龙江教育出版社，1988年，第73页。
④ 李泽厚：《历史本体论·己卯五说》（增订本），北京：三联书店，2006年。
⑤ 李泽厚：《实用理性与乐感文化》（修订本），北京：生活·读书·新知三联书店，2008年，第28—29页。
⑥ 李泽厚：《实用理性与乐感文化》（修订本），北京：生活·读书·新知三联书店，2008年，第29页。

的自然观念建立起来的,是在"天人合一""体用不二"的思维框架下构筑起来的。"体"不高于"用","道"即在"伦常日用""工商耕稼"之中,正所谓"礼、理也,乐、和也,阴阳理而后和。君、君,臣、臣,父、父,子、子,兄、兄,弟、弟,夫、夫,妇、妇——万物各得其理然后和,故礼先而乐后"①。在不舍弃、不离开伦常日用的人际有生和经验生活去追求超越、先验、无限和本体。"天人合一""体用不二"都是要求于有限中求无限,即实在处得超越,在人世间获道体。②

---

① 《礼乐》第十三。参见陈东原:《中国妇女生活史》,上海:上海书店,1984 年,第 136—137 页。
② 《李泽厚集——思想·哲学·美学·人》,哈尔滨:黑龙江教育出版社,1988 年,第 103 页。

第三章 传承与嬗变：近代思想启蒙视域下的"淑女教育"

民国时期的教育是中国教育发展史上极为重要的阶段，在这一时期，经历了一个由传统步入现代、由封闭走向开放的转型过程。中国传统女子教育也在这个时期完成了历史性的转变，延续千年的中国传统女性教育——古典淑女教育走下历史舞台，开始在后台沉寂，西化的、现代的女性教育粉墨登场，虽然几经踟蹰，但不可否认当下的女性教育观念、方式、内容都是民国时期动荡徘徊后，为了"救亡图存"所做最终选择之沿袭。新式女子教育成于彼时，而影响至今。中国近代新旧思想在女子教育上的表现，客观而言，是一种历史的产物，它根植于中国历史的土壤，强烈地反映出中国近代半殖民地半封建社会的特色；对我们而言，它又是历史的馈赠，是历史长河冲刷之下沉睡在河床下的珍贵标本。对民国时期女子教育发展的考察和探讨不仅具有梳理一个时期教育发展状况的意义，还是对整个中国女性教育的发展变迁的深度关切。

本章以19世纪末20世纪初"妇女问题讨论"为中心，结合中国女子教育传统和近代以来西方启蒙思想对女性观念的改造，就女性的地位与解放问题、女性的教育与平等问题、女性的生活与独立问题、女性的参政与民主问题、女性的生育与自主问题、女性的社交与自由、女性的婚恋与主体性问题等进行探讨。将这些问题放在日常生活、政治、经济与文化的视角下审视，揭示清末民初这一重大社会转型时期女性启蒙理论与实践的历史突破与局限性。并据此展开对传统"淑女教育"合理性的审度，勾勒出女性、女性教育、新旧思想、中西文化冲突、多种思潮以及社会转型和国家变革之间影响的交互性与复杂性。这是对这份历史遗产的尊重与致敬，更是对现代女性异化样态病因的推定筛查，对于把脉传统"淑女教育"的历史困境和当代价值甚为要切。

一、生活局域：服务与牺牲的角色定位

在传统中国社会，在以儒家思想为主体的社会主流意识形态的濡染浸灌下，东方女性的经典命运就是以家庭为世界，并制定了一系列与此相关的女性行为规范①，期望"女人"做一个家庭生活局域中的"贤妻良母"。在民国时期的大讨论中，最为突出的探讨也大都围绕女性的家庭角色：妻子、母亲。虽然对于女性可以享有平等的受教育权利、可以参与社会生产和自己的职业、可以参与政治等方面表现出较为广泛的认可，但在最根本的"女性应然是为什么样的女性"的问题上，针对女性的责任与使命问题产生了巨大的争议——"贤妻良母主义"之争（表3-1）。

贤妻良母主义是传统中国女子教育的基本主张，清末兴女学时不但将其全盘接受了，而且因根植颇深，所以虽几经时势变迁，仍绵延存续着。贤妻良母主义者把教育子女、管理家务作为妇女的天职，认为女子进入学校接受教育的目的不是为了获得知识和技能而在于培养贤妻良母。例如《新青年》杂志的"女子问题"栏在辛亥革命后仍以"服从"为女子教育的着眼点，认为"服从"是女子的第二天性，明确提出女子教育的宗旨在于养成贤母、良妻。贤妻良母主义者甚至认为女子应当"以家庭为世界"，把料理家务，教育子女作为终身事业，而不必参加社会活动和生产劳动，妇女自教育主张训练母职。反贤妻良母主义者认为女子教育不在于养成贤母良妻，而在于养成比贤母良妻更广大更重要的"社会的人"。她有和男子同样"做人"的目标和担负社会改革的责任。例如陈以益在《女报》发表文章说：贤妻良母"实则，男子之高等奴隶耳"。因此主张女子教育"务使有完全人格，有独立之能力"，"勿以贤母良妻主义，当以女英雄女豪杰为目的"。叶绍均在《女子人格问题》一文中更为彻底地批判了贤母良妻主义女子教育思想，认为女子不应该成为"某人的某人"而应该做社会上一个独立健全的分子，并且这与社会国

---

① 骆晓戈主编：《女性学》，长沙：湖南大学出版社，2004年，第8页。

家都至关重要。并指出女子健全人格的唯一途径是使男女受同等的教育，发挥女子参预政治事业、社会事业之才能。主张实施"女子全人教育"，亦即两性均等的全人教育。针对贤妻良母主义者认为的女子应"以家庭为世界"的思想，资产阶级革命派表示斥责并主张归赋妇女参政的权利。蔡元培就因此而重视和提倡女子教育，认为女子不学，则不能自立，要自立，就必须自己有一定的职业，冲出家庭的藩篱，自谋生活。在教育实践中，他注意培养对社会有用的新知识女性。此外秋瑾、陈问涛、高一涵等人也从男女平权、女子职业教育、教育制度的差异性等方面为反贤妻良母主义发声。

表 3-1 贤妻良母主义与反贤妻良母主义教育主张对比

	贤妻良母主义	反贤妻良母主义
教育目的	培养贤妻良母	培养女性成为"社会的人"
教育的着眼点	"服从"	"独立"
女性的理想人格	贤妻良母	女英雄女豪杰、完全人格、独立人格
女性的责任	司中馈、育子女、扶助丈夫，以家庭为世界	同男子一样担负社会责任女公民
教育内容	训练"母职"，操持家政的知识与技能	与男子接受同等教育
教育制度	男女有别，男女分校/科目	男女平等，男女同校
教育理想	传统"淑女教育"	"女子全人教育"
性别观念	男女有别（尊卑、内外、强弱）	尊重差异，追求平等
代表人物	丁逢甲、王三等	陈以益、蔡元培、秋瑾、陈问涛等

此外，在贤妻良母主义女子教育思想与反贤妻良母主义女子教育思想激烈的论争过程中，出现了一种两者调和的思想。认为女子教育的目的不单纯在于养成贤妻良母，而于贤妻良母之外也要兼顾女子的社会性。实质上仍然是一种贤妻良母主义，只是为"贤妻良母"增加一点条件而已，是与封建女子教育相妥协的产物。它是妇女解放运动中的一股改良主义思潮，与妇女解放运动背道而驰。因其具有浓厚的封建性，又打着妇女教育的旗号，在半殖民地半封建的旧中国颇有市场，但同样遭到进步的女子教育观的反对。例如姜琦在五四时期所持的观点就基于贤妻良母主义，认为"'贤妻良母'四个

字，并不是绝对没有价值，不过不能够当作女子教育的唯一目的，只可当作目的中之一部分。……女子教育的真目的，是在养成完全的女子人格（包括良妻、贤母、公民而言）"。他在规定女子教育目的时首先看到的是女性而不是真正同男子一样的人，所以这一思想是贤妻良母主义与非贤妻良母主义的折衷，后来姜琦逐渐矫正早期的这一思想，认为女子教育首先应该是人的教育。

（一）"贤妻良母"主义的合理性

关于支持"贤妻良母"主义的一方，其基本的出发点就是女性的"天职"，以自然的、生理的、劳动生产的、心理的、家庭角色的、社会关系的多种角度，来阐发一个核心观点：女性从根本上说是属于家庭的（或者说是更多属于家庭的），是承载孕育、生养、扶助、奉献甚至是自我牺牲使命的，且这是上天赋予的神圣而高贵的（某种程度上也可以理解为不可推卸或避怠的）责任。

1. 符合女性的天职

传统上认为，"夫天地间之生物，皆有其当然之天职，犬不能司晨而鸡不能守夜，人类中之事业，亦具有当然之天职。男不能女红，女不能从政，此犖然之大较也，至不能责商人以政治，责农夫以戀迁，责工匠以治国之猷，亦犹之责男子必能为女子之事，而强女子必得为男子之事也。男女之界说，匪惟于形体上徵之，亦必于性体上徵之。故男子形体魁梧而性伟岸，女子形窈窕而性温和，伟岸之性，于心理上为严肃，温和之性，于心理上为慈惠"[①]。随着启蒙思想和女权运动的影响传入中国，女性革新思想，顺应潮流，欲打破藩篱，追求平等、自由与解放，但因为"学识幼稚、魄力虚怯、手段荏弱"[②]。想要达到这样远大的理想，却处处"动辄得咎，战辄披靡，终不能溃藩绝篱，以偿其大欲，慰其渴望"，越是挣扎，越是痛苦，越是失去方向，"激而愈久，遏而弥烈，操切动作，益越常轨，而以怪特不经之现状，予

[①] 王三：《妇女之天职》，载《妇女杂志》第一卷第二号，北京：商务印书馆，1915年，第3页。

[②] 王三：《妇女之天职》，载《妇女杂志》第一卷第二号，北京：商务印书馆，1915年，第1页。

男子以口实"。① 这生动地揭示了女性启蒙过程中的心理困境和境遇纠结，但是什么原因造成的呢？"此无他，不明于其天职之当然与所以然者。"② 那么如若说女性有天职，会是什么呢？

首先，司中馈是女子的一项重要天职。

司中馈之所以重要，是因为它是作为衡量女性是否很好地保障了家人"生存"层面需求的重要标准而存在的。"粤自妇学之名，见诸《天官》内职，酒食是议，咏于《小雅》一编，《书》曰盐梅③，《诗》称笾豆④，《乡党》⑤言饮食，《周易》筮鼎烹，大而祭祖享神，小而宴宾奉长，胥仰助乎中馈，应详叙其事功。且夫不速客来，杀鸡为黍，相逢话旧，薤⑥称肴，烹羊炰羔，徵（征）岁时之风味，洁羞馨膳，表孝养之心情，奢则为骆宾王之爨玉炊金⑦，俭则为范文正之断虀画粥⑧，丰则为何曾之日费万钱而艰下箸⑨，约则为王维之家无兼味而愧盘飧⑩。自来井臼亲操，久垂女训。是以羹汤有

---

① 王三：《妇女之天职》，载《妇女杂志》第一卷第二号，北京：商务印书馆，1915年，第1页。
② 王三：《妇女之天职》，载《妇女杂志》第一卷第二号，北京：商务印书馆，1915年，第1页。
③ 《尚书》曰："若作和羹，尔惟盐梅。"
④ 《诗·大雅·既醉》："其告维何，笾豆静嘉。""静嘉"意为洁静美好。笾豆，犹笾豆。宋沈括《故朝散大夫石谏议大夫张公墓志铭》："后数岁某不幸失笾豆之助，遂塯公门下。"
⑤ 《论语·乡党》。
⑥ 薤（xiè），小蒜、薤白头、野蒜、野韭等，英文名 Allium chinense G. Don. 百合科葱属多年生草本，一种蔬菜类植物。原产中国，汉书《龚遂传》有记载。
⑦ 〔唐〕骆宾王《帝京篇》："平台戚里带崇墉，炊金馔玉待鸣钟。"
⑧ 宋代文豪范仲淹，少年时期生活清贫，父亲早逝，母亲改嫁。范仲淹只好到庙里去学习。每天用两升小米煲粥，隔夜粥凝固后便划成四块，早晚就着腌菜各吃两块，苦读成才。出自［宋］释文莹：《湘山野录》。虀（jī）：酱菜或腌菜。指食物粗简微薄。
⑨ 何曾，字颖考，陈国阳夏人。司马炎继承晋王位，以何曾为丞相。晋王受禅即帝位后，拜何曾为太尉，晋爵为公，后又进位太傅。何曾"性豪奢，务在华侈。帷帐车服，穷极绮丽，厨膳滋味，过于王者。每燕见，不食太官所设，帝辄命取其食。蒸饼上不坼作十字不食。食日万钱，犹曰无下箸处"。详见《晋书》卷三十三《何曾列传》。
⑩ 唐朝诗人杜甫《客至》一诗中有"盘飧市远无兼味，樽酒家贫只旧醅"。杜甫在历尽颠沛流离之后，在成都西郊浣花溪头盖了一座草堂，暂时定居下来，不久，崔县令来访时写了这首诗。客指崔明府，杜甫在题后自注："喜崔明府相过。"明府是唐人对县令的称呼。盘飧（sūn）：盘盛食物的统称。兼味：多种美味佳肴。无兼味，谦言菜少。旧醅：隔年的陈酒，古人好饮新酒。杜甫以家贫无新酒感到歉意。王维后半生仕途不顺，在终南山过着半官半隐的生活，吃斋饭着素衣，但并无关于"无兼味""愧盘飧"的诗作，因此推断此处是作者笔误，应当是"杜甫之家无兼味而愧盘飧"。

作，宜问小姑，观于郤缺①之妻当午而馌②，苏轼之妇有酒可谋③，举案齐眉孟光之进食④，留宾截发陶母之供殽⑤，文正家书⑥频责司餐于闺媛，辟疆⑦

---

① 郤缺（xì quē），姬姓，郤氏，名缺，即郤成子，春秋时期晋国上卿。东周时晋国冀（故里在今河津范家庄一带）人，因其食邑在冀（今山西河津东北），又称冀缺（这也是"冀"姓的来历）。

② 语出《左传·僖公三十三年》："臼季使过冀，见冀缺耨，其妻馌之，敬，相待如宾。"春秋时期，郤缺由于父亲得罪，而被贬为平民，务农为生，不因生活环境和个人际遇的巨大变化而怨天尤人，而是一面勤恳耕作以谋生，一面以古今圣贤为师刻苦修身，德行与日俱增，其妻子甚为仰慕。一次郤缺在田间除草，午饭时间妻子将饭送到地头，十分恭敬地跪在丈夫面前。郤缺连忙接住，频致谢意。夫妻俩相互尊重，饭虽粗陋，倒也吃得有滋有味。此情此景，感动了路过此地的晋国大夫臼季，一番攀谈，认为郤缺是治国之才，极力举荐他为下军大夫，后来郤缺立大功，升为卿大夫。

③ 苏轼之妇是指其第二任妻子王闰之。苏轼曾写《祭亡妻同安郡君文》悼念亡妻的贤德："昔通义君，没不待年。嗣为兄弟，莫如君贤。妇职既修，母仪甚敦。三子如一，爱出于天。从我南行，菽水欣然。汤沐两郡，喜不见颜。我曰归哉，行返丘园。曾不少须，弃我而先。孰迎我门，孰馈我田。"并感慨"惟有同穴，尚踏此言"。闰之跟随苏轼十六年，历经杭州、密州、徐州、湖州官任，同经谪居黄州的生活，后又从朝廷到州郡，再由州郡回朝廷，几起几落，颠沛流离，但她在苏轼的生活中，绝不是可有可无之人。苏轼刚到密州当太守时，正值天下大旱，蝗灾四起。到任伊始，便投身灭蝗，接着扶困济危，沿着城墙拣拾弃婴，最后与百姓一道挖野菜，度饥荒，几乎到了身心交瘁的地步。苏轼有首《小儿》诗："小儿不识愁，起坐牵我衣。我欲嗔小儿，老妻劝儿痴。儿痴君更甚，不乐愁何为？还坐愧此言，洗盏当我前。大胜刘伶妇，区区为酒钱。"讲述四岁小儿苏过见到父亲从外面回来，不知父亲疲惫，意欲纠缠撒娇。苏轼身心交瘁，于是就发了脾气。妻子闰之说："儿痴君更甚，不乐愁何为？"就是"小孩子不懂事倒罢了，你怎么比他还任性？回到家就生气，干嘛不高兴点呢"？接着就给丈夫洗净杯盏，端上酒，用融融暖意让丈夫回到家庭的温馨之中。苏轼因此赞颂闰之的德行大胜于刘伶夫人，爱而不溺，怨而不肆。（晋代名士刘伶是个酒鬼，家里只要有点钱，就被他拿出去买酒喝。为帮他改掉酗酒的毛病，刘夫人常把酒给藏起来，甚至"捐酒毁器"）。

④ "孟光"是汉人梁鸿的妻子，是梁鸿同乡，"状肥丑而黑，力举石臼，择对不嫁，至年三十。父母问其故，女曰：'欲得贤如梁伯鸾者。'"而梁鸿"欲裘褐之人，可与俱隐深山者乎"，孟氏正是梁鸿所想要的克勤克俭、吃苦耐劳的贤良女子，因此为妻子取名为孟光，字德曜，意思是她的仁德如同光芒般闪耀。"举案齐眉"出自《后汉书·梁鸿传》："为人赁春，每归，妻为具食，不敢于鸿前仰视，举案齐眉。"梁鸿在江南给人做随从时，妻子梁鸿亲自舂粮，以维持生计，她与丈夫举案齐眉，相敬如宾。

⑤ 晋陶侃少家贫，一日大雪，同郡孝廉范逵往访，陶母湛氏剪发卖以治馔款客，并锉碎草荐以供其马。事见〔南朝宋〕刘义庆《世说新语·贤媛》。

⑥ 文正公即晚清名臣曾国藩（1811—1872），初名子城，字伯涵，号涤生，谥文正，清朝战略家、政治家。出生于湖南长沙府湘乡县杨树坪（现属湖南省娄底市双峰县荷叶镇）。湘军的创立者和统帅。晚清散文"湘乡派"创立人。"中兴四大名臣"之一，官至两江总督、直隶总督、武英殿大学士，封一等毅勇侯，谥曰文正。曾国藩一生著述颇多，但以《家书》流传最广，影响最大。光绪五年（1879年），传忠书局刻印了由李瀚章、李鸿章编校的《曾文正公家书》。全书集结了曾国藩在清道光二十年（1840年）至同治十年（1871年）前后撰写的致祖父母、父母、叔父母、诸弟、妻子及儿辈的家信，所涉及的内容极为广泛，小到人际琐事和家庭生计的指陈，大到进德修业、经邦纬国之道的阐发，可谓事无巨细，一皆覆载。

⑦ 冒襄（1611—1693），字辟疆，号巢民，一号朴庵，又号朴巢，私谥潜孝先生，明末清初文学家。治食之姬人为董小宛。

第三章 传承与嬗变：近代思想启蒙视域下的"淑女教育"

忆语不忘治食之姬人，京都厨孃能调盛馔，芜湖老媪善治刀鱼，程泽弓家制蛏干①，尹文端齼传风肉②，曾公以荤汤炖菜，下谕儿曹宋氏以豆腐作羹，上贡殿陛，沽酒市脯，宣圣所鄙夷③，调鼎成羹，闺帏之天职。"④ 无论是典章礼制，还是历代传颂的贤妇良母之事迹，无一不指向一个认同：司中馈是女子的一项重要的天职。而且对女子的这一要求并非只对于已婚妇女，而是只要是女性，不管是待嫁闺中的少女，还是嫁入人家的新妇抑或子女绕膝的妇人，甚至上了年纪的老母，都要有这项基本的能力。

其次，妥善营家是已婚女性的天职。

营家的态度和本事，是从满足家人"生活"需求的层面来考察妇女的。结了婚的女性，就要承担起家庭的"内务"，除了照顾一家上下的饮食外，还要算计家庭经济收支、维系家庭关系的调和等"家庭上之常识"，具体原则就是"宜沿历来习惯，存其相宜，而去其泰甚，不可骤染异俗风尚"。若按这个标准，那么女人若是不贤良，就会"不量生活程度之高下，而饮食必求精馔；修饰必求华丽；衣服必求精美；器用必求新奇；不量家人性情之适否，而用度必求奢靡；动作必求快意；言语必求畅辩；出入必求放任；如是而欲博家人之和辑，巩家族之幸福，行见其家人，舍忍气吞声，家族舍怀怨饮恨，必无合辑之可企，幸福之可言。即姑妇间之勃蹊，夫妇间之辐脱，母子间之反

---

① 〔清〕袁枚《随园食单》中记载："程泽弓贩子家制蛏干，用冷水泡一日，沸水点两日，撤汤五次。一寸之干，发开有二寸，如鲜蛏普通，秀士鸡汤煨之。扬州人学之，俱不能及。"

② 尹继善（1695—1771）清代官吏。姓章佳氏，字元长，号望山，谥号文端。满洲镶黄旗人，世居盛京。东阁大学士兼兵部尚书尹泰之子。雍正元年进士，历官编修，云南、川陕、两江总督，文华殿大学士兼翰林院掌院学士，协理河务，参赞军务。有《尹文端公诗集》10卷等，曾参修《江南通志》。尹文端公督两江时，好平章肴馔之事。尝命袁子才遍尝诸家食单，时有所援引。至倪春岩治具，则攒眉而已。春岩以书抵之，末署"菜榜刘蕡（fén）"四字，闻者大笑。后子才撰诗话，未及春岩，啃曰："岂诗榜亦作刘蕡耶？"子才索观其诗，惊曰："此护世城中美膳也，过人远矣。"春岩，名廷谟，钱塘人，乾隆时，官安庆府同知。

③ "沽酒市脯，不食"见于《论语·乡党》第八段："食不厌精，脍不厌细。食饐而餲，鱼馁而肉败，不食。色恶，不食。臭恶，不食。失饪，不食。不时，不食。割不正，不食。不得其酱，不食。肉虽多，不使胜食气。唯酒无量，不及乱。沽酒市脯，不食。不撤姜食，不多食。祭于公，不宿肉。祭肉不出三日。出三日，不食之矣。食不语，寝不言。虽疏食菜羹，瓜祭，必斋如也。席不正，不坐。""沽酒市脯，不食"一句，朱熹《论语集注》云："沽、市，皆买也。恐不精洁，或伤人也。"朱熹认为，孔子"沽酒市脯，不食"的原因是出于饮食安全方面的考虑。也有一说是孔子的这种态度受文王周公饮时代食制度的影响，孔子"酤酒不食"，原因或在于"沽酒"破坏了"酒酤在官"的制度；"市脯"亦"不食"，因为"市脯"违反了佐酒之物不得市买的规定。

④ 丁逢甲：《中馈谈》，载《妇女杂志》第一卷第四号，北京：商务印书馆，1915年，第27页。

常，必相间以代作，而其家人有不荡析离居，家族有不破碎乖离"①；若是一家之女主人能够很好地履行营家的职分，做一个温良贤德的妻子和母亲，"是必反而求之生活程度之高下，而饮食有所不择其精粗；修饰有所不择其华野；衣服有所不择其美恶；器用有所不择其新旧；必调剂于相宜，而不骛于泰甚。亦必反而求之家人性情之适否，而用度胥戒其奢靡，而归于节俭；动作胥戒其快意，而归于谦抑；言语胥戒其畅辩，而归于和易；出入胥戒其放任，而归于谨饬。此非好为束缚之论，乃所以博家人之合辑，巩家庭之幸福，谋其相宜，而裁其泰甚也"②。由此观之，一个女人营家的本事和对这份职责的态度，关乎一个家庭的幸福，关乎一个家族的兴衰。

最后，权衡双重角色是时代赋予新女性的天职。

如果说，女人能够很好地"司中馈"是完成了保障家人生存的职分，能够很好地经营家庭是完成了保障家人生活的职分，那么是否能够拿捏权衡家庭（女儿、妻子、母亲）角色和社会（职业）角色的关系和转换问题就是衡量这个女人是否完成了保障家人幸福的职分的重要标准。这是开启民智、妇女启蒙之后一个新凸显的妇女天职。并不是说旧时的女性没有这个职分，更确切的表述是，就是妇女由于劳动生产方式和范围的局限性，她们大多数人自身并不具备鲜明的、独立的社会（职业）角色，因此这一职责并未凸显。而妇女解放所带来的一个直接后果是使更多的女性进入更大社会领域中，扮演更丰富的社会角色，因此这一职责的重要性得以凸显。这要求女性"宜酌世界之趋势，谋其利益而防其流弊。不可轻逐无识盲从，如不审学问门径之取择，而烹饪之学置诸不讲，缝纫之学置诸不习，簿记之学置诸不顾，保姆之学置诸不为"。意思不是反对女性学习西方现代科学知识以便从事新的社会性职业，而是应当根据自身情况、家庭情况以及社会的发展趋势，有选择地学习，并且类似烹饪、缝纫、簿记一类照顾和经营家庭所必需的学问是要优先掌握的。若是"不审能力用途之狭隘，而已思为女议士，以享有参政国家之权；已思为女党员，以享有监督政府之责；已思为看护妇，而弃家庭而奔走阈外；已思为女商人，而忽米盐以从事市厂；如是而其家人之不从佚无度，

---

① 王三：《妇女之天职》，载《妇女杂志》第一卷第二号，北京：商务印书馆，1915年，第1—3页。

② 王三：《妇女之天职》，载《妇女杂志》第一卷第二号，北京：商务印书馆，1915年，第1—3页。

其家族不泮奂无纪,恐非其家人之学问,舍高出于此妇若女百倍外,家族之能力超过此妇若女千倍外,必有挟以大力,以肆强制,拒之度外,以恣鄙夷,此妇若女亦必忿而不堪,铤而走险,小之则脱弃婚盟,大之则殒命轻生"①。所以女人奔走阈外,即便是有所成就,而代价若是牺牲了家庭,后果之严重不堪设想。"是必反而求之学问门径之取择,而烹饪不可忽也;缝纫不可忽也;簿记不可忽也;保姆不可忽也;必胗蚤其利益,而力避其流弊。亦必反而求之能力用途之狭隘,非谓女议士不宜为也,必有女议士之能力而后为之,不可尽人皆抱此种思想也;非谓女党员不宜为也,必有女党员之能力而后为之,不可尽人皆抱此种思想也;非谓看护妇不宜为也,必有看护妇之能力而后为之,不可尽人皆抱此种思想也;非谓女商人不宜为也,必有女商人之能力而后为之,不可尽人皆抱此种思想也。"此中所反复强调的"必有……之能力而后为之",可以想见定是指在足以很好地胜任"贤妻良母"职责之后仍然有额外可以从事社会工作的能力。之所以这样劝诫,就是出于一种担忧:"胥天下之妇女,皆女议士、皆女党员、皆看护妇、皆女商人,是天下男子将无内助之贤妻抚育之良母矣。"② 基于这种顾虑,有人提出女子教育的改革"非摒弃虚浮,务求实验不可。实验者,何缝纫、烹调是也。夫缝纫烹调在贫乏者固宜躬亲,富贵之家,原可任之于人,而亦不可不知其法。当今之世,男女虽曰平权,然男子谋生于外,家中琐务,皆赖女子为之。若平时不能熟谙,势必日受欺蒙,而懵焉罔觉,家政安得而理乎,以愚计之。学校之中,必须核减科目,注重德行,动其操作,先求生活之计划,缓求经史之淹通"③。

2. 家庭幸福的保障

一方面,以历史经验和社会习俗来看,男大当婚,女大当嫁。正常情况下,男女成人后都是要组成新的家庭的,于人类和种族而言,这是繁衍生息的天择,于自身发展而言,这是成长的一个珍贵的过程。既然要组成家庭,就需要家庭的基本伦理和道德作为经营婚姻生活的准则,在这个角度看,对于女人、男人以及他们组成的家庭而言,"'贤妻良母'这四字的意义是极完

---

① 王三:《妇女之天职》,载《妇女杂志》第一卷第二号,北京:商务印书馆,1915年,第1—3页。
② 王三:《妇女之天职》,载《妇女杂志》第一卷第二号,北京:商务印书馆,1915年,第1—3页。
③ 吴秉筠:《女学宜注重缝纫烹调论》,载《妇女杂志》第一卷第四号,北京:商务印书馆,1915年,第9—10页。

美的。在英文字上就是'A good wife and good mother',意思也是极高贵的"①。即便是倡导妇女解放,这条对女性的基本要求也是不容置疑的。"一般反对的人不知受了什么恶感想,竟将大好的伦理看错了。要晓得不单是女子应该做'贤妻良母',就是男子也应该做'贤夫良父'的。这是做人的道理。不然女的便是'悍妻恶母',男的便是'狂夫暴父'"②,"做'贤夫良父'、'贤妻良母'都是男女的天职,家庭幸福的根基。若一面提倡'家政改良',一面又反对'贤妻良母',那正是自相矛盾了"③。毕竟男人和女人"做夫妻父母,是人生必经之路(除非你抱独身或和他种原因阻止你做夫妻父母)既然要做必要做得好,那就是'贤……良……'了"④。

另一方面,从家庭内部夫妻关系来看,讲求"贤良"的一个重要方面就是"贞节"。妇女解放运动倡导女子平权,主张女子接受新式教育,宣扬人生而自由,因此女性应当有决定自己命运和自主选择的权利。有些保守主义者对此嗤之以鼻,认为倡导妇女解放虽是好现象,可惜的是其中有"瞎倡盲从"的人。"以为现在是解放时代,什么都可以打破。于是将中国数千年来的名教礼纲,不问好歹,一概反对。其结果不过危词耸听,爆竹一响罢了。"⑤ 一名泰县女子国文专修馆女学生犀利地批判了当时的风气:"古无女学,贤母良妻代有传入《列女传》中。虽不尽可师,然按诸礼仪关头,廉耻防闲,亦足以励薄俗而垂规范。今之女子醉心新学,貌态文明,惟见金丝架鼻,雪茄御口,履声橐橐,云鬓蓬松,一种狂荡之态,令人望而却步。"⑥ 西方的风尚猛然传入,压抑已久的妇女以强有力的回弹力打破礼教束缚,"有反对'贞节主义'的人,以为男女既可'自由恋爱',便可打破'贞'字。夫死可以再嫁,便

---

① 屠哲隐:《贤妻良母的正义——为"贤妻良母"四字辩护》,载《妇女杂志》第十卷第二号,北京:商务印书馆,1924年,第364页。
② 屠哲隐:《贤妻良母的正义——为"贤妻良母"四字辩护》,载《妇女杂志》第十卷第二号,北京:商务印书馆,1924年,第364页。
③ 屠哲隐:《贤妻良母的正义——为"贤妻良母"四字辩护》,载《妇女杂志》第十卷第二号,北京:商务印书馆,1924年,第365页。
④ 屠哲隐:《贤妻良母的正义——为"贤妻良母"四字辩护》,载《妇女杂志》第十卷第二号,北京:商务印书馆,1924年,第364页。
⑤ 屠哲隐:《贤妻良母的正义——为"贤妻良母"四字辩护》,载《妇女杂志》第十卷第二号,北京:商务印书馆,1924年,第364页。
⑥ 吴秉筠:《女学宜注重缝纫烹调论》,载《妇女杂志》第一卷第四号,北京:商务印书馆,1915年,第9—10页。

可打破'节'字"①,"这都是字义成见的谬误,对于字义本身,仍有存在的价值。现在觉悟的人,明白这二字误解的祸患无穷,于是又提倡'贞节'起来。男女未婚姻前当守贞,既娶嫁后当守节"②。

3. 扮演好其他社会角色的前提

第一,"贤妻良母"不是礼教窠臼,而是良善道德。

"有人说,'贤妻良母'就是'从夫从子',终身做男子的奴隶。这种见解,真又糟糕了。须知'贤妻'并非专门服从丈夫就是了,所谓'良母'更无服从儿子的意思。"③"贤"在古汉字中,其上半部分的"臤"本义为"驾驭臣属","臣"是竖立的眼睛,意为"主人的眼睛",右边的"又",是手,引申为"牢牢掌握";下面的"贝"指钱币、财富。因此"臤"与"贝"联合起来表示"牢牢掌握财富"。其本义是指"能够量入为出的人,会精打细算过日子的人,善于理财的人或者理财家"。由此引申出这样几层含义:"会精打细算、会量入为出、会过日子";"有理财能力";"有才能"以及"有才能的人、有才德的人"。"良"在《说文解字》中的解释是"良,善也",此后又引申出"美好""优秀""和悦""吉祥"等含义。因此从这两个词本来的意思看,并不存在任何贬低、压抑、限制、规训之类的倾向,反而都是讲才能的出众、德性的美好一类的赞颂之词。贤妻是褒奖做妻子的会过日子,有使生活美好的能力和德行;良母是夸赞做母亲的品行美好,能力优秀,性情和悦,能给家族带来吉祥。因此用"贤妻良母"来形容女性实在是最美的赞誉。"贤妻良母"实际上是女性高尚道德的集中体现,也是女性教育的美好目标。因此也有人主张"贤妻"和"良母"是应当按历代以来褒奖义烈贞节的妇女的规例予以特别褒奖。④ 反过来看"有什么方法可以不做'贤妻良母'呢? 一是独身,若是独身,那亦当锐志学术,造福社会,仿佛与所任的事业行过婚礼的;二是那'行露的妻''暧昧的母',不过是一种不道德、无法律

---

① 屠哲隐:《贤妻良母的正义——为"贤妻良母"四字辩护》,载《妇女杂志》第十卷第二号,北京:商务印书馆,1924年,第364页。
② 屠哲隐:《贤妻良母的正义——为"贤妻良母"四字辩护》,载《妇女杂志》第十卷第二号,北京,商务印书馆,1924年,第364页。
③ 屠哲隐:《贤妻良母的正义——为"贤妻良母"四字辩护》,载《妇女杂志》第十卷第二号,北京,商务印书馆,1924年,第364页。
④ 屠哲隐:《贤妻良母的正义——为"贤妻良母"四字辩护》,载《妇女杂志》第十卷第二号,北京,商务印书馆,1924年,第365页。

的妻母罢了"①。

第二,"贤妻良母"所具备的素质有利于女性在社会上的自力更生。

新女性受到妇女解放思潮的鼓舞,纷纷进入新式学堂,在教会女学之中,进行了深刻的思想革命,学习科学、学习英文、学习现代知识、感受先进文化,确实给女性以强大的思想武器,放天足、出闺阁,解放天性,争取人权,不做奴隶,但也因此有些所谓的新女性假借解放之名滋生了享乐主义思想,对于学习西学"姑勿问其入学程度何如,而忘失本来,大言欺世。至于家庭,如饮食服御,往往鄙而不为,转赖父母之供奉,因是谨饬之家,以女子入学为畏途"②。毕竟本心认为"夫女学之科目原不必与男子同也。其肄业学校,不过欲其明德行,动操作,俾为贤母良妻,使子女受良善之教育耳"③,并不是主张"学校中中西文及他科目,皆可废乎",而是"既致意于缝纫、烹调,复以余力研求科学,乃成完全人格"④。正如孔子所言:"弟子行有余力,则以学文。"如果放弃贤妻良母主义的教育,而一味求新,"吾恐吾女界前途,终未有良好之结果也"⑤。

贤妻良母主义的女性教育,不仅不是女性步入社会的羁绊,反而是使女性以更大的自信和更强的能力迎接社会挑战的基础。"今吾辈既欲自立,不存依赖之私心,则对于社会须有普通之常识,对于自身须有技术之表著。方可为尽女子之天职。……乎女子之能绣也,犹男子之能文也,男子而不识字,人必轻忽之,盖读书识字,为男子之本职,今也不能,务失其本来面目以为快,又何怪乎为人所藐视耶?女子亦然。是故女子于工艺方面,万不能不加注意。使不注意于科学,不注意于诗文,不注意于运动,犹可也。不注意于

---

① 屠哲隐:《贤妻良母的正义——为"贤妻良母"四字辩护》,载《妇女杂志》第十卷第二号,北京,商务印书馆,1924年,第364页。
② 吴秉筠:《女学宜注重缝纫烹调论》,载《妇女杂志》第一卷第四号,北京:商务印书馆,1915年,第9—10页。
③ 吴秉筠:《女学宜注重缝纫烹调论》,载《妇女杂志》第一卷第四号,北京:商务印书馆,1915年,第10页。
④ 吴秉筠:《女学宜注重缝纫烹调论》,载《妇女杂志》第一卷第四号,北京:商务印书馆,1915年,第10页。
⑤ 吴秉筠:《女学宜注重缝纫烹调论》,载《妇女杂志》第一卷第四号,北京:商务印书馆,1915年,第10页。

工艺，不啻自绝其谋生之路也。"①

第三，"贤妻良母"善治"家政"进而善治"国政"。

从长远看，一位贤妻良母对于家庭的默默奉献实则为对于社会的巨大贡献。中国传统中一直是"男主外，女主内"的分工模式，主张"立国树勋为男子之大职，理家作工为女子之专事。其所以能立国树勋者，必有过人之智，其所以能理家作工者，必怀有贤淑之德。是故男子须读书而后智识开，女子须工作而后德性著。盖温和施于女子始合内助，刚勇赋于男子方合事外。是二者为齐家、治国之本也"②。其中蕴含了一层深刻的认识，用西方的一句谚语来说便是"扶摇篮的手是治理世界的（The hand that rocks the cradle rules the world）"。意思是"'贤妻'所以治内，共建优美的家庭，扶助丈夫的事业。'良母'所以教子，俾成有用的国民"③。母亲可以把伟大的思想、精神印入儿童的脑中，逐渐培养长大，自然成了伟大的人物。"这种'良母'正是大好的国民分子，真的根本爱国者，实实在在是中国当今的亟需。"④ 女性对于社会的贡献是基于家国同构的观念的，女性所专注经营的小家，是组成国家的最基本单元，因此女性客观上是掌管国家命运的人。"国势荏弱，无良国民不足以挽弥天之厄运，然欲造良国民，必先得良国民之母，良国民之母伊何人，吾可亲、可爱、可敬、可钦之妇女同胞是也。"⑤

母亲的伟大也不仅仅在于为家庭的辛勤劳作、对丈夫子女的悉心照料，还在于母亲是孩子的第一任老师。母亲对孩子的影响重大而持久，从这个意义上看，母亲，无论她是多么的平凡甚至卑微，对于国家而言，都俨然是伟大的"国民之母"。由此可以领悟，"中国的'女权运动'……不可轻视'贤妻良母'，这也是女权的重要部分。华盛顿的母，不曾有选举权，不过理些家务，但她却造就了一个国民领袖、国父资格的华盛顿。孟母不曾握有政柄，

---

① 林逸嫱：《女子工艺不可废绣论》，载《妇女杂志》第一卷第四号，北京：商务印书馆，1915年4月，第11页。

② 吴秉筠：《女学宜注重缝纫烹调论》，载《妇女杂志》第一卷第四号，北京：商务印书馆，1915年，第11—12页。

③ 屠哲隐：《贤妻良母的正义——为"贤妻良母"四字辩护》，载《妇女杂志》第十卷第二号，北京：商务印书馆，1924年，第364—365页。

④ 屠哲隐：《贤妻良母的正义——为"贤妻良母"四字辩护》，载《妇女杂志》第十卷第二号，北京：商务印书馆，1924年，第364—365页。

⑤ 王三：《妇女之天职》，载《妇女杂志》第一卷第二号，北京：商务印书馆，1915年，第4页。

不过握个织机,但她却养成了一位民权思想、亚圣先贤的孟轲。那英美的妇女运动多是经过'贤妻良母'的路程。她们善治'家政',所以也要兼顾'国政'"①。

(二) 反"贤妻良母"主义的理由

对"贤妻良母"主义思想进行批判的人,并不是主张妻子不要贤、母亲不要良。其实他们不反对女性是"贤妻良母",反对的是"贤妻良母主义"。这有什么区别呢?简单而言,"贤妻良母主义"是把那些用"贤妻良母"之名进行歌颂的、赞许的、宣扬的一系列女性的美好言行和品性,以男性中心主义的逻辑和话语抽象、概括、加工为一条条生硬的规矩,进一步用这些条条框框编织成一种理想人格标准,辅之以各种教化手段使女性被动地符合这一标准,从而形成一种带有阶级统治性质的无声的、习俗化的、隐匿的压迫女性、限制女性、奴役女性的反人道主义政治力量和权力关系的意识集合。反"贤妻良母"主义者敏锐地捕捉到了这种"温柔的陷阱"中藏匿的话语、权力、阶级的霸权,看到了"贤妻良母"主义的意识当中把女性归为"次等"和"附属"地位的阴谋,更看透了不把女性当作一个具有独立人格的"人"来看待的荒谬。

1. 用"天道"掩盖"人道"

"贤妻良母"主义者最显著的论调便是女子有女子的"天职"——以家庭为人生的中心,且不宜对男子的天职有所僭越:"女子之天职趋重于家庭而不趋重于社会,社会上恒托男子之代理,家庭中则维女子所掌管。故女子在校日所学之学科,亦恒趋重于家庭,使与男子并驰逐于社会,则家庭中几何之不荒且芜也。"②

"男主外,女主内"的性别分业是"天道"吗?有人借孟子之言证明女子之天职为联和的,而非独立的:"孟子曰男子生而愿为之有室,女子生而愿为之有家,男子得良妇,而委以室内之事,然后男子方能专力于职业上之独立;女子则不然,必得良人以为夫,而委身以事之,以综理其家计,而辅助

---

① 屠哲隐:《贤妻良母的正义——为"贤妻良母"四字辩护》,载《妇女杂志》第十卷第二号,北京:商务印书馆,1924年,第365页。
② 王三:《妇女之天职》,载《妇女杂志》第一卷第二号,北京:商务印书馆,1915年,第3页。

男子之独立，使之无内顾之忧。故其性质常为联和的，此联和之性质，非附属的，而为敌体的。"① 毫不掩饰地认为女性所处的"他者"地位是天赐的。一方面说明男女分业内外始于万事万物皆有的二元（"敌体"）结构，具有天然合理性；另一方面给这一制度加上神秘的命运色彩，不容置疑。但事实并非如此，男女有别是真理，因为从根本上说，以"女子产子，男子不然"这一妊娠分娩的有无"视为男女间生理差异之根源，并可视为其精神乃至社会的差异之根源"②。这是合理且不用怀疑的。而且"男子比较女子富于筋肉，女子比较男子富于脂肪。……女子对于脂肪，不但有以之维持自己生活的必要，并且须以之养育妊娠中胎内的小孩和出产后授乳的小孩。所以女子体质，脂肪较多，筋肉不能充分发达，因之剧激之劳动，不甚能堪。……以生理上差异为本，即男子出外去杀戮猛兽和敌人，女子则从事于抚育小孩或造筑屋房，其后农业发达，则从事于耕种。简单说来：男子大概分担破坏方面的事业，女子大概分担建设方面的事业。有此分业以后，女子常握着当时社会的中心势力，一切的政治或其他事业，不仅可以和男子享同等权利，甚则还可以指挥男子"③。此时女性是占有经济上、权利上的优势的。因此说"男主外，女主内"虽然是按照身体条件进行的一种实用的分工，但若由此推演出上天注定"主外就是高贵的，主内就是卑贱的"，在家庭中女性自然就是要"委身"于"辅助"男子的从属角色，男子更是理所当然可以"委任"女子操持内务而使自己有精力夫获得"独立"事业，这种推论就是偏狭的。何况"内外有别"的分业制度始于西周。在此前的商朝还有商王的妻妇（如妇好）等率兵作战、主持祭祀和农政大事的记录。周灭商以后，"周公制礼"，确定贵族男子本位的婚姻、家庭制度作为组织上的保证，划分男女分工位置以排除妇女在政治和军事活动的参与，叫妇女退回家庭，男女内外有别的制度习俗才得以形成。更说明这是"人定的制度"而非"命定的规则"。

既然女子不是天然只能囿于家庭，男子不是命中注定属于社会，那么

---

① 王三：《妇女之天职》，载《妇女杂志》第一卷第二号，北京：商务印书馆发行，1915年，第3页。
② 冯飞：《妇人问题概论》，原载《妇女杂志》，梅生编辑，蔡又培校订：《中国妇女问题讨论集》（第一册），上海：新文化书社，1926年版，第31页。
③ 冯飞：《妇人问题概论》，原载《妇女杂志》，梅生编辑，蔡又培校订：《中国妇女问题讨论集》（第一册），上海：新文化书社，1926年版，第31—32页。

"男主女从""男尊女卑"的观念就是由于人为地把男性规定在家庭外部活跃的,使得男子的外部空间和职分是无限的、开放的、重要的和有发展潜力的;相对的把妇女绑定于家庭内部事务上,这样女性的内部空间是有限的、封闭的、循环的和被贬低的。同时男人致力于建立一切社会的经济、政治、律法、宗教、文化,这些领域的主流话语都是男性主义的,至此把女性的话语权无声地剥夺了,不能为自己和自己的群体发出声音,也就失去了做人的完整性。在各方面都无法独立的情况下,女性就只能听话,做个"贤妻良母",唯丈夫命是从,以此讨好夫家,甚至讨好自己的儿子,以取得可怜而有限的地位。所以"从前从事女子教育的人,把良妻贤母主义当作唯一的法宝"。现在即便是在妇女解放的大势所趋之下仍有顽固的人"竭力想替这'良妻贤母'四个字辩护;他们持论的根据,以为凡是妇女都要为妻为母的,做了妻母,当然应该贤良,反对良妻贤母主义的人,难道主张女子不该做妻做母,做了妻母应该以不良不贤为正宗么?这种强词夺理的话,一看好像十分有理,其实完全是不对的"①,"妇女的须做妻做母,做了妻母的应该贤良,乃是不待言说的事,本来不成为主义;譬如我们是人,我们应该做人,而且应该做好人,这是当然的事,那么,我们何不立一个好人主义的名词来玩玩呢?而且妇女原也是人,妻和母原不过是人的职分之一,我们为什么不直截了当的径称好人主义,却要限定在妻母的两种事情上而称之为良妻贤母主义呢?除了做妻做母之外,妇女还可以做教师、做议员、做官吏,以及做学者、技术家等,难道妇女只有做妻做母应该贤良,做别种事情便该不贤不良么"②?不错,做人本身就是要贤良的,特意提出"贤妻良母主义"本质上是把"女人"剔出"人"的范畴,把"女人"看作"物",看作相对于男人的"第二性",这是有违人道主义的平等观的。而在此基础上,鼓励女性做"贤妻良母"为男性服务、为男性奉献、为男性放弃自我,并冠之以"天职"的光环,实际上无异于"立牌坊"的"引诱主义"策略,是一种用"天道"掩盖"人道"的手段。

---

① 屠哲隐:《贤妻良母的正义——为"贤妻良母"四字辩护》,载《妇女杂志》第十卷第二号,北京:商务印书馆,1924年,第365页。
② 屠哲隐:《贤妻良母的正义——为"贤妻良母"四字辩护》,载《妇女杂志》第十卷第二号,北京:商务印书馆,1924年,第365页。

2. 带有浓烈的男权制色彩

"贤妻良母"主义的产生要追溯到父权制的确立之时。"妻""母"是相对于"夫""子"而言的,按照周朝儒家礼教典章《仪礼·丧服·子夏传》对于女子的要求——"三从":"妇人有三从之义,无专用之道。故未嫁从父,既嫁从夫,夫死从子。"明显看到"妻""母"都是作为"夫""子"这些男性形象的"客体""他者"而存在的。这种把女性作为男性的"对立且从属"之物的道德规范是为了维持父权制家庭稳定、维护父权—夫权家庭(族)利益需要而订立的,所根据的原则是两性在家庭分工上的"内外有别"和组织结构上的"男尊女卑"。

古代中国"因采用父系制度的结果,男子的权力,非常增大。一切文明,都为男子所垄断,一切道德都为男子所创造;一切政治,都为男子所盘踞;一切经济,都为男子所操纵;乃至宗教、法律、文学等方面,在在皆是男子的逐鹿场,丝毫不见女人有可以投身的地方。……妇人问题一事,不仅妇人方面毫无所触,即男子亦并不知有妇人问题一事,但奉父系制度为天经地义罢了"①。到了中世纪,欧洲女子的地位看似比古时候略有增高,但"当时妇人对于贵族或骑士等所呈伺的情况,不外'谄视媚行',取得他们的欢心,有如今日的娼妓。而一般人胜为诗歌赞颂她们容色和温顺,也不外视为一种文章的资料,并非真实推崇女人至如何地位。何况为其所赞叹咏歌的妇人,只限于最少之某种阶级以内"②。这种情况跟中国的情况十分近似,中国诗词歌赋之中所描绘和赞美的女性大多数也是名门闺秀、大家才女、王亲贵胄家的小姐、夫人以及青楼中的绝世花魁,同样是作为一种素材被描摹,或是借此宣扬女性只有温顺、依从、侍奉好男人才是符合审美要求的,才是值得记述的。因此可以说当时的妇女仍然沉滞在黑暗的生活之下。到了18世纪末叶以降,欧洲"妇人问题的声浪,日日增高,从以前以为是罪言狂论的'妇人解放论',到今日已经视若固然,即听着也不惊愕了"。"欧洲经过战争,一般社会上的地位,都有腾出来让一部分与妇人的趋势,而妇人亦渐次认识由家庭出向社会一事是人生应有的行路。……然而返观我们中国,……妇人劳动问

---

① 冯飞:《妇人问题概论》,原载《妇女杂志》,梅生编辑,蔡又培校订:《中国妇女问题讨论集》(第一册),上海:新文化书社,1926年,第23—24页。
② 冯飞:《妇人问题概论》,原载《妇女杂志》,梅生编辑,蔡又培校订:《中国妇女问题讨论集》(第一册),上海:新文化书社,1926年,第24页。

题、妇人参与政治问题、母性保护问题……乃至妇人运动，到现在不曾发现出一种两种已经实现的光明。"①

由于对于女子的启蒙教育在中国还没有普及和扩大，"女子不蒙知识的诱导时，固然没有兴起的朕兆"，除此之外，"因受进化上的遗传和环境之束缚，其结果亲权有过大的情势……即使知识上能达到如何程度，亦为亲权制限，毫不见有呼唱解放的因由"②。其中所言"亲权制度"正是男性中心主义的父权制度。由于父权制度的因袭，使得女子始终在"男主女从""男外女内""男尊女卑"的框架里生存，并且随着历史的演进，这种认为订立的性别制度逐渐转化为公允的习俗，成为日为而不觉的常态。可寄希望改变这一麻痹现状的就只有发达新女学，倡导超于良妻贤母的教育。"以良妻贤母为女子教育的目的，实在是讲不通的"③，"并不是说做妻的不要良，做母的不要贤，乃是说良妻贤母不过是有夫有子的妇女一部分当然的责任，而绝不是女子人生的目的"。胡适先生曾借"美国的妇人"之口说："做一个良妻贤母，何尝不好。但我是堂堂的一个人，有许多该尽的责任，有许多可做的事业，何必定须做人家的良妻贤母，才算尽我的天赋，才算做我的事业呢？"④ 这才是真正超于良妻贤母的人生观。中国办女学的人到现在开口还只是谈良妻贤母主义，并不愿意女子做独立的人，这是一种奴隶教育。"中国女子精神上最重要的解放，就是打破良妻贤母的教育，而换以一种'人'的教育。女子知道自己是'人'，才能自己去解放！"⑤ 由此可见，要培养女孩成为一个具有完全人格的人，脱离封建礼教束缚的社会人，有独立经济能力和精神追求的自由人，这就务必进行超越"贤妻良母"式的女子教育，把女性的培养目标从"相夫教子"的"贤妻良母"升华到有知识、有文化、有能力、有理想的新女性。

---

① 冯飞：《妇人问题概论》，原载《妇女杂志》，梅生编辑，蔡又培校订：《中国妇女问题讨论集》（第一册），上海：新文化书社，1926年，第24—25页。
② 冯飞：《妇人问题概论》，原载《妇女杂志》，梅生编辑，蔡又培校订：《中国妇女问题讨论集》（第一册），上海：新文化书社，1926年，第24—25页。
③ 罗家伦：《妇女解放》，原发表于《新潮》第二卷第一号，1919年，梅生编辑，蔡又培校订：《中国妇女问题讨论集》（第一册），上海：新文化书社，1926年，第9页。
④ 参看胡适之：《美国的妇人》，载《言志》第三号，1918年。
⑤ 罗家伦：《妇女解放》，原载《新潮》第二卷第一号，梅生编辑，蔡又培校订：《中国妇女问题讨论集》（第一册），上海：新文化书社，1926年，第10页。

3. 实质是"寡妇主义"

这个论点，是由鲁迅先生提出的，甚是犀利。范源廉①先生在清光绪末年，首先发明了"速成师范"。鲁迅先生认为对于当时正闹着"教育荒"的中国而言"这正是一宗急赈的款子"，"在女子教育，则那时候最时行，常常听到嚷着的，是贤妻良母主义"。②

鲁迅先生对于贤妻良母主义的女子教育，基本态度是"倒并不一定以为这主义错，愚母恶妻是谁也不希望的"。但同时，一针见血地指出"这贤妻良母主义……急进者虽然引以为病，而事实上又何尝有这么一回事；所有的，不过是'寡妇主义'罢了"③。事实上，鲁迅先生用"寡妇主义"一词直戳"急进的人们"意欲批判"贤妻良母主义"而始终点不到的穴。中国封建社会历来歧视女子教育，直到民国以后，才有女子教育，大多限于师范学校。当时最流行的是"贤母良妻主义"。鲁迅则认为，真正主流的则是"寡妇主义"④。

什么是"寡妇主义"呢？这"寡妇"二字，应该用纯粹的中国思想来解释，不能比附欧美、印度或亚剌伯的；倘要翻成洋文，也绝不宜意译或神译，只能译音：kuofuism⑤。按惯常意义理解，寡妇包括没有丈夫的妇人（多指死了丈夫的妇人）⑥，还包括独居守候丈夫⑦或与丈夫离异的妇人⑧。而鲁迅从

---

① 范源濂（1875—1927），近代教育家。字静生。湖南湘阴人。1892年考入湖南时务学堂学习。后赴日本留学，先后在大同学校、东京高等师范学校、东京弘文书院、法政学校学习。1904年回国，倡导妇女留学，并组织护送一批女学生到东京学习。清光绪二十一年（1905）回国，在北京任学部主事。1906年创办殖边学堂。辛亥革命后，曾任教育部次长、中华书局总编辑部部长、北洋政府教育总长。1917年与蔡元培等人组织中华职业教育社。1923年赴英与英政府商洽将庚子赔款用于教育事业。回国后，历任北京师范大学校长、中华教育文化基金委员会董事长、南开大学董事、北京图书馆代理馆长。曾多次到美国考察教育，并邀请外籍学者到中国讲学。
② 鲁迅：《寡妇主义》，载《京报》附刊《妇女周刊》周年纪念特号，1925年12月20日。
③ 鲁迅：《寡妇主义》，载《京报》附刊《妇女周刊》周年纪念特号，1925年12月20日。顾明远：《鲁迅作品里的教育》，福州：福建教育出版社，2013年，第73页。
④ 顾明远：《鲁迅作品里的教育》，福州：福建教育出版社，2013年，第77页。
⑤ 鲁迅：《寡妇主义》，载《京报》附刊《妇女周刊》周年纪念特号，1925年12月20日。顾明远：《鲁迅作品里的教育》，福州：福建教育出版社，2013年，第73页。
⑥ 例如《诗·小雅·大田》"彼有遗秉，此有滞穗，伊寡妇之利"的"寡妇"，以及老舍《四世同堂》四九"她万想不到一个象欢儿似的孩子会忽然死去，而把年轻轻的女人剩下作寡妇"中的"寡妇"，都是指没了丈夫的妇人。
⑦ 例如汉袁康《越绝书·越绝外传记地传》："独妇山者，勾践将伐吴，徙寡妇致独山上，以为死士，示得专一。"其中寡妇即指独居守候丈夫的妇人。
⑧ 例如元无名氏《渔樵记》第二折："你既与了我休书，我和你便是各别世人。你知道么，疾风暴雨，不入寡妇之门，你若再上我门来，我掌了你这廊脸。"这是离了婚的妇女，也属于寡妇。

事物的表象透视至人的心理层面,指出这类"寡妇"均是独身者或者不得已而独身的人,"因为不得已而过着独身生活者,则无论男女,精神上常不免发生变化,有着执拗猜疑阴险的性质者居多。欧洲中世的教士,日本维新前的御殿女中(女内侍),中国历代的宦官,那冷酷险狠,都超出常人许多倍。别的独身者也一样,生活既不合自然,心状也就大变,觉得世事都无味,人物都可憎,看见有些天真欢乐的人,便生恨恶。尤其是因为压抑性欲之故,所以于别人的性底事件就敏感,多疑;欣羡,因为妒嫉。其实这也是事所必至的事:为社会所逼迫,表面上固不能不装作纯洁,但内心却终于逃不掉本能之力的牵掣,不自主地蠢动着缺憾之感的"①。何况人类自然的情感,诸如爱情、亲情,都是要从与伴侣和亲人的互动中感悟的。"否则,便潜藏着,或者竟会萎落,甚且至于变态。所以托独身者来造贤母良妻,简直是请盲人骑瞎马上道,更何论于能否适合现代的新潮流"②,"虽然是中国妇女,自然也有一些自立的倾向;所可怕的是幸而自立之后,又转而凌虐还未自立的人,正如童养媳一做婆婆,也就像她的恶姑一样毒辣"③。由此我们理解,一方面,"寡妇主义"代表了一种畸形的心态。这心态是由于自身受文化、制度、社会成见、环境、身份等复杂因素的压抑,本真的诉求和欲望得不到满足和宣泄,最终造就一种失衡的、不合自然的、变态的不健康心态。另一方面,"寡妇主义"更是一种封建式的女性观念和教育立场。它片面、教条式地理解古代关于女性的仪礼、伦常、言行、品德的要求,或者以一种"千年媳妇熬成婆"之后"报复"的心态,刻意地夸张典章礼教中的"规矩",而不全面、辩证地理解传统女教所述"规范"的缘由、价值、目的、前提条件问题,以及其中的精华与糟粕的扬弃问题。固执地以所谓"天职""本来"这些经不起推敲、神秘的理由把女性禁锢于家庭、把女性的地位局限在妻职和母职、把女性的价值锁定在家庭内务、把女性教育的目标限定在为做贤妻良母做准备中。当然,这种观念不见得都只存于身为"寡妇"的妇人身上,应该说但凡持有保守的、封建的女性观念的人都是"寡妇主义"者,当然也包括一大批男性。

---

① 鲁迅:《寡妇主义》,载《京报》附刊《妇女周刊》周年纪念特号,1925年12月20日。顾明远:《鲁迅作品里的教育》,福州:福建教育出版社,2013年,第75页。
② 鲁迅:《寡妇主义》,载《京报》附刊《妇女周刊》周年纪念特号,1925年12月20日。见顾明远:《鲁迅作品里的教育》,福州:福建教育出版社,2013年,第74—75页。
③ 鲁迅:《寡妇主义》,载《京报》附刊《妇女周刊》周年纪念特号,1925年12月20日。顾明远:《鲁迅作品里的教育》,福州:福建教育出版社,2013年,第76页。

第三章　传承与嬗变：近代思想启蒙视域下的"淑女教育"

鲁迅先生之所以能挖掘到"寡妇主义"这个词生动地描画迂腐至极的国人的畸形心态，在于他对社会上对新式女学非好感的非议的敏锐洞察："自从我涉足社会，中国也有了女校，却常听到读书人谈论女学生的事，并且照例是坏事。有时实在太谬妄了，但倘若指出它的矛盾，则说的听的都大不悦，仇恨简直是'若杀其父兄'。这种言动，自然也许是合于'儒行'的罢，因为圣道广博，无所不包；或者不过是小节，不要紧的。"① "我曾经也略略猜想过这些谣诼的由来：反改革的老先生，色情狂气味的幻想家，制造流言的名人，连常识也没有或别有作用的新闻访事和记者，被学生赶走的校长和教员，谋做校长的教育家，跟着一犬而群吠的邑犬……但近来却又发见了一种另外的，是：'寡妇'或'拟寡妇'② 的校长及舍监。"③ 当时正值"女师大事件"④ 以后，女师大校长杨荫榆在学校实行封建教育，对教职员独断专横，对女学生像恶婆婆一样霸道。鲁迅支持学生反对校长的封建教育。⑤ 并受陆晶清和许广平（都是当时女师大的学生）请求，撰写了《偕行》："民国十四年八月一日，杨荫榆毁校，继而，章士钊非法解散，刘百昭率匪袭击，国立北京女子师范大学蒙从来未有之难。同人等敌忾同仇，外御其侮。诗云：'修我甲兵，与子偕行。'此之谓也。"⑥

---

① 鲁迅：《寡妇主义》，载《京报》附刊《妇女周刊》周年纪念特号，1925 年 12 月 20 日。顾明远：《鲁迅作品里的教育》，福州：福建教育出版社，2013 年，第 74 页。
② 这里所谓"寡妇"是指和丈夫死别的；所谓"拟寡妇"是指和丈夫生离以及不得已而抱独身主义的。
③ 鲁迅：《寡妇主义》，载《京报》附刊《妇女周刊》周年纪念特号，1925 年 12 月 20 日。顾明远：《鲁迅作品里的教育》，福州：福建教育出版社，2013 年，第 74 页。
④ 1924 年秋，北京女子师范大学（即女高师）学生在中国共产党的领导下，反对推行封建主义和帝国主义奴化教育的杨荫榆任校长。杨荫榆倚仗北京段祺瑞政府的支持，无理迫令 3 名学生退学，激起学生们的强烈愤慨。1925 年 1 月，学生代表赴教育部要求撤换杨荫榆，并发表宣言，坚决反对杨任校长。同年 4 月，章士钊以司法总长兼教育总长身分，声言"整顿学风"，为杨荫榆打气。5 月 7 日，女师大学生会召开会议纪念国耻日，杨荫榆强行登台演讲，学生们大发嘘声，坚决要她退席。杨恼羞成怒，公然引军警入校进行干预。9 日，她假借校评议会的名义，将学生自治会干部许广平、刘和珍等 6 人开除。11 日，女师大学生召开全校紧急大会，决定驱逐杨荫榆出校，并出版了《驱杨运动特刊》；同时请鲁迅、马裕藻等人出面伸张正义，维持校务。5 月 27 日，鲁迅、马裕藻、沈尹默、钱玄同等 7 人联名在《京报》上发表宣言，坚决支持女师大学生。7 月，杨荫榆在反动政府的支持下强行解散大学预科甲、乙两部 4 个班，学生奋起自卫。北京党组织发动各校学生声援女师大学生的斗争。8 月 10 日，段祺瑞政府下令停办女师大，另成立国立女子大学。12 日，教育总长章士钊亲自出面，下令免去鲁迅的教育部佥事职务。在党的领导下学生们坚持斗争，加之社会进步舆论的广泛支持，斗争终于取得胜利。1925 年冬，恢复女师大。1926 年 3 月，北京临时执政府发布了"撤销对周树人免职处分"的训令。
⑤ 顾明远：《鲁迅作品里的教育》，福州：福建教育出版社，2013 年，第 77 页。
⑥ 陈友雄：《关于女师大事件和三一八惨案中的几个史实》，载《破与立》，1977 年第 4 期。

  "寡妇主义"的心态和观念,对女子解放的阻碍不容小觑。其最突出的领域就在于女子教育。因为"中国的女性出而在社会上服务,是最近才有的,但家族制度未曾改革,家务依然纷繁,一经结婚,即难于兼做别的事。于是社会上的事业,在中国,则大抵还只有教育,尤其是女子教育"。女子教育在兴新女学以前,往往"是道学先生所占据的,继而以顽固无识等恶名失败"。于是一些"曾受新教育,曾往国外留学,同是女性"的独身者以这些看似洋气或温情的理由代替了道学先生而占据教育女性的职位。"社会上也因为她们并不与任何男性相关,又无儿女系累,可以专心于神圣的事业,便漫然加以信托。但从此而青年女子之遭灾,就远在于往日在道学先生治下之上了。"①因为"在寡妇或拟寡妇所办的学校里,正当的青年是不能生活的。"她们总是抱着醒䀩之心以自己所谓多年炼就的火眼金睛窥探、猜忌青年人那本阳光、明朗的生活,如"见一封信,疑心是情书了;闻一声笑,以为是怀春了;只要男人来访,就是情夫;为什么上公园呢,总该是赴密约"。"加以中国本是流言的出产地方……何况是真出于学校当局者之口呢,自然就更有价值地传布起来了",于是女子的解放、新式的观念、新派的言行就都被妖魔化为歪风邪气,使得家长不敢送女孩子去接受新教育,女孩子也担忧被看作有伤风化的人而不愿意大胆走出闺门、走出所谓的传统,加上鼓吹"贤妻良母"的种种受欢迎和伟大,就使得"寡妇主义"教育成为主流,成为女性解放的阻碍力量。

  反对"贤妻良母主义"或是"寡妇主义"教育最根本的依据是女人首先是人,是与男子一样平等的人。"寡妇主义"教育思想之所以不合理,就在于用一套"非人"的标准去检视女学生:"青年应当天真烂漫,非如她们(寡妇们)的阴沉,她们却以为中邪了;青年应当有朝气,敢作为,非如她们的萎缩,她们却以为不安本分了:都有罪。只有极和她们相宜,——说得冠冕一点罢,就是极其'婉顺'的,以她们为师法,使眼光呆滞,面肌固定,在学校所化成的阴森的家庭里屏息而行,这才能敷衍到毕业;拜领一张纸,以证明自己在这里被多年陶冶之余,已经失了青春的本来面目,成为精神上的'未字先寡'的人物,自此又要到社会上传布此道去了。"②鲁迅先生担忧:"大约中国此后这种独身者还要逐渐增加,倘使没有善法补救,则寡妇主义教

---

  ① 鲁迅:《寡妇主义》,载《京报》附刊《妇女周刊》周年纪念特号,1925年12月20日。顾明远:《鲁迅作品里的教育》,福州:福建教育出版社,2013年,第74页。
  ② 鲁迅:《寡妇主义》,载《京报》附刊《妇女周刊》周年纪念特号,1925年12月20日。顾明远:《鲁迅作品里的教育》,福州:福建教育出版社,2013年,第76页。

育的声势,也就要逐渐浩大,许多女子,都要在那冷酷险狠的陶冶之下,失其活泼的青春,无法复活了。全国受过教育的女子,无论已嫁未嫁,有夫无夫,个个心如古井,脸若严霜,自然倒也怪好看的罢,但究竟也太不像真要人模样地生活下去了。"①

综上所述,在19世纪末20世纪初,受到女权运动浪潮的推动,受到内忧外患局势的促逼,在新文化运动中知识分子喊出了"打倒孔家店"的口号,兴起了轰轰烈烈的女子解放运动,废缠足、兴女学,女性角色开始重塑,闺阁之中的"女人"走向社会成为"女国民"。然而,这种变化是渐进而曲折的。事实上直到1949年中华人民共和国成立,中国社会中的性别角色才发生了质的变化。② 中国共产党领导的新中国,在社会制度与思想观念上都营造了一种男女平等的氛围,"时代不同了,男女都一样"的观念开始深入人心,中国女性从此真正走出了家庭,成为社会生活各个领域中的"半边天"。③ 这样,女性角色不再是传统儒家社会中以"三从四德"为评判标准的女性,而是建立在男女平等理念基础上的新女性形象。④

二、政治场域:于秩序裂缝中显露主体

中国女性的解放运动比西方女性晚了将近100年,但它跨越了长时间的酝酿阶段,一上来便是要求完全的参政权,世所罕见,值得在世界妇女史上大书而特书。中国女性政治上的成熟,有着深厚的历史背景,与中国历史上长期处于男耕女织的农业社会有着密切的关联。中国妇女在漫长的历史时期一直和男性同样承担缴纳赋税的义务,由此她们的社会地位与处于游牧社会的西方妇女也有所区别。⑤

但是清末民初妇女权利意识与平等地位的争取过程却是微妙的,在

---

① 顾明远:《鲁迅作品里的教育》,福州:福建教育出版社,2013年,第76页。
② 蒋梅、宋晓茹:《当代女性在构建和谐社会中的角色定位》,载《理论界》,2008年第1期。
③ 蒋梅、宋晓茹:《当代女性在构建和谐社会中的角色定位》,载《理论界》,2008年第1期。
④ 骆晓戈主编:《女性学》,长沙:湖南大学出版社,2004年,第9页。
⑤ 骆晓戈主编:《女性学》,长沙:湖南大学出版社,2004年,第3页。

这一复杂的过程中,康有为、谭嗣同、皮锡瑞①、皮嘉祐②、梁启超、陈高第、张肩任③、柳亚子④、曾兰⑤、丁祖荫⑥、高燮⑦、高旭⑧、金天

---

① 皮锡瑞(1850—1908),字鹿门,一字麓云,湖南善化(今长沙市)人。晚清经学大家之一、教育名家。工于诗及骈文,主张经当实事求是,不应党同妒真。光绪壬午(1882)科举人,后来四次赴京应礼部试均以失意告归,进士之梦终生未圆,屡次以"汗淋学士"自嘲。之后绝意功名仕进,以讲学、著述终老,曾主讲桂阳州龙潭书院、江西南昌经训书院。他景仰西汉伏胜之治《尚书》,署所居名"师伏堂",学者因称之"师伏先生"。1898年春,任"南学会"会长,主讲学术。开讲三月,讲演十二次,所言皆贯穿汉、宋,融合中西;宣扬保种保教纵论变法图强。其讲义及答问均刊于《湘报》上。著有《师伏堂丛书》《师伏堂笔记》《师伏堂日记》等。

② 皮嘉祐,湖南善化人,皮锡瑞之子、皮名振之父。著有《三礼注引汉制考证》。其子皮名振,字玉岩,著有《皮鹿门先生年谱》《治锑学》等。

③ 张肩任,广东女学堂学生,16岁(1904)时应《女子世界》创刊第一期"女学悬赏征文"活动之《急救甲辰年女子之方法》一题,发表《欲倡平等先兴女学论》(1904年2月16日),获乙等奖。

④ 柳亚子(1887—1958),江苏省苏州市吴江区北厍镇人,诗人。创办并主持"南社"。曾任孙中山总统府秘书、中国国民党中央监察委员、上海通志馆馆长。"四·一二"政变后,被通缉,逃往日本。1928年回国,进行反蒋活动。抗日战争时期,与宋庆龄、何香凝等从事抗日民主活动,曾任中国国民党革命委员会中央常务委员兼监察委员会主席、三民主义同志联合会中央常务理事、中国民主同盟中央执行委员。1949年,出席中国人民政治协商会议第一届全体会议。建国后,柳亚子历任中央人民政府委员、全国人大常委会委员。代表作:《磨剑室诗词集》《磨剑室文录》《柳亚子诗词选》。"南社"(1909年11月13日创立,1923年解体)是一个曾经在中国近现代史上产生过重要影响的资产阶级革命文化团体,成立于苏州,其活动中心在上海。社员总数1180余人。发起人是柳亚子、高旭和陈去病等。南社受孙中山先生领导的同盟会的影响,取"操南音,不忘本也"之意,鼓吹资产阶级民主革命,提倡民族气节,反对满清王朝的腐朽统治,为辛亥革命做了非常重要的舆论准备。以后又有新南社和南社湘集、闽集等组织。

⑤ 曾兰(1875—1917),字仲殊,号香祖、香翁,生于成都。清末民初的女诗人、书法家、政论家与小说家,四川第一张妇女报纸《女界报》主笔,中国南社社员。她也是成都最早接受新文化洗礼的新女性,政论文章批判旧礼教、争取妇女权益,为成都妇女登上社会大舞台助力,还被《新青年》《妇女杂志》等刊物转载。短篇小说《孽缘》作为一篇描写封建包办婚姻给妇女造成悲惨遭遇的白话小说,从形到神皆可视为新文学的萌芽之作。参见谢天开:《曾兰,挥笔为剑争女权》,载《成都日报》,2012年5月7日。

⑥ 丁祖荫(1871—1930),原名祖德,字芝孙,一作之孙,号初我、初园居士,又号一行。江苏省常熟县(今市)城区人。少年就读江阴南箐书院,清光绪十五年(1889)庠生。中国近代知名官吏、学者、藏书家、文学家。光绪二十二年(1896),与曾朴、张鸿、徐念慈、殷荣亮等成立中西学社。1897年创办中西蒙学史,首开县内新学,并任教数年。1903年创办《女子世界》月刊,兼主编,伸张女权。宣统中被选为江苏省咨议局议员,并在常熟独自出资开办丁氏小学。1904年在沪创办《小说林》社。著有《丁芝孙日记》《一行小集》《松陵文庥》《河东君轶事》《初我日记》等。

⑦ 高燮(1878—1958),字时若(见清末、民初《鸯江报》《政艺通报》《新民丛报》),又字吹万(见《女子世界》《觉民》《民权素》,又号寒隐、葩叟、志攘、黄天、仰圣、蚁民、木道人等。江苏金山人。革命斗士、风流才子。与常州钱名山、昆山胡石亭合称"江南三名士"。著有《诗经目录》《感旧漫录》《思治集》《国学丛选》《黄华集》《伤岸录》《哀思录》《金山邑志》《诗经大义》《吹万楼日记》等。是高旭的叔父,但比高旭小一岁。

⑧ 高旭(1877—1925),字天梅、号剑公,别字慧云、钝剑,江苏金山(今上海金山)人,中国近代诗人、同盟会领袖之一、南社创始人之一。他早年倾向维新变法,后来转向支持革命。诗文由其弟高基编为《天梅遗集》。

翻①、黄菱舫、龚圆常等学者从不同角度阐发了女子启蒙思想与实践问题，起到了重要的理论斗争和政治引领作用，但是若说在中国女权思想传布史上树立丰碑的人物，当属马君武。

马君武在1902—1903年间翻译的《斯宾塞女权篇·达尔文物竞篇》（1902年11月由中国少年学会出版发行）、约翰·弥勒（John Stuart Mill，今译约翰·穆勒）的《女人压制论》（*The Subjection of Women*）、第二国际（亦称"社会党国际"）的《女权宣言书》（1891年）②等一系列西方女权理论问世，使国人得以不再经由日本人（如石川半山《论女权之渐盛》）的第二手转述，而直接阅读到西方女权理论的本文，对辛亥时期妇女解放思想的深化起着理论指导作用。马君武认为《女权压制论》乃是"力主男女同权之说"，而从五个方面概括论述③：一是女子人格完全，故有监督与组织政府之权；二是女子同为纳税人，故有过问国事之公权；三是女子既能在许多国家占据王位，自可以出任政府中高级职务；四是家庭间女子既可与男子有同等权利，推至国家组织亦当如此；五是现时女子虽受父、夫压制，一旦公理大明，女学大兴，必能去除古昔野蛮习俗之污染，获得每个国民所应享有的公权。④马君武的文章也自然成了晚清女权理论在中国的源头。就这样"欧美文明窈窕之花，将移植于中国。弥勒约翰、斯宾塞之学说，汽船满载，掠太平洋而东。我同胞女豪杰亦发愤兴起，相与驱逐以图之"⑤。马君武的《弥勒约翰之学说》中《女权说》一节文字被曾兰全部译成白话，题名为《弥勒约翰女权说》，发表于1912年成都的《女界报》上，广为流传，产生了深远影响。

---

① 金天翮（1874—1947），初名懋基，字松岑，号鹤望，别署有麒麟、爱自由者、金一等，吴江（今属江苏）人。中国近代诗人。著有《孤根集》《天放楼诗集》《天放楼续集》《天放楼文言》《元史纪事本末补》《鹤舫中年政论》《三大儒学粹》等。是近代中国最早提出较系统的女权思想的杰出男性代表，他于1903年写成的《女界钟》一书，是中国第一部提倡女权的妇女专著。
② 所谓"女权宣言书"实际是第二国际1891年在比利时布鲁塞尔举行的第二次代表大会所通过的纲领条文："凡我会员，皆公认女人与男人有同等之人民权及政治权，尽力以废除世界各国所有不与女人以同等权利之法律。"
③ 夏晓虹：《从男女平等到女权意识——晚清的妇女思潮》，载《北京大学学报（哲学社会科学版）》，1995年第4期。
④ 夏晓虹：《从男女平等到女权意识——晚清的妇女思潮》，载《北京大学学报（哲学社会科学版）》，1995年第4期。
⑤ 柳亚子：《黎里不缠足会缘起》，载《女子世界》，1904年第3期。

（一）"她"总是"父亲"的奴隶

无论是清末民初这一时期对女权的显像，还是漫长的中国历史中女性尊贵地位的偶现，实际上都是男性中心主义话语在言说。女性始终是依附于"父亲（男性的）"而存在，由无所不在的父权来掌控其存在的合理性问题。女性始终如同"女儿"的角色一样，被视为不成熟的、"自我"不完整的存在。因此，女性，总是男性话语建构的女性。

《论语·雍也》中有一则"子见南子"的故事："子见南子，子路不说。孔子矢之曰：'予所否者，天厌之！天厌之！'"子是孔子，南子乃卫灵公夫人，"淫乱而灵公惑之"，有"美而淫"之名。是说孔子见了南子，学生当中脾气最大的子路不高兴了，出来在态度上大概给孔子很难堪，逼得孔子发了咒："你不要怀疑我啊！我假如做了对不起人的事，给天雷打死！给天雷打死！"

《史记》记载："灵公夫人有南子者，使人谓孔子曰：'四方之君子不辱，欲与寡君为兄弟者，必见寡小君。寡小君愿见。'孔子辞谢，不得已而见之。夫人在絺帷中。孔子入门，北面稽首。夫人自帷中再拜，环佩玉声璆然。孔子曰：'吾乡为弗见，见之礼答焉。'"① 有人认为，治国本非妇人之事，孔子去见这样声名狼藉的女人很是可疑，有碍清誉。也有人力加回护称，是南子召见在前——"四方之君子不辱，欲与寡君为兄弟者，必见寡小君。寡小君愿见。"而"孔子辞谢，不得已而见之"，"礼答焉"，不过是迁就礼仪。总之大多是把卫南子看作"不合适"的存在：一是作为女人，参政，不合适；二是作为妻妾，主动与丈夫以外的男人约见，不合适。

民国时期学者们对于这则故事有一种近乎全新的理解和阐释。

当康有为1892年开始编著《孔子改制考》时，对于"子见南子"的旧注并没有什么新发明，虽然其言因比附西方，而带有现代色彩："盖当时旧制，见国君必及其夫人。如今泰西诸国皆然。"②

到1896年谭嗣同动笔写《仁学》，再解释此语，便已与"男女平等"相关联。其说"仁以通为第一义""通有四义：中外通，上下通，男女内外通，

---

① 〔西汉〕司马迁：《史记·孔子世家》，韩兆琦评注，北京：中华书局，2010年。
② 夏晓虹：《从男女平等到女权意识——晚清的妇女思潮》，载《北京大学学报（哲学社会科学版）》，1995年第4期。

人我通"。"通之象为平等"①，于经文中引例，则"'子见南子'是也"。"通之象"既为"平等"，"男女内外通"便与"男女平等"同义，"子见南子"因而成为孔子沟通内外、男女平等意识的表征。②

1903年，留日湖北学生在东京发刊《湖北学生界》杂志。有署名"楚北英雌"者，作《支那女权愤言》，重提"子见南子"，则又关乎"女权"。认为春秋时，使臣聘问，有见国君夫人之礼。"孔子圣，不能不屈于南子"，此无他，"是女权固孔子所公认"。"子见南子"又被解释为孔子的尊重女权。③甚至畅想"孔子而生于今日中国，有提出男女平等之问题者，孔子必与于名誉赞成员之列，而不否决之也"。

在"子见南子"在不同历史时代天差地别的阐释的背后，不仅要看到从"男女平等"到"女权"的思潮演进轨迹，更要看到的是以女性视角看南子在男性话语中的处境，不能不心生悲哀。可以说古今中外任何一个政权，几乎没有不和女性发生关系的，不夸张地说女性和历史的整个型态都有关系。明末清初文学家李笠翁说：人生就是戏台，历史也不过是戏台，而且只有两个人唱戏，没有第三个人。哪两个人？"一个男人，一个女人。"女子把持政权的事情历史上也不少，而且政治昌明、百姓和乐的治世也不少，若再宽泛地考察，贤德有治国之才的后妃更是大有人在。所以既然卫国南子把持朝政，证明她至少有一些能力掌控权力，既然卫灵公喜爱她，也侧面说明她是个有魅力的女性，那又为何因为她"不同于"一般女子，或者"不合于"凡常女性的规范，就把她看作"美丽却名声不好的女人"？事实上，历史记载，孔子见南子，南子对他恭敬万分，相见时，中间挂一幅珠帘，南子穿了大礼服，在帘子里面向孔子跪拜，非常尊敬孔子。证明南子是懂得礼数教化的，且对圣人是尊敬有加的。可见历史上对于女性的描画往往有局限性和片面性，这局限性来自于男权制度在各个领域的全面控制，这片面性来自于男性中心主义话语对于男权制度的严密维护。

此外，北朝民歌《木兰辞》描绘的"花木兰替父从军"的故事历来被认

---

① 《仁学界说》，见加润国选注：《仁学：谭嗣同集》，沈阳：辽宁人民出版社，1994年，第7页。
② 夏晓虹：《从男女平等到女权意识——晚清的妇女思潮》，载《北京大学学报（哲学社会科学版）》，1995年第4期。
③ 夏晓虹：《从男女平等到女权意识——晚清的妇女思潮》，载《北京大学学报（哲学社会科学版）》，1995年第4期。

为是颠覆"女子不如男"的传统观念的代表作,并且往往关注的是花木兰的"孝":"昨夜见军帖,可汗大点兵,军书十二卷,卷卷有爷名。阿爷无大儿,木兰无长兄,愿为市鞍马,从此替爷征。"因为念及父亲年事已高,不想父亲征战沙场,且出于"无长兄"的无奈,自己实际上是去代替男人履行责任。"万里赴戎机,关山度若飞。朔气传金柝,寒光照铁衣。将军百战死,壮士十年归。"所描写的艰苦的战斗生活,是为了突出花木兰勇敢坚韧的品质、保家卫国的热情和英勇无畏的精神。这也一直以来成为教科书中对于该作品的经典解读。但是往往忽视了一个关键点:"归来见天子,天子坐明堂。策勋十二转,赏赐百千强。可汗问所欲,木兰不用尚书郎,愿驰千里足,送儿还故乡。"不容否认,花木兰屡立战功,多年沙场历练,她有能力、有实力、有资历胜任"尚书郎",而整首诗的题眼恰恰就在于"木兰不用尚书郎",而选择"还故乡"。简单的理解是木兰为国家尽忠,也替父亲完成臣民的责任,想要回家团聚,体现了本真的、善良的、质朴的情怀。实际上其中隐含男性中心主义话语的偏好和父权制度下男性绝对的权力:女子是属于家庭的,涉足政治也是出于不得已而替男性去完成使命,之后仍要回归本职,这才是好女性的标准。因此作为一个原本在家"当户织"的女子,最终只有卸任返乡才是合乎典制的,才是符合审美的,才是能成为历史记载的杰出女性的。

正如古希腊厄勒克特拉(Electra)煽动俄瑞斯忒(Oreste)弑母为父亲报仇的故事所显现的,女儿对于父亲的情感是一种固恋,"父亲如果没有一个女儿,就不会复活。一个女儿也不能忍受对父亲的谋杀"①。虽然这个执着的女儿的疯狂行动被歌颂为是使历史完满的努力——没有厄勒克特拉,就不会有"自由",就没有城邦的历史,但作为女人,她却已经异化了。对父亲事业的追求,实际上是更为黑暗的反面:对母亲的憎恨,更确切地说,是对快感的憎恨。女儿禁止的是母亲的快感,母亲的快感是被性别战争所滋养的,并终结于对父亲的谋杀。厄勒克特拉们是父亲事业上的激进分子,她们是社会一致同意去约束的女人们,她们想要逃离自身的处境,诸如修女、"革命者"和"女权主义者"。②

---

① 〔法〕朱丽娅·克里斯蒂娃:《中国妇女》,赵靓译,上海:同济大学出版社,2010年,第25页。
② 〔法〕朱丽娅·克里斯蒂娃:《中国妇女》,赵靓译,上海:同济大学出版社,2010年,第26页。

（二）权力游戏中女性主体地位的他赋性

从古至今，中国女性就为相夫教子而生，甚至为帮夫立子①而死。当女性作为妻子，尤其是母亲而存在的时候，其自身的主体性就本能地隐退，丈夫和子女成为其生命意志、欲望诉求以及人生价值的寄托，她的进退是以男性为转移的，她的成就也是在男权控制之下的，她的一切权力都是男性施舍的。

梁启超1897年作《变法通议·论女学》，剖析当时男女不平等之原因："不平等恶乎起？起于尚力。平等恶乎起？起于尚仁。等是人也，命之曰民，则为君者从而臣妾之；命之曰女，则为男者从而奴隶之。臣妾、奴隶之不已，而又必封其耳目，缚其手足，冻其脑筋，塞其学问之涂，绝其治生之路，使之不能不俯首帖耳于此强有力者之手。久而久之，安于臣妾，安于奴隶，习为固然，而不自知。"诚然，梁启超为平权呐喊、为女学张目，是中国妇女思想启蒙的伟大先驱，而融入性别视角去看待他的论述，则会有一种理解：平等是出于男性对"仁"的追求，而男女之间的差别是生理"力"决定的，历史上女性的地位，是男性给定的："为君者从而臣妾之""为男者从而奴隶之"，是由于"命之"，随后"封""缚""冻""塞""绝""使"种种行为的主体同样被默认为男性和男性制度。而现下社会需要转型，制度需要变革，人要觉醒要启蒙，其中一个重要的组成就是"妇女"，因此还是男性告诉女性什么是民主、什么是自由，并启示女性该争取解放了。

包括为了社会的改良，时人大多赞同教育的改革是个关键，而教育改革中女学的兴办是关键。康有为之女康同薇为女子教育呼吁"孔子编《诗》，则首《关雎》；传《礼》，则详《内则》"，"大义昭然，至可信据"。因而，妇女受学本是天经地义："圣人辅相天地，而有生赖其拯。未有泽及草木，仁被禽兽，而教不逮于妇女者。"② 一个新旧更替的时代，经典仍具权威，圣人之言一句顶一万句。虽然孔子是看不起女人的，对女人颇有微词（认为女人和小人均属于难养之列），但还是把孔子改塑为倡导女学的至圣先师，成为女子教育的保护神。也反映出女性在历史的话语与权力的舞台上始终是"失语"

---

① 汉武遗嘱，令立太子刘弗陵，是为昭帝，而杀其生母钩弋夫人。武帝对此做法的解释是："是非儿曹愚人所知也。往古国家所以乱，由主少母壮也。女主独居骄蹇，淫乱自恣，莫能禁也。汝不闻吕后邪！故不得不先去之也。"

② 康同薇：《女学利弊说》，载《知新报》第五十二册，1898年。

的，连呐喊也要依靠男性。何况在当时"救亡压倒启蒙"的趋势之下，男女平等基本上是理论的、口号式的，缺乏关于真正实现的完善的、充分的、彻底的考虑。提倡女学的最高宗旨是"救亡图存"，赋予女子平等权利和地位只是"手段"而不是"目的"。力主平等的皮嘉祐在探讨夫妻之伦的时候也套用"位定内外，义协比偶"（《平等说》）的陈言，将女子位置限定在家庭内，夫妻平等便只能适用此一隅，而无于社会，即便实行，其义仍不完全。①

女性群体内部对此进行了细致深刻的反思。首先，女界的现状是因为女性自己放弃了权利，而自甘堕落的结果。在英国"亨利第四的时候，乃至亨利第六的时候，也曾给予妇人以选举权，妇人不甚利用他，所以实际上并没有什么政治上位置。英国人以为女子既然如此放弃选举权，可见选举权对于女子没有必要，以此事为理由，便于一八三二年改正从前的选举法，完全不予女子以选举权"②。在中国"今日女界卑贱、鄙污、奴隶、玩物种种惨恶之现象，岂男子举手投足区区压制之能为力哉？毋亦我二万万同胞不学无术，放弃其权利也。屏息低首，宛转依附，深闭幽锢，二千年矣。纵有不甘于奴隶、玩物，大声疾呼，起而抗之，则举世之人莫不戮之、辱之、摧之、桎之，非独男子然也，女子亦目为怪物。悍者肆口诋毁，弱者腹诽远走，相戒不敢信"③。这种来自女性对自身弱点的抨击较之男性更为严厉。其次，对于男女平等问题，在实践上具有局限性，只是理论的欢愉。"吾国志士，愤世俗之日非，阃内外显分畛域，遂倡男女平权主义，谓同具面目，不应有所轩轾，于理论上诚当如是。然天赋既殊，义务即异，性有所近，才有所长，政治从军，男宜优于女，教育美术，女宜优于男，相辅而行，不可事事相提并论也。"④她们认识到了性别差异的客观性，并认为这可能成为实现妇女与男性平权的一个重要瓶颈。最后，女权若始终由男子提倡，靠男子赠与，就根本无法摆脱其附属于男子的命运。"朝闻倡平权，视其人，则曰伟丈夫；夕闻言平权，问其人，则曰非巾帼。……男子之倡女权，因女子之不知权利而欲以权利相

---

① 夏晓虹：《从男女平等到女权意识——晚清的妇女思潮》，载《北京大学学报（哲学社会科学版）》，1995年第4期。
② 冯飞：《妇人问题概论》，原载《妇女杂志》，梅生编辑，蔡又培校订：《中国妇女问题讨论集》（第一册），上海：新文化社，1926年，第36页。
③ 《黄菱舫女士序》，爱自由者金一（金天翮）：《女界钟》，上海：上海大同书局出版，1903年，第1页。
④ 龚圆常：《男女平权说》，李又宁、张玉法主编：《近代中国女权运动史料》上册，台北：龙文出版有限公司，1995年，第404—405页。

赠也。夫既有待于赠，则女子已全失自由民之资格，而长戴此提倡女权者为恩人，其身家则仍属于男子，且男子既可以权利赠人，必其权利之范围恢恢乎"。① 因此应该自己觉悟，独立起来，恢复女权。林宗素尽管盛赞《女界钟》"为女子辩护者甚力"，并"代谋兴复权利"，却认为"权也者乃夺得也，非让与也。今使为我女子辩护而代谋者，第出于金君，其与不流血不颠覆，而希冀政府之平和立宪也何以异"？强调"自鞭策我二万万之女子，使之由学问竞争，进而为权利竞争，先具其资格，而后奋起夺得之，乃能保护享受于永久"。否则即使男子"慨然尽举畴昔所占据之权利"——让还，女子仍不能真正享受女权并保持久远。② 所以"女子曷不自谋恢复？曷不禁他人之越俎而增我新中国之光彩乎"③？这些来自女性的反思，一方面反映出中国女性的启蒙意识的觉醒；另一方面也揭示了女性难以挣脱男权制的束缚的无奈现实和解放之路的坎坷崎岖。

（三）家国同构观念的广泛深植

汉代经学提出了"家国同构"理论。所谓"家国同构"，即家庭、家族（家族、宗族）与国家在组织结构方面具有共同性，由于古代中国一直是小农经济占主导地位，与这种生产方式相联系的家族制度深深根植于数千年中国社会结构之中，是宗法社会的显著特征。家庭壮大为家族，家族的扩大和延伸则为国家，古人"修身、齐家、治国、平天下"的个人理想，反映了"家"与"国"之间这种同质联系。家是小国，国是大家，均以血亲—宗法关系来统领，存在着严格的家长制。父为"家君"，在家庭中地位至尊，权力至大；君为"国父"，在国家中地位至尊，权力至大。君父同伦，家国同构。这种社会政治模式是儒家文化赖以存在的社会渊源，宗法制度因而渗透于社会整体，甚至掩盖了阶级和等级关系。不夸张地说，农业社会衍生出的"家国同构"的政治文化在清末民初这一革旧立新的时期仍发挥着强大的作用，足见这种文化传统根深蒂固。

---

① 龚圆常：《男女平权说》，李又宁、张玉法主编：《近代中国女权运动史料》上册，台北：龙文出版有限公司，1995年，第405页。
② 夏晓虹：《从男女平等到女权意识——晚清的妇女思潮》，载《北京大学学报（哲学社会科学版）》，1995年第4期。
③ 忆琴：《论中国女子之前途》，李又宁、张玉法主编：《近代中国女权运动史料》上册，台北：龙文出版有限公司，1995年，第409页。

罗普1902年创作小说《东欧女豪杰》时，仿照"民贼"一词，杜撰出"女贼"以指称与女子为敌之人："往后民贼净尽，便是咱们要和那女贼宣战的时候了。"女权时代既已到来，"女权"一语的流行便是顺乎天而应乎人了。① 西方国家"视崇女子与否，以判国民文野。故举世靡然从风，敬重女子，礼数有加，故其权日盛"。但此种尊重并不表示女权的完全实现，欧美国家女子"而未有参政之权，故无从与男子齐驱并驾，于平等之义犹阙焉"。根据西方国家的趋势推算，"男女之竞争，创于十九周年；……实为二十周年一大关键也"②。可见西方和东方的日本都把20世纪看作女权的时代。

而中国在清末民初之时，倡导女权，大力与国际思潮融合、对接，实质是出于政治需要——救亡图存。罗家伦③在论述妇女解放问题时就说："从政治方面说，妇女解放实在是世界政治上不可遏的潮流"④，"女子有许多适宜的政治事业之点（Mills' Subjection of Woman 一书对于这个点已经再三申论）。现在女子参政权在各国都已经成为事实。……大战（第一次世界大战）以后，许多主张和平的人，以为女子参政，对于世界和平有绝大的关系。……俄国阁员中已加入女子，国际联盟已用女秘书。也可见得女子不但参与地方政治，并且参与国际政治的新趋向。中国妇女当此而不能解放，其将何以自解于世界"⑤？此外，马君武一再翻译与介绍西方女权理论，表现出对女权的特别重视，也与其"家庭与社会同构"的认识有关。他在《女权说》的结尾总结："凡一国而为专制之国也，其国中之一家，亦必专制焉；凡一国之人民而为君主之奴仆也，其国中之女人，亦必为男人之奴仆焉。"民权革命与女权革命因而不可分离，"必自革命以致其国中之人，若男人，若女人，皆有同等之公权

---

① 夏晓虹：《从男女平等到女权意识——晚清的妇女思潮》，载《北京大学学报（哲学社会科学版）》，1995年第4期。

② 〔日〕石川半山：《论女权之渐盛》，载《清议报》第48册，1900年。后被蔡元培1902年编选的《文变》一书收录。

③ 罗家伦（1897—1969），字志希，笔名毅。"五四运动"的命名者，我国近代著名的教育家、思想家、社会活动家；早年求学于复旦公学和北京大学；民国年间，担任国立中央大学、国立清华大学校长之职。南京大学今天的校训"诚、朴、雄、伟"，就是由罗家伦所提出。1949年到台，先后出任中华民国总统府国策顾问、国民党中央评议委员、国民党史会主任委员、中国笔会会长、考试院副院长、国史馆馆长等职。

④ 罗家伦：《妇女解放》，原发表于《新潮》第二卷第一号，1919年10月，梅生编辑，蔡又培校订：《中国妇女问题讨论集》（第一册），上海：新文化书社，1926年，第6页。

⑤ 罗家伦：《妇女解放》，原发表于《新潮》第二卷第一号，1919年10月，梅生编辑，蔡又培校订：《中国妇女问题讨论集》（第一册），上海：新文化书社，1926年，第6页。

始"。而女权革命尤为民权革命之基础。倘若女子尚未与男子享有同等权利，民权革命之"天赋人权"的理论便不能算全部实现。

无论民权还是女权，都有"公权"与"私权"之分。以女权为例，女子在个人财产占有、私人性的交往中所有的部分权利为私权；而公权则是女性与国家发生直接关联时涉及的种种权利，比如政治权、经济权、教育权等，其中尤以政治权为关键。西方社会党人对于女性的五权要求①，特重政治权并以此为妇女运动的中心："欧美各国，女学日进，其要求于国家，请讨于议院，欲一律得政治权，与男人无所歧异者，今方未已也"，"女人之有政治权也，乃终必不可免之事也"。②

需要警醒的是把"女权"与"民权"相对而言："与民权并现于社会之上，而有待于倡导者，实惟女权。"③ 暗含了"女"在"民"之外的意味。女权主义者也许认为女权与民权同样值得提倡，但一般人则从时局危急的现实境况出发而将女权置诸民权之后。"欧洲十八九世纪，为君权革命世界；二十世纪，为女权革命世界。今中国犹君权时代也，民权之不复，而遑言女权！"④ "女权非不可言，而今日中国之女子则必不能有权，苟实行之，则待诸数十年后。"⑤ 这种将民权与女权割裂的思想观念，不但取消了女性的国民资格，而且否定了女权的现实意义。同时也暴露了男性是出于"家国同构"的认识来将妇女争取女权的斗争视为巩固男权性质的政治权利的工具，因为他们坚信：君臣之义有赖于母仪之德，父子之义生发于节义之德，夫妻之义根基于贞顺之德，而德性的教化自古以来就与家庭的陶养、母亲的教诲分不开，人在童年时接受的忠孝节义思想观念将会影响其一生。因此，发展女性教育，赋予女性权利，女性便会用其观念改造家庭教育，影响子女，间接为国家培养了符合国家意志的可用之才。因此改造国家社会，就要改造组成国家社会的最基本单元——家庭，改造家庭就要从改造"主内"的妇女，改造

---

① 教育权、经济权（同等的就业机会与同工同酬）、政治权、婚姻权、人民权（公民权）。
② 夏晓虹：《从男女平等到女权意识——晚清的妇女思潮》，载《北京大学学报（哲学社会科学版）》，1995年第4期。
③ 龚圆常：《男女平权说》，李又宁、张玉法上编：《近代中国女权运动史料》上册，台北：龙文出版有限公司，1995年，第404页。
④ 丁初我：《女子家庭革命说》，张枬、王忍之编：《辛亥革命前十年间时论选集》（第1卷下册），北京：生活·读书·新知三联书店，1960年，第926页。
⑤ 亚庐：《哀女界》，李又宁、张玉法主编：《近代中国女权运动史料》上册，台北：龙文出版有限公司，1995年，第465页。

妇女就要从改造教育开始，而教育由国家按照自身的政治需要进行改造。女性就在"家国同构"的框架之中，争取着自身有限的权利，在"家国同构"的循环中，运转着可能的命运。

综上所述，可以得出以下几个结论：

首先，女子的权利与地位总是被男性话语所言说，女性在中国传统当中基本处于"失语"的状态；其次，男性出于"家国同构"的认识，在需要女性解放作为人的解放的一个重要力量之时，赠予女性关于平等、独立、解放的种种意识；再次，不可否认存在某些"女性优越论"的论调，但根本目的是为了以此作为映照男性的社会价值的镜子；最后，女性群体遭受的压迫是由显性的"双重压迫"（宏观的阶级压迫和父权制的性别压迫）与一个隐性的"第三种压迫"（女性群体中存在的权力自弃与权力阻碍）。与前两种显性压迫相比，这种压迫主要不是来自于制度，而来自于心理。因此它更为隐秘，且过于常见而归于麻痹，例如拒绝启蒙的想法以及鲁迅所谓"寡妇主义"的想法，都将成为妇女争取权利途中一股可怕的"反解放力量"。总之，女性的自我从来都是柔弱的、委屈的、不完整的，只能显现在男性中心主义秩序的裂缝中。

三、经济领域：关键问题是"性别主义"

经济形态的革新是一切社会观念、文化变迁的根基。清末民初的学者们也深刻认识到"凡是物质生产的方法变化，则一切社会的关系跟着变化。即人类的思想感情，以及人生观也都跟着变化，因为这都是与社会生活有密切关系的"①。从农耕文化到工业文化的转进从根本上说是由经济形态的演变和交替表征的经济发展在起基础性的驱动作用，是经济现代化——一种或多种新的经济形态的转换和逐步形成——带来的联动福祉。

罗家伦分析了中国妇女由于受到经济水平和生产模式的制约，在几千年里始终地位低下，却在民国时期才有妇女解放之说的原因：首先，"工业革命"以前，"家庭就是工厂"。女子可以在家庭里营生，与社会的接触很少。"工业革命"以后，情形就大变动了。"家庭的工业，既然失了效用，于是一

---

① 罗家伦：《妇女解放》，原载《新潮》第二卷第一号，1919年，梅生编辑，蔡又培校订：《中国妇女问题讨论集》（第一册），上海：新文化书社，1926年，第6页。

般女子,受了经济的压迫,一齐离开了家庭,去寻工厂的生活,自此同社会的接触一天密切一天。女子既然自己有生产的能力,复有社会的生活,自然发生彻底觉悟。"① 其次,"社交文明,死亡率减。人类的欲望也渐渐加多,而人口同物质的比例,也愈差愈大。于是大家想过安稳日子的,不能不各自独立劳动,甚至于求互助于他人。于是男子不能再把女子关在家里,而且须求助于女子。女子的地位,当然因此增高"②。最后,"生活(经济发达与文明开化)程度日高。支持家庭和抚养子女都是不容易的事,所以在女子方面不嫁的日多一日,她们虽然不结婚,而自有社会的地位,自有独立的生活,于是她们渐渐觉悟到她们的生活不是非有男子不可的,所以她们独立的精神,也就一天发达一天了"③。并据此强调"妇女解放是万不可免的事实,中国人又何必少见多怪呢"④!

既然经济的发展、社会的进步、文明的开化、意识的觉醒都为妇女经济地位的提升和社会人身份的取得创造了条件,可清末民初,世界各国的妇女解放已经实行,但是中国的妇女境遇却令人"一阵一阵的辛酸","因为我们看不见几个妇女,只望见奴隶。中国妇女早已变成——现在还是——奴隶"⑤,这又是为什么呢?问题就是"性别主义"。我们所有人,所有的男男女女,从一出生起,就与性别主义思想和行为密切相关,接受其教育。结果是,女性可能如男性一样是性别主义者。⑥ 这种情况在东方文明中十分显著。

(一) 性别之异不意味着优劣之分

性别主义最大最直接的危害就是将男女置于二元结构中,而女性则是代表二元结构中被动的、较低等的、能力较弱的、非理性的"次等"。对于这种男性中心主义的性别差异论,民国的学者们也进行了批判。

---

① 罗家伦:《妇女解放》,原载《新潮》第二卷第一号,1919年,梅生编辑,蔡又培校订:《中国妇女问题讨论集》(第一册),上海:新文化书社,1926年,第6—7页。
② 罗家伦:《妇女解放》,原载《新潮》第二卷第一号,1919年,梅生编辑,蔡又培校订:《中国妇女问题讨论集》(第一册),上海:新文化书社,1926年,第7页。
③ 罗家伦:《妇女解放》,原载《新潮》第二卷第一号,1919年,梅生编辑,蔡又培校订:《中国妇女问题讨论集》(第一册),上海:新文化书社,1926年,第7页。
④ 罗家伦:《妇女解放》,原载《新潮》第二卷第一号,1919年,梅生编辑,蔡又培校订:《中国妇女问题讨论集》(第一册),上海:新文化书社,1926年,第7页。
⑤ 罗家伦:《妇女解放》,原载《新潮》第二卷第一号,1919年,梅生编辑,蔡又培校订:《中国妇女问题讨论集》(第一册),上海:新文化书社,1926年,第7页。
⑥ 〔美〕贝尔·胡克斯:《激情的政治》,沈睿译,北京:金城出版社,2008年,第3页。

首先，性别差异论建构的基础就是男女生理上的差异，并认为男女从自然能力上就存在优劣之分。于是，从生物学角度考察男女两性的差异是批判男强女弱的论调的起点。"人类男女两性个体组织的起源，虽然不能详细明白，然而从他种生物的考证，则生物个体组织初起的时候，大约第一步是生物胚胎时期（Germiparity），第二步是两性并存时期（Hermaph-odltism），第三步才是两性分明的时期（Differentiated Unisexuality）。以生物学的眼光去看，则最初的本质并没有不平等的地方。"①虽然有差异，但是并没有绝对的一方优于另一方，例如虽然从肌肉结构上看女子不如男子力量（尤其是爆发力）上有优势，但"女子身体的组织（Constitution）则强于男子。女子虽然也常有疾病及身体上的缺点，但是多半不属于机体的构造的，一旦有自由发展的机会，都可以见见免除。而男子机体（Organism）上较女子不完备的地方也很多，而且不易消灭。据 Dr. Andrew Willson 及 Dr. Jeffries 在美国波斯顿学校实地的研究，很可证明。即如'色盲'一病，在男子为极多；在女子为极少；而且男子有了此病，往往传至七代之久，这都是机体上组织缺陷的缘故"②。所以从生物学角度上看，"两性之间，本来互有长短，是不可掩的事实。人类正好利用这种现象，做天然的互助；何至于将女子强压下去，造成一种不平等的阶级呢"③？

其次，从心理方面说起来，男子压制锢蔽女子也是不合理的。据近代心理实验的结果，"人类的智慧本体（Intelligence）并没有什么差别，其所以差别的缘故，乃是因为境遇（Enviropement）的不同。经 Prof. Jastrow 及 Prof. Harper 等再三的实验，知道男女的智慧，大致无异，虽有互相优劣的地方，而女子有几点还胜于男子，如女子的记忆力比男子强，理会力比男子快，学问的兴趣比男子浓，艺术的冲动比男子厚，这都是实验所得的证据"④。可见，当时人们已经对于性别产生的心理差异有深刻的认知，承认有差异，但科学实验表明这种差异不意味着男性在人格、智慧、能力等方面优越于女性，

---

① 罗家伦：《妇女解放》，原载《新潮》第二卷第一号，1919年，梅生编辑，蔡又培校订：《中国妇女问题讨论集》（第一册），上海：新文化书社，1926年版，第5页。
② 罗家伦：《妇女解放》，原载《新潮》第二卷第一号，1919年，梅生编辑，蔡又培校订：《中国妇女问题讨论集》（第一册），上海：新文化书社，1926年版，第5页。
③ 罗家伦：《妇女解放》，原载《新潮》第二卷第一号，1919年，梅生编辑，蔡又培校订：《中国妇女问题讨论集》（第一册），上海：新文化书社，1926年，第5页。
④ 罗家伦：《妇女解放》，原载《新潮》第二卷第一号，1919年，梅生编辑，蔡又培校订：《中国妇女问题讨论集》（第一册），上海：新文化书社，1926年，第4页。

而是大致无异,但各有所长。并提出差别的产生与环境的相关度,要大于在生物意义上两性差异的相关度。

最后,既然生理条件上并不可以决定男女的优劣以及由此建构尊卑秩序,那么之所以会有两性的不平等问题,实际上是因为受社会化过程中,中国"性的选择"(Sex Selection)作用使得各种分别显著。简单说就是性别差异是社会建构的,这种判断是具有很强说服力的。人在社会化过程中确实会受到身体、心理、经济、文化等复杂因素的作用而形成男性气质和女性气质。差别是客观的,但把性别差异演绎为阶级差异就是主观的了,且不具有合理性。民国学者援引社会学者 L. T. Hobhonse、G. C. Wheeler、M. Ginsbeag 三人合著的《简单民族的物质文化和社会制度》①对于"初民时代"(母系社会)男女的关系之考察,认为有三种关系:一是母系的(Matrineal),系以女为系而女并无大权;二是入赘(Matrilocal),系男女结合之后,男住女家;三是女家长的(Matriarchal),即以女为家主(此种实权之所在尚难定,或曰此系"舅权")。② 由此我们至少可以获得一种认识——男女之间的关系不是天然的男高女低的,而且在人类社会化过程中二者关系的建构也不是一开始就男尊女卑的。此外也有一种考察颠覆了男性优于女性的认识,指出"在性的选择的时代,男性且往往为女性所左右"。因此社会文化是可以建构男女差异,建构本身是文明发展的必然,也是人类创造力的体现,但利用建构的权力构筑男主女次、男优女劣、男尊女卑的统治与被统治、压迫与被压迫的阶级关系,就是一种对天赋人权的僭越,是对两性和谐共生的自然律法的藐视。

(二)"母职"是最危险的陷阱

"妻职"和"母职",这两个女性角色都是限制妇女自由的,"妻子角色限制妇女发展自我,母亲角色更有甚之"③。怀孕只是使妇女同自己疏离,它使妇女难以不受阻碍地描绘自己命运的蓝图。即使那些想要孩子的妇女,怀孕对她们来说也是一段艰难时光。而孩子出生后,"刚开始,孩子似乎把母亲

---

① L. T. Hobhonse, G. C. Wheeler, M Ginsbeag: *The Materiral Culture and Social Institutions of the Simpler Peoples*. An Essay in Correlation, Hard Press Publishing, 2013.

② 梅生编辑,蔡又培校订:《中国妇女问题讨论集》(第一册),上海:新文化书社,1926 年,第 22 页。

③ 母职把妇女变成奴隶。波伏娃表示:对所有那些希望自由和独立的妇女,对那些想要自己谋生的妇女,对那些希望为自己而思考和想要拥有自己的生活的妇女来说,母职是最危险的陷阱。参见 Margaret A. Simons, *The Philosoply of Sinone de Beauvoir: Critical Essays*. Indiana Vaiversity Press, 2006.

——女性主义语境下中国传统女性教育合理性问题研究

从她的客体地位中解放出来了,因为她'在孩子那里得到了男人从女人那里寻求的东西:一个他者,在天性和精神上都是一位他者,这既是战利品也是一位替身'①。然而随着时间的消逝,孩子逐渐再把母亲变成客体,降低为对象,成为做饭、洗衣、照顾、付出、尤其是牺牲的机器"②。

中国的女性,之所以几千年来的角色主要都是以家庭为舞台的——女儿、妻子、母亲,根本上是生产方式决定的。妇女从事自在性的工作,如炊事、清洁和抚育子女;男人则不同,他们承担的是自为性的工作,如狩猎、战斗——这类活动大多数涉及使用工具征服世界。从这时开始,作为这一特殊劳动分工的结果,男人攫取了生产资料,开始成为"有产者",而妇女成为"无产者"。③ 由此建立的"男主外、女主内"的生活生产模式,使得女性的工作被排除在社会性工作系统之外,这种状况不只中国有,西方社会也有。资本主义社会同样支持这样的模式,因为这样就不必为妇女的家务劳动支付工资,妇女的劳动就成为"免费的"服务。这样的直接后果就是妇女付出辛苦的劳动却无法兑换成"价值",那么在维持家庭经济运转的过程中就丢失了自己的合法角色,身份陷入尴尬,地位沦于卑微。

那么为什么中国女性不参与社会性的生产呢?女性在生理、心理方面并非不足以胜任,例如在狩猎采摘、交易买卖、手工艺生产等很多领域。除了经济模式的决定作用之外,在古代中国,男性还对女性采取了两种"极高妙的政策":

一是"压制主义"。压制主义起源于中国传统的"圣经贤传",主张"妇人,服于人也",把"妇人"摒诸"人"外,不但主张压制妇女,并且主张压制的时候不以妇女当人对待。《婚仪》《内则》之类则"简直把妇女当作监狱里的囚犯、变把戏的猴子一样"。"无才便是德"的主张更是女子闭明塞聪的灵符,愚弄政策的利器。④

二是"引诱主义"。引诱主义策略则是运用"文字上的虚誉"和"典制

---

① 〔法〕西蒙德·德·波伏娃:《第二性》,陶铁柱译,北京:中国书籍出版社,1998年,第571页。
② 〔美〕罗斯玛丽·帕特南·童:《女性主义思潮导论》,艾晓明等译,武汉:华中师范大学出版社,2002年,第270页。
③ 〔美〕罗斯玛丽·帕特南·童:《女性主义思潮导论》,艾晓明等译,武汉:华中师范大学出版社,2002年,第266页。
④ 参见罗家伦:《妇女解放》,原载《新潮》第二卷第一号,1919年,梅生编辑,蔡又培校订:《中国妇女问题讨论集》(第一册),上海:新文化书社,1926年,第8页。

上的虚荣"("名节""旌表""石牌坊")作为陷阱①,这些东西成立之日,正是"天下女子入其彀中"的第一天。"节妇牌坊"的发现不知为多少"非人性"的生活所造成,以人的生活,换一块无灵的石头,可怜的妇女以为得此之后可以名流千古了,于是历尽多少孤寂、恐怖、非人性的生活而不悔,哪知道就算牌坊成立,而牌坊上写的不过是"某氏女""某氏妇",连自己的名字都没有。就算是《列女传》里面的人物,除有称妻称母之外,有自己的名字的又有几人?这种不以女子为人、不以女子的人生为人生的事实,是多么让人感慨。

  从这两种政策产生的效果是"女子完全处于被征服的地位,而他们的生涯,遂变作极无聊的生涯。他们的精神生活,只是崇拜丈夫,他们的物质生活,只是依靠男子"②。高的受一点奢侈品的教育,写几句诗,写几块斗方,供丈夫娱乐,而人家已尊之为"才女""名媛";低的只是"算命烧香笑,女堉外孙鸡",昏昏沉沉地度过一生。中国四万万的人,其中有两万万的生活如此,社会已呈半身不遂之相。

  对于女性采取的"压制主义"和"引诱主义"的政策以使女性囿于家庭场域,主动拒绝进入社会,放弃扮演除了女儿、妻子、母亲之外的社会角色的权利,是有悖于伦理、同人道主义冲突的——以为这从根本上掠夺了女性的人格。"既然男女都是人,便应当都去做人;履行人的条件——就是都有自己的人格,自己的意志,自己的权利,自己的职务。为什么人之中又有一性自己不能有人格,自己不能有意志,自己不能有权利,自己不能有职务,而事事附属于他性的人呢?"几千年的中国封建社会女性没几个能有"人"的条件:"女子一生做女儿,做妻子,做母亲,总是靠着他人;是成功,是失败,是荣,是辱,也都以他人为转移;……一举,一动,一颦,一笑,都是体贴他人的意志,不但是体贴他人的意志,并且以他人的意志为意志。"③女子(跟男子)有同样的思想,有同样的感官,有魄力、有心机,又"为什么不能有独立的职业,而须受他人的供养以听命于他人?同是人类,为什么男子的

---

① 参见罗家伦:《妇女解放》,原载《新潮》第二卷第一号,1919年,梅生编辑,蔡又培校订:《中国妇女问题讨论集》(第一册),上海:新文化书社,1926年,第8页。
② 参见罗家伦:《妇女解放》,原载《新潮》第二卷第一号,1919年,梅生编辑,蔡又培校订:《中国妇女问题讨论集》(第一册),上海:新文化书社,1926年,第8页。
③ 罗家伦:《妇女解放》,原载《新潮》第二卷第一号,1919年10月,梅生编辑,蔡又培校订:《中国妇女问题讨论集》(第一册),上海:新文化书社,1926年,第3页。

生活是独立的，开放的，活泼泼的；女子的生活是依附的，闭塞的，死沉沉的？女子究竟是人吗？人待人应当如此吗"①？

（三）发展女性职业的实践策略

要提升妇女经济地位、夺取妇女社会身份、摆脱妇女受压迫的境遇，一个有效的途径就是大力发展女性职业。这里的女性职业"专指得报酬的工作而言，母亲替儿子缝补衣裳，妻子替丈夫备饭，都不算是职业"②。据1910年美国的统计，美国妇女21%是有职业的；自第一次世界大战以来，男子从军的日多，据《畅观周报》（Outlook）调查，妇女有职业的，已增至60—70%。另据1907年的统计，德国的妇女职业状况已经很可观，种类遍及农、工、商、金融、交通、教育等，而交通运输机关及中小学教员，几乎全属女子。（见表3-2）

表3-2　1907年德国妇女职业状况统计

职业名称	已嫁妇女从事者（人）	未嫁或独身妇女从事者（人）	孀妇从事者（人）	总数
农业	615301	1377787	486329	2479419
工业	250666	943805	221634	1416105
商业	129176	298391	126466	544033
贷赁	28595	106768	83004	218367
家务	11214	1079609	339308	1130131
杂职	22643	134351	18190	175184

外国妇女职业发达的缘故一方面是由于经济情形的变更；另一方面是女子自立精神的发展。而中国"破布政策"的女子因为没有人生正当的知识，所以没有人生正当的职业，因为没有人生正当的职业，所以只能过寄生生活，靠男子供养，自然降而为男子的奴隶了。因此寻求妇女解放，妇女的职业是

---

① 罗家伦：《妇女解放》，原载《新潮》第二卷第一号，1919年10月，梅生编辑，蔡又培校订：《中国妇女问题讨论集》（第一册），上海：新文化书社，1926年，第3—4页。
② 罗家伦：《妇女解放》，原载《新潮》第二卷第一号，1919年10月，梅生编辑，蔡又培校订：《中国妇女问题讨论集》（第一册），上海：新文化书社，1926年，第1—3页。

当然要发展的。①

前文提到中国的女性职业发展之所以缓慢而限制重重，受到农业经济为主的自然经济形态、封建的女性观念、父权体制下对妇女的限制政策等多方面的影响，所以根据清末民初中国的国情，参照西方的有效经验，学者提出了一些发展女性职业的实践策略。

首先，要打破贞操的迷信。

中国妇女职业不发达的原因，大半是贞操迷信的遗害。中国的社会，还没有脱离宗法的遗迹，而且偏重男统，所以贞操一事经过多少年的陶养，已成了中国妇女的宗教了。这种习惯的迷信，在男子方面硬把女子关在家里，情愿负经济上的负担，而不愿意她出去谋职业；在女子方面因为也有这种迷信，而且在家里舒服，所以也不愿意到社会上去。一误再误，于是妇女职业全失，造成今日的现象。二万万女同胞成了二万万寄生虫。但是打破贞操的迷信不意味着凡男女都应当有外遇，个人能保全贞操是一件事，贞操成为普遍的迷信又是一件事。个人能保持专一的爱情而有贞操是很好的；因迷信贞操而令女子百事不能做那就成为罪恶了。所以贞操不过是异性恋爱的纯一，人类的道德观念不能不与社会生活相适应，"男女授受不亲"的习惯已经不能适应复杂的社会了。只有大家有了这种基旨的觉悟，才可以有妇女职业可言。②

其次，要政府及社会将妇女能做的职业一律公开。

从前世界各国女子的职业大都是限于小学教员、书记、看护妇等，尤以小学教员最多。第一次世界大战一开，各国的男子都被征调，于是女子皆起而承其缺，邮政、铁路、警察以及其他很多从前女子不能做的现在女子也居然能做，不但女子开拓了许多职业的新殖民地，并且打破许多男女能力不平均的怀疑思想。但中国女性除了家庭工业外其余职业基本没有。最近小学校中虽然有女教员，但是全国恐怕还不到一百人。19世纪末叶，德国实行过"妇女改革运动"，使得女子有职业，能成为社会生产的分子，比起参政运动更为紧急和迫切。

---

① 罗家伦：《妇女解放》，原载《新潮》第二卷第一号，1919年，梅生编辑，蔡又培校订：《中国妇女问题讨论集》（第一册），上海：新文化书社，1926年，第1—4页。
② 罗家伦：《妇女解放》，原载《新潮》第二卷第一号，1919年，梅生编辑，蔡又培校订：《中国妇女问题讨论集》（第一册），上海：新文化书社，1926年，第14—15页。

最后,要建立帮助受教育的女性寻求恰当职业的机制。

女子受了教育、女子能做的职业开放了,有了这两个条件,如果直接让女子去求职和参与社会竞争,对于初次解放的女性而言比较困难且缺乏优势。那么会发生三种危机:一是女子流于做苦工;二是群趋一二途,人浮于事,无从安插;三是所学非所用。这样反而会让女子痛苦,志气薄弱,而意懒心灰。要免除这种危险,可以借鉴美国"女子大学毕业同学会",因为美国曾发生过这种现象,幸而这个会来救济。"这个会最初的办法,就是调查美国全国受过高等教育女子的姓名、住址和所学的科目种种,以为代她们介绍职业的预备;不但为她们介绍教员的职业,并且为她们介绍教员以外的职业。再进一步就是将美国所有女子的职业,或女子所能做的职业调查清楚,把一切详情记下来成一本调查录,分送各处已毕业的女子,以唤起她们对于职业的兴趣及预备。再进一步就是设立一种'女子职业介绍所(Bure u of Occupation)',一方面仍详细考察各曾受过高等教育女子的成绩和家庭生活种种情形,一方面极力为她们介绍相当的职业。凡有需要任职人着,皆可来函聘请。以后这种职业介绍所渐渐增加,到现在已有二十处之多。这二十处不是分的,是相关联的。若是这处有相当的职业而无相当的人,则可向那处聘请;若是那处有相当的人而无相当的职业,则可请这处介绍。这些介绍所至公无私,系纯粹义务性质,所以成绩极好。成立以后,美国曾受高等教育的女子,都有相当的职业。而且这种介绍所的办法,非常周密,不但顾全职业介绍,而且顾全人才分配问题,以免人浮于事的流弊,致发生工价低落,女子生计难堪种种现象。从他处未有职业而来的女子,该所极力辅助,使她们得职业;既得职业以后的女子,则仍旧辅助她们,使她们有相当的待遇。这种介绍所真同女子的好亲属一样。"① 所以中国真要解决妇女职业问题,是绝少不了类似"女子大学毕业同学会"所做的帮助受教育的女性寻求恰当职业的制度的。

综上所述,民国时期对于女性在经济领域的身份和境遇的剖析是较为深刻的。一方面,认识到两性经济地位和社会身份的差异是建构的而非生理差别直接导致的;两性差异,特别是性别的自然差异,并不构成男性统治的借口或使这种统治合法化,而且意识到为了结束父权制(体制性的性别主义的另一个名称),我们需要非常清楚地认识到所有人都是维持父权制的参与者,

---

① 罗家伦所记司密士夫人(Mrs. Smith)演讲"美国近来受高等教育女子的情形",北京《晨报》,1919年7月初二。

直到我们改变了心里的想法。① 另一方面，虽然倡导发展女性职业，唤醒女权意识，呼唤男女平等和妇女解放，但并不意味着把女权主义运动简单地看成是女人反对男人的运动。这种思想不仅幼稚，而且犯了与父权制观念类似的错误。并字里行间透露出两性应当以相互尊重、优势互补、合作共生的方式融入社会的意图，这与当时西方世界激进主义女性主义、自由主义女性主义盛行的情况相比较，透露出东方文化重阴阳和合的思维方式。

四、文化视域：冲破传统性别秩序体认

"物相杂，故曰文"②，"以礼乐合天地之化"，"化，教行也"③。"文""化"两字的组合，最早见于战国末年出现的《周易·贲卦》："观乎天文，以察时变；观乎人文，以化成天下。"传统中国用"华夷之辨"来论述"有文化的"和"没文化的"之差别，华夷之辨的宗旨植根于《春秋》以及《仪礼》《周礼》《礼记》《尚书》，不以种族为标准，主要以文化礼仪（礼仪包括吉、凶、宾、军、嘉五礼）的有无为量度。简单说，讲求礼仪，即是有文化的，若无礼仪，即便部族实力强盛，也是蛮民，毫无文化可言。程颐认为："礼一失则为夷狄，再失则为禽兽。圣人恐人之入夷狄也，故《春秋》之法极谨严，所以谨严者，华夷之辨尤切切也。"所以文化在汉语中实际是"人文教化"的简称。前提是有"人"才有文化，文化是讨论人类社会的专属语；"文"是基础和工具，包括语言和/或文字；"教化"是这个词的真正重心所在——作为名词的"教化"是人群精神活动和物质活动的共同规范，作为动词的"教化"是共同规范产生、传承、传播及得到认同的过程和手段。至于culture 的概念，是日本人将其译为中文的"文化"的。

基于以上对于文化的体认，如何定位中国妇女文化呢？所谓"中国妇女文化"，是指以女性为中心形成的一系列独特的文化观念、文化心理、文化现象和文化行为。它是中国传统文化的有机组成部分，同时又以自身交织着女性凄惨血泪的内在素质而显示出与其他部分迥然相异的鲜明个性。中国妇女文化包含三个具有结构上从属关系的层次：其一，关于妇女的观念与心理意

---

① 〔美〕贝尔·胡克斯：《激情的政治》，沈睿译，北京：金城出版社，2008 年，第 3 页。
② 〔汉〕许慎：《说文解字》（孙刻本），北京：中华书局，1963 年，第 318 页。
③ 〔汉〕许慎：《说文解字》（孙刻本），北京：中华书局，1963 年，第 287 页。

识；其二，由观念和心理意识而衍生的关于妇女的礼仪制度、法律规范、社会习俗；其三，跟妇女有关又与其他社会成员发生联系的文化现象。① 因此从文化的角度观测对妇女问题的争论，就需要选取几个典型的问题：一是观念与心理层面的"贞操问题"；二是制度习俗方面的"婚姻问题"；三是作为社会上一个重要文化教育现象的"男女同校/同学问题"。

（一）贞操问题与性教育

在民国初年关于妇女问题的讨论中，女性的贞操问题作为一个重要议题被广泛关注，周作人、胡适、杨贤江、佩青、陈启修、沈静虚等很多学者都曾撰文探讨。

1. "尊贵的贞操"与"暴虐的道德"

"从古以来，做妇女道德的根底的，便是贞操问题。到了现在，这个贞操问题，对于最多数的妇女，仍然绝对的操有生杀予夺的权利，每一个妇女，几乎背上都负着这个残酷的十字架。贞操……是妇女最可怕的暴君。……努力从事那妇女解放的人们，最后留着的，恐怕就是这个贞操问题呢。"② 诚如周作人先生在译介与谢野晶子③《贞操ヮ道德以上ニ尊贵テァル》一文所说："人的觉醒，总须从心里自己发生。倘若本身并无痛切的实感，便也没有什么话可说。……但是女子问题，终竟是件重大事情……女子自己不管，男子也不得不先来研究。……日光和空气，虽然有益卫生，那些衰弱的病人，或久住在暗地里的人，骤然遇着新鲜的气、明亮的光、反觉极不舒服。……虽然有人禁不起日光和空气——身心的自由——的力，却不能因此妨害我们自己去享受日光和空气，并阻止我们去赞美这日光与空气的好处。"④

对于旧道德的贞操论，有这样几个问题，暴露了其无法说服人心的矛盾：

（1）贞操是否单是女子必要的道德，还是男女都是必要的？有一种观点

---

① 胡埜：《蓝色的阴影——中国妇女文化观照》，西安：陕西人民教育出版社，1989年，第3页。

② 〔日〕伊藤野枝：《贞操观念的变迁和经济的价值》，亶素译，原载《妇女杂志》，梅生编辑，黄宪章、蔡又培、抱恨生、董寿芝校订：《中国妇女问题讨论集续集》（第五册），上海：新文化书社，1927年，第104—105页。

③ 与谢野晶子（Akiko Yosano，1878—1942）原名凤晶，笔名凤小舟、凤晶子等，日本女古典诗人、作家、教育家，和平主义者和社会改革家。热情的和歌人。文学家与谢野铁干的妻子。

④ 〔日〕与谢野晶子：《贞操论》，周作人译，梅生编辑，黄宪章、蔡又培、抱恨生、董寿芝校订：《中国妇女问题讨论集续集》（第五册），上海：新文化书社，1927年，第87—95页。

第三章　传承与嬗变：近代思想启蒙视域下的"淑女教育"

认为，贞操是只有女子需要遵守的，而男性因为生理的关系，不能守贞操，所以女子的贞操是道德问题，男子的贞操不曾当作道德问题，既没有自发的要求也没有社会的强制。"中国的男子要他们的妻子替他们守贞守节，他们自己却公然嫖妓，公然纳妾，公然'吊膀子'，再嫁的妇人在社会上几乎没有社交的资格；再婚的男子，多妻的男子，却一毫不损失他们的身份。"[①] 那么这就既违背了道德是人类共同应遵守的这个性质，也违背了男女两性的生理特征。因为在性欲方面，男女都是有性冲动的，用所谓道德片面地来压抑人性，是极不公平的。

（2）贞操是属于精神的，还是属于肉体的？抑或是灵肉一致的呢？若说贞操是属于精神的，也就是认为是一种对精神上纯粹、恒久、专一的爱的守护，那么，如果只是心的归属恒定专一，而肉体放纵，这难道是有贞操？若说贞操是属于肉体的，那么男女都绝对不能再婚，且如果不幸被强暴的女子一生不能结婚，这显然是非人道的。反过来说只要肉体不出轨，而爱情早已转移到第三者身上，这也算贞操，显然是荒谬的。如果说是属于灵肉一体的，"精神和肉体上都是从一的结婚，除了恋爱结婚，决不能有。但现在既不许可恋爱的自由，教人能享恋爱自由的人格教育也未施行的时候，却将灵肉一致的贞操，当作道德，期待它实现，这不是想'不种而获'么"[②]？何况就算施行了通过自由恋爱而结婚，谁又能保证恋爱一次就成功结婚？但凡没成功的，就是精神上的爱不恒久专一了，因此也无法实现。就算结了婚，还有一些情况是灵肉无法一致地实践贞操的，这情况就又是不道德了。

（3）有一种调和的观点认为，贞操是只要婚后守住对对方的身体和心灵的忠诚就好，未婚单身者则不强求。那么婚姻就变成一种仪式，以此来区划贞操"宽假结婚前的失行，固是无理，结婚后无论如何，只要合在一起，便算是贞德完全，也是形式的解释"[③]。有的夫妇之间只有性交而情感冷淡，有的夫妇既没有爱情也没有性交，但是仍然生活在一起，照顾共同的子女，维持家庭，还有的貌合神离，家庭和婚姻都还在，但是爱情已经转移到别处。

---

① 胡适：《贞操问题》，载梅生编辑，黄宪章、蔡又培、抱恨生、董寿芝校订：《中国妇女问题讨论集续集》（第五册），上海：新文化书社，1927年，第97页。
② 〔日〕与谢野晶子：《贞操论》，周作人译，载梅生编辑，黄宪章、蔡又培、抱恨生、董寿芝校订：《中国妇女问题讨论集续集》（第五册），上海：新文化书社，1927年，第91页。
③ 〔日〕与谢野晶子：《贞操论》，周作人译，梅生编辑，黄宪章、蔡又培、抱恨生、董寿芝校订：《中国妇女问题讨论集续集》（第五册），上海：新文化书社，1927年，第94页。

这几种状况，如果认为是具备贞操道德的，恐怕不能让人信服。

因此"如将贞操单当作道德，想要维持下去……强迫实行，却觉得不甚妥当。我们的希望，在脱去所有虚伪、所有压制、所有不正、所有不幸；实现出最真实、最自由、最正确而且最幸福的生活。①……古代道德，在当时人类的生活上，虽然有益，如今已不能满足我们的情意时，便已同我们生活的规律不合。倘若仍然拿来强用，便是用虚伪来施压制，我们应当排斥这暴虐的道德。……倘若人间为道德而生存，我们便永久作道德的奴隶，永久只能屈伏在旧权威的底下，这样就同我们力求自由生活的心，正相反对。②……要脱去压制，并非要过放纵无序的生活，我们还须仔细聪明的批判商量，建设实际生活上必要的一切自制律……也就是想把贞操，照现代的思想，当作新道德去拥护他"③。"我对于贞操，不当他是道德；只是一种趣味、一种信仰、一种洁癖。既然是趣味、信仰、洁癖，所以没有强迫他人的性质。"④与谢野晶子把"贞操"用"富有"做了一个比喻：在自己有它时，原是极好；但在别人，或有或无，都没甚关系。并强调"我所以绝对的爱重我的贞操，便是同爱艺术的美，爱学问的真一样，当作一种道德以上的高尚优美的物事看待"⑤。胡适也说："贞操不是个人的事，乃是人对人的事；不是一方面的事，乃是双方面的事。……贞操是一个'人'对别一个'人的一种态度'。"⑥"男子对于女子，也应该有同等的态度。若男子不能照样还敬，他就是不配受这种贞操的待遇。"⑦ 杨贤江先生节译的日本帆足理一郎的《新时代之贞操论》中，把贞操观分为生理上的贞操观——"鸳鸯式的贞操"和伦理上的从发生于生殖本能和性欲的家族制度之便宜上生的贞操观——"片面的贞操"。

---

① 陈文联：《"五四"思想界对封建贞操观的批判》，载《南通师范学院学报（哲学社会科学版）》，2001年第11期。

② 梁景和：《五四时期思想界对"贞操观"的批判》，载《首都师范大学学报（社会科学版）》，1998年第4期。

③〔日〕与谢野晶子：《贞操论》，周作人译，载梅生编辑，黄宪章、蔡又培、抱恨生、董寿芝校订：《中国妇女问题讨论集续集》（第五册），上海：新文化书社，1927年，第88—89页。

④〔日〕与谢野晶子：《贞操论》，周作人译，载梅生编辑，黄宪章、蔡又培、抱恨生、董寿芝校订：《中国妇女问题讨论集续集》（第五册），上海：新文化书社，1927年，第94页。

⑤〔日〕与谢野晶子：《贞操论》，周作人译，载梅生编辑，黄宪章、蔡又培、抱恨生、董寿芝校订：《中国妇女问题讨论集续集》（第五册），上海：新文化书社，1927年，第94页。

⑥ 胡适：《贞操问题》，原载《新青年》，梅生编辑，黄宪章、蔡又培、抱恨生、董寿芝校订：《中国妇女问题讨论集续集》（第五册），上海：新文化书社，1927年，第97页。

⑦ 胡适：《贞操问题》，原载《新青年》，梅生编辑，黄宪章、蔡又培、抱恨生、董寿芝校订：《中国妇女问题讨论集续集》（第五册），上海：新文化书社，1927年，第98页。

这两种都是作为外部条件的贞操观，不足以为永续结婚生活的内在条件，所谓根本条件，乃是结婚当事人的爱，夫妇是以爱相始终的。"爱，并不是单纯的性的爱欲，乃是灵的人格的抱合。……人间的性的关系已经从肉的进化到灵的，从物质的进化到精神的。……爱的内容，也是随时进化的。……从肉体和肉体抱合开始……逐渐的纯化、逐渐的美化、便成为魂的抱合，人格的抱合。……相互尊敬、相互赞仰……能永续这种纯洁的爱，便是一种可称赏的贞操。"① 因而真的贞操观"是立脚于人格的相爱不绝创造的努力的。……必由于人格向上的努力，由于品性相互的磨练，又由于两方的爱的醇化、美化、净化、圣化，影响到子女的灵的生活，而勇往地去做，才能算为真贞操。"②

2. 虚幻光环维护下的私有财产

"未嫁而夫死的女子，守贞不嫁的，是'贞女'；杀身殉夫的，是'烈女'。"③ 民国初年，依然延续了历史上伤天害理的烈女论，因袭旧道德"忠臣不事二君，烈女不更二夫"，传颂宋代程子主张的"饿死事极小，失节事极大"④ 的封建男子专制贞操论。并且以法律条款的形式对于烈女的殉夫、不再嫁进行规约，且对于烈女是有"褒扬条例"的。条例第一条列举了九种可褒扬的行谊，第二款是"妇女节烈贞操可以风世者"，相比条例第七款是"著述书，制造器用，于学术技艺或发明或改良之功者"，妇女的节烈贞操可以与学术技艺上的著作发明享受同等的褒扬，这已经是不伦不类可笑得很了。

此外条例的"实施细则"进一步解释了能受到褒奖的贞操节烈具体条件："第二条：褒扬条例第一条第二款所称之'节'妇，其守节年限自三十岁以前守节至五十岁以后者。但年未五十而身故，其守节已及六年者同。第三条：同条款所称之'烈'妇'烈'女，凡遇强暴不从致死，或羞忿自尽，及夫亡殉节者，属之。第四条：同条款所称之'贞'女，守贞年限与节妇同。其在

---

① 〔日〕帆足理一郎：《新时代之贞操论》，杨贤江节译，原载《妇女杂志》梅生编辑，黄宪章、蔡又培、抱恨生、董寿芝校订：《中国妇女问题讨论集续集》（第五册），上海：新文化书社，1927年，第117—127页。
② 〔日〕帆足理一郎：《新时代之贞操论》，杨贤江节译，原载《妇女杂志》梅生编辑，黄宪章、蔡又培、抱恨生、董寿芝校订：《中国妇女问题讨论集续集》（第五册），上海：新文化书社，1927年，第127页。
③ 胡适：《贞操问题》，原载《新青年》，梅生编辑，黄宪章、蔡又培、抱恨生、董寿芝校订：《中国妇女问题讨论集续集》（第五册），上海：新文化书社，1927年，第101页。
④ 《二程全书·遗书》卷二十二，上海：上海古籍出版社，2000年。

夫家守贞身故，及未符年例而身故者，亦属之。"① 也就是中华民国的法律明确认定"三十岁以下的寡妇不该再嫁，再嫁为不道德"，鼓励"妇人自杀以殉夫；未嫁女子自杀以殉未嫁之夫"，明说"未嫁而丧夫的女子不该再嫁人，再嫁便是不道德"。②

这种法律上的规定对于妇女的迫害和社会风气的不良导向作用是极大的。胡适先生记述了当时北京一家很有名的媒体《中华新报》刊出的《会葬唐烈妇记》讲述一个烈女在丈夫去世之后，九十八天里用"灰火""盐卤""投河""雉经"③"绝食""砒霜"等办法寻死以殉夫。又有《俞氏女守节》说一个十九岁的俞姓少女，"受海盐张氏聘，未于归，夫夭"，俞氏就绝食七日，被家人劝阻之后说："吾即生必至张氏，宁服丧三年，然后归报地下。"妇女失去丈夫、少女不曾出嫁订婚的丈夫就去世，这本身对妇女而言已经是非常悲苦的命运了，但是文章的作者朱尔迈竟评论道："俞氏女果能死于绝食七日之内，岂不甚幸？……烈妇倘能阴相之以成其节，风化所关，猗欤盛矣！"这位先生为了所谓维持"风化"，为未出嫁的俞氏没能绝食而死，怕守丧三年期间，会受到家人阻碍，而"虽有死之志，而无死之间"，并希望唐烈妇的英灵来帮助俞氏女赶快死了，这种议论可算得贞操迷信的极端代表。无独有偶，上海的报纸也报道了一位叫陈宛珍的烈女的事迹："陈烈女名宛珍，绍兴县人三世居上海，年十七，字王远甫之子菁士。菁士于本年三月廿三日病死，年十八岁。陈女闻死耗，即沐浴更衣，潜自仰药。……泣然曰：'儿志早决，生虽未获见夫，殁或相从地下'……死时距其未婚夫之死仅三时而已。"过了两天，上海县知事呈江苏省长请予褒扬的呈文中说："呈为陈烈女行实可风，造册具书证明，请予按例褒扬事。……附送褒扬费银六元前来。……知事复查无异。除先给予'贞烈可风'匾额，以资旌表外，谨援褒扬条例之规定，造具清册，并附证明书，连同褒扬费，一并备文呈送，仰祈鉴核，俯赐咨行内务部将陈烈女按例褒扬，实为德便事。"④ 胡适愤然指出应该"公认这是不合

---

① 胡适：《贞操问题》，原载《新青年》，梅生编辑，黄宪章、蔡又培、抱恨生、董寿芝校订：《中国妇女问题讨论集续集》（第五册），上海：新文化书社，1927年，第99页。
② 胡适：《贞操问题》，原载《新青年》，梅生编辑，黄宪章、蔡又培、抱恨生、董寿芝校订：《中国妇女问题讨论集续集》（第五册），上海：新文化书社，1927年，第100页。
③ 雉经，指自缢。雉，通"绖"。《国语·晋语二》："骊姬退，申生乃雉经于新城之庙。"
④ 参看胡适：《贞操问题》，原载《新青年》，梅生编辑，黄宪章、蔡又培、抱恨生、董寿芝校订：《中国妇女问题讨论集续集》（第五册），上海：新文化书社，1927年，第95—98页。

人情不合天理的罪恶,公认劝人做烈女罪等于故意杀人"。"守寡守节最正当的理由是夫妇间的爱情,妇人殉夫最正当的理由也是夫妻间的爱情。……无论如何,这也是个人恩爱问题,应由个人自由意志决定。……法律总不该正式褒扬妇人自杀殉夫举动。……若用法律来褒扬殉夫的烈妇,有一些好名的妇人,便要借此博一个'青史留名',是法律的褒扬反发生一种沽名钓誉,作伪不误的行为了"①。基于社会上的这种迂腐的风化以及民众对其的褒扬态度,胡适先生提出几点意见:第一,男子对于女子,丈夫对于妻子,也应有贞操的态度;第二,男子做不贞操的行为,如嫖妓娶妾之类,社会上应该用对待不贞妇女的态度来对待他;第三,妇女对于无贞操的丈夫,没有守贞操的责任;第四,社会法律既不认嫖妓纳妾为不道德,便不该褒扬女子的"节烈贞操";第五,贞操既是个人对待男女双方的一种态度,诚意的贞操是完全自动的道德,不容有外部的干涉,不需有法律的提倡;第六,若用法律的褒扬为提倡贞操的方法,势必造成许多沽名钓誉、不诚实、无意义的贞操举动;第七,在现代社会,许多贞操问题,如寡妇再嫁、处女守贞等问题的是非得失,都还有讨论的余地,法律不当以武断的态度制订褒贬的规条;第八,法律既不奖励男子的贞操,又不惩男子的不贞操,便不该单独提倡女子的贞操;第九,以近世人道主义的眼光看来,褒扬烈妇烈女杀身殉夫,都是野蛮残忍的法律,在今日没有存在的地位。②

男子利用权威而用尽手段(法律上强制的、名誉上引诱的),要女性守持的所谓贞节,往往都更多的与身体相关。例如订婚的处女未过门而不能再嫁其实是不能失身于他人,丧偶的寡妇不能再嫁也是保证身体上从一而终,尤其是烈妇烈女以身殉夫,更是用身体的殒殁来证明所谓的贞操。说实在的,大多数制定的法律也好道德也好都无法监控女子的情谊和思想,而且也不是特别在意寡妇心理是不是专情于亡夫。那么何以男性把女性的身体看得如此重要,不惜上升为道德、宗教信仰来加以规束?"贞操的本身,并不曾具有神圣的意义……贞操所以有无上的权威,无非为了男女间的经济关系……无非为了妇女在经济上没有自由——不但没有自由,实在女子的身体,只是男子的一种重要的财产……被历来逐渐发达的财产私有制度所培养的人类经济思

---

① 参看胡适:《贞操问题》,原载《新青年》,梅生编辑,黄宪章、蔡又培、抱恨生、董寿芝校订:《中国妇女问题讨论集续集》(第五册),上海:新文化书社,1927年,第101页。
② 参看胡适:《贞操问题》,原载《新青年》,梅生编辑,黄宪章、蔡又培、抱恨生、董寿芝校订:《中国妇女问题讨论集续集》(第五册),上海:新文化书社,1927年,第101页。

想……把女子的身体当作财产来管理着。"① 在原始社会里，父母对于子女是可以毫无顾忌地行使生杀予夺的权利的，当然，包括买卖子女。为了规避"掠夺婚姻"的不安定与危险，男方让步到出价来买妻子。这时，子女的婚姻便成为横暴无理的贸易。"女的依婚姻售卖她身体的一部分，男的依交易买到一种商品，依婚姻买得生殖的田地。"② 也有研究称一夫多妻除了出于性欲的原因，更重要的是以经济的动机为主，男子以拥有极多的妻子为最大的野心，因为"妻子是人类最初的奴隶，也可以说是他们最初的家畜，……既可以供役使，又可以生小孩"③。男人既然是通过买卖婚姻宣布了对妻子的私有，那么妻子"完全和别的所有物一样看待"，物品被盗，被看作普通的强盗事件，所以受罚的只是盗的人；"至于奸通，被盗的物——妻子，乃是活的人，乃是侵犯丈夫的财产——她自己的身体——的共犯者，所以丈夫可以随自己的自由，杀害他的妻子。而且舆论和法律也都助那丈夫的"④。现代社会，一夫一妻制使得夫妻关系的结合比原始买卖婚姻稍有进步，自然不至于明明白白地把女子当作财产，但丈夫仍然防备妻子的被盗。对于这种盗患，就用舆论法律的制裁代替刑罚，并且肩着所谓道德的大招牌，很有至高无上的权威感，此外还有宗教来帮忙。有了法律、道德、信仰三重镇压物，再加上女子就是要守贞操的规律，基本上实现了对女性（身体）这一私有财产的有效防盗。所以说，贞操被舆论、法律、道德、信仰描绘成一种光环，但这光环是虚幻的，或者说在根本上，贞操是受经济问题操纵的，定位为私有财产中重要的一项，始终作为私有物来进行维护的。

3. 性教育的必要性与作用

性教育（Sex-education）是欧洲近代教育上的一个新倾向，这名词传到

---

① 〔日〕伊藤野枝：《贞操观念的变迁和经济的价值》，亶素译，原载《妇女杂志》，梅生编辑，黄宪章、蔡又培、抱恨生、董寿芝校订：《中国妇女问题讨论集续集》（第五册），上海：新文化书社，1927年，第105页。

② 这是一个阿拉伯法律家发表的关于买卖婚姻的契约程式。〔日〕伊藤野枝：《贞操观念的变迁和经济的价值》，亶素译，原载《妇女杂志》，梅生编辑，黄宪章、蔡又培、抱恨生、董寿芝校订：《中国妇女问题讨论集续集》（第五册），上海：新文化书社，1927年，第108页。

③ 〔日〕伊藤野枝：《贞操观念的变迁和经济的价值》，亶素译，原载《妇女杂志》，梅生编辑，黄宪章、蔡又培、抱恨生、董寿芝校订：《中国妇女问题讨论集续集》（第五册），上海：新文化书社，1927年，第109页。

④ 〔日〕伊藤野枝：《贞操观念的变迁和经济的价值》，亶素译，原载《妇女杂志》，梅生编辑，黄宪章、蔡又培、抱恨生、董寿芝校订：《中国妇女问题讨论集续集》（第五册），上海：新文化书社，1927年，第112页。

中国已经有好几年了;但世俗对于这个问题,大都不很了解,往往容易误认为是导于恶习的起点。①"中国向来看两性关系是非常卑下而且秽亵,以为男女之间,除了严防以外,更无别法,甚至于夫妇之间,也有'男居外,女居内。深宫固门,阍寺守之。男不入,女不出……'的话。在这种习惯之下,与性教育的意见,相差真是远极了!"这也是为什么性教育学说从欧美传入中国已经好几年,理论和实施方法已经讲过不止一次,但在国内教育界却不能引起一些注意的原因。②

在生物学上,"性的本能"和日常生活上的各种本能同样重要,没有什么高下。不过常人见生活本能生来已会,性的本能则到中途才发现出来,遂以为只要隐瞒秘密,便可抑制它,因为根本上认为性欲是一种不正当的事,所以想设法抑制,而且又错用了方法。③"生物一生的作业里隐隐存着两个目的:一个是为着自身的保存,一个是为着繁衍自己的种族。……而且本能上也可以照此分别为二:谋自身存立的,弗娄特(弗洛伊德,Siegmund Freud)教授称为自我本能;谋继种族续的,称为性的本能。"④性的本能和自我本能有同样的重要与尊严,不容我们分别哪一种本能是光明的,哪一种本能是猥琐的。"近代科学的光明已经冲破这种卑视性的本能的矛盾思想,所以性教育也就渐渐起来了。"⑤

性教育不仅学校应当注意,在家庭里实在尤为重要。性教育与家庭关系之重,瓦尔(I. S. Wile)在他著的《性教育》里说:"凡贤良的父母,应该把两性知识教授儿童。要想道德成为一种长久的势力,必须建立在真理上,由知识来建设,由理性来助其强固,知道两性问题的真相,实在是智慧的道德所必须的急务。"所以做父母的必须有一点性教育的知识。⑥性教育的目的是

---

① 周建人:《性教育的理论与实际》,原载《教育杂志》,现载梅生编辑,黄宪章、蔡又培、抱恨生、董寿芝校订:《中国妇女问题讨论集续集》(第五册),上海:新文化书社,1927年,第179页。
② 周建人:《性教育的理论与实际》,原载《教育杂志》,现载梅生编辑,黄宪章、蔡又培、抱恨生、董寿芝校订:《中国妇女问题讨论集续集》(第五册),上海:新文化书社,1927年,第174页。
③ 周建人:《性教育的理论与实际》,原载《教育杂志》,现载梅生编辑,黄宪章、蔡又培、抱恨生、董寿芝校订:《中国妇女问题讨论集续集》(第五册),上海:新文化书社,1927年,第180页。
④ 周建人:《性教育的理论与实际》,原载《教育杂志》,现载梅生编辑,黄宪章、蔡又培、抱恨生、董寿芝校订:《中国妇女问题讨论集续集》(第五册),上海:新文化书社,1927年,第173页。
⑤ 周建人:《性教育的理论与实际》,原载《教育杂志》,现载梅生编辑,黄宪章、蔡又培、抱恨生、董寿芝校订:《中国妇女问题讨论集续集》(第五册),上海:新文化书社,1927年,第174页。
⑥ 周建人:《性教育的理论与实际》,原载《教育杂志》,梅生编辑,黄宪章、蔡又培、抱恨生、董寿芝校订:《中国妇女问题讨论集续集》(第五册),上海:新文化书社,1927年,第179页。

"要顺着儿童的年龄,教以性的知识……使儿童对于性的本能养成一种尊严的观念。……也是养成道德和卫生习惯的基础"。"要旨,便是用科学的态度,按时候将性的知识教授给儿童,消极的,使打破性的神秘与卑污的观念;积极的,使对于性有明白的了解,知道性的作用与任务是极其重要而且高洁。"这种科学的性教育有三种重要的功效:一是保持健康;二是改善性道德;三是改良未来的人种。①

(二) 婚姻问题与人生观改造

婚姻制度是任何一个民族、国家文化中相当重要的一个组成部分。而婚姻制度的从无到有,也是人类社会理性发展、渐次脱离动物性而社会化的典型表征,且对于婚姻的认知很大程度上反映了妇女文化的变迁,直接关乎女性的地位高低与解放程度。

1. "嫁娶""婚姻"与"结婚"之辨

原始社会男女的婚姻关系较为混乱,一派说是杂婚的,古来为社会学者所主张,"在元始的时候,我们的生活和禽兽是一样的,妇女是公共的,不是从一而终的,儿童仅知有母而不知有父"②。又一派则主张原始时代没有杂婚制度的存在。而有学者认为"薛孚莱(Schäffle)之说,比较妥当:原始人类一部分中,不仅有一夫一妻的倾向,并且多数野蛮人之间,也存有'Schwager'(夫或妻的兄弟或姊妹的夫)、'Schwagerin'(夫或妻的妹妹或兄弟之妻)等名词,这等名词,很足予杂婚说者以不便。但原始人的某部分,其初期确有所谓杂婚制的,并且在原始人的近血族间,亦有公妻的事实。又当时所谓夫妇的男女关系,绝不似现在夫妇的那种意义。当时的男女关系和血族观念,都很薄弱,婚姻也没有什么方式,其解除非常容易。……原始时代人的婚姻制度,可以说是因地而殊,也有杂婚的,也有非杂婚的。……当时的男女关系是极紊乱的。"(图3-1)③

---

① 周建人:《性教育的理论与实际》,原载《教育杂志》,梅生编辑,黄宪章、蔡又培、抱恨生、董寿芝校订:《中国妇女问题讨论集续集》(第五册),上海:新文化书社,1927年,第174-175页。
② 惠民:《婚姻之起源》,原载《妇女杂志》,梅生编辑,黄宪章、蔡又培、抱恨生、董寿芝校订:《中国妇女问题讨论集续集》(第四册),上海:新文化书社,1927年,第82页。
③ 冯飞:《妇人问题概论》,原载《妇女杂志》,梅生编辑,蔡又培校订:《中国妇女问题讨论集》(第一册),上海:新文化书社,1926年,第27页。

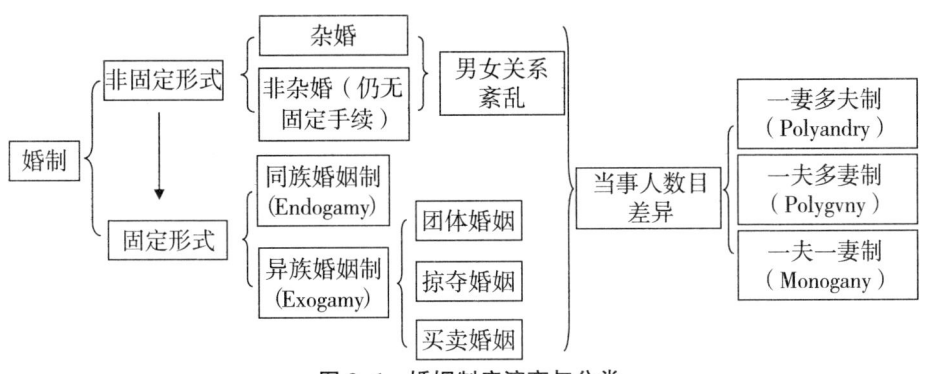

图 3-1 婚姻制度演变与分类

婚姻制度无论其发展是由于统治者的创造，还是由于进化，都在生成对于婚姻的不同理解。而这些理解本身就意味着女性文化在发展变化着。创造论者认为，从名词上看，最初是把男女婚姻关系定位为嫁娶制度：在我国上古时代，民间没有男女的区别，男女生育的关系也十分混乱，"伏羲帝看不惯这样的风俗，很想革除此种陋习"①，"于是制定嫁娶制度，以偶数的皮为礼，标明氏族，创立媒人"②。"嫁"（德语 Verheiraten）或"娶"（德语 Heiraten，法语 èpouser），一嫁一娶就昭示了客体和主体的二元对立，且以"皮"为礼，是存在物与专属权利的交换。以此破除那种无区别的性交行为，逐渐形成对女子当为其夫守贞操的法则。此外，也有从进化论角度的考察，"下等脊椎动物之中，雌雄共同养育幼儿的很少……性的关系是常常变动的，雄与雌在交接期内则营共同生活。……在鸟类里面，父母的爱情达于发达极高的程度，……两性的关系，甚为密切。……许多鸟类，当交接期时，一经配偶，虽至二者中丧其一后，是没有改变的。……哺乳类动物，多数不能像鸟类这样的亲爱。为母的虽则是很热诚地关心她的幼儿的福利，大概都是用最亲切的爱情哺养幼儿，但是为父的则不能如此了，且间有和其幼儿作仇敌的。……黑猩猩像大猩猩一样，亦为幼儿和雌者在树股间建造巢穴，而（雄性）自身则于树之较低处看守度夜"。"在人类里面……包含有父母子女的家庭——无论是以一夫一妻，多夫或多妻的婚姻为基础，或以别种婚姻为基

---

① 惠民：《婚姻之起源》，原载《妇女杂志》，梅生编辑，黄宪章、蔡又培、抱恨生、董寿芝校订：《中国妇女问题讨论集续集》（第四册），上海：新文化书社，1927年，第82页。
② 冯飞：《妇人问题概论》，原载《妇女杂志》，梅生编辑，蔡又培校订：《中国妇女问题讨论集》（第一册），上海：新文化书社，1926年版，第28页。

础——是一种普通的制度。……幼儿的直接养育，大部分是母的职务，而父则为一家之保护者和坚守的人。"① 由此可见婚姻的最初形迹，于下等脊椎动物见之；而在鸟类中，则殆成为一普通制度；但在哺乳动物，则仅限于某一类；在猿猴类中殆成为通则；而于类人猿以及人类中为尤著。婚姻之所以成立，实由于一方面夫人怀孕时期太长，另一方面幼儿发达得迟，男子有扶助供给女子之义务，于是男女的结合不能不求其持续，不得不有一种形式以规定之，于是婚姻制度以起。② 这种论断之中，偏重生育的因由，且认可了"夫权"的合理性，区分了女子的任务是生育和哺养，男子的任务是"因维持生活而狩猎，因保护而战斗"③。而且"婚姻"带有"男女两家老人定约之意（见《诗笺》），嫁或娶都是他动的或被动的"④。

而相对于"婚姻"的意义而言，到了清末民国，人们更愿意用"结婚"来描述，大概是受到西方文化的影响，在英语里面，结婚、嫁、娶等字上皆用 Marry。结婚乃是恋爱的两个个体的结合，并不是由于什么不自然的或某种强迫而成的。在结婚的关系上，因之绝不能有某个体屈服于其他个体的事实，所以性别的两个个体是对等的；而且结婚乃是自动的，结婚本是两恋爱个体共同生活的实现，没有恋爱，不是结婚，而恋爱是两个个体的相须⑤冲动，这相须冲动当然是自动的，所以结婚也是自动的，所以结婚不同于传统的婚姻的意义，在于三点：一是有恋爱；二是两性关系对等；三是自动自愿。

据此，可见民国时期女性已经走上自我觉醒之路，有平等的意识萌发，在两性关系中的地位也有所提升。这意味着，中国女性的婚姻文化已经获得了一定的解放与进步。

2. 独身主义、离婚自由及儿童公育

问题一：独身主义。

所谓"独身"，有广狭二义：广义的，是和一切家族、朋友、亲戚，都断

---

① 惠民：《婚姻之起源》，原载《妇女杂志》，梅生编辑，黄宪章、蔡又培、抱恨生、董寿芝校订：《中国妇女问题讨论集续集》（第四册），上海：新文化书社，1927年，第83—88页。
② 惠民：《婚姻之起源》，原载《妇女杂志》，梅生编辑，黄宪章、蔡又培、抱恨生、董寿芝校订：《中国妇女问题讨论集续集》（第四册），上海：新文化书社，1927年，第89页。
③ 惠民：《婚姻之起源》，原载《妇女杂志》，梅生编辑，黄宪章、蔡又培、抱恨生、董寿芝校订：《中国妇女问题讨论集续集》（第四册），上海：新文化书社，1927年，第88页。
④ 冯飞：《妇人问题概论》，原载《妇女杂志》，梅生编辑，蔡又培校订：《中国妇女问题讨论集》（第一册），上海：新文化书社，1926年版，第41页。
⑤ 相须，亦作"相需"。互相依存；互相配合；相互等待。

绝关系不通问闻，不相往来。狭义的，是专指不结婚而言，其他如社交、事业、行动等，仍和平常人一样。①

社会上之所以会存在独身主义者，大概原因有以下几点：一是得不到满足自己理想的配偶；二是有鉴于别人的恶婚姻的苦痛，恐自己也入此漩涡；三是恐怕受经济的压迫——恐结婚后家庭负担过重；四是以独身当作高洁者；五是为避孕妊之苦；六是要努力发展自己的能力，不愿受婚姻之累。②

其中最有力者，是为了努力发展自己能力不愿受婚姻之累的独身者，主要是受到妇女参政运动、男女间职业竞争等女性解放事业的影响。这种独身的风气日盛一日，近百年间，法国的人口增减率已在停止状态中，英国也呈现这个现象，乃欧美的风雨更顿洒太平洋之东西岸，二三十年来，中国与日本的妇女中，受独身主义洗礼者也与时俱增了。"据最近的实际调查，独身者的人数，完全和文明程度的高低成正比例，文明的程度愈高，抱独身主义者也愈多……就是一国之中，独身者也大都是在知识阶级的；而且女子的独身者，要比男子多。"③ 这部分女性往往持一种人生观："女子之所以被男子征服者，就是在'生产'一点，而生产的原因，就是结婚。现在如果要恢复女权，伸张女子的能力，改造现在半身不遂的社会，非拒绝婚姻而营独身生活不可。"④

独身主义的最大危害，就是知识阶级里抱独身主义者日多一日，其生产能力逐渐递减；而无知识阶级，则依然竭力发挥生殖本能，而且低能的男女，还特别多产些。实在有些危险，新文明的前途，将陷于黑暗地狱中。

由此希望青年男女用一种积极的改造精神、乐观的人道运动，去谋全社会全人类的幸福。旧日的夫妇关系不好，就用正当的方法去改良它；旧日的家庭制度不好，就用合理的制度去替代它。创造理想的家庭，实行理想的夫妇生活，这才是有价值的动作。独身绝不是个人发展的捷径，更不是社会改造的良药。而要很好地救济独身主义的片面人生观，就需要做几种努力：一

---

① 李宗武：《独身问题之研究》，原载《妇女杂志》，梅生编辑，黄宪章、蔡又培、抱根生、董寿芝校订：《中国妇女问题讨论集续集》（第五册），上海：新文化书社，1927年，第67页。
② 李宗武：《独身问题之研究》，原载《妇女杂志》，梅生编辑，黄宪章、蔡又培、抱根生、董寿芝校订：《中国妇女问题讨论集续集》（第五册），上海：新文化书社，1927年，第67—68页。
③ 李宗武：《独身问题之研究》，原载《妇女杂志》，梅生编辑，黄宪章、蔡又培、抱根生、董寿芝校订：《中国妇女问题讨论集续集》（第五册），上海：新文化书社，1927年，第69页。
④ 李宗武：《独身问题之研究》，原载《妇女杂志》，梅生编辑，黄宪章、蔡又培、抱根生、董寿芝校订：《中国妇女问题讨论集续集》（第五册），上海：新文化书社，1927年，第70页。

是改革旧式家庭制度；二是允许自由离婚；三是发展儿童公育。

问题二：自由离婚。

"人类的婚姻，不论是结婚，是离婚，都是一种基于自然的事实，合则留，不合则去，本来是绝对的自由的。不独野蛮人的离婚不成问题（恶意的），而且文明人的离婚也应该不成问题（善意的），苟自以文明人自命，如果在两性的关系上还要加受一种人为的限制，真是文明人之耻！但是不幸我们的祖先、男子、圣人、教祖、大立法家，等等，受了一种刻骨的利己心与偏下的嫉妒心的支配，受了一种妖魔的神秘性与条文的印版性的支配，硬把两性关系这件事，当作一件神圣不可侵犯而又严守秘密的事情，造出许多吃人的礼教、法律、传说、习惯、迷信、权威，把人类的'自然'消灭尽了，把人类的'自由'剥夺完了。……一方面在强制人类的不自由的结婚，他方面在压制人类的自由的离婚。"① 民国时期，对于自由离婚问题，有学者考察两个方面：其一是自由离婚本身是否可以成立；其二是自由离婚本身是否应该实现。

第一层面，自由离婚（单愿的、两愿的自由离婚）如果尽除偏见、传统等障翳对其绝对性进行考察，其本身丝毫无可非议，其实还应尽力提倡。"因为恋爱和共同生活应该是事实和征候的关系，即恋爱应如光色之于绘画，节奏之于音乐，与共同生活同在，又如寒暑表之于气候，应以共同生活为恋爱的征候。如其这样，则爱亡当然离婚，即顽强的法律也不宜妄加反对。"② 两愿的离婚是容易被认可为合理的，但单愿的离婚往往不容易被接受。如果从结婚应为平等双方自动自愿的角度出发，当然就不能承认只剩一方有继续婚姻生活的意思仍可牵强地继续婚姻生活。由此，自由离婚应该存在，而且应当使其在必须实现处可以实现。

第二层面，是关于自由离婚的相对性的考察，即在自由离婚和社会的关系间考察，其困难极为繁复，几乎使懦弱者不敢凝视，不敢着手解决。

第一，从情感方面说，传统上，"中国人尚多不知两性共同生活应与恋爱平行，于恋爱又多不知是两造精神深处的结合。所以一方爱亡另一方迷恋妄

---

① 易家钺：《中国的离婚问题》，原载《学灯》1922 年 4 月，梅生编辑，黄宪章、蔡又培、抱恨生、董寿芝校订：《中国妇女问题讨论集续集》（第五册），上海：新文化书社，1927 年，第 5—6 页。

② 陈望道：《自由离婚的考察》，原载《妇女评论》，梅生编辑，黄宪章、蔡又培、抱恨生、董寿芝校订：《中国妇女问题讨论集续集》（第五册），上海：新文化书社，1927 年，第 1 页。

想苟延的关系不少"①。甚至有情感上的单方面执着而酿成悲剧的。

第二,从经济方面说,一般的婚姻生活中经济关系往往比精神关系或感觉关系更深刻。所谓"吃老公饭"的固然多,而所谓"吃老婆饭"的也不少,寄生的一方一旦被离婚往往无法自存,旧式的女子,在娘家不肯收留则尤其如此。

第三,从社会方面说,离婚之后,尤其是女子,往往被阴森暗黑的社会看为不道德的人。并且,被离婚的女子"想再营快乐的婚姻生活,除了门第高、学问或积蓄多者,颇是一件不容易的事"②,即使再嫁,也不免被人轻贱。

第四,从教育方面说,主要是针对已经有孩子的家庭。离婚之后,如果由父亲抚养教育,那么父亲若再婚,也许孩子会遭受后妈的虐待;如果由母亲带去,女子再嫁时会有"拖油瓶"之名,会受到后爸和社会的冷遇,对孩子的成长和教育极为不利。

第五,从法律方面说,无论哪个国家的法律,对于离婚,总是加一些限制的。单就中国而论,从前的七条,现在的九款,从性质来看,似乎对于离婚的限制放松了一点,妇女的地位提高了一点,但是不平等的地方还是很多。

第六,从道德方面说,离婚在某种意义上也可以说是一个道德问题,正当的离婚是一种最高的道德。但是现在中国好多人,想要离婚,即使是法律允许,但如果"旧道德不承认他们的离婚,他们竟至不敢离婚,这种道德的潜势力,有时比法律的显势力大得多多,他可以支配人类一切行为"③。"现在又有所谓人道主义的道德了,但无论如何,我们的道德,对于离婚的思想与行为,总是加以不断的强烈的限制,……他们想以道德来干涉离婚,不知离婚已经是一种道德。"④

以上几个问题,会成为离婚时的牵绊,致使所谓"自由离婚"的"自由"往往止于"单愿"。因此,自由离婚若想在现实中能够"自由"地实现,

---

① 陈望道:《自由离婚的考察》,原载《妇女评论》,梅生编辑,黄宪章、蔡又培、抱恨生、董寿芝校订:《中国妇女问题讨论集续集》(第五册),上海:新文化书社,1927年,第3页。
② 陈望道:《自由离婚的考察》,原载《妇女评论》,梅生编辑,黄宪章、蔡又培、抱恨生、董寿芝校订:《中国妇女问题讨论集续集》(第五册),上海:新文化书社,1927年,第4页。
③ 易家钺:《中国的离婚问题》,原载《学灯》1922年4月,梅生编辑,黄宪章、蔡又培、抱恨生、董寿芝校订:《中国妇女问题讨论集续集》(第五册),上海:新文化书社,1927年,第10页。
④ 易家钺:《中国的离婚问题》,原载《学灯》1922年4月,梅生编辑,黄宪章、蔡又培、抱恨生、董寿芝校订:《中国妇女问题讨论集续集》(第五册),上海:新文化书社,1927年,第11页。

就要做几方面的努力：一是阐明两性道德；二是"运动经济独立"①；三是完善社会救济。

"就中国目前社会的变动看起来，恐怕离婚的趋势，一天要增大一天，从女子方面说，这确是一个好现象。屈服在男权下的今日中国的一般女子，十有七八应该离婚：她们所以不知道离婚的好处，完全是因为她们没有明晰的知识；她们之所以不敢做离婚的反抗，完全是因为怕旧社会的势力；她们所以虽反抗而不能彻底，完全因为她们没有勇敢的毅力——这都是女子解放不能成功的原因。"当然，绝对不是希望男男女女都要离婚，"从良心上说来，是不希望有恋爱的男女而陷于离婚的结果，但我们一样的不希望无恋爱的男女而结婚，和无恋爱的结婚而不离婚，我们止于希望，希望绝不是干涉，干涉便是自由之敌"②！

问题三：儿童公育。

儿童公育问题不仅可以解决独身主义者的困扰，从更广泛而重大的意义上而言，是妇女解放的一个重要步骤。继发展女子教育做基础，充分的职业发展做准备之后，儿童公育制度的建立对于妇女的自由和解放具有巨大的推进力。

首先，如果儿童不公育，妇女的职业问题就不能解决。妇女不同于男子，是要生育的。生产以前，要承受怀孕的种种苦痛，生育以后，一天到晚忙于哺育幼子，如何能有时间和精力去考虑职业问题呢？许多在西方留学过的女子，虽然学习和掌握了很多学问，而结婚生育以后，却无法投入工作，岂不是最可惜的事吗？其余的女子，更不必说了。欧美各国都有"保护母权的运动"，而以德国"母权保障会（Eund fur Mutterschutz）"的成效和势力为最大。该协会经过多方努力，最终确立了一条法律，"使女子当生产前后六个星期之间，都可以有一定的经费可支，十二星期之内，虽不能做工，而支全额的经费，产期内医药费完全豁免，而半年之内还有相当的津贴"③。将来文明的国家都应当定"产母优待条例"。儿童出生之后，有许多"儿童公育院

---

① "运动"意为"为达到某种目的而奔走的活动"。陈望道：《自由离婚的考察》，原载《妇女评论》，梅生编辑，黄宪章、蔡又培、抱恨生、董寿芝校订：《中国妇女问题讨论集续集》（第五册），上海：新文化书社，1927年，第5页。

② 易家钺：《中国的离婚问题》，原载《学灯》1922年4月，梅生编辑，黄宪章、蔡又培、抱恨生、董寿芝校订：《中国妇女问题讨论集续集》（第五册），上海：新文化书社，1927年，第25页。

③ 参看 The American Journal of Sociology Vol. ⅩⅩⅠ. 中之 The Mobility of The German Woman. 摘自罗家伦：《妇女解放》，梅生编辑，蔡又培校订：《中国妇女问题讨论集》（第一册），上海：新文化书社，1926年，第17—18页。

（Crèches）"可以供那些有职业的女子送儿童进去抚育，免得同自己的职务相冲突。后来这种公育院愈推愈广，成效极佳。第一次世界大战后，各国妇女都到工厂做工或到局所就职去了，于是儿童的公育院更有了更大的发展机会。罗素曾说，"儿童生出来种种费用都应当由社会担任，将来的衣食教育也应当由社会筹备，这并不是仅给穷的人当慈善事业的，各种阶级都应当如此，因为这是公共的利益"①。因此这种制度不但要保存，还应当继续扩大。

其次，建立儿童公育制度还出于为改革婚制、谋求男女间真正圆满幸福的考虑。婚姻制度不良，令男女双方都感到痛苦，这种现象在中国尤甚，在西洋也是不能避免的。因此西方抨击婚姻制度的也很多，如德国的爱伦凯（Ellen Key）认为："现在法律上的婚姻制度，不但是使人群退化，并且是绝对的不道德。"他所举的理由，如只使女子保节全贞，而男子则否；使女子在经济方面附属于男子，且摧残女子的个性；使已成了不快乐的配偶，还要勉强在一起；使男女只能做父母，而没有真爱情；使父母对于子女不负责任；凡此种种，都是举世所公认的。② 所以他们都主张"两性道德的改造"；主张婚姻是男女双方绝对自由的结合，不受形式的限制，才有真正的爱情，才有真正良好的人类。而现在的婚姻制度之所以还有许多不自然的地方，就是由于"各处的婚制，都不脱宗法社会的遗传，多半还有家族的血统观念，而以儿童的关系为最深。她们起初原是为儿童的好，哪知道据近代教育家的研究，则不特有害儿童，而且害及男女的幸福"③。实行儿童公育制度，婚姻制度中的障碍至少可以去掉大半，以待两性道德的改造，可以减除男女间无限的痛苦，解放男女间无限的束缚。

最后，建立儿童公育制度，可以让儿童受到科学的、良好的教育。因为职业的关系，母亲有限的精力难以应对生活中的各个方面，往往发挥不出做母亲的能力。况且教育的原理一天比一天发达，教养儿童不是没有研究就可以成功的。女子如果希望有一个健全的儿童，为社会添一个健全的分子，为什么不把所生的儿童，交给有研究有兴趣的人去抚养呢？所以儿童公育也可以说是女子职业发达后必然的结果。

---

① B. Russell: *Principles of Social Reconstruction*, Allen & Unwin, 1916, p. 184.
② 参见 Ellen Key 的 *Love and Marriage* 和 *Love and Ethics* 二书，其中列举欧洲现代婚制罪恶有十二条。
③ 罗家伦：《妇女解放》，梅生编辑，蔡元培校订：《中国妇女问题讨论集》（第一册），上海：新文化书社，1926年，第19页。

由此可见，儿童公育对社会改造有三方面重要作用：

一是教育方面。分为两个层面，第一，儿童公育可以使适于做父母的人去做抚养儿童的真正父母；第二，儿童公育可以打破社会种种阶级、种种家庭教育条件不平等的限制，实现真正平等的教育。

二是社会方面。有利于儿童社会性的发展。在公育院里儿童接受平等的教育，有共同的生活，有利于培养有民主意识的人，有利于建设真正平等的社会。

三是财产方面。有力地防止社会因财产而引起的罪恶现象发生。以遗产问题为例，如果儿童都是公育的，那么就没有经济、家庭、权力等方面的背景差异，这样有利于保持儿童的纯洁、善良之心；父母方面，知道儿童自有社会公共机关抚养，就不会想尽办法弄"造孽钱"来为子孙吃饭留保障。

(三) 男女同校/同学①问题之争

实行男女同校，是妇女解放的一个重要问题。支持男女同校/同学的人，以"西洋的男女，在初等小学即男女同校起，一直到大学，也是男女受共同的教育。以美国的高等教育而论，除了少数几个女子大学以外，其余邦立大学全是男女同校的。第一次世界大战以后，一班守旧的私立大学也几乎全体开放了。在亚洲，专制的日本有好几个大学已收女生"② 为启示与借鉴，认为中国要妇女解放，非实行男女共同教育不可。当然，有支持者就有反对者，反对者的顾虑和忧心主要是基于中国封建社会流传下来的男女有别的礼教，认为青年男女同校/同学，过多的接触，是有伤风化且潜藏危机的。因此两方都阐述了很多理由来支持自己的立场。

1. 男女同校/同学的合理性

这个世界是"男性的世界"，由于重男轻女，中国与外国开始的时候都只

---

① "男女同教"、"男女同学"和"男女同校"三个概念之间的异同："男女同教"指男女受相同的教育，不应因性别而有所差别；"男女同学"指男女在同一个学校学习；"男女同校"，杜威夫人在谈到美国的这种教育时下定义说："男女同校，Co-education，是女子和男子一同在大学受教育。Co-eds 而兼收男女的大学教育，就称为男女同校教育。"（刘国钧译：《美国的男女同校教育》，《觉悟》，1920年9月3日）而在中国，"男女同校"则是指从幼稚园开始，自小学而中学、后大学均男女同校。从这三个概念的理解来看，"男女同教"忽略了男女个性的存在，将其所受教育趋于一同，这不免有偏颇之义；而后两者则均有男女在一个学校受教育、学习的意思，所以"男女同学"和"男女同校"基本同义。参见任雅洁：《论五四时期的男女同校问题》，河北师范大学硕士学位论文，2004年。

② 罗家伦：《妇女解放》，梅生编辑，蔡又培校订：《中国妇女问题讨论集》（第一册），上海：新文化书社，1926年，第10页。

第三章 传承与嬗变：近代思想启蒙视域下的"淑女教育"

有男子学校，没有女子学校，更没有男女同校的学校。随着时代的进步，有先知先觉者开始办女子学校，目的是为了让女子能接受教育，提高地位；把男女分开是为了避免两情相悦，惹出事端。后来，逐步有更开明的人士办起了男女同校的学校。①

中国最早出现男女同校的大学是在 1905 年，由中美合办的私立岭南大学兼招女生。此校 1915 年分办女校，但不到一年又正式宣布实行男女同校。随后开禁的是北京大学。1919 年 3 月 15 日，蔡元培在北京青年会的一次讲演中主张男女同校。蔡元培说："我国人不许男女间有朋友关系，似乎承认'男女只有恋爱的关系'，所以防范不到处，就容易闹笑话了。……但是改良男女的关系，必要有一个养成良好习惯的地方，我以为最好的是学校。"因此，男女同校历来被视为一种进步，在蔡元培的教育功绩中，更被认为是"蔡先生留给中国妇女的一种莫大的纪念"②。

第一，男女同校/同学有利于谋人类的平均发展。

"教育乃变化人类生活的条件，绝对不可有差别"③，"男女两性，同有向上的倾向"④，"有同等的人格，处平等的地位，应该受同等的教育，不宜妄生分别，有所歧视"⑤。况且男女的生活，是共同的生活，则教育更不应有差别。若是均衡失当，则其结果必致造成半身不遂的民族、半身不遂的文明。⑥要想"解决男女平等问题，必先使妇女的生活能够独立；要使妇女生活独立，必使妇女先有职业，先有技能；要有职业技能，便非受过教育不可"⑦。可见男女同校是一种真正视女子为"人"的教育，是一种"自然发展的教育，是人类平均发展的教育，是男女平等的教育，也是达到教育目的的最重要的最速的最善最简单的方法"⑧。

第二，男女同校/同学有利于增高女子的地位。

女子地位因历史上的关系，往往受到社会的轻视，实在是女子解放的障

---

① 吕型伟：《为什么复办女子中学》，吕型伟：《吕型伟从教七十年散记——从"观察蚂蚁"到"研究人"》，上海：上海教育出版社，2004 年，第 156 页。
② 张慧敏：《又见女校》，载《中国新闻网》，2000 年 12 月 22 日。
③ 李鹤鸣：《女子解放论》，载《解放与改造》第 1 卷第 3 号。
④ 李鹤鸣：《女子解放论》，载《解放与改造》第 1 卷第 3 号。
⑤ 仲九：《男女同学和性欲》，载《觉悟》、1920 年 7 月 5 日。
⑥ 罗家伦：《妇女解放》，梅生编辑，蔡又培校订：《中国妇女问题讨论集》（第一册），上海：新文化书社，1926 年，第 11 页。
⑦ 胡适之：《大学开女禁的问题》，载《少年中国》第 1 卷第 4 期。
⑧ 《我们为什么要做男女共同教育的运动》，载《南风》第 1 卷第 1 号。

碍，因为习惯的影响，也是很深的。男女受共同的教育，一方面可以养成双方互相尊敬的心理；另一方面可以扫除旧有男强女弱的观念。据各国的经验，男女共同学习，则女子的成绩往往优于男子。这种情形，在女子方面可以更提升一层觉悟，在男子方面当然也可以将以前不合理的观念一律扫除。① 因此"亦宜应时要求，或设专校，或男女同校"。1919 年 7 月以前，一个女子高等教育学校都没有，1919 年 7 月以后北京才有一个新扩充的女子高等师范。由于民国初年财政较为紧张，因此要添办许多女子学校比较困难，但就是中学目前不能开放，大学及专门学校的开放是刻不容缓的。② 若能实现各个阶段的男女同校当然是最理想的。"此外尤其重要者，即政治上法律上之高等学术机关，亦宜次第开放。始若增进女子之学识，巩固女子之地位。"③

第三，男女同校/同学有利于男女间正当的交际。

"吾国男女素鲜相见机会，未免养成正当交际习惯。其后果则偶相接近，或不免缺少自制力，甚至发生不德行为，亦或有其事。"④ 这种不合理的肉欲行为和不正当的好奇心，都是由于知识浅狭的结果，而男女同校后，男女间日夕接触，彼此相知既深，自发畏敬之念，互以人格相尊重、精神相敬爱。所以，这种卑鄙不合理的行为，自然就不会发生。而且"男女时时有相见的机会，性的刺激，一定因习惯而减少"⑤。中国人对于男女之间实在有一种神秘观念：认为男女除肉欲以外，没有正当的交际。于是设了种种的"礼教大防"来做防范。但两性相爱本是人类的天性，防范愈严，横溃⑥愈甚。"男女的性欲是极富反动力的，不从根本想个正本清源的法子，而单在表面上设堤防，是终究要失败的。倘使堤防法子是有效的，何以中国隔绝男女几千年了，于今却仍是男女私合的事情绝盛呢？这又是从反面证明男女隔绝不是维持男女道德的好法子，而实际上反是有害的。"⑦ 而"要救正这种流弊，免除两性间干燥无聊的生活，而建立男女正当的关系，就要实行男女公开的交际，而

---

① 罗家伦：《妇女解放》，梅生编辑，蔡又培校订：《中国妇女问题讨论集》（第一册），上海：新文化书社，1926 年，第 11 页。
② 罗家伦：《妇女解放》，梅生编辑，蔡又培校订：《中国妇女问题讨论集》（第一册），上海：新文化书社，1926 年，第 12 页。
③ 潜龙：《我国妇人问题》，载《晨报》，1919 年 5 月 27 日。
④ 袁昌英：《大学男女同校说》，载《太平洋》第 2 卷第 5 号，1920 年 6 月 5 日。
⑤ 仲九：《男女同学和性欲》，载《觉悟》1920 年 7 月 5 日。
⑥ 横溃，指河水次堤横流，比喻溃乱。
⑦ 沈雁冰：《男女社交公开问题管见》，《妇女杂志》第 6 卷第 2 号，梅生编辑，蔡又培校订：《中国妇女问题讨论集》（第二册），上海：新文化书社，1926 年，第 156 页。

男女共同教育就能使这个障碍不打自破"①。"通常男女间只要有人格观念立着，便也不致发生不合理的性的恋爱了。"② 除此之外，"男女交际日久，可得正当的发展，更可收集思广益之效"③，能够增进理解、开拓思维、增长智识、提高情商。

第四，男女同校/同学有利于成就真正良好的婚姻。

婚姻是男女共同的生活，所以必先有双方人格上的了解。中国旧式的婚姻使两个素不相识的男女相合，或者现在根据"一面爱"或"照片爱"的所谓"自由结婚"，都没有人格上的了解。男女同校受共同的教育，则大家相知甚深，于人格上的了解之外，还可加上知识上的了解④，"行共同的操作，为共同的生活，彼此互成真挚的良友，互相助长学问的趣味，将来就是结为夫妇，也可增进家庭的幸福"⑤，将来在社会上发生的影响当然就会是好的。

第五，男女同校/同学有利于谋求中国妇女的解放。

表3-3 1919年中国各级各类学校女学生人数统计

学校类型	女学生人数
国民小学	149505
高等小学	187298
其他初级学校	3254
中学	948
师范学校	6685
其他中学	1828
总计	1809498

数据来源参见《新教育》第一号，1919年，第21—28页

女性不知解放或不敢争取解放与知识水平的差别大有关系。男女有同等

---

① 罗家伦：《妇女解放》，梅生编辑，蔡又培校订：《中国妇女问题讨论集》（第一册），上海：新文化书社，1926年，第11页。
② 沈雁冰：《男女社交公开问题管见》，载《妇女杂志》第6卷第2号，梅生编辑，蔡又培校订：《中国妇女问题讨论集》（第二册），上海：新文化书社，1926年，第155页。
③ 李鹤鸣：《女子解放论》，载《解放与改造》第1卷第3号。
④ 罗家伦：《妇女解放》，梅生编辑，蔡又培校订：《中国妇女问题讨论集》（第一册），上海：新文化书社，1926年，第11页。
⑤ 李鹤鸣：《女子解放论》，载《解放与改造》第1卷第3号。

的智力、同等的向上心，但由于社会的压制，女子无处求学，所以女子的知识会较为低下。① "共学则机会均等，男女受更普通更真实的训练。"② 而且"已受高等教育的妇女知道妇女解放应该怎样进行才能够成功，知道自己对于一般没有受高等教育和完全没有受教育的女同胞有指导启发的责任……时日久一点，全国的妇女团结起来，对于一切不好的旧制度行总攻击，那时候完全解放一定能够成功"。所以，女子与男子"得受平等教育是妇女解放最要紧的过程"③。此外，民国初年财政吃紧，若在男子学校外单设女子教育，实际上等于分散教育财政的开支，"男女同校，于创办教育机关，经济上最是合算，并可省却将来改组的手续——若行差别的教育，将来妇女得了知识，必定要求将男校解放，岂不麻烦"④。

第六，男女同校/同学有利于顺应世界潮流。

"欲使学校与社会、国家、世界日益亲密，则男女共同教育不可忽视也。"⑤ 社会的发展、国家的富强、民族的振兴，男女贡献缺一不可；男性和女性的能力并没有实质性差别，在社会服务中的作用也是并驾齐驱的。"保持社会永续，创造新文化，这个责任，不是男子单独负的，是男女共同负的。若承认女子是'人'，对社会与男子负有共同的责任，一定要受同等的教育。"⑥ "欲使我中华民族适应今日澎湃之世界，非使我中华民族个个有适应如此潮流及学术技能不为功；欲使中华民族狂荡武力，改变世界进步之方向，非使中华民族各有左右世界潮流之思想与实力不能偿愿。然欲有学术与技能、思想与活力，舍兴办教育以外，别无办法。"⑦

第七，男女同校/同学有利于父母双方协同对子女进行良好的家庭教育。

"家庭对于子女教育的影响，往往比学校更大。因为子女在家庭与父母接近的时候多，很能常常从父母领受人生日用的知识。这种家庭的教育，帮助子女在社会里应用时，往往比学校教育的效力更大。"因此只主张女子接受奴隶式教育对于她今后相夫教子是有害无益的。因为那样，"一家之中主家政的

---

① 罗家伦：《妇女解放》，梅生编辑，蔡又培校订：《中国妇女问题讨论集》（第一册），上海：新文化书社，1926年，第12页。
② 李鹤鸣：《女子解放论》，载《解放与改造》第1卷第3号。
③ 周炳琳：《开放大学与妇女解放》，载《少年中国》第1卷第4期。
④ 李鹤鸣：《女子解放论》，载《解放与改造》第1卷第3号。
⑤ 屠哲隐：《男女共同教育之研究》，载《时事新报》，1919年12月6日。
⑥ 震汉：《男女同学的我见》，载《觉悟》，1920年7月20日。
⑦ 王德熙：《南京高等师范男女共校之经过》，载《少年世界》第1卷第7号。

女子没有受过良善的教育，就不能给儿童一种好教诲。这种的家庭不但不能帮助儿童，令他把在学校所受的教育往前进行，并且还可以把它失去"①。所以男女同校有利于女性尽母职，用正确的、科学的思想教育好子女，并且由于同校学习，男女在教育问题上就能够良好地沟通，有利于形成一致的教子观念。

第八，男女同校/同学有利于防止青年恋爱本能倒转而成为同性恋。

青年选择恋爱的对象，是缺乏定见的，往往离开了正路，不知反省。他们爱与被爱的欲求是很强烈的。少年男子与其同伴或少年女子与其同伴往往会恋爱。如果小学大学的男女生都是分校的，这类的事情一定很多。因为少年的男女，恋爱正在萌芽，在他们的心里，要求同情、理解、慰藉。从前的母子之爱逐渐稀薄，而爱异性的欲望日益增高。在这新的欲求发生时，不乏对于同性感到爱恋，出现同性爱的性质，成为父母和教师的大问题。② 男女同校，就可以让男女青年有公开进入社会交往的机会，有利于防止或减少这种由于不成熟的好奇与盲目的爱欲产生同性恋问题。"男女同校的真正价值，在给男女以一种生活自觉的机会，渐渐脱开下意识的领域，各自努力向上，始而相距，继而相亲，终而入于调和的境地。"③ 调和的境地便是男女分别养成完满的人格。

2. 反对男女同校/同学者的担忧

第一，大部分反对男女同校者，甚至都有不希望女子接受现代教育的倾向。认为男女各有应尽的天职，若男女共同教育，会使女子背弃天职，于是站在"男女有别"的立场上，竭力维护传统的"男主外，女主内"的封建行为准则。"为家长者，以女子年长必嫁，异日总为他家妇，故无须教育之；为丈夫者，以为娶妻所以续姓传代，次则享受服事，故不必求有学之妇也。"④ 从封建时代便一直存在"女子无才便是德"的观念，生怕女子有了智识，进入社会，家务事就无人料理了。因此女子不但不应和男子接受共同的教育，且最好只接受传统的贤妻良母的教育就可以了。

第二，反对者认为男女同校就会引发异性社交公开化的问题，"正在实行

---

① 孟禄：《女子教育》，载《晨报》，1921年12月22日。
② 〔英〕格里康：《结婚的心理》。转引自任雅洁：《论五四时期的男女同校问题》，河北师范大学硕士学位论文，2004年，第8页。
③ 邬翰芳：《男女同校的原理》，载《晨报》，1921年4月21日。
④ 屠哲隐：《男女共同教育之研究》，载《时事新报》，1919年12月6日。

异性社交的青年男女,他们相互间的态度,往往流于狂放失检"①,是认为男女授受不亲,"异性间的差别,无论如何不能泯灭,就是异性间的界限,当然存在"②。如果在一个学校里学习,"女子是多半无知识,容易受人诱惑"③,"男女同学后,性的刺激容易发生"④,"一旦受刺,其属性之发动,势必愈其常度而陷于危境"⑤。社会间恐女子失行,乃倡为贞烈节操之说以范之⑥,反对男女同学。

第三,反对者担心男女同校之后,将有男子会受女子影响变得娘气,同时,这种共同的教育,将失去男女的特性,减少男女间结婚的兴味。

第四,反对者以"男智女愚"的论调提出"女子智能不及男子,男子遂占有统驭女子之权。夫女子教育既遂于男子,则智能不足以相抵抗"⑦。因此男女同校会使女生难于完成学业。如果非实行男女同校不可,也会因"恐少合格之人"⑧,而以失败告终。

第五,反对者从社会心理的角度,提出"旧社会的眼光未完全改变,若是实行男女同学,在学生父母的眼光看来,依然是危险不过的。那就反因男女同校的缘故,使求学的人缩小,教育更不能普遍"⑨。

对于男女同校/同学问题的争论还不只是同意和反对这样显著的针锋相对的立场,就是在支持者内部也存在歧见。一方面是主张"绝对男女同校论"的:"自国民学校至大学,凡有学生,皆宜男女并收,泯去男女之足迹,两性实行平等。"⑩ 持这一主张的派别称为激进派。他们大多数为激进的民主主义者,如王若愚、康白情、徐更之等。他们首先站在男女同样是"人"的立场上,力陈绝对男女同校的理由。另一方面则是较为折中的"相对的男女同校

---

① 西冷:《异性社交的态度问题》,原载《觉悟》,梅生编辑,蔡又培校订:《中国妇女问题讨论集》(第二册),上海:新文化书社,1926年,第151页。
② 西冷:《异性社交的态度问题》,原载《觉悟》,梅生编辑,蔡又培校订:《中国妇女问题讨论集》(第二册),上海:新文化书社,1926年,第152页。
③ 沈雁冰:《男女社交公开问题管见》,载《妇女杂志》第6卷第2号,梅生编辑,蔡又培校订:《中国妇女问题讨论集》(第二册),上海:新文化书社,1926年,第155—159页。
④ 仲九:《男女同学和性欲》,载《觉悟》,1920年7月5日。
⑤ 屠哲隐:《男女共同教育之研究》,载《时事新报》,1919年12月6日。
⑥ 屠哲隐:《男女共同教育之研究》,载《时事新报》,1919年12月6日。
⑦ 《男女教育平等之请愿》,载《民国日报》,1919年1月18日。
⑧ 震天:《与校长再论男女同学书》,载《觉悟》,1920年12月3日。
⑨ 秋霖:《男女同学问题》,载《民国日报》,1920年3月9日。
⑩ 《男女教育平等之曙光》,载《民国日报》,1920年2月27日.

论",具体观点如下①:其一,认为男女同校应顺其自然,不应勉强。愿同校就同校,因为每个人都有自己的个性;其二,只赞成小学和大学男女同校,反对中等学校男女同校;其三,主张男女同校而不同班,以满足女子要与男子受平等教育的要求;其四,主张男女同校,但在使男女受相同教育的同时,还要注意到男女各自的差异性。特别是女子的特性,授予她们一些与其天性相宜的课程,以发挥其特长;其五,在主张男女同校的同时,也随其所愿,任其选择男女同校或分教。但在男女同校的过程中,男女除受同等教育外,可以采用选科制以完善其个性和差异性。应该说折中温和派的观念不仅照顾到了中国社会现实的保守性,而且在强调男女同一性的同时,也考虑到了他们不可抹煞的差异性。② 这也是社会文化对现实社会发展超前性的反映使然。从现实意义上讲,这种观点的目的"在于更好地发挥女子的聪明才能,而非维护压迫女子的男女有别的教育和拥护为追求绝对的男女教育相同的形式主义"③。

对男女合校问题的思考与实践,事实上一直持续了很长时间。解放前的上海,市一女中、市二(务本)女中是公立的,圣母玛利亚女中、清心女中是教会办的,差不多每个区都有一所女子中学。解放初,这些学校都被取消了,全部成为男女合校。这几乎是世界的潮流。但是"当时有些重点高中不愿招女生。如果招女生的话,要比男生高一二十分才能录取"。"他们之所以不愿招女生,是因为如果分数线相同,高一招进来的女生要比男生多,而女生到高三时,成绩都下去了,尤其是数学和物理成绩,这样,考大学时,升学率就上不去。"④ 吕型伟先生由此开展了一项教育科学实验:1981年在上海恢复办女中,把原来已改成男女合校的市三中学(原中西女中)再改成市三女中。目的是看看女孩子在高中阶段成绩上不去是不是智力原因。经过实验,学校撰写了科学论证报告:女孩子的智力发展,从小学到大学都是一样的,智商没有问题,是情商出了问题。女孩子由于发育相对男孩子早,因此会较早关注异性认同、自尊心、安全感等问题。而这些都是影响其专注与执着追

---

① 任雅洁:《论五四时期的男女同校问题》,河北师范大学硕士学位论文,2004年。
② 任雅洁:《论五四时期的男女同校问题》,河北师范大学硕士学位论文,2004年。
③ 杜学元:《中国女子教育史》,贵阳:贵州教育出版社,1995年,第400页。
④ 吕型伟:《为什么复办女子中学》,《吕型伟从教七十年散记——从"观察蚂蚁"到"研究人"》,上海:上海教育出版社,2004年,第157页。

求知识的心理因素。① 实验中还显示女孩子一统天下的时候，厉害得很，男孩子变成"弱小民族"，不敢去操场，只缩在角落里，上课也不讲话，都是可怜虫。光是女生的学校，缺乏阳刚之气，男女学生群体适当的接触反而更有利于他们的成长。因此，通过切实的实验，吕型伟先生并不主张回到男女分校，而是主张男女合校，只是要注意尊重女生群体，教师要注意提问方式，这样男女合校也可以让女生获得好的发展。再后来，市八中学（原清心女中）也在试验男女同校不同班的办学模式。事实上，分校、合校的争议至今仍然存在，有学者从男女分校的角度评析了当下的绅士教育和淑女教育。介绍到前身是由张学良将军创办的奉天同泽女子中学在停招35年后，2003年更名为沈阳同泽女子中学并恢复招生，以培养新时代淑女为目标；2003年秋季，北京汇佳男子高中提出"做伟岸的中国男人"的校训，并提出家长对绅士淑女分校教育的热捧只不过是出于为了避免"早恋"的心理，且并不能实现预期效果，因此建议不要趋之若鹜，对绅士淑女教育提出反对声音。② 男女分校还是合校的问题之所以始终具有争论的价值，是因为从根本上说，它是一个人性层面的矛盾，单从心理、生理、社会文化、民俗观念、教育教学、成长规律、礼仪道德等任何一个层面去衡量，都会出现有所偏倚的结论。但人性是复杂的，人本身对人性的理解和认识程度也受限于很多因素，因此可以说在分校合校的问题上，我们更应该做的，不是纠结于形式本身的合理性，而是强调要始终站位于人的发展的立场，探究如何做是有利于学生发展天性、形成个性、培养社会性的最有益处的方式。

五、清末民初"淑女教育"评析③

（一）淑女出闺，开智放足——改风易俗的动因

传承两千九百多年的淑女文化在清末民初发生断裂，是受到多种因素影响作用的结果。既包括受西方女性主义运动第一次浪潮的波及和教会办女学

---

① 吕型伟：《为什么复办女子中学》，《吕型伟从教七十年散记——从"观察蚂蚁"到"研究人"》，上海：上海教育出版社，2004年，第157页。
② 邓文圣、储薪：《绅士淑女教育请慢些走》，载《教书育人》，2004年第3期。
③ 关景媛：《清末民初淑女教育的断裂与传承》，载《教育领导研究》（第二辑），2012年。

的影响，也包括中国社会转型期女性解放与革命的关联影响以及中国女性教育对女性觉醒的启蒙作用。

1. 西方文化入侵的附赠

（1）女性平权意识随"第一次浪潮"涌入

女性主义运动的第一次浪潮发生在 1840 年到 1925 年间，这期间西方主要资本主义国家都发起了女性争取与男性平等的权利的运动。美国第一届女性权利大会的召开（1848 年 7 月 19 日）、英国"促进女性就业协会"的成立（1859 年）和女性协会的成立（1915 年），都为女性争取社会权利做了很大贡献，也深刻地影响了世界各国的女性运动，如新西兰、澳大利亚、芬兰、挪威等。当然，中国也卷入这次浪潮。19 世纪末 20 世纪初，中国掀起了以"要求女子参政权；兴办女子实业；争取女子社会权利，如放足、剪发、入学和婚姻自由等"[①] 为内容的女性运动。这次浪潮争论的焦点之一就是女性的教育问题。中国的传统文化倾向于宣扬"女子无才便是德"，不让（至少是不主张）女性接受正规教育，某些富贵人家的女子也只是在家塾中接受"淑女教育"。这被西方传教士认为是一种幽闭妇女的陋习，中国的男性启蒙家则视之为国力衰弱的原因之一，因此"女性应不应该有受教育的权利""应该受什么样的教育""教育内容应不应该因性别有所区分""男女学生的考试内容应不应该相同"等问题都引起了激烈论争。中国"淑女教育"存废问题也就在这些论争之中凸显。比如，女子参政使传统中女性需要依附于男性并通过相夫教子才能取得有限的政治地位的状况有所改变，女性政治地位开始向独立化发展，这使得女子从家庭关系中获得一定的自由与解放；另外女子实业的兴办和女子就业状况的改善，使得女子的社会地位也开始向独立化发展，女性通过参与社会劳动拥有属于自己的经济来源。这种独立的经济地位决定了女性对男性的依附感减弱，自由自主的意识增强。在这种情况下，传统的"淑女教育"在一定程度上失去了影响力和吸引力，女性更愿意为了追求自由的社会权利和经济、政治、社会地位而选择新式女性教育。"淑女教育"的千年之脉发生了断裂。

（2）"教会女学"与新式教育的传入

西方教会在中国办女学，把男女平等的观念和新式的教育思想及课程内容带入中国。1844 年，英国东方女子教育协进会会员、传教士爱尔德赛在宁

---

① 李银河：《女性主义》，济南：山东人民出版社，2005 年，第 22 页。

波创办女塾,这是近代外国人在华设立的最早的一间教会女学,开设课程有《圣经》、国文、算术等,并学习缝纫和刺绣。据不完全统计,到 1876 年为止,基督教教会创办的女子教育机构总计 121 所(包括女子日校和寄宿制学校),学生共计 2000 多人。1878 年至 1879 年间天主教会办的女校仅江南一带就有 213 所,学生达 2791 人。① 可见,当时教会学校在中国,尤其是江南一带发达地区极具影响力。他们传播的男女平等的思想以及《圣经》中的相关教义对习惯了男尊女卑的传统的中国女性而言具有开启民智的启迪作用,于是以"废缠足,兴女学"为口号的妇女解放运动轰轰烈烈地展开了对传统"积弊"的挑战。其中在华外籍妇女做出了极大的努力,例如英商立德的夫人(Mrs. Archibald Little)和许多在华传教士、商人、外交官的夫人一起在上海成立"天足会"(1895 年 4 月)。立德夫人到中国各地拜访督抚大员,争取他们的支持,其足迹遍达岭南塞北,她领导的天足会始终是不缠足运动的主力。她们对中国女性的觉醒、中国女性价值观的转变的影响不可小觑。教会学校的课程对于女性就业和发展实业都有切实的帮助,因此面对西方教会学校的新式教育,传统的"淑女教育"竞争乏力并显露了不合时宜的缺点。

2. 社会转型的副作用

(1)社会身份的转变——从"分利者"到"生利者"

清末民初,中国社会处于由前现代到现代的转换与确立时期,处于东西方文明激烈冲撞之中。现代性给古老中国所带来的打击远远超过了西方国家,造成前所未有的巨大断裂和冲突,由此所引发的身份焦虑与不安更加凸显。② 这一时期,中国封建社会也走到了尽头,面对西方现代工业、现代科学、现代制度的挑战,中国知识分子开始寻求改良之路,以此救亡图存。在中国男性启蒙家的眼中,妇女们解除了缠足的束缚,并获得一定的现代知识和文化,她们就能成为相夫教子的"国民母",占整个人口一半的女性群体就不再是依附于男性的"分利者",而是参与创造国民财富的"生利者"——国富民强的前景也就有望实现了。③ 开明的知识分子、政府官员等显然意识到兴办女学是强国善种、改良图存必要的路径,梁启超就为女学提出了"上可相夫,下

---

① 参见王新田:《中国近代女学发展概说》,载《镇江师专学报》,1990 年第 4 期。
② 刘传霞:《被建构的女性——中国现代文学社会性别研究》,山东师范大学博士论文,2004 年,第 7 页。
③ 刘慧英编著:《遭遇解放:1890—1930 年代的中国女性》,北京:中央编译出版社,2004 年,第 25 页。

第三章　传承与嬗变：近代思想启蒙视域下的"淑女教育"

可教子，近可宜家，远可善种"和"兴国智民"的口号。① 比如蔡元培所创的爱国女学在课程内容上也显露了浓重的政治色彩：高年级的课程安排有了相应的调整，历史授法国革命史，俄国虚无党故事，理化则注重炸弹制造等。1904年后学校曾一度充作革命党人的秘密机关。② 可见当时女子教育与民主革命之间也有相辅相成的联结，是中国社会现代化进程的重要推动力量。

（2）角色规范的重设——从"传统淑女"到"自由新女性"

中国女性自身也意识到接受正式的现代教育是女性摆脱传统女性的生活方式和社会角色羁绊的突破口，兴女学便是一件史无前例的挑战传统、救亡图存、与国家命运和民族未来息息相关的大事件。民国初年的十几年间，女学的兴办也取得了可喜的成绩，除教会女校学生外，1906年全国有女学生306名；1907年为1853名；1908年为2679名；1909年为12164名；1915年增至180949名。从全国范围看女子初等教育，1907年全国共有女校391所，学生数11936人，占学生总数的2%；到1918年—1919年度，全国初等小学女生达190882人，占初等小学生总数的4.3%。③ 须知这一系列可喜的成绩来之不易，虽然有外部的助力和大环境的推动，但中国女性自身的坚定抗争是尤为重要的因素。为了兴女学也不乏"以身殉学"的女中豪杰，杭州贞文女学校校长惠兴女士就在1904年创校之初自割其臂发誓"如此校中止，必以身殉"。1905年由于经费不足筹措无着，她在留下要求拨款的遗书后服毒殉学。此举轰动世人，感动和震撼的同时也足以见得女子教育在中国创建之初的艰难和波折。中国女性接受正式教育是女性摆脱传统女性生活方式的第一步，也为女性社会角色的转变提供动力，对于社会分工、职业限制、领域界限的打破和重建都具有积极意义，也为中国女性解放运动做了人才培养和储备，比如秋瑾、宋庆龄、何震等杰出女性代表。秋瑾提出了在当时看来最完备的女性解放思想④；宋庆龄也表示女性地位是一个民族发展的尺度，主张把女性

---

① 刘慧英编著：《遭遇解放：1890—1930年代的中国女性》，北京：中央编译出版社，2004年，第25页。
② 刘慧英编著：《遭遇解放：1890—1930年代的中国女性》，北京：中央编译出版社，2004年，第33页。
③ 参见韩志俊等：《我国近代史上三次女性文化教育运动探讨》，载《唐都学刊》，1989年第3期。
④ 要点有以下五个方面：一、要求实现男女平等；二、要求婚姻自由；三、反对女子缠足；四、提倡女学和主张女性经济自主；五、主张女性走向社会，参与国事。参见沈智：《辛亥革命时期的女知识分子》，载《上海社会科学院学术季刊》，1991年第4期。

的解放同阶级斗争、革命联系在一起，指出"女性是国民一分子，女性解放运动是中国国民革命一部分"①；何震创办的"女子复权会"机关刊物《天义》"以破坏固有之社会，实行人类之平等为宗旨，于提倡女界革命外，兼提倡种族政治经济诸革命"②。可见在当时女性群体自身的解放意识觉醒与社会的变革具有一致性。"淑女教育"为以培养有独立意识、有民主意识、有知识有文化的自由女性的"新女性教育"所取代。

随着中华民族生存危机的加深、随着知识分子在政治文化格局中位置的迁移，中国男性知识分子自我期待与实际现状间的差异距离发生了变化。他们将这种因想象与实际之间的裂缝和矛盾所导致的焦虑与不安、破碎与断裂转移投射到他者女性身上，因而对中国现代女性社会角色与规范的设定与时俱进③，意识到为了国民革命的胜利，为了求得全民族自由平等，女性的解放是极其重要的一个环节。在这一社会背景下，作为封建社会亚传统的"淑女教育"以及传统的对于女子相夫教子、三从四德的规范与设定必然成为打压对象，包括"淑女教育"的内容、形式，细致到对女子的装束、发型等习俗性的规定都被看成是桎梏，"淑女教育"面临前所未有的挑战。

3. 女性社会性别角色意识的觉醒

（1）男性对既有"性别关系模式"的维稳与女性主体身份建构的联动

来自女性群体自身主体性建构的渴望是"淑女教育"断裂的内在原因。但有趣的是，男性提供了这种"反抗"意识的温床，正是男性成就了女性社会性别角色意识的最初唤醒。社会性别是从人类的相互关系和社会生活中不断地被创造出来的一种社会机制、文化范畴，但是，这种由文化所建构而非生物属性所规定的机制，却成为人们划分劳动分工和社会角色的依据，并且长期以来被叙述为人的本真性、根源性的知识。④ 前现代时期人类借助于宗教、神话等宏大叙事，通过描述男女两性的"男主女从"秩序对男女两性的形象做出规定，树立男性的主体角色使其占据社会生产生活和政治生活的主要领域。建立在挑战和反抗以神为中心的世界观之上的人的主体性这一现代

---

① 参见程绍珍：《宋庆龄民主革命时期的女性解放思想》，载《郑州大学学报》，1991年第5期。
② 刘慧英编著：《遭遇解放：1890—1930年代的中国女性》，北京：中央编译出版社，2004年，第59页。
③ 刘传霞：《被建构的女性——中国现代文学社会性别研究》，济南：山东师范大学博士论文，2004年，第7页。
④ 刘传霞：《被建构的女性——中国现代文学社会性别研究》，济南：山东师范大学博士论文，2004年，第7页。

性的哲学命题,使得这种在一定时期内相对稳定的文化惯性被打破,现代哲学自我主体说的建构、消解过程与人类社会对男女两性的性别认识和社会性别建构紧密相连。主体性学说的建立解除了人类对神、宗教的崇拜,是人类现代性启动的标志,但是,它并没有改变传统的父权制社会僵化的性别认知和性别关系模式。① 人们(尤其是男性)意识到需要通过建构新的性别神话来抵抗现代性带来的断裂与迷茫,重构现代社会男性的自我身份来稳固既有的性别关系模式,然而任何自我身份的形成都是以对"他者"的看法为前提,对自我身份的界定"总是包含着对'他者'的价值、特性、生活方式的区分"②。性别模式的建立也是如此,"我们感到自身缺乏的、想从别人身上得到的、同时又莫名其妙地惧怕的,就是他性;我们将他性投射到异性身上,便使他人对我们具有了正面和负面的价值"③,所以,男性特质建构是建立在对"他者"女性特质的建构上。女性就在男性的这种主体身份建构的诉求中获得了自我再现和自我建构的可能和权力,从此,中国女性开始摆脱客体的地位,启动了对现代女性性别主体的建构之路。

(2)文化身份的建构诉求与女性主义强大助力的联动

中国女性文化身份的建构不是一蹴而就的,是经过长期的小心翼翼的尝试,在男性主义传统与西方强势文化交锋的夹缝中,在不同的语境、不同的关系中多次往复,逐渐确立的。其中既有为了分享男性话语权力而迎合主流意识形态、男性欲望和要求,压抑自己真实的生命需求和体验的权宜之举,又有利用民族——国家宏大叙事,对抗男权世界对女性的边缘化和客体化,建立女性在历史与现实中的文化身份,摆脱女性的他者、被言说的文化处境,变沉默为有声、变客体为主体的勇敢之举。但是真正为性别祛魅、彻底击破性别神话的还是女性主义者。受到女性主义思潮的影响,中国女性越来越意

---

① 现代性的启动导致传统神义论对生命意义以及幸福的解答都失效,人类一方面获得了对自我、对世界的控制权、解释权,但是,也失去了由宗教庇护而带来的归宿感和永恒感,从而陷入恐惧与焦虑中,于是性别神话再次被创造出来。性别差异或者说性别身份被视作可以超越工具性、理性社会制约的人的本真本质,赋予动荡的世界和人生以秩序和意义,从而在性别差异的想象中建立自己强大、有意识的身份,获得安全感。参见刘传霞:《被建构的女性——中国现代文学社会性别研究》,山东师范大学博士论文,2004年。

② 〔英〕乔治·拉伦:《意识形态与文化身份:现代性和第三世界的在场》,戴从容译,上海:上海教育出版社,2005年,第194页。

③ 〔美〕波利·扬-艾森卓:《性别与欲望:不受诅咒的潘多拉》,杨广学译,北京:中国社会科学出版社,2003年,第44页。

识到女性与男性之间的差异以及女性从属于男性的秩序并非自然而然的。如波伏娃所言，"一个人并不是生而为女性而是变成女性的"①。越来越多的知识女性意识到传统观念中女性与男性的差异并不单纯是生理结构造成的，而更大的差异是心理上和社会角色上的差异。不同的性别成长于不同的关系网络，接收不同的性别职责。性别期望的敦促作用也使得大多数的女性就更愿意去从事符合普众期望的事情，规避特立独行而带来的种种风险。男女两性在进入性别混合的目标动力群体时，由于群体对男性的期望值高于女性，就降低了女性在群体互动中的自信心、威望和权力。如果某位女性想反潮流而动，群体内的两性都会反对她、敌视她。在这种情况下，性别期望模式得到了巩固。此外男女两性的差别也是符号互动的产物。人的心灵、自我和社会都是通过符号交流和话语制造出来的。正如标签理论所揭示的那样，女性往往在社会教化的过程中接受了社会对男尊女卑的定义，于是遇事常常会取悦和讨好男性以避免惩罚，久而久之就造成两性之间的巨大差别。应该意识到女性的屈从地位是野蛮时代的产物，是一群人强迫另一群人的结果，远非一种自然秩序，只是因为人们对此早已习以为常，它才被当作自然的秩序。一个性别从属于另一性别是错误的。之所以女性的能力看上去低于男性，是长期的社会压迫和错误教育的结果，是压抑一方激励另一方的结果。②

女性自身性别角色意识因此而觉醒，她们不再把自己摆在屈从和附庸的地位，也不仅仅满足于扮演妻子、母亲的角色，转而开始走进社会，使自己在社会生活中获得新的角色。事实上，社会性别是一种文化建构。社会性别认同，从根本上说也是一种自我身份认同，一种文化身份认同，它与种族、国家、民族、阶级等身份的认同交织在一起。③ 新女性摆脱传统女性观的束缚和长久以来传统女性教育观念的禁锢的欲望逐渐强烈，如被誉为"女界伟人"的吴孟班10岁时就拒绝姐姐教她调脂敷粉，认为"清白面目，何用涂饰？为礼所为妇容者，指竟体整饬洁净而言，非藉此以取妍增媚也"。足见女性意欲摆脱客体地位、建构主体地位的渴望之迫切以及女性勇敢运用理性争取独立人格的意识之觉醒。传统"淑女教育"面对这种来自女性内心的强烈诉求显

---

① 李银河：《女性主义》，济南：山东人民出版社，2005年，第3页。
② 李银河：《女性主义》，济南：山东人民出版社，2005年，第43页。
③ 刘传霞：《被建构的女性——中国现代文学社会性别研究》，济南：山东师范大学博士论文，2004年，第7页。

得软弱乏力，客观上造成传统"淑女教育"被打入冷宫的结果。

(二) 打破尊卑，力倡平等——背离传统的倾向

在西学东渐的背景下，清末民初的女性教育观念出现了背离传统女性教育观的倾向。随着第一次世界大战和期间产生的女权运动，第一次女性主义浪潮的新思想、新意识作为支持女性生活中所有新事物的根底，影响与改变了近代以来中国妇女的社会状况。三纲五常、男尊女卑、三从四德的旧礼教在清末民初这个特别的大时代受到前所未有的质疑与挑战，虽然思想的普遍接纳和全面实现是个漫长且纠葛的过程，但新潮涌动，势不可挡，妇女观念从此开启新机。

1. 对平等观念合理性的力证

在19世纪末20世纪初的这次思想革命中最为可观的成果当属对"平等"观念的阐扬。借助西方传教士的译著以及中国留洋人士的观察和体悟，当时西方世界宣扬的——不同于儒家文化讲求等级分明——平等的理念对中国的知识分子产生了巨大的冲击和吸引。儒家的"平均"术语逐渐被佛家的"平等"所取代，正显现了内涵的扩大与普泛化。平等意味着消除任何人为的等级差别，改变扶阳抑阴、男尊女卑的两性关系旧格局。

康有为自诩"合经子之奥言，探儒佛之微旨，参中西之新理，穷天人之赜变，搜合诸教，披析大地，剖析今古，穷察后来"①，了悟"齐同之理"，迁移到两性关系问题上，则有"男女平等之法"。主张"人类平等是几何公理"以之评量夫妇之伦，中国古来的"男为女纲，妇受制于其夫"的"私理"、"私法"，便因其"与几何公理不合，无益人道"，而在应当废除之列。② 谭嗣同也基于佛教无差别的平等观，有意会通孔、佛、耶三教，而兼取墨家，著作《仁学》，标举"仁以通为第一义"，"通之象为平等"。论及"冲绝伦常之网罗"时，便厉斥"重男轻女"为"至暴乱无理之法"。③ 皮锡瑞假借对三纲五常的重新解释，畅言平等："以夫妻而论，妻者，齐也，有敌体之意。古

---

① 《康南海自编年谱》，上海：中华书局，2012年，第13页。
② 夏晓虹：《从男女平等到女权意识——晚清的妇女思潮》，载《北京大学学报（哲学社会科学版）》，1995年第4期。
③ 夏晓虹：《从男女平等到女权意识——晚清的妇女思潮》，载《北京大学学报（哲学社会科学版）》，1995年第4期。

礼亲迎，以男下女；昏礼，夫妇不交拜。古无二人对拜之礼。主人敬客，则先拜客；客敬主人，则先拜主人。夫妇敌体，不能一人先拜，一人答拜，故不交拜。妻有过恶，夫可以出妻；夫有过恶，妻亦可以下堂求去。夫死再嫁，不为越礼。"因此，"昌于秦而盛于宋"流传至今的"尊夫卑妻"则不合"中国古法"。反是西人的行事多与"中国古法"暗合，唯其"男女有别，不若中国之严耳"①。皮嘉祐（皮锡瑞之子）撰写《平等说》，反驳"夫妻平等，则刚柔无别"之说："妻之言齐，非有等差。"对"宋明诸儒扶阳抑阴，谓夫可再娶，妇不得再嫁，贞女不得事二夫"虽有恕词，称其"维持风化，非不甚善"，但终以"待妇女太苛，乖平等之义"为弊窦。他主张"平等之义"为"治世之法宝"，"一乡之中言平等之义，则乡为仁善之乡，而乡必安；一家之中言平等之义，则家为和好之家，而家必昌；一国之中言平等之义，则国为康乐之国，而国必强；天下之中言平等之义，则天下为太平之天下，而天下必治"。②

由于思想来源的复杂性，康、谭引中西诸教教义，二皮则在中国古义的外套下，谈论"平等"问题。当然不论是"西学东渐"抑或"托古改制"，一个重要的事实就是，根深蒂固的"男尊女卑"观念在晚清发生了动摇。

2. 平等意识在教育观中的彰显

清末民初时期正值西方女权运动第一次浪潮涌动，占主流的女性主义思想主要是自由女性主义和激进女权主义，在西方对于女性教育问题的研究集中于男女受教育机会的均等问题、女童在学校教育中的生存状态问题、学校课程中女性的话语和地位问题等。对当时我国女性教育观的影响，重点在于受教育的权利、教育目的和学科课程的平等化问题上，核心关注性别间的不平等问题及其对学校教育和整个教育系统的影响。

（1）目的观

早期女性主义者对于教育目的的根本看法用两个词概括就是"独立"与"解放"。而争取女性的独立与解放的第一步，无疑是通过平等的教育实现在经济能力、社会地位、政治权利等方面的平等。在自由主义女性主义者看来，两性在生理和文化上都应该是平等的，但不幸的是人类历史否定了这种平等。

---

① 《皮鹿门学长南学会第九次讲义》，载《湘报》第57号，1898年5月11日。
② 《平等说》，载《湘报》第58—60号，1898年5月12—14日。

教育上的不平等是由于对女性的忽视和偏见造成的，因此可以通过正确的教育方针逐步得到修正。父权制社会产生了许多对女性教育不利的价值观念，如认为女性不可以抛头露面出现在公共场域、女性只适合在家中从事家庭式的劳动、女性不应该有文化、有学识、有理性思考能力，因为那是不被视为具备良好德性的特征，等等。因此强调"使女人成为人"的教育目的观显得尤为迫切，教师应当把一半的时间和精力花在对女性的教育上，如同花在对男性的教育上一样。这方面的不断改进将带来更为公平的社会，性别在教育目的上的差异应当消除，倡导给女性同男性一样的教育，这将会把教育机制转变成追求平等的最有利的平台。女性在这里获得同男性一样的价值评价，女性将准备好在各种活动中成为男性的最佳伴侣。

（2）课程观

女性主义者认为教育在消除人的不平等上会发挥重要的作用，因此学校课程的设置成为她们关注的重要领域。她们批判了传统性别化教育，提倡建立性别公平化的教育。传统课程存在一种"性别屏蔽"现象，表现为女性在课堂上找不到自己。人们一直认为女性的学习能力和发展不及男性，这导致相对于男性而言，从课程设置的理念到课程内容，从教学方式到学习态度，女性都是一个沉默的群体。她们的体验和利益被置于历史的地表之下，这无疑直接影响到女性对于课程的观察、理解和思考。[①] 正如女性主义者玛莉·沃斯通克拉夫特（Mary wollstonecraft）所言，女性并非天性（或本质上）柔顺、胸无点墨、无知、肤浅和比男性来得愚蠢，是女性所接受的教育（正式的或非正式的）造成这样的情形。

以往的课程内容是以男性中心为价值体系的，它忽视和排斥女性的情感与体验，是一种意识形态的霸权，其中包含着男尊女卑的价值等级观念。通过对教科书的分析可发现课程中存在的性别刻板印象（Sex stereotyping）。[②] 教科书中无论是在男性和女性出现的次数上，还是在男性和女性承担的角色和任务上，均表明性别刻板印象普遍存在。例如，从对小学教科书中男孩和女孩角色的分析中可以发现，男孩总是被描述为主动的、具有冒险精神的，而女孩则总是被描述为被动的、保守的；男人更多被描述为倾向于在外工作，

---

① 肖巍：《女性主义教育观及其实践》，北京：中国人民大学出版社，2007年，第100页。
② 黄忠敬：《女性主义与课程中的性别问题》，载《教育科学》，2003年第6期。

妇女则被描述为倾向于承担家庭角色。通过课程内容，把由文化塑造的社会性别意识形态归之于男女之间的生理差别，从而确定了社会性别制度、角色分工、性别身份等存在的合理性，为男人的父权制社会中的支配地位和女人在家庭和社会中的压迫和从属地位提供了辩护。

当然民国时期的课本中，仍然存在这种性别刻板印象，课程的设置也有所谓的女性课程，如缝纫、烹饪、礼仪、生理卫生等，但这一阶段，关于男女同校/同学的认识和改革是具有里程碑意义的进步之举。

(3) 师生观

早期女性主义在师生关系问题上并没有突破性的变革，对传统的师生观仍然显示出认可和遵循，肯定教师的权威地位，认可师生对立关系，教师教、学生学。学生仍然要以教师讲授的线索为汲取知识的主要思路。当然这种师生关系是现代性的，是以真理知识的传播为主要任务的，是为了培养具备扎实系统知识的、对人类进步和国家的稳定与发展具有实用价值的人才。因此，最大的贡献与其说是稳定师生二元关系，不如说是把女性角色大量引入师生关系之中，最显著的突破就是男女能够同校/同学和社会公开认可女子从事教职的观念形成。

其中较为值得关注的是指出教师身份中隐藏着性别歧视和性别不平等。[①]一是教师标准化的尺度排斥了女性。在现代性价值观支配下，理性和工具性成为教师标准化的代名词，教师是公共领域的身份，其职责是培养有理性的、能够自主进行选择的个人。而女教师一直是私人领域的代表，因而，不仅怀疑她们的理性能力，还对她们的任职资格也表示怀疑。二是女教师的业绩难以得到体现和认可。女教师承担了大量的教学工作，但其在"事业"上的业绩却没有或者很难得到与之努力相匹配的体现和认可。因此女性主义者对女性晋升、促进女性事业发展的体制方面提出质疑：促进女性发展的过程是以男性为主流的和不公平的，学校一直被视为基于男性的领导方式来训练的，忽视了女教师的技能、体验和领导才能。[②]三是女教师角色的母性化。父权制和资本主义之间是互惠互利、相互作用的，由其构筑的性别压迫使得女教师

[①] 参见肖巍：《女性主义教育观及其实践》，北京：中国人民大学出版社，2007年，第103—104页。

[②] Amanda Coffey & Sara Delamont：*Feminism and the Classroom Teacher*，Routledge Falmer，2000，P58.

和母亲同样卷入一种异化的工作中,两者都需要为自己并不能决定价值观和目标的人群服务,为占主导地位的群体教育和抚养下一代,让学生或子女符合男性社会的标准。从这个意义上讲,女教师的工作实际上是女性家庭角色的延伸——自然地接受男性的领导,为实现男性统治和女性做妻子、母亲,保留一种持续提供劳动力的服务。女教师仅仅是文化标准的传递者,而很难是文化标准的改革者。她们站在培养和输送的十字路口上,让学生走出私人世界,迈入公共领域。①

(4) 研究观

现代性的女性研究观是以寻求妇女权利为重心的。因此在研究女性问题的时候,注重对于女权运动、女子参政运动、女子改革运动的理论与实践策略的研究。注重宏观问题,如法律制度、社会政治、经济制度、教育制度等问题的研究。总体而言,带有寻求以人类总体的进步与解放为宗旨的女性发展途径的启蒙诉求。研究方法上主要是关心德国、法国、美国、英国、瑞典等资本主义国家的经验,并以其成果为样板,寻求整体性、统一性的发展策略。

(三) 主体初显,中西糅合——承变并举的尝试

1. 肯定女性,角色拨擢

淑女教育的价值和意义随着时代变迁而发生变化。但从女性社会性别角色的角度看,淑女教育的重要价值始终未曾衰退和贬损,反而为妇女在男权制的政治体制之下争取到重要的地位。

在古代,女子主要的社会角色是妻子和母亲,因此,淑女教育的重要目的之一便是如何培养女子成为称职的人妻和人母。以胎教为例,它的产生和发展强调了女性尤其是母亲在政权政治中的职责。上层社会已经非常明确地认识到胎教的重要性,早在战国时期的《国语》中便表达了孕期母亲的行为会影响胎儿的思想。②《大戴礼记》中有关胎教的段落引言中明确指出胎教之

---

① Patti Latter: *The Absent Presence*, *Patriarchy*, *Capitalism*, *and the Nature of Teacher Work*. in Lynda Stone edt., The Education Feminism Reader, Routledge, 1994, p. 245.

② 《国语·晋语》中记载晋文王母亲在妊娠期处事不惊,从而生了一位具备贤明君主一切优点的婴儿。晋文王母亲遂成为后世胎教文献提及模范母亲的象征。参见《国语·晋语》卷十,北京:中华书局,1978年,第386—387页。

道成于素女，书于玉板，藏之金匮，置之宗庙，以为后世戒。① 对胎教的探究脱胎于中国古代文化中对"初始之时"关注的习俗，《易经》中"正其本而万物理，失之毫厘，差之千里，故君子慎始"以及《大戴礼记》中"《春秋》之元，《诗》之关雎，《礼》之冠昏，《易》之乾坤，皆慎始敬终云尔"的论述，证明"慎始"的文化习俗及其对胎教认知的影响。② 胎教首先针对的是贵族妇女，《贾子新书》③ 中详尽介绍了王后怀孕时她和周围人应采取的行为。贾谊如此关注胎教是与其信念和实践相一致的，他当时就意识到适当的教育对一个王朝的未来的重要性，可以说他对贵族妇女的行为的规范已经带有优生保种优教强国的意味了。这些出现于《贾子新书》后在《大戴礼记》中规定的关于胎教的最早信息，在西汉末年刘向的《列女传》中得到了重申和补充。④ "古者妇人娠子，寝不侧，坐不边，立不跸。不食邪味，割不正不食，席不正不坐。目不视于邪色，耳不听于淫声。夜则令瞽诵诗。道正事，如此则生子形容端正，才德必过人矣。故娠子之时，必慎所感，感于善则善于恶则恶。"⑤ 这种胎教理念在后来的《论衡》《博物志》《胎产心法》等很多书中都有所传承和发展。不管是在胎教期间还是童年期间，对子女倾注的教育，母亲的贡献是主要的。妇女之所以能在教育中担当此重任，缘于她造化的能力。这种造化人的能力在古代很多文著中都作为主题有所论述，其中最早的经典是《诗经》，如"父兮生我，母兮鞠我"；儒家著作《中庸》里亦述及。因此，性别在生活中有明确的职责："男生女化。"（或"阳施阴化"）这种化人的能力在汉朝成为女子的一种美德，并在王子身上产生影响，从而带动文明开化。正是在这种情况下，胎教有了雏形，而妇女因其抚育和造化的职责而在礼教社会中占得一席之位。⑥ 可见淑女教育对于女性的意义并非表面上利于婚姻和育子，从对国家政权的稳固到人类文明的进步，都具有

---

① 《大戴礼记》卷三《保傅》，第 16 页，《四库全书》卷 128，第 426 页。
② 参见戴思博：《生命的良好开端：中国胎教》，顾晓燕译，刘阳校审，载《法国汉学（第八辑）——教育史专号》，北京：中华书局，2003 年，第 11 页。
③ 此书是文帝（公元前 179—公元前 156）的谋士贾谊（公元前 201—公元前 169）的文集，共十卷，很可能是他的门生收集编成的，贾谊是有文字记载的"胎教"一词的始用者。
④ 〔法〕戴思博：《生命的良好开端：中国胎教》，顾晓燕译，刘阳校审，载《法国汉学（第八辑）——教育史专号》，北京：中华书局，2003 年，第 9 页。
⑤ 〔西汉〕刘向：《古列女传》（影印本），北京：中华书局，1985 年，第 9 页。
⑥ 参见戴思博：《生命的良好开端：中国胎教》，顾晓燕译，刘阳校审，载《法国汉学（第八辑）——教育史专号》，北京：中华书局，2003 年，第 12—13 页。

不可小觑的作用。

在戊戌维新运动中，康有为、梁启超等大力提倡"废缠足，兴女学"，意在培养"新式贤妻良母"，以期借此来"强国保种"，同时积极组织女学会，创办女学堂，出版女学报。林乐知在《万国公报》①发文，表示对于振兴女学一事甚为迫切与着急，原因在"一家之内，男女各半，弃女不教，使为废物，不啻自毁其家。犹一国之内，亦男女各半，弃女不教，使为废物，无异自败其国也"②。他介绍西方兴办女学的境况用以激励国内女学的建立："论振兴女学一端，则十九周中百年以来，诚为极盛矣！方今欧美各大国，不但有特设之中小各女堂，且有特立之女大书院，即旧时各大学院中，亦皆添设女学一班，且准考女人之功名矣！"③林乐知倡言西方女学的推展，对传统的淑女教育而言是一种挑战，一方面他传播了西方重视女子教育的理念；另一方面对女性的解放意识（放弃缠足陋习）是一种启蒙，客观上达到了文明开化的目的。但需要意识到这种挑战本质上是一种改良而非变革，因为倡言女学背后另有目的："女人之地位，赖基督教道而释放长进……凡奉基督教立国，必兴女学以造就之。"④传教士在列举废除作为他们打击中国传统思想的突破口的"妇女缠足"的理由中，也指出不缠足是因为"上帝生人，不分男女，各予两足，原以使之健步，女则事亲教子，内助分劳"⑤。因此废缠足、兴女学并不抛弃淑女教育的原始价值取向，依然是相夫教子，培养贤内助，只是把这一切提升到为立宪变法、社会转型、中国的现代化做准备的高度来认识，在很大程度上实现了对女性角色和价值的肯定，以及对女性地位在认识层面上的提升。

2. 立足本土，无伤融合

从起源来看，"淑女教育"始终是与中国传统男性主义教育形式上分开、

---

① 《万国公报》乃西方传教士所创办，是19世纪末西学东渐的主要平面媒体，是西方传教士在华的舆论喉舌。
② 林乐知：《振兴女学之关系》，载《万国公报》，1904年1月，转引自李又宁、张玉法：《近代中国女权运动史料》，台北：传记文学出版社，1975年，第605页。
③ 〔美〕美而文：《论西国振兴女人之成效》，林乐知译，转引自李又宁、张玉法：《近代中国女权运动史料》，台北：传记文学出版社，1975年，第228页。
④ 〔美〕林乐知：《论欧洲古今女人地位》，载《万国公报》，1904年9月、10月号，转引自李又宁、张玉法：《近代中国女权运动史料》，台北：传记文学出版社，1975年，第211页。
⑤ 秀耀春：《缠足论衍义》，载《万国公报》，1889年4月号，第19—20页。转引自李又宁、张玉法：《近代中国女权运动史料》，台北：传记文学出版社，1975年，第486页。

实质上并行的一种亚传统，无论是教育目的还是教育内容都表现出与传统男子教育高度的交互性，极具本土性特征。若以"四德"为"淑女教育"的内容规范为准，那么我国的"淑女教育"至少在周代就明确了，并且经过之后历朝历代的承袭和发展，结合传统经典男性主义教育的精髓，逐渐形成固定套系的教材（"女四书"），有明确的教育目的（"相夫教子"），有公允的理想人格（"淑女"）及其评价标准（如"三从四德""母仪""贤明""仁智""贞顺""节义""辩通"等），更有相应的教育手段和课程（如琴、棋、书、画、诗、词、歌、赋、烹饪、女红、育儿等），已然自成体系，并深植于中国传统文化的土壤之中。相较之下，中国真正意义的女性教育实际是在西方传教士和妇女解放运动的影响下"被发展"的。鸦片战争之后国门被打开，随着沿海五个口岸的开放，西方教会势力为传播宗教思想开始在中国本土兴办女学，如著名的"中西女塾"①、"文纪女塾"②。在西方现代知识和文化观念的影响下，19世纪末一些有志改革中国社会风气的中国男性启蒙家也开始关注兴办女校，并期望借此达到富国强民的理想。1898年中国历史上由中国人自行创办的第一所女校——上海女学堂（经正女学）③正式开学。这是中国自办女子教育的最初尝试，此外颇具影响力的还有"务本女塾"④、"爱国女学"⑤。现代女校的建立（虽主要是民间女校）使得我国的女性教育得以发展。1907年清政府在中国历史上首次发布了准许建立正式女子教育的规

---

① 中西女塾是美国女传教士海淑德（Laura Haygood）应监理会在华教士林乐知的邀请，从1884年起历经6年时间筹备，于1890年在上海沪北汉口路创建的教会女校，英文名称为Mctyeire School for Girls（马克谛耶女子学校）。海淑德自任监学（校长），开学之初，仅有学生7人，教师2人。中西女塾开始只设小学，宋家三姐妹就是在这里读完了小学。1949年后，此校关闭，1982年经有关部门批准恢复，改称上海市第三女中，是当今上海唯一的一所女子中学。
② 1851年，美国圣公会教士琼斯小姐（Jones）在上海虹口设立，1881年改名为圣玛利亚女校。
③ 上海女学堂，即经正女学，又称中国女学堂，于光绪二十四年（1898）由候补知府、上海电报局局长经元善集资创建，得到梁启超、康有为的竭力赞助，校址在上海城南桂墅里。上海女学堂是华人创办的中国第一所女子学堂，标志国人自创女子教育的开始。上海女学堂内设师范专门科，招收女生，是上海，也是中国女子师范教育的开端。戊戌变法失败后，光绪二十五年（1899）停办。
④ 务本女塾是曾任上海县知府的开明士绅吴怀疚（吴馨）奉母命出资于1902年在上海创办的。（也有人说，此塾实际始于1900年吴延请教师来家教其女。）类似务本女塾这样的家塾型女校，因办学人有一定社会身份和财力，逐步向社会招生，在当地有良好的声誉，学校发展平稳而规范，为女校的建立和扩展提供了可行的示范。参见刘慧英编：《遭遇解放：1890—1930年代的中国女性》，北京：中央编译出版社，2004年，第30页。
⑤ 1902年底蔡元培等人在上海创设。开办伊始曾得到当时在上海的犹太富商哈同夫人罗迦陵的经费赞助。爱国女校刚创建时，学生十余人，多系发起人之家属或亲戚朋友，以后前来求学者逐渐增多。

章——《学部奏定女子师范学堂章程折》，至此中国正式的女性教育才合法化。[①] 辛亥革命后，中华民国临时政府于1912年颁布《普通教育暂行办法通令》和《普通教育暂行课程之标准》，规定女孩可以与男孩同校接受初等教育，这是中国发展正规的现代女性教育的起点。可见中国传统的"淑女教育"相对于中国正式女性教育而言，是根植于本土、生发于本土、成长于本土并融贯于本土的女性教育体系，具有极强的本土特色。

受到西方现代科学文化知识传入的影响，并为适应时代和女性自身职业发展的需求，淑女教育的内容在晚清时期逐渐发生改变，加入西方现代科学知识，如生理卫生、母育、心理学等方面的内容，而传统淑女教育中琴棋书画等技艺的部分更多的作为艺术门类编入美育课程，用以陶冶性情和审美观的树立。

晚清时期女子课本的内容体现了更深层次的文化和政治转型。转型来源于19世纪晚期和20世纪早期外国侵入中国的地缘政治领域和文化社会视野。西方强权对中国领土和文化完整的挑战猛烈冲击着中国淑女教育的意义和功能，传统的性别角色定位及其社会职责受到了质疑并引起争议。在课程内容上的变化比较显著，晚清新式课本中强调了新的科学知识，如儿童心理学、生理学、卫生学、经济学，对家庭生活的重要性，女性通过参与由学校或研究协会等新机构组织的学习来获得这方面的知识。林乐知所创办的中西女塾在课程设置上就倡导"中西并重"，中文四书五经和西文教理问答均予以教授。当时西方传教士兴办的学校大多数是为培育中国人成为助手的传教教育，目的乃使中国人能与传教士一起传扬福音，而中西女塾不同，所进行的教育是中西并重的，也就是不单只是为传教，更希望借由各种学科增进学生见识，诸如中文、西文、艺术、算学、医学等均在学堂课程教育之中。务本女塾课程包括修身、国语、英语、算术、本国历史、地理、理科、针黹、体操、图画、唱歌、手工。对家事教育尤为重视，教授烹饪、缝纫、医药卫生常识等内容。这种课程安排被认为是"女性人格全面发展的需要，借鉴古今中西的

---

① 此前清政府面对"废缠足、兴女学"的历史潮流依然守旧故我，1904年颁布《奏定蒙养院章程及家庭教育法章程》，重申清廷对女子教育的原则，将女子教育归入家庭教育的范围，同时将女子教育严格限制在持家教子之内，反对女性多读西书。1905年清廷成立学部，第二年明定官制，不得不改变策略将女学纳入学部职掌。1906年由西太后面谕学部实行女学，正式宣布女学开禁。参见刘慧英编著：《遭遇解放：1890—1930年代的中国女性》，北京：中央编译出版社，2004年，第34页。

办学实践而精心设计的，突出手脑并用，既有为时代所需的各类知识，又有谋生技能的训练"①。

传统淑女教育与新式女性教育融合后，在注重传统文化的"教"之余，"才"与"学"的部分在一定程度上受到重视。"外"（社会外部领域）有所扩张，为女性选择并从事职业打开门路并提供可能，同时"内"（家庭内部需求）的部分并没有减弱，相反较之传统淑女教育内容而言，更加入科学的知识，为女性更好地教育子女和料理家庭事务提供科学支持。

（四）启蒙未竟，性别趋同——困境与隐患

回看清末民国时期关于妇女诸多问题的讨论之考察，感慨于当时的学者对于中西文化的融通和治学的严谨考究，往往胜过今人。在当时，敢于倡导兴办女子教育和发展女子职业和参政事业，敢于呼吁结婚自愿、离婚自由、社交公开，敢于打破旧礼教旧道德的束缚倡言性教育、两性关系、同居问题、恋爱自由问题、男女同校/同学问题，着实是具有振聋发聩之功。然而，对比现代社会女性对于事业、家庭、婚姻、家庭教育等问题的看法，当时人们费尽心力去阐扬和争取的立场和权利，虽然在很大程度上引领女性迈向自由和解放，可不免有矫枉过正之感，这样说难免事后诸葛之嫌。但当时由于寻求女子平等、独立、自由、解放的意愿十分强烈，有些脱离实际的理想主义倾向，为了改风易俗，破旧立新，而过分批判传统文化中历史积淀的好的习俗和教化，其铿锵有力的论说使中国女性的现代意识觉醒，导航了"五四"以后直到新中国的女性解放之路，至今仍保持主流影响力。但现实中女性并没有真正获得想象中的欢愉，她们总是一不留神就回到"解放"前，女性总是充满激情地"崛起"后又迫于无奈地"倒伏"，拼命地冲向"中心"之后不知所措地一步一步退向"边缘"。尽管很多时候，"愈至边缘，她愈理解男人和她自己"②。这个困境，不仅属于清末民国那一历史转型时期的中国女性，它是整个人类启蒙困境的缩影，更是今天人们深深囿于其中的迷茫所在。

第一，女性的返昧与其存在的限度相关。

---

① 刘慧英编著：《遭遇解放：1890—1930年代的中国女性》，北京：中央编译出版社，2004年，第29页。

② 孟悦、戴锦华：《浮出历史地表》，郑州：河南人民出版社，1989年，第29页。

应该说，关于女性问题的描述，传递了一个深刻的感受，女性之所以被认为是缺乏智识见识短浅的、恪守旧道德不开明的、固守礼教封建的、逆来顺受无主见的，以至于处于深刻的压迫之中却不觉醒，是因为女性的存在是有限度的，女性也是人，人的存在就是具有有限性的，人的思想意识受到很多条件的制约而在不同的阶段处于不同的边界范围之中，女性不可能例外。甚至女性启蒙的条件比较男性而言更不成熟。

一方面，女性惧怕勇敢地、公共地、自由地运用理性。早在民国社会，就有学者疑惑："中国二万万的女子，也有喉舌，为什么不响？也有手指，为什么不动？也有心思，为什么不用？不然何以不见她们有点表现，而任商务印书馆的《妇女杂志》去登大学不宜男女同学论；更听《时报》的《新妇女》去登咏女学生的'洛浦灵妃乍见之，神光离合费凝思'的轻薄诗呢？她们切肤的利害问题，为什么自己不来讨论？何以我没有看见他们有一种出版品？他们难道就以此为满足吗？"[①] 反观现代受过高等教育的女性，固然在学识上、政治上、经济上比起当时有了很大进步，但潜在的意识和在婚恋、家庭观念上仍更复归传统，即使在家庭中、在职场上处处受压抑，却大多选择牺牲自我和将就妥协。这显然不再是单纯的由于没有充分的接触社会或是没有接受先进的教育导致的自我意识尚未觉醒，而是民族文化和社会习俗的力量在左右她们的思想和言行。不得不承认，惯习的力量、传统道德的规约在中国几千年男性中心主义的文明中形成的经验、理性、心理都已经日用而不知。虽然西方的女性主义思潮给传续久远的男尊女卑、男主女从的性别秩序一记重拳，但是毕竟意识到女性应当解放并且敢于运用理性争取平等的权利、独立的地位的女性，还是少数，大多数女性都会担忧甚至惧怕过程中的代价，因为她们既无法预设变革对她们究竟意味着什么，也不自信能承担得起由此产生的任何后果。

另一方面，女性自身愿意终身处于所谓的不成熟状态中。无论是中国古代还是当前，妇女的家庭角色都具有特殊意义，从这个角度尝试理解中国女性自愿于不成熟状态中保持沉默的现实选择，也许更有利于聆听这种沉默的意义。否则，即便注意到这种沉默，充其量也只会觉得是麻木，而不是苦恼

---

① 罗家伦：《妇女解放》，原载《新潮》第二卷第一号，1919年10月，梅生编辑，蔡元培校订：《中国妇女问题讨论集》（第一册），上海：新文化书社，1926年，第21页。

和挣扎。人们常说女性的自我不完整，在一定程度上这种看法很真切，女性总是通过与别人的关系来印证自我的意义，女儿常是通过父母的关系建立自己的感情观和家庭观，母亲通常通过对孩子的养育过程展开关于女性价值的思考和实践，人妻一般借由与爱人的互动感受自我的优势与缺失。所以女性是自我不完整的、不成熟的、变动的存在，她们不是不思考、不改变，而是太过敏感、太过算计、太陷于复杂关系之中，无法顾及周全的状况下，选择与理想隔绝并努力遗忘，因此，女性是复杂的，任何人无法自诩不费吹灰之力就理解了中国女性。

第二，女性主义是一种"受害"（victimization）者哲学。

女性主义的"受害"论述一般把妇女看成民族主义的受害者，即在民族/国家建造或战争的过程中，她们被利用、收编、歧视、剥削、排斥、遗忘甚至残害。① 女性解放运动是一场对女性身心的革命，而革命的作用之一是使女性穿越存在于关于男人或者历史的普遍观念之中的缺口，主要方法有二：一是通过塑造"保卫传统女性"的观念来填补传统积弊洞穿的深渊（如果被证实中国人在模仿、反对或者忽略西方激进女性主义的路径，那么我们就有了一项或革命、或修正主义、或自由主义的事业，这一事业还将得到巩固）；二是通过塑造"反对传统女性"的观念来捏合现实利刃划伤的创口（即反对那些恶意歪曲中国传统女性形象的言论，意图使中国女性服务于他们的意识形态目标，而不是服务于女性自身的）。这一解决之道便于形成女性对于新的意识形态目标的自愿服务，但它同时促使发现"他者"的这一机会丧失，也就意味着丧失了追问那些几乎难以察觉却令人不安的、此时此地的新问题的机会。当民族群体要挣脱一个旧的父子秩序的束缚时，女性与它在利益和目的上都是合一的。但是，一旦民族群体趋于安顿于一个新秩序，而这新秩序又带有明显的父权标志时，女性便成了被排斥者和异己，她的利益，她的解放，她的阐释和反阐释力，都与民族群体发生了分歧乃至冲突。其结果，她总是重新回到"解放"之前，女性的故事，开始于女性的成功有望的战斗而终于女性的无奈放弃的败北。②

---

① 陈顺馨、戴锦华选编：《妇女、民族与女性主义》，北京：中央编译出版社，2004年，第290页。

② 孟悦、戴锦华：《浮出历史地表》，郑州：河南人民出版社，1989年，第29页。

在本质上，中国妇女文化是一种"悲剧文化"。不仅那大量摧残、扼杀妇女的本体内容充分显示了它的悲剧性，而且历代妇女对这些内容的逆来顺受，以及自觉地以自身行为强化它们而使其内化为心理模式与行为模式，又构成了另一种意义上的悲剧性。① 更为悲剧的恐怕是经过启蒙思想的洗礼，女性面对预示光明的重建女性形象的使命却又陷入新的精神困惑中，这迄今仍严重地折磨着中国妇女自身以及探索真谛的求索者。过去的历史固然在岁月的日晒雨淋中化作瓦砾尘土，可它的阴魂还是萦绕其上，冷漠的现实一次又一次仿佛有意地捉弄了妇女问题讨论中盲目的理想主义和乐观主义。②

第三，启蒙自身的未确定性决定了启蒙的未竟。

启蒙本身的性质而言就无法是一蹴而就、一劳永逸的。无论是西方的启蒙运动，还是在中国掀起的具有启蒙性质的一切变革，它都具有很强的时代性，在不同时代，致力的重点也有所不同。它还具有很明显的地域性，在西方和在东方，显然由于民族文化的差异，而呈现出思想与方法的不同。清末民国这一转型时期女性启蒙最重要的阶段性任务就是女性解放的基础层次——走出家门，融入社会。这意味着要轰塌华夏文明中儒家思想构建的封建礼教和道德的大厦，要通过女性的独立与解放建立一个新的社会、新的文明，因此，破旧立新就如同一次高震级的地震，它带来重建可能的同时也为中国妇女带来了难以言表的内心困顿甚至是伤害。比方说解放天足运动，废除缠足之后那些已经缠了足的少女，生活的境遇尤为尴尬；再比如，整顿娼妓业，本是大好的事情，有的妓女可以从良有正常的生活，有的可以学习工艺以成为新的谋生手段，但还有很多旧时代的妓女甚至不愿意、不敢走出妓院而干脆自杀。这样的事现在看来荒谬，却是不可规避的问题。无独有偶，现代社会，也有很多妇女不愿意独立，甚至以能够寄生于丈夫为骄傲和幸运，"学得好不如嫁得好"的声音一百年来仍不绝于耳，甚至维系"貌合神离"的无爱婚姻。这一阶段女性解放进入更深的层次——文化惯习和文化心理的革新。这个层次的任务更为艰巨，要面临民族性和全球化的问题，要考量文化基因的现代价值，要斟酌女性个体发展和总体取向等，可见启蒙事业的艰

---

① 胡坚:《蓝色的阴影——中国妇女文化观照》，西安：陕西人民教育出版社，1989 年，第 3—4 页。
② 胡坚:《蓝色的阴影——中国妇女文化观照》，西安：陕西人民教育出版社，1989 年，第 1 页。

辛与漫长。

第四，对"女性气质"的陌异感。

民国时期女性启蒙的欲求主要在于争取男女平权，西方女性主义（当时还更倾向于叫作女权主义）也主要以自由主义和激进主义的女性主义思想为主流，也有社会主义的女性主义，主要的力量都是集中于"教育权""参政权""职业权"的与男子平等上，主要的论调都是从生理基础上，男女虽然有差异，但是没有优劣之分；从心理上，智力方面女性并不比男性愚笨，行动上不比男性迟钝，感受力上往往过于男性，人格上与男子没有巨大的差异；从才能上，女子在一些传统上认为是男性占优势的职业领域上也有涉足，数学、物理、化学、金融、法律、建筑等方面，女性只要学习也是能够有所建树的。基于此，女性不再专属于家庭，女性教育的目标不再是培养专门的贤妻良母，一时之间，女议员、女科学家、女商人、女律师……这些独立自强的女强人成为被广泛认可和赞赏的女公民。这种倡导女性自由的、多元的发展固然是大好事，但是客观上造成了一种历史的误会，女性需要先把自己变成具有男性一样的理性能力和社会竞争力、具备如男性一样的心理素质和人格特质的人，才有资格进入男性中心主义的社会体制当中，争取女性的权利。如果一个女性做出了如男性般伟大的事业，就会是"巾帼不让须眉"的女英雄，实际上褒奖的是成功女性身上的男性气质，与此同时却少见对女性气质的称许。新中国成立以后，经战争的环境、国家迫切发展的需要、文化大革命的洗礼，一些传统女性身上优雅的气质、贤良的言行、温婉的态度被广为宣传的女劳动者、女革命家、女军人等充满力量感的女性形象替换，大概如朱自清先生所描绘的"女人有她温柔的空气，如听箫声，如嗅玫瑰，如水似蜜，如烟似雾，笼罩着我们。她的一举步，一伸腰，一掠发，一转眼，都如蜜在流，水在荡……女人的微笑是半开的花朵，里面流溢着诗与画，还有无声的音乐"已然不是主流，唯一作为传统女性形象歌颂的女性角色就是无私奉献的"母亲"。整个时代的空气充斥着雄浑的阳刚之气，而女性气质却表现出前所未有的疏离。

综上所述，中国启蒙运动的重要和伟大，并不在于它是否取得了如何了不起的成就和胜利，而是在于它给人们心灵上所带来的强烈而持久的震撼；并不在于它自身理论的如何完美，而是在于它曾给予并继续给予人们的启示和思索。① 而启蒙的最大的阻碍在于思想与制度没有实现有效的配搭，经济水平、政治环境都影响着社会经济制度、政治制度、文化制度、保障制度的有效施行。清末民国经济水平落后、政治局势动荡，平等、民主、法治的理想得不到实在的支撑。因此女性教育方面的改革是作为政治运动的成果出现的，其困境也是作为政治运动的后果出现的，而女性本身是作为这一切的工具和载体出现的。当时的女性解放并不是完全以女性自身为目的的，这也印证了女性启蒙思想和女性解放的客观条件之间存在巨大的落差。这一落差，在此后的一百多年一直存在，成为中国女性解放事业路途上最难以跨越的沟坎。应该认识到，许多启蒙思想家苦苦追问和求索的问题诸如自由与平等、民主与法制、教育与科技、东方与西方、爱国与强国、农业经济与工业生产、儒家伦理与现代文明等，即使在今天仍具有强烈的现实意义，因为启蒙者的思想连同那一次又一次的启蒙运动一起不仅属于历史，它同时更应该属于或必然属于今天和未来。②

---

① 张岱年主编：《中国启蒙思想文库》，郑大华等编选：《强学——戊戌时论选》，沈阳：辽宁人民出版社，1994年，第2页。

② 张岱年主编：《中国启蒙思想文库》，郑大华等编选：《强学——戊戌时论选》，沈阳：辽宁人民出版社，1994年，第2页。

第四章 和谐合理性：现代"淑女教育"的突围

通过在前现代、古典现代化、自反现代化和后现代语境中，对理论维度、历史维度与现实维度的女性问题进行表征与剖析，反观当下，中国推展"淑女教育"实为必要之举。一方面，从历史实践中摄取经验，透视上一个社会转型时期传统"淑女教育"断裂表象背后的机理；另一方面，从现实中抓取现代性带来的女性多重社会角色吊诡与身份认同危机，呼吁传统文化对于女性窘境的救赎。明确"淑女教育"在本质上，是美学—教育学的重要组成部分，既是一种生活美学，也是一种以审美为导向的教育实践，更是帮助女性修炼作为美感之本源的"无往而不适的心理自由感"的"立美"① 活动。其产生和发展的文化适切性根植于历史，其实践场域是"家国同构"体系中的家庭。涉女教育是符合中国人审美心理的、贴合终身教育理念的、社会性的实践活动。因此，应肯定"淑女教育"的理论与实践价值，描画"淑女教育"的理想图景以作为当下女性教育改革与发展的理念引领。

所谓"和谐合理性"统摄了三种儒学中的和谐观念：辩正式②和谐观、

---

① "立美"乃是"规律性与目的性在行动中的同一"，是人类依据"天时、地气、材美"而进行主动创造，是人在行动中、物质活动和生活行为中"度"的建立。参见李泽厚：《人类学历史本体论》，天津：天津社会科学院出版社，2008年，第63页。

② 此处"辩正"与"辩证"有相同之处，亦有所区别，"辩正"强调辨明是非，纠正谬误；"辩证"意指辨析考证，是哲学思考的一种思维方式，辩证思维最基本的特点是将对象作为一个整体，从其内在矛盾的运动、变化及各个方面的相互联系中进行考察，以便从本质上系统地、完整地认识对象。虽然二者都是试图运用理性把握事物的本质、整体及其交互关系，但前者更偏重客观的结果判断，后者更偏重考证的思维过程。

调和式和谐观、统制式和谐观。它们分别对应宇宙观、人伦秩序、大一统国家秩序。辩正式和谐对应的是宇宙观，其含义是"和谐是以对立而又相互关联的对偶结构为基础，并经由相生相成的互动历程来呈现"①。调和式和谐观对应的是人伦社会秩序，其含义是"在差异（分别）中求和谐，它兼容相宜乃至相反之事物，并加以调节，使其保持一定的分别，又不超出一定的限制，进而相辅相成而达到整体性和谐"②。统制式和谐观对应的是大一统国家秩序，其含义是"统多为一，其'和谐'并不是让各成分平分秋色、平起平坐，而是其中一成分居统治地位，发挥主导作用，而其他成分则属于从属/附从地位，抑压其个别性带来歧义性，以齐平同一的方式呈现，而达成大一统的统制式和谐"③。

本文将在针对不同问题的分析中灵活运用"和谐合理性"的三种和谐观念：对"和谐取向"进行界定的时候，将涉及儒学的知识及其预设；对伦理层面的分析，将涉及"仁"的和谐取向；对制度层面的分析，将涉及"礼制"的和谐取向；对人格层面的分析，将涉及"淑女"的和谐取向。④ 概言之：知识及其预设层面的和谐基本上属于辩正式和谐，如"天人合一"体现的和谐；伦理层面的"仁"之和谐、制度层面的"尊卑对待关系"之和谐也属于辩正式和谐；制度层面的"礼制"中的"礼、乐、分、和"所体现的和谐，以及人格层面所体现的和谐基本上属于调和式和谐。⑤

一、"淑女教育"的价值诉求

（一）"淑女"价值合宜性之审定

欲论"淑女教育"之合理性，就要确证以"淑"为标准和核心价值取向

---

① 黄囇莉：《人际和谐与冲突：本土化理论与研究》，台北：桂冠图书股份有限公司，1999年，第97页。
② 黄囇莉：《人际和谐与冲突：本土化理论与研究》，台北：桂冠图书股份有限公司，1999年，第102页。
③ 黄囇莉：《人际和谐与冲突：本土化理论与研究》，台北：桂冠图书股份有限公司，1999年，第106页。
④ 陆自荣：《儒学和谐合理性——兼与工具合理性、交往合理性比较》，北京：中国社会科学出版社，2007年，第22页。
⑤ 陆自荣：《儒学和谐合理性——兼与工具合理性、交往合理性比较》，北京：中国社会科学出版社，2007年，第23页。

的"淑女"在当代中国女性社会生活中的重要价值。

第一,"淑"意味着"洁",即纯洁、纯粹、清澈、本真。对应"淑女"当有高洁的情操。在当今社会,高洁的情操核心是教人懂得"节制"。由于经济的飞速发展、网络在日常生活中的深刻渗入,各种信息不论良莠都暴露在公众视野里,带来正向的、负向的双重刺激,尤其对于没有成熟而坚定的人生观、世界观、价值观的人而言,无异于一次脑震荡。在物欲横流的物质世界里,部分女性迷失了自我,放弃自尊、自强的节操,出卖肉体和灵魂。这些现象经过媒介的渲染和夺人眼球的报道,使得一些丑恶现象持续挑战公众的心理阈限,对很多事情已然过分宽容甚至麻木,在某种程度上用礼崩乐坏形容这种社会风气不足为过。因此"淑"的价值规范作用就显得尤为重要,尤其对于作为家庭、社会的"枢纽"的女性,成为一个有高洁情操的"淑女"无疑是时代的呼唤。

第二,"淑"意味着"善",即善良、端正、良好。对应"淑女"当有美好的品性。无论在任何国家、民族,无论是东方还是西方文化,"善"总是作为人类追求的一项终极价值存在的,尤其是用于对儿童和母亲品性的评价时,"善良"总是一个惯用的、至高的褒奖词。因为一个善良的儿童,得益于母亲善良品性的濡染,能够促进人与自身关系的和谐成长;对于家庭而言,善良的品性能够形成良好的家庭成长氛围,符合中国人重视家庭伦理的观念;对于国家而言,善良的品质将会使其成为一个有公德的公民,每一个公民心存善念,能够成就人与人关系的和谐,将会保障社会的和谐和政权的稳固,形成以"仁"为核心的礼制秩序;对于人类世界而言,善良之性滋养了博爱之心,对于人与环境的和谐大有裨益。

第三,"淑"意味着"美",即美丽、美好、美妙、精美。对应"淑女"当有优雅的言行。当今社会,崇尚个性、多元,女性的类型也绝不仅仅以"淑女"为单一标准,对于女汉子、女强人、女屌丝、女神、吸血鬼系女孩、女同性恋、摇滚女、朋克女……很多类型都以亚文化的形态存在并形成属于自己的圈子。毋庸置疑,后现代社会不再是以"家庭"为唯一一个社会基本细胞的社会,至少"圈子"也是社会的一类基本细胞。显然一味强调"淑女"的美的标准来融合这些圈子是痴心妄想,但是对于内在美的标准上以"淑"德为取向却是必要的。至少在公共场域和主流空间,女性以优雅的仪表和言行举止出现,是一种公德心的体现,外在美的认同应当以圈子为界限。

因此"淑女"作为一种象征符号和话语形态,有利于女性在个体自由和总体自由之间寻求平衡。

第四,"淑"意味着"和",即温和、柔和、和谐。对应"淑女"当有健康和谐的身心。"淑"的价值和"淑女"的人格标准是经验合理的,是历史理性的选择,凸显了"和合"之思。对于当今女性的总体危机而言,应依靠"淑"的价值引领,在三个层面实现和谐:首先是心性相合,即对自己内心的省察应当基于自然之性;其次是物我相合,即对外物的感知应当基于对自我的确认;最后是人境相合,即对环境的体验应当基于对人与人关系的把握。简言之,就是让自己与本质属性和特质不矛盾,让自己和外物不矛盾,让自己与他者的关系和生存环境的规律不矛盾。

总而言之,"淑女"是具有优雅的言行、美好的品性、高洁的情操以及优秀的智识与才华的身心健康和谐的女性。以"淑"为表征、以"淑女"为理想人格的"淑女教育"之所以在中国有着悠久的历史和绵长的影响力,是因为小到一家一室,大至一国一族的命运,都与女性是否是"淑女"、是否具备"淑"德,有着深刻的交互与紧张。

(二) 淑女文化中落乃是文化扭性断裂的表征[①]

"淑女教育"在整个封建社会占有重要地位,尤其在贵族子嗣的教育和权势承袭方面具有重大影响力。历朝历代的王室贵族都因为意识到这一点而把淑女立为妇女标准,并以优秀女性典范作为教材,进而加强淑女教育的影响力。也正是淑女教育才能为当时的女性在男权社会中争取到一些权利和一定地位。这一境况直至19世纪末20世纪初,受到西方思想的渗入和内部社会转型的双重影响,才出现了复杂的变化。这种变化表面上可被描述为淑女教育遭冷遇,而如果分别从社会性别角色、社会权利和地位以及教育内容的变化等角度分析,会发现在这个时空点上,淑女教育的命运不是简单地被抛却抑或被割裂,而是这种倚伴男性主义传统而生的亚传统,在当时中西观念在社会经济、政治、文化等领域全面冲突和紧张的环境中被时代复杂地扬弃。这种扬弃揭示了文化变迁进程的无序性和文化相互影响的不均衡性。可以说19世纪末20世纪初对淑女教育而言是一个比过去几千年和此后很长时期更有

[①] 关景媛:《清末民初"淑女教育"断裂之原因探析》,载《铜仁幼儿师范高等专科学校学报》,2013年第1期(创刊号)。

深远意义的瞬间。"淑女教育"作为与中国传统经典男性主义教育并行的一种亚传统、亚文化，是极具中国特色的本土文化、习俗、观念在悠久历史中不断选择、扬弃、融合、积淀的复杂过程的一个投影，更是中国社会转型时期思想激荡、文化断裂承袭的典型表征领域。第三章通过分析清末民初"淑女教育"发生断裂的深层原因，为今人看待女性教育发展中的历史选择与文化断裂、传承问题提供了启示。

"淑女教育"作为中国文化的亚传统始终与主流文化相映衬，其命运也随同男性主体的文化体系的嬗变而发生断裂和接续。中国传统文化在历史上大致出现过四次断裂（或断层）①：有的断裂是张性断裂（第一次、第三次）。这种断裂的成因主要是来自文化自身以及社会的发展变迁，二者是在时空维度上共同演进的，这种文化断裂是根据社会经济、政治、军事等诸多领域对文化价值和功用的需求的变化从文化内部产生扩张而造成的；有的断裂是压性断裂（第二次）。这种断裂虽然也离不开时代发展社会演进的影响，但是主要原因是来自纵向上的垂直打压，更多的是人为的有意识的使既有文化脉络"被断裂"，文化本身没有实现扩张或多元发展，反而是被大一统，被阻断，被规定；还有的是扭性断裂（第四次）。扭性断裂的作用力较为复杂，其中既有内部的横向拉伸的力量，也有强大外力的纵向挤压力量，更有多方面因素的不规则、不定时、不定向的组合扭转之力。第四次文化断裂最为适合用扭性断裂予以描述：一方面从文化内部来看，中国文化在中古时期（或者说封建社会）虽然存在断裂和接续问题，但是宏观来看，它始终依赖于文化人而逐代逐朝地实现着承接，整个时期都是一个文官社会、文官政治的时期，文化始终由文人群体构建和维护着。这种相对稳定的情况到了19世纪末20世纪初走到了尽头。当最后一批学贯中西的文人、大师成为最后的守夜人，科举废除，士阶层的销声匿迹，传统教育内容、方式、目的的变革，使得文人

---

① 第一次：西周至春秋时期，三百多年间百姓未能休养生息、安居乐业，生活在战乱之中，这一时期也是第一次"文化断层"时期；第二次：战国时期兼并战争更为激烈、规模更大，至公元前222年秦灭齐，实现统一，两百年间孔孟思想虽没有灭迹但少有人传承，"焚书坑儒"更是带来巨大打击，造成了第二次"文化断层"；第三次：宋朝时，程朱理学形成，并在之后元明清三代一直作为封建统治的官方哲学，标志着封建社会意识形态的更趋完备。它作为在上层建筑领域实行政治文化专治的理论依据，成为巩固封建社会统治秩序的强大精神支柱，它强化了"三纲五常"，对后期封建社会的变革起到一定阻碍作用，尤其对于孔孟思想起了变异的作用，这便是第三次"文化断层"；第四次：1919年的"五四运动"是反对封建文化的新文化运动，一方面企盼与要求自由、理性、法治与民主的实现与发展；另一方面则是全盘性反传统的兴起与泛滥，直到70年代的"文化大革命""破四旧、立四新"，全盘西化思想蠕动、斥儒学为糟粕，造成第四次"文化断层"。

的身份等级、话语权力颠覆，尤其后来"文化大革命"的重击，使得中国生长蔓延千年的文脉真的断了；另一方面从文化外部诸因素来看，19世纪末20世纪初是个混乱变化的时期，军事上受到世界范围战乱的影响，中国的政治局面动荡不安，经济上受到资本主义的冲击，小农经济也不再能适应大形势，社会的主要领域面临全面现代化要求的大势所趋，内忧外患的复杂国情使得中国传统的由周文王、孔子、孟子、曾子以及后世文人、国学大师所建立和维护的社会公理解释系统开始崩溃，中国的文化状况变得混乱。从彼时至今日，各种变革和接纳带来的不是本土文化的重构或多元文化的发展，而是不中不西、不土不洋、不古不今、不落后也不先进，说断裂也好，断层也好，分化也好，芜杂也好，似乎都存在，但似乎哪一个词汇都难以全面概括当今中国文化的状况。

"淑女教育"的兴衰启承大体上与中国传统文化的嬗变表现出一致性。清末民初，面对西方文化和现代文明的影响，面对社会内部转型的时代召唤，面对女性自身性别主体意识的觉醒，传统"淑女教育"受到前所未有的打击。从传统文化的传承角度看，"淑女教育"着实遭遇了一场浩劫。伴随着遭到打击的还有中国千年的父权制的传统、男尊女卑的习俗以及一切与女性相关的文化。以文化断裂的标准来衡量，清末民初时期，淑女文化、"淑女教育"客观上处在第四个文化断裂带上，"淑女"这一传统女性角色的理想人格遭到新文化新思想的冲击和抵制。女性自身开始质疑传统伦理观、道德观对女性身心的禁锢和言行的规约，被奉若神祇的自然性别神话的解释力和公信力人人降低，"淑女教育"这一有确定教育目标、教育内容、教育目的、教育方式方法、教育评价的系统也遭遇来自文化、社会、经济、政治诸多领域多种因素的打击。"淑女教育"的本土性特征在这一时期并没有成为保住它得以生发的土壤，其阶层性（或阶级性）又成为阻碍它得以存续的阻力和障碍。因此，"淑女教育"在清末民初发生了扭性断裂。

值得注意的是，由于女性这一群体在中国传统性别观念中的特殊地位，以及"淑女教育"在传统男性中心教育体系中的独特性，使淑女文化的命运与一直位于中国文化中心位置的男性主义传统经典文化体系有所不同。它本身既是被变革的传统文化的一个子系统，又是变革传统的突破口和挑战主体的边缘力量，因此它的嬗变又表现出与传统文化的差异性。从社会发展的角度看，"淑女教育"的牺牲成全了中国社会从封建专制社会向现代民主社会的转型，也促进了社会性别角色结构的合理化。女性的解放标志着社会的文明和进步，也为这种脱胎于阶级社会的性别差异和不平等随着社会性质的转变而得到改善，并且按照社会主义女性主义的观点，这种差异和不平等最终将随着阶级的灭亡而彻底消除。从历史的角度看，即便是在清末民初这样社会政治、经济、文化领域全面动荡和紧张的时期，传统"淑女教育"也没被抛却得十分彻底，当时中国的女性运动还是强调女性对家庭的价值和女性道德水平的重要性的。把女性的良好素养与国计民生甚至人类的进步密切关联，把女性的高尚道德提高到能够改造男权制的政治世界的高度来认识。由此可见，"淑女教育"的精神内核并没有随其外部形制和腐朽的部分一同被抛却，而是有所扬弃地被传承下来。这种断裂更像是对"淑女教育"、对中国传统女性观、对传统文化的一次深刻的荡涤。

（三）"淑女"回归是和谐合理性"度"的调试

"度"是历史本体论的第一范畴。讲"淑女"的历史性的回归实际上是基于李泽厚人类学历史本体论的一些思想，诸如经验成先验、历史建理性等，当然其思想体系当中有很多问题值得探讨，这里提出与本研究密切相关的有三个核心范畴。

范畴一："度"。"度"关乎人类存在的本体性质。[①] 可分为两个层面理解：第一个层面就是"掌握分寸，恰到好处"[②]；第二个层面就是技术或艺术（ART），即技进乎道，讲求无过无不及。不存在于任何对象（object）中，也不存在于意识（consciousness）中，而首先是出现在人类的生产—生活活动中，即实践—实用中。它本身是人的一种创造（creation），一种制作。从而，不是"质"或"量"或"存在"（有）或"无"，而是"度"，才是人类学历史本体论的第一范畴。[③]"度"的建立是为了"用"，也只有在"用"中才能有"度"，"中庸"即此意。[④]"度"隐藏在技艺中、生活中，它首先是行动而不是思维，它与美、审美相连。《周易》阴阳图的中线是曲线而非直线，即

[①] 李泽厚：《人类学历史本体论》，天津：天津社会科学院出版社，2008年，第62页。
[②] 李泽厚：《人类学历史本体论》，天津：天津社会科学院出版社，2008年，第61页。
[③] 李泽厚：《人类学历史本体论》，天津：天津社会科学院出版社，2008年，第62页。
[④] "庸，用也"，"庸"者指"平常地行为"而言，是随时随地，为每一个所应实践所能实现的行为，实际是指"有普遍妥当性的行为"。参见李泽厚：《论语今读》，合肥：安徽文艺出版社，1998年，第166页。

"度"的图像化。它不仅表明阴阳未可截然二分，不仅表明二者不仅相互依靠相互补足，而且也表明这二者总是在变动不居的行程中。阴阳在浮沉、变化、对应以至对抗中造成生命的存在和张力。①

范畴二："活"。这个"活"即含有人的生存之意，即"人活着"，也含有日常生活之意。应该说，"活"是本源性的，生活—人生所产生的，不只是语言—文本，也不只是随写随抹的文字，而是抹不掉的作为人类历史的积淀实体的文化心理结构。只有"心理"才能成为人所诗意栖居的家园。"人活着"产生了它，它却日渐成为"人活着"的根本。② 现实人生（即日常生活、衣食住行亦即人与内外自然的历史结构及前景）并非幻象，也非戏拟（simulation）。它不是文本，不是语言。它不是语言所能解构（一切归于能指），相反，它才是真正的"最终所指"，也才是真正的"Being"和"becoming"，是历史本体论所认定的"本体"。它不同于西方哲学家探究的一切实在万物的最终本质、本性或"最终实在"（The Being of beings），或如 Quine 所说，"本体论"就是问"what is there"，从而出现了各种设定：上帝、理性、绝对精神、物质世界等。而在中国"不即不离"，即现象与本体既不等同又不分离的传统中从根本上便很难提出这个"最终实在"的"本体"问题。所谓的"历史本体论"只是为了强调以人与自然（外在自然与内在自然）的历史总体行程来作为一切现象包括"我活着"这一体己现象的最后实在，它不意味着是某种抽象物体，不是理式、观念、绝对精神、意识形态等，它只是每个活生生的人（个体）的日常生活本身。而生活，既不是理性，也不是反理性，它只是非理性（nonrational），是指它只是某种合理性（reasonablness）、可理解性（understandingable），而不是与理式世界（the world of ideas）、绝对精神（the absolute spirit）、先验理性（transcendental reason）相联系的理性（rationality）。即不能把生活、现实、人生、语言归结为超验、先验或既定的范畴、程序、结构、逻辑。恰好相反，一切既定的程序、结构、逻辑以及语言、思维都是从这个"合理性"的活生生的经验生活中涌现和产生出来的。③

范畴三："美"。李泽厚对于"美"和"审美"的论述丰富而翔实，而与本研究最为相关的，或者说与教化最为密切的，当属"以美启真"和"以美

---

① 李泽厚：《人类学历史本体论》，天津：天津社会科学院出版社，2008年，第67页。
② 李泽厚：《人类学历史本体论》，天津：天津社会科学院出版社，2008年，第69页。
③ 参见李泽厚：《人类学历史本体论》，天津：天津社会科学院出版社，2008年，第70—71、86—87页。

储善"这两个观念。"以美启真"即自由直观。它包含知性而大于知性,是大于知性概念的想象力活动,是思维的原创性契机(creative moment)或源泉(source)。个体所具有的意识(包括无意识)的偶然性和自发性,正是包含情感、想象在内的合理性,而与审美相通。可以表现为灵感、顿悟种种形态,而与以概念、范畴为形态的理性认知相区别。"以美启真"正是这种领悟、感受、体验和把握,而非普遍、抽象的认识和理解。它可以成为对个体独特性的开发,亦即对人的自发性、偶然性的开放——自由。尽管个体是历史的儿女,心理是文化积淀的产物,但由于个体因先天、后天的不同从而所积淀的文化成果也大有差异,这种由个体承担的偶然性,便极具个别性、差异性、独特性、具体性和多元性,成为实践操作活动中和认识思维领域中创造性的真正源泉和动力。① 谈到"以美储善"就要回到中国传统。中国文化之最大特征之一在于中国心灵的最高状态亦不舍弃感性,这为坚持用审美解释"天地境界"提供了可能。中国灵肉不分,灵魂流连忘返并安息在这个尘世中,此即"诗意地栖居"。作为人类总体的一分子,经由历史和教育,显现在"我意识我活着"的自我心理中,在特定具体时空条件下可以变而为伦理的"先验"命令。个人死去,人类仍存,你、我、他就以充满人际情感的心理去履行那"先验"的至上命令,获取人生意义生活价值。人性善可以建筑、归结为人世情感之中,流动是情,长住为性,性又情定,乃成境地,此即品格。于是生成了"道由情生"的逻辑链条:"天"—"命"—"性"—"情"—"道"。情,即情感、情况,是某种本体的存在,道由之而生,"仁""诚""庄""敬"等伦理范畴、道德理念由之而出。对个体,它化而为"天地境界",成就了具有潜在势能的"善",成为"道"的执行者,以至于舍生取义,其根基正在此无适无莫、寥然自得的"以美储善"的"天地境界"。这里审美—天地境界,便不只是泯灭一己与自然万物同一而已,它成了一种超自然、超经验的人生态度和个体品格。

应该说"淑""淑女"和"淑女教育"的历史性的回归,是出于"活"的根本诉求,是民族性"活"、民族文化"活"、中国精神基因"活"的诉求,更是在世界局势风云变幻的当下走"活"民族复兴之路的诉求。同时,所有关于"淑女教育"的传承与未来构想都是一种以"美"为引领的实践活动,因为它指向人的本真、人的自由和人的幸福。这里着重强调的是"度"

---

① 李泽厚:《人类学历史本体论》,天津:天津社会科学院出版社,2008年,第93页。

的回归,实际上是说"淑女教育"在这个历史节点回归是合规律的。

人类依靠"度"的掌握而生存、延续,而维系族类的存在,"度"随着人类的生存、存在而不断调整、变化、扩大、更改。它是活生生的永远动态的存在。也只有从这里去解释"生生"(《易传》),才是历史本体论的本义。而主观性—意识性恰恰由于没有客观物质生存的直接制约,主观性—意识性常常泛滥成灾,这从历史来说,有时无可避免,有时甚至有益。但也存在有害的方面。有益在于能够明确和帮助"度"在人的意识中的建立,有害则因其随意性而阻碍、损伤实践中"度"的生存和发展。①

"度"的本体(由人类感性实践活动所产生)之所以大于理性,正在于它有某种不可规定性、不可预见性。因为什么是"恰到好处",不仅在不同时、空、条件、环境中大不相同,而且随着文明的进展、人类活动领域的无比扩大,这个"度"更具有难以预测的可能性和偶然性。② 尽管发展形态日益复杂,社会结构及其思想意识、精神世界日益取得独立性质,确认人类的存在(生存、延续)是通过使用—制造工具的实践活动以掌握"恰到好处"的"度"而实现的,这个本源性的人类存在仍然是其本根、基础。

"度"隐藏在技艺中、生活中。它不是理性的逻辑(归纳、演绎)所能推出,因为它首先不是思维而首先是行动。它是本体的非确定性、非决定性(ontological uncertainty, indetermination),它与美、审美相连。

客观地看,清末民国时期的"淑女教育"中落,及其昭示的传统文化在启蒙思想冲击和内部矛盾冲突下发生的扭性断裂,都是人类总体的"度"的实践形式,凸显了"度"的张力性。然而如果把这次波动看作"过正"的"矫枉",那么它本身已经拉开了"合度回归"的弓弦。

清末民国,国人面对中西古今路径取舍的焦灼,一时间救亡压倒启蒙作为理性盘算的结果成为那个特殊时期人们的实践逻辑,这也使得工具理性在所有领域内极度延伸和统治,迷幻了女性的本体存在,甚至可以说在一定程度上阻滞、扼杀了传统"淑女"文化,为女性打开了潘多拉的盒子,飞出的诱惑开启了女性角色异化的迷宫却深深锁住了幸福。

启蒙在当时的时空条件中是合理的、创造性的、开拓性的,就对女性的自由与解放而言,功不可没。但对女性而言,其启蒙的驱力是外铄性质的,

---

① 李泽厚:《人类学历史本体论》,天津:天津社会科学院出版社,2008年,第63页。
② 李泽厚:《人类学历史本体论》,天津:天津社会科学院出版社,2008年,第66页。

且启蒙的目的也是他者指向的,并且女性的自由与解放针对的"假想敌"是男女性别制度中的男性权力,而寻求独立与平等的"参照系"却是该制度中的男性权力。这本身构成一个死循环,也就是说,当时的启蒙在男女两性关系问题的把握上,恰恰把"度"的弓弦拉向一个极端——非"中"非"和"态。而随着现代教育制度的确立,男女合校,享受接受同等教育的机会,使得传统的"淑女教育"更加被边缘化、弱化。学校、社会、家庭对女孩的教育模式也悄然变动,关于女性气质的修炼和贤良淑德心性的涵养问题已经被争取自由、独立、平权等问题抢位。时至今日,女性群体在新的时空条件中体味到了梦想与现实的落差,品尝到了那场启蒙的代价,心灵的空寂与无家可归的状态催促人们再一次做出"合度"的调试:向传统回归。回到根本,回到源头,重新探索,重新解释,这正是"度"的本体性的确认和检讨。①

二、"淑女教育"的文化根基②

影响孩子成绩的主要因素不是学校,而是家庭。如果家庭教育出了问题,孩子在学校可能会过得比较辛苦,很可能会成为学校的"问题儿童"。成绩好的孩子,妈妈通常是有计划而且动作利落的人。同时,父亲越认真,越有条理,越有礼貌,孩子成绩就越好。此外,夫妻关系也影响孩子的性格。一个男人如果不尊重妻子,那么,他的儿子就学会了在学校不尊重女同学。一个女人如果不尊重丈夫,那么她的女儿就学会了在学校瞧不起男同学。有修养的父母都该是"伏尔泰主义者"——"我不同意你的观点,但我誓死捍卫你说话的权利。"他们从孩子出生的那天就开始跟孩子讲道理,耐心征求孩子的意见。他们相信,不要指望打骂孩子能让孩子学会服从,杀鸡给猴看的结果是猴子也学会了杀鸡。

国民性的形成与发展与家庭教育有着深刻的交互关系,家庭教育在个体人格养成方面意义重大。国民性又是民族国家中众多个体在相互影响时所逐渐形成的通有的思想、情感、意志,是一种集体无意识的众趋人格,更是一种群体惯习的表征。而女性"以家庭为世界"的情怀以及女性(尤其是母

---

① 李泽厚:《人类学历史本体论》,天津:天津社会科学出版社,2008年,第68页。
② 关景媛、于伟:《从角色占取到众趋人格——从女性在家庭教育中的角色看中国国民性的塑修》,载《教育理论与实践》,2013年第31期。

亲）在家庭场域的多重角色占取，使得把家庭作为一个场域来研究女性的教育行为与国民众趋人格之形成的联系具有合理性。沿着"国家民族—家庭—母亲—家庭教育—国民性"这一逻辑链条，以中华民族传统文化为背景，从社会角色的视角，摸索女性家庭教育惯习对国民性的濡染，为看待中国国民性的形成提供了新思路。

"国民性是文化烙于全民族的性格外观。"① 是一个民族多数成员共有的、反复起作用的文化精神、心理特质和性格特点，又称民族性。"民族性系一个民族中各个人相互影响时所产生之通有的思想、感情和意志，既和独立个人的思想、感情和意志不同，更不是孤立的许多个人之心的活动的总和。它是长时间自然活动和社会活动产生的结果，对于个人深具压迫敦促的势力。"② 教育是一项特殊的实践活动，与国民性之间具有深刻的交互作用。而正如个体性格的养成主要在于家庭的教育与熏染一样，国民性的塑造之核心教化力集中于中国家庭。虽然千古中国，无数家庭，万种民性，但由于中国家庭教育的核心指导思想始终是儒学思想，因此儒学思想的教化作用塑造了中国式家庭，进而造就了一代代传承中华文化基因的国人，国民性就在这一漫长的过程中得以形成。

（一）家庭教育对国民性的塑造与修濯起至关重要的作用

"民族性（国民性）是一抽象的概念，并没有实质的存在。民族性的特质，根本是心理的，或精神的，我们只能间接从各民族的活动、风习之表现方面观察。"③ 家庭场域对于国民性的研究来说正是一种十分有利的背景，因为它兼有正式结构和非正式结构相互作用的双重特征。

中国自古以来，就极重视家庭教育，"子孙贤则家道昌盛，子孙不贤则家道消败"。子孙贤愚，由乎蒙养，蒙养以正，方可保家，而儒家视家国为一体，家和方能天下平。因此家庭教育对于治国安邦具有基础性的作用。④

儒家学说作为中国教育（包括国家层面和家庭层面）体系的主干思潮，与我国的国民性十分契合。我国之所以具有重家教的传统，与儒家关于个人、家庭、国家三者关系的理论有密切联系。孔子最早提出"修己以敬""修己以

---

① 刘再复、林岗：《传统与中国人》，合肥：安徽文艺出版社，1999年，第407页。
② 庄泽宣、陈学恂：《民族性与教育》，长沙：商务印书馆，1939年，第28页。
③ 庄泽宣、陈学恂：《民族性与教育》，长沙：商务印书馆，1939年，第3页。
④ 马镛：《中国家庭教育史》，长沙：湖南教育出版社，1997年，第1页。

安人""修己以安百姓"①,就含有修身、提高自己素质、逐步安人(包括朋友、九族),进而安定社会、成就国家和谐稳定之意。孟子也讲"人有恒言,皆曰'天下国家',天下之本在国,国之本在家"②。中华民族以人生为出发点、家族为中心,认中庸调和为千古不灭之主张,儒家的教育学说成为数千年来中国教育正统思想实非偶然,对宇宙方面,尊天意、顺自然、信运命,对事物方面,重实际、崇勤俭、贵知足等特点,在教育理想上时隐时现。敬天畏命之观念在远古时代即已确立,"天有显道,故人类有法天之义务,是为不容辩证之信仰……此等信仰,经历世遗传,而渐浸成为天性"③。

此外,在儒家看来,做人的基本原则和人的道德修养首先是在家庭中形成的。自古以来,中国各阶层家教都主要以儒家伦理道德为主导思想,家教通过教子、培养人才(不同阶层家庭有所偏重,例如帝王之家着重培养治国之德与才,高层官僚之家偏重培养从政道德与技能以及为人处世之道,中下层官僚地主之家注重培养从政、为学之才和为人之方,名儒、文学之家偏好培养文人和学者,科学家之家意图培养专业知识分子,寻常百姓家主要培养求生存之德行、学问和技能等)反作用于社会,通过家训、家诫、家书、教子诗文等形式将儒家深刻的伦理道德思想通俗化、具体化。而通俗化和具体化的过程更有利于中华民族一些核心的价值诉求的普及与深化,如修现世、重现实、尊天道、敬鬼神、讲孝慈、排辈分、分等级、论人情、搞关系、护面子、爱谦敬、懂礼让、崇勤俭、贵知足、偏保守、尚中庸、求和谐、善反思等,一系列易懂易行的原则和规范就通过家族式的传承方式成为中华民族的文化基因,对民族共同心理、众趋人格的形成与修濯起着不可低估的作用。

(二)女性在家庭教育中的多重角色占取(role-taking)

在社会学公认的角色概念中,至少有两种不同的传统:其一是拉尔夫·林顿在1936年和1945年确立的结构主义传统;其二是由乔治·米德的社会心理学所推动和聚合的相互作用论传统。前者认为,角色是与既定的社会身份及社会地位相关联的文化(规范性)要素;后者偏重于强调角色是社会相

---

① 《论语·宪问》,〔清〕阮元校刻:《十三经注疏》,北京:中华书局,1980年,第2541页。
② 《孟子·离娄上》,〔清〕阮元校刻:《十三经注疏》,北京:中华书局,1980年,第2718页。
③ 蔡元培:《中国伦理学史》,上海:商务印书馆,1937年,第8页。

互作用中突发的行为规则。① 由此看来，结构主义和相互论有关角色特征的歧见可归纳为封闭性和开放性，结构主义偏重于规定、行为、所处背景的明确、规范与正规性，而后者偏重于此三个维度的模糊、自由与双重性（正式与非正式交互）。事实上，二者并不存在根本性的悖离，因为"民族性在构成的阶层和表现的方式方面与个性十分相似。普通个人总先具备一种本性（Original nature）。这种本性，包括为身体构造和特点所决定的气质（Temperament），及人类固有的本能（Instinct），和得自近祖的倾向（Predisposition）。因社会习俗的陶融，道德观念的认识，个性便渐趋固定和显明。民族性的构成和发展，也正相同。它以物质的条件和习得的倾向为基础，从而产生一种综合永久的特性"②。我们所要描述的任何对象，都具有本体性和他性，角色也如此。例如，女性的双重角色可以划分为本体角色（生殖与繁衍）和占取角色（社会、文化、心理角色）。

在家族或者家庭的教育传统中，"母亲"不单纯作为一个本体角色而存在，"母亲"成为一种象征符号，她有着多重复杂的角色占取，可以说"母亲"本身就是个复合的场，既是"生物场"，又是"政治场""文化场""心理场"。

作为"生物场"的"母亲"，担任着生殖和繁衍的角色，而且不夸张地说是主角中的主角。已有研究结果表明，母亲的智力在遗传因素中占有更重要的地位。遗传对智力的影响约占 50~60%。遗传结构完全相同的同卵双生子，即使在不同的环境中长大，其智商仍极为一致。就遗传而言，父亲与母亲的影响力并非平分秋色，由于人类与智力有关的基因主要集中在 X 染色体中。女性有两条 X 染色体，而男性则有一条 X 染色体，一条 Y 染色体；同时母亲的 X 染色体基因决定着孩子大脑皮质的发育程度。有相关数据显示，父亲智力低下而母亲智力正常，子女出现智力低下的机会小于 10%；母亲智力低下而父亲智力正常，则下一代出现智力低下的机会大于 10%。此外，孕妇怀孕的年龄和条件的把握、怀孕期间对胎儿的保护意识、孕期保健与胎教活动以及关于分娩过程的认识和观念，都受到母亲的文化程度和素养影响，而这些方面都是直接关乎优生优育的重要因素，因此家庭中母亲对孩子智力的

---

① 〔英〕伊文·奈、维克托·杰卡斯：《角色概念：描述及评介》，苏国勋、刘小枫主编：《二十世纪西方社会理论文选Ⅱ社会理论的诸理论》，上海：上海三联书店，2005 年，第 398 页。
② 庄泽宣、陈学恂：《民族性与教育》，长沙：商务印书馆，1939 年，第 28 页。

影响力更大。

　　作为"政治场""文化场""心理场"的"母亲",是微小的相对独立的子场域。场域的相对独立性表现为不同的场域具有不同的"逻辑和必然性",即"每一个子场域都具有自身的逻辑、规则和常规"①,这些相对独立的子场域经过客观的联系又组成社会这个大场域。第一,"母亲"在"政治场"中的一个突出角色即为"抗争者"。女性的抗争是复杂的并且无处不在无止无休的。从奴隶社会开始,女子为了成功担负起生殖—繁衍者的本体角色,就一直带着紧张感尝试与各种力量抗争。例如,从西周起的嫡长子继承制客观上提高了对母亲在家庭教育中的作用要求。当时的家庭教育侧重于母亲(正妻)的胎教和统治经验的传授,从先天和后天两方面培养人才,起到学校和保傅无法起到的作用,成为培养未来统治者的重要角色。为了稳固家庭和自身地位,就要努力在子嗣上占优,要与自然力(分娩的痛楚)抗争,同时要被迫卷入危险的斗争(权力角逐)。另外,以大的家族乃至家国角度观之,中国历史上"临朝称制"②现象也是女性对父权和夫权的僭越式抗争的表现。而这种抗争的动机大体分几种类型:一是野心勃勃型;二是护犊心切型;三是临危接力型。不论是哪种动机类型,实际上都是对女性本体角色的超越,以及对女性身份以及由女性身份带来的政治地位和礼法规范的冒险突破,甚至带有男女平权意识的萌芽。第二,"母亲"在"文化场"占取的一个重要角色即"规训者",可以说是历史规训了"母亲",而"母亲"既是规训的对象也是规训教育的传承者,这一角色的占取来源于个体婚制家庭③产生之初,亦为家庭教育的产生之时。因为一夫一妻制家庭不是以自然条件为基础,而是以

---

①　毕天云:《布迪厄的"场域—惯习"论》,载《学术探索》,2004年第1期。

②　古代中国在君主制时代由皇后、皇太后或太皇太后等女性统治者代理皇帝(即掌握国家最高权力、行使皇帝权力)称为"临朝称制",由西汉时的吕后所开创。后世有西汉高祖吕太后、孝元王太后;东汉章德窦太后、和熹邓太后、安思阎太后、顺烈梁太后、桓思窦太后、灵思何太后;东晋明穆庾太后、康献褚太后;北魏文明太后、灵太后;唐则天皇太后、顺圣皇太后;辽应天皇太后、承天皇太后、法天皇太后;西夏没藏太后、大梁太后、小梁太后;北宋刘太后、高太后;北辽萧德妃;西辽感天皇后、承天太后;南宋谢太后;元乃马真后、海迷失后、卜答失里后;清孝庄皇太后、慈安太后、慈禧太后、隆裕太后。

③　迄今为止,人类经历了四种家庭形式:血缘婚家庭、族外婚家庭、对偶婚家庭与一夫一妻制家庭。前三种为群婚制家庭,后一种为个体婚制家庭。群婚制家庭婚姻关系松散、不稳定,子女只知其母,不知其父,父亲不承担子女教育责任,因而也没有现代意义的家庭教育。家庭教育始于黄帝时期,是与一夫一妻制家庭几乎同时产生。参见马镛:《中国家庭教育史》,长沙:湖南教育出版社,1997年,第3—4页。

第四章 和谐合理性：现代"淑女教育"的突围

经济条件为基础，即以私有制对原始的自然长成的公有制的胜利为基础，因此是伴随着私有制和夫权制的产生而产生的，是作为女性被男性奴役，作为史前时代所未有的两性冲突的宣告而出现的。① 因此中国古代家教中男尊女卑的传统从那时起对女子采取了许多严格的规范措施，女子的家教从一开始就与男孩有异，"子能食食，教以右手；能言，男唯女俞。男鞶，革；女鞶，丝"，"七年，男女不同席，不共食"，"女子十年不出，姆教婉娩听从"。女孩从能说话开始，语言和衣饰就要符合不同性别的特点，男孩要应答恭敬，女孩则要柔顺，7岁起就要注重男女有别，10岁起就规定足不出户，只能在家被教以言语柔顺、行为端庄等"女德""女容"。还要学习"执麻枲，治丝茧，织纴组紃，学女事，以共衣服。观于祭祀，纳酒浆笾豆菹醢，礼相助奠"。所学并非文化知识而是家务和祭祀活动所需技能，为成为"贤妻良母"做准备。"十有五年而笄，二十而嫁。有故二十三而嫁。聘则为妻，奔则为妾。"② 这些都带有显著的性别文化秩序和西周宗法制度的深刻烙印。对于女童学习幼礼的要求是与儒家"不学礼，无以立"③ 的观念相统一的。母亲出于使子女立于世的考虑教授礼仪文化，客观上呼应了统治阶层出于对封建政权稳定存续的考量而宣扬的礼治文化，母亲无意识中充当了封建礼文化的规训者。第三，"母亲"在"心理场"占取的一个常见角色即"赞许者"。中国家庭亲子关系当中讲求"严父慈母"，认为父亲主要负责立规矩、树威严、行惩戒，而母亲扮演教诲者、倾听者、慰藉者、欣赏者、支持者的角色，是一种看似合理的家庭角色定位，这种直观的认识其实也与男权制传统密切相关，这是一种象征秩序。父亲象征的是权力秩序，母亲象征的是情感秩序。这种秩序一方面来自于亲属关系法则，例如在传统家庭中，孩子是父亲姓氏的传承人，尤其男孩是"根""香火""户口本"，因此男性总是尊贵的，生了男孩的母亲也会母以子贵；另一方面来自于语言交流系统，男性话语的体裁、意蕴、节律都与女性话语有很大差别。男性话语往往更追求纯粹、逻辑、积极、科学，女性话语更为复杂、感性、细腻、诗意。此外，母亲较父亲而言，从心理上更难以否定自己的子女。从十月怀胎到哺乳喂养，孩子与母亲的情感交流更为密切而持久，女性自从做母亲之日起就带有一种把自我人生价值

---

① 《马克思恩格斯选集》第四卷，北京：人民出版社，1972年，第60—61页。
② 《礼记·内则》，〔清〕阮元校刻：《十三经注疏》，北京：中华书局，1980年，第1471页。
③ 《论语·季氏》，〔清〕阮元校刻：《十三经注疏》，北京：中华书局，1980年，第2522页。

与意义转赋予子女身上的情感倾向。作为母亲，否定自己的子女就如同自我否定一样，甚至比自我否定更需要勇气。所以说，母亲一般在家庭教育的过程中，给予孩子更多的是鼓励和赞许。

综上所述，在家庭场域中，女人（主要是母亲）某种程度上决定了上一代人的幸福、这一代人的快乐、下一代人的未来。一个好女人能够至少福荫三代，而一个不好的女人至少毁损三代，所以女人决定了一个家庭的生活方式，定格了一个家庭的道德和行为规范的层次，主导了一个家族的兴衰命运。

（三）"母亲"的惯习濡染中国国民众趋人格①的形成

惯习不同于习惯，不是一种被动的、无意识的环境适应和言行重复，虽然它也是人们对过去或现在的某种生活方式或观念的接受与内化，却具有特殊的生成性———一种行动的倾向。惯习能够通过比对当下的社会事实，来调整已有的惯习结构和倾向，还能够能动地建构实践的对象。所以惯习本质上是一种实践可发生的技艺、技能，只有在实践中才能理解它，并且只能藉以双向的解释循环而非机械论才能认识它。②

"母亲"是考察中国国民性的一个重要标本。中国国民性当中的很多特征都在"母亲"的身上和行动逻辑中有所体现。从某种意义上说，中国国民的众趋人格的形成深受"母亲"的惯习的濡染，例如对和谐、传承的诉求、批判理性的成长、礼治秩序的固守、天朝心态的秉持。而且这种濡染广泛存在于亿万中国人的家庭生活场域，与中国人有意识和无意识的家庭教育实践相依相伴，并借由家庭—家族—社会的网络联结不断得以强化。

第一，中国人追求和谐与传承的心态源自母亲对"家庭必须是绵续性的"观念的坚持。

家庭的基本结构是父母儿女三角，家族沿着这个基本结构指示的方向外推扩大，包罗了高、曾、祖、父、子、孙、曾孙等数代人在内的血亲集团。"凡是政治、经济、宗教等事务都需要长期绵续性的……家必需是绵续的，不

---

① 美国社会学家 A. 英克尔斯在《民族性格》（1969）一文中把民族性格定义为成年人中最频繁出现的比较持续的人格特点或方式，并称之为"众趋人格"，即本文所指国民性。Alex Inkeles and Daniel J. Levinson："National Character: The Study of Modal Personality and Sociocultural Systems". *The Handbook of Social Psycholgy*, Ⅳ, 2nd ed., G. Lindzey and E. Aaronson, eds., McGraw-Hill Publishing Inc., New York.

② 王梓：《从"场域—惯习"论视角来理解个体行动与社会结构》，载《北方教育》，2013年第5期。

因个人的成长而分裂，不因个人的死亡而结束，于是家的性质变成了族。"在家的结构不断外推扩大的过程中就形成了除生育之外的政治、经济、宗教、文化等复杂的功能，变成族，甚至国家。

女性（尤其是母亲）在维系家的绵续性方面至关重要。家的绵续性要有两方面保障：一是要和谐；二是要传承。和谐既指小家庭内部的情感和谐，又包括大家族的关系协调。对于小家庭而言，家庭的维系主要依赖男女双方的感情联系，夫妻关系和谐是阴阳和合论的一个重要主张，"阴阳殊性，男女异行，阳以刚为德，阴以柔为用；男以强为贵，女以弱为美"[1]。和合是中国古代神话中象征夫妻相爱的神名，和合的和，指和谐、和平、祥和；和合的合，指结合、融合、合作。而女性在维系夫妻关系和谐方面起主导作用，正所谓厚德载物。《仪礼》中对于女子如何事夫有明细的规定："其一，平日束发整装事夫，有君臣之严；其二，沃盥馈食，则有父子之敬；其三，报反而行，则有兄弟之道；其四，规过成德，则有朋友之义；其五，唯寝席之交，而后有夫妇之情。"[2] 虽然这一规定不是建立在互敬互谅、男女平等的基础上，但有两点值得称许：一是认识到女性在家庭中只有平衡好多重角色占取，才能维系家庭和谐，在丈夫面前，女性不仅仅是妻子，还要扮演好臣子、兄弟、朋友等角色；二是把女性在家庭秩序中的地位和作用与人在国家中的地位和作用类比，客观上肯定了女子之于家庭、国家的重要作用。相较而言，女性在维系大家族关系中的作用仍然不可小觑。可以说，女性是封建礼教伦常的重要践行者，女性通过多重角色占取实现对"父慈子孝，兄良弟悌，夫义妇听，长惠幼顺，君仁臣忠"[3] 的影响。

女性也是重要的物质文化和精神文化的传承者。物质层面，母系氏族社会里，女子除了肩负人口的再生产重任以外，还领导和参与社会生产活动。虽然母系社会之末，由于经济的进步，狩猎、伐木、开垦等活动对于强壮劳动力的需求和女性鞠育子女任务繁重而使得经济责权旁落，但女性始终参与人类物质文化的生产，并由于其人口再生产的天赋权能而直接或间接影响着生产的发展。精神层面，女性作为女儿，承担着维系父权的重任。一个女人，客观上讲，至少直接确证了父亲、兄弟、儿子三个男性角色在家族中的地位，

---

[1] 〔南朝宋〕范晔：《后汉书·列女传》，北京：中华书局，1965年，第2788页。
[2] 熊贤君编著：《中国女子教育史》，太原：山西教育出版社，2006年，第9—10页。
[3] 《礼记·礼运》，〔清〕阮元校刻：《十三经注疏》，北京：中华书局，1980年，第1422页。

其中女儿对父亲的维护如同臣民对国家尊严的保守一样。女性作为妻子，维系家庭的稳固是实现家庭绵续性的重要保障。女性作为母亲，承担生育繁衍的天责，为家的绵续提供了最基础的条件。并且从群婚制时代起，由于母亲在生育上占优，女性便天然地成为鞠育后代的主力，这一习俗一直流传至今。家庭中母亲的教育观念和行为对子女行为处事的影响更大，从家庭观念、家族文化的绵续性上看，母亲起到承前启后的重要作用。

第二，国民批判理性的成长史恰似女性的抗争史。

国民的批判理性的成长主要以在外来的军事、政治打击和文化、价值冲融之下的群体反省为表征。中华民族的自我反省经历了三个阶段：洋务时期的工艺、器具方面的反省；维新和革命时期的制度方面的反省；"五四"时期的传统文化全面的反省。[1] 其实中国人反省传统很悠久，孔子讲"日三省吾身"，朱熹亦言："人之洗濯其心以去恶，如沐浴其身以去垢。"[2] 但这些时期的反省倾向于独善其身式的个体反省，埋下了一个长期处于萌芽状态的批判理性的种子。而真正将这种个体反省升华为群体反省，是在近现代，面对西方文化的压迫式传入，这颗种子勃发了。封建社会里，女子所受教育为"淑女教育"，是以培养贤良淑德的贤妻良母以胜任相夫教子职责的女性为目的，使女性内修德功（妇德与妇功）、外修容言（妇容与妇言）[3] 以适应男权制社会具有强烈男性主义欲求的完美女性之标准的教育。[4] 而女性在清末民初的观念解放与对既有角色定位的抗争最能凸显国民批判理性的成长。19世纪末20世纪初，中国掀起了以"要求女子参政权；兴办女子实业；争取女子社会权利，如放足、剪发、入学和婚姻自由"等为内容的女性运动，女性参政使传统中女性需要依附于男性并通过相夫教子才能取得有限的政治地位的状况有所改变，女性的政治地位开始独立化发展，并从家庭关系中获得一定的自由与解放；女子实业的兴办和女子就业状况的改善，使女性通过参与社会劳动

---

[1] 刘再复、林岗：《传统与中国人》，合肥：安徽文艺出版社，1999年1月，第408页。

[2] 〔宋〕朱熹：《四书集注·大学》，江苏：凤凰出版社，2009年，第7页。

[3] 德、容、言、功是"四德"的内容，"四德"一词见于《周礼·天官·内宰》，内宰是教导后宫妇女的官职，负责逐级教导后宫妇女"阴礼""妇职"。其中较高职位的"九嫔""掌妇学之法，以教九御妇德、妇言、妇容、妇功"。本来是宫廷妇女教育门类，后来与"三从"连称，成为对妇女道德、行为、能力和修养的标准，即"三从四德"。"德"是品德，能正身立本；然后是"容"，即相貌，指出入要端庄稳重持礼，不要轻浮随便；"言"，指与人交谈要会随意附义，能理解别人所言，并知道自己该言与不该言；"功"，即治家之道，治家之道包括相夫教子、尊老爱幼、勤俭节约等生活方面的细节。

[4] 关景媛：《清末民初淑女教育的断裂与传承》，载《教育领导研究（第二辑）》，2012年。

获得独立的经济来源,经济独立使女性对男性的依附感减弱,自由自主的意识增强。一代新女性的产生,在文学、科技、政治、军事、教育等诸多领域引起翻天覆地的变化,撑起了半边天。女性对自身命运的抗争打破了旧有的男尊女卑的惯习。并且在不断的抗争行动中修正了女性的惯习。在家庭场域,女性摆脱保姆角色,增添了知性气质,能够勇敢的运用自己的理性,对于传统之中的陋习大胆批判,这种批判力为女性赢取了尊重和自信。当这批新女性承担起母亲角色之时,会将这种觉醒的批判意识、反抗意识通过言传身教濡染下一代,造就一代新国民。

第三,中华民族礼治秩序的稳固得益于母亲的日常规训。

《母道》言:"妇人为一家之中心,立于家庭教师之位置。"母亲不仅生子之身,还要育子之心。在母亲对子女的教育内容之中,对于礼仪伦序的教诲是重要的组成部分。家庭场域,女子受到的训诫便是以顺为正:"女子之嫁也,母命之,往送之门,戒之曰:'往之女家,必敬必戒,无违夫子,以顺为正者,妾妇之道也。'"① 所顺所敬之事,就是礼治秩序。

礼治秩序是一种对人的设计方式。特点是在情感交流的人伦关系基础上,强制地赋予尊卑名分的意义,通过人伦关系的尊卑名分的规定达成一种统治秩序。君臣、父子、夫妻、兄弟、朋友等关系实际上成为对个人地位的规定。在中国,人伦可以构成一种秩序,可以作为社会一群体控制的工具。②

例如孟子在齐国做官,其政治主张齐王不采纳,按道理应该不贪图荣禄离开齐国,但因孟母年老,所以孟子犹豫无法下决心离开。孟子之母教导孟子:"妇人无擅制之义,而有三从之德也,故年少则从乎父母,出嫁则从乎夫,夫死从乎子,礼也。今子成人也,而我老矣。子从乎子义,吾从乎吾礼。"可见,礼治秩序是血缘关系或准血缘关系与权力统治的叠加混合,女性为父权所规训,逐渐成为其内在的逻辑。当其成长为母亲,则依然按照惯习的逻辑去训育后代,母亲的训育扩展为治权,治权又渗透着父权的色彩。人伦关系强化为尊卑名分的人身依附,在公众生活中,体现在卑贱者对高贵者的奴隶般的人身依附,对更高权力的匍匐跪拜。尊贵者因卑贱者的片面无限义务取得人身控制权,而控制权本身则抹上一层"仁仁亲亲"的油彩。③

---

① 《孟子·滕文公下》,〔清〕阮元校刻:《十三经注疏》,北京:中华书局,1980年,第2710页。
② 刘再复、林岗:《传统与中国人》,合肥:安徽文艺出版社,1999年,第409页。
③ 刘再复、林岗:《传统与中国人》,合肥:安徽文艺出版社,1999年,第155页。

不得不说，礼治秩序中透露着主奴根性，主奴根性意味着主体性的缺失和自由意识的缺位。但是从另一个角度来看，它肯定了人是处在复杂社会联结之中的，并且受到各种微权力、微制度的制衡和订造，并且人在这种被设计的过程中生成价值。因此礼治秩序是把双刃剑，既可能守护伦常，规范人性，也可能剥夺自由，戮杀主体。

第四，国民的天朝心态与母亲内心自我契约的耦合。

所谓天朝心态，实际上是用来描述中国人这样一种国民性：把自己看作世界第一的作为种族本能的集体无意识。其实就是一种强烈的民族自尊，"我民族有自尊之性质，自以神明之胄，不当与夷狄齿，故对于他民族，无平等之观念，至于用夏变夷，尤非所堪"①。鲁迅先生称之为"合群的爱国自大"。

在女性这里，也有类似的情怀。实际上就是精神胜利法。反映了这样一种人生观，即我们对周围世界的看法或判断只取决于我们内心自己同自己达成的契约。甚至，我们周围的世界是根据我内心的心象而改变的。我们可以由改变自我认同的"契约"进而改变世界在内心的形象，由此改变世界，从使我们烦恼的周围世界中摆脱出来。在实际生活中，不少母亲正是带着这种无意识去教育子女。例如，母亲在称赞自己的孩子的时候总是不遗余力，并且乐于称赞遗传因素起很大作用的那一部分：我孩子特聪明！我孩子特别漂亮！我孩子很机灵！……却很少听到就事件夸事件、就过程夸过程、就态度夸态度的。当孩子并没有得到客观评价认可时，母亲往往主动为孩子找理由：身体不舒服，所以没有发挥好……母亲这类言行的逻辑前提是：如此优秀的我必然有更为优秀的孩子，我的孩子比别人有更多的闪光点。这虽可以理解，但如同天朝心态在清末成为阻碍国家稳定与发展的绊脚石，并在五四期间被集中抨击一样，母亲这种出于本能之爱的无意识自夸会成为儿童成长路上的障碍。最危险的障碍便是失去对环境刺激的正常评价能力。每一次实际上的失败，都会被这种安慰式的称赞软化为一次精神胜利，对个体而言，是在损耗自我实现的文化环境和主体能力，最终滑进唯心的、追求情志安顿的泥淖。正所谓"弱子有僻行，使之随师；有恶病，使之事医。不随师则陷于刑，不事医则疑于死。慈母虽爱，无益于振刑救死，则存子者非爱也"②。

---

① 刘再复、林岗：《传统与中国人》，合肥：安徽文艺出版社，1999 年，第 351 页。
② 《韩非子·八说》，陈奇猷：《韩非子集释》，上海：上海人民出版社，1974 年，第 975 页。

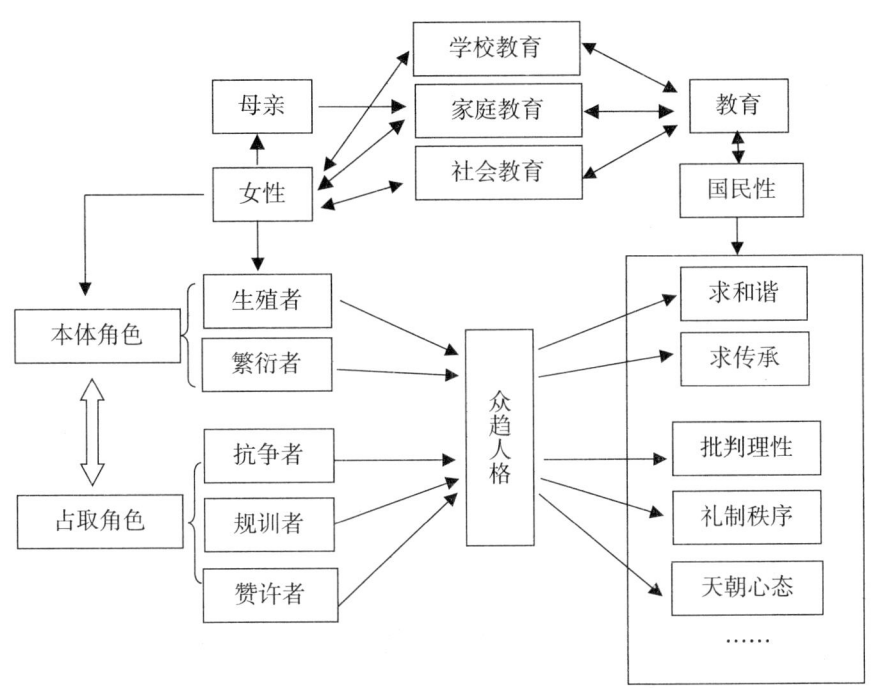

图 4-1　中国国民性的形成和发展与母育的交互关系

必须说明（图 4-1），国民性的形成与发展与教育有着深刻的交互关系。学校教育、社会教育也同家庭教育一样，是教育的重要组成部分，缺一不可，也都以不同方式在不同方面塑造着国民性，也在不同程度上受到国民性的影响。而女性群体的角色占取在社会教育和学校教育领域也十分丰富和复杂，只是在女性群体中，"母亲"作为一种符号具有更鲜明的类特征，女性"以家庭为世界"的情怀更适合把家庭作为一个场域来研究女性的教育行为与国民众趋人格之形成的联系，并且"国家民族—家庭—母亲—家庭教育—国民性"是一个闭合性较好的逻辑链条。从角色的视角、以传统文化为背景，摸索女性（尤其是母亲）教育行为的惯习对国民性的影响，是个独特的尝试。

文明是一个民族个体性实践和群体性实践行走在历史上的足印，而"国民性"就是足印里凸显出的深刻而鲜明的老茧。老茧一方面保护着文明进步之足，客观上提供了防护，保障继续前行过程中减少痛楚提供抗力；另一方面也反映出文明前进步态中的些许不协调和用力不当，形成一种不痛不痒却不美的足疾。用历史的、实践的眼光去看待这个老茧，美丑已然不那么重要，它的存在本身成就了文明行走的意义。只有如此的中国国民性才能成就这般中华文明，也只有如是的文明与传统方能孕育此等国民的众趋人格。而以家庭教育为切入点，从女性的角色和惯习的角度审视国民性的形成，至少提供了这样一个启示：立足当下社会发展的需要，可以尝试通过调整中国女性观念和行为的惯习以及在家庭中的角色占取方式，来塑修中国的国民性，弃却不合时宜的，传承合传统、合本土、合发展的，进而实现中华民族的伟大复兴之梦。

三、"淑女教育"的审美取向

古语言："诗有六义：一曰风，二曰赋，三曰比，四曰兴，五曰雅，六曰颂，上以风化下，下以风刺上，主文而谲谏，言之者无罪，闻之者足以戒，故曰风。至于王道衰，礼义废，政教失，国异政，家殊俗，而变风变雅作矣。国史明乎得失之迹，伤人伦之废，哀刑政之苛，吟咏情性，以风其上，达于事变而怀其旧俗也。故变风发乎情，止乎礼义。发乎情，民之性也；止乎礼义，先王之泽也。是以一国之事，系一人之本，谓之风；言天下之事，形四方之风，谓之雅。雅者，正也，言王政之所由废兴也。政有大小，故有小雅焉，有大雅焉。颂者，美盛德之形容，以其成功告于神明者也。是谓四始，诗之至也。"① "淑女教育"正是这样一种诗性的教化，敦人伦、正礼教、咏性情、调风俗、讲节制、恤民生、成美德，通过女性的自性修为，主持良善端正的家风，成就个人、社会、国家的和谐。诗性意味着求真、取善、立美，在此意义上，"淑女教育"无疑是美学—教育学的实践。

人作为生物，其生存意志和本能欲望，即使被理性和社会逐入心理的无意识层，也仍然活跃生动。② 审美判断力是康德所说的不可教授的"天赋能力"，是人类文化心理结构即人性积淀或人性能力中最为活跃的部分。③ 在中国，审美判断力在长期的农耕文化历史与亲近自然和依赖土地的生产实践的交互中不断建构，以此实现人的本能欲望不断渗透、干预、参与意识层面的工作和活动，使个体的生存及其感受，永远具有非机器所能替代的个性特征。在这个意义上，"淑女教育"正是中国传统审美心理不断生成、变异和积累的

---

① 《毛诗正义》，〔清〕阮元校刻：《十三经注疏》，北京：中华书局1980年，第272页。
② 李泽厚：《实用理性与乐感文化》（修订本），北京：生活·读书·新知三联书店，2008年，第51页。
③ 李泽厚：《实用理性与乐感文化》（修订本），北京：生活·读书·新知三联书店，2008年，第51页。

文化心理积淀的"审美方程式"或审美"双螺旋"(double helix)的典型表征领域。它不仅是具有美学、艺术的意义的教育,更在于它具有人和宇宙自然共在的本体论的性质。也正是因为"淑女教育"把"女性"和"自然"联成一体,契合了中华民族"人和宇宙的物质性协同共在"的审美取向,因而可能引导走向实现和完成个体自身的潜能,实现生命的最终价值。①

(一) 传统女性审美心理的核心在于合于自然

审美是通过感官的一种知觉,是审美主体与审美客体相互作用的过程。美学理论对美的探讨有三种基本模式②:第一,客观论。认为美是客体自身的属性。这种属性不管是对象自身所有还是上帝赐予,都与审美主体无关;第二,主观论。认为美与欣赏者的情感、经验、想象、联想、态度等精神特征相连,美之为美取决于主体的感觉;第三,主客观统一论。认为美是审美主体和审美客体互相设定的,美与美感不可分离。李泽厚认为"人和宇宙的物质性协同共在"是一种"物自体"的形而上学设定,没有这个形而上学的设定,感性经验就没有来源,形式力量和形式感受也无从生发。③ 哲学史表明,形而上学每次都埋葬它的埋葬者,人类永远具有这种形而上学设定的心理需要。④ 因此我们所秉持的审美立场是基于主客观统一论的,自然与人二者在人类实践基础上获得统一,"人类以此窥探宇宙奥秘,以此安顿此在人生"⑤。

中国人审美心理的形成是历史与实践的积淀,是实践美学。所谓实践美学,从哲学上说,乃人类学历史本体论(亦称主体性实践哲学)的美学部分,它以外在—内在的自然的人化说为根本理论基础,认为美的根源、本质或前提在于外在自然(人的自然环境)与人的生存关系的历史性的改变;美感的根源在于内在自然(人的躯体、感官、情欲和整个心理)的人化,即社会性向生理性(自然性)的渗透、交融、合一,此即积淀说。⑥

---

① 李泽厚:《实用理性与乐感文化》(修订本),北京:生活·读书·新知三联书店,2008年,第51页。
② 罗慧兰:《女性学》,北京:中国国际广播出版社,2002年,第125页。
③ 李泽厚:《实用理性与乐感文化》(修订本),北京:生活·读书·新知三联书店,2008年,第51页。
④ 李泽厚:《实用理性与乐感文化》(修订本),北京:生活·读书·新知三联书店,2008年,第52页。
⑤ 李泽厚:《实用理性与乐感文化》(修订本),北京:生活·读书·新知三联书店,2008年,第52页。
⑥ 李泽厚:《人类学历史本体论》,天津:天津社会科学院出版社,2008年,第297页。

审美心理是由多项心理因素（包括感知、理解、想象、情绪四大要项集团）所彼此作用、多方变异而构成，有如多种变项的数学方程式或 ACGT 的 DNA 的化学双螺旋。（图 4-2）每一项又由多种功能合成，如"感知"包含生理感觉和心理认知，"理解"包含知性和记忆，"想象"包含期待和无意识，"情感"包含欲望和宣泄。实践美学作为理论只是提出这样一种方向。① 现代可以从艺术作品和艺术史来分析审美心理这几种要素或功能的各种比例、结构的组成、构成、发展、变迁及其感受特点。这将有益于艺术、艺术作品和艺术史的欣赏，也有助于对人的心理演进及其创造能力的了解。这也就是对"人性"的理解，是对作为人性的个体潜能的创造性、丰富性、复杂性、不确定性和可塑性的理解。② 对于中华民族女性审美的心理，可以通过回溯历史长河之源来把握，不同时代对于女性的审美心理在不同文化背景当中的呈现方式、结构的组成、构成模式、发展和变迁都呈现不同特点，但"淑女"却是变化中的永恒，是最有中国特色的女性形象，也是传承最为久长的人格范型。因此这种审美倾向一定是与中华民族的文化—心理结构有深刻连接的，回溯到中华文化生发的历史时期，考察当时社会文化对于女性的感知、想象、理解和情感，有助于对女性之认知、女性之角色、女性之观念的核心基点的把握，也有助于判断对女性的审美和两性社会关系变化合理趋势的思考。

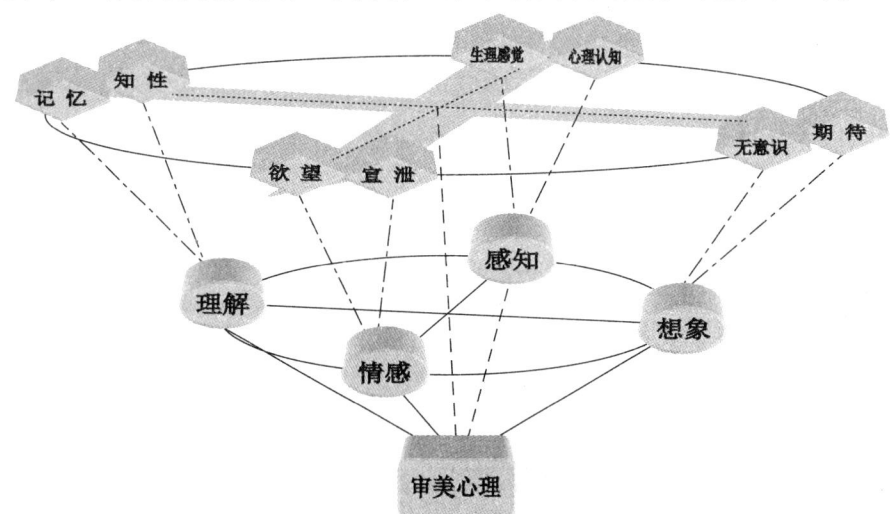

图 4-2 审美心理的多项心理因素构成与相互作用

---

① 李泽厚：《人类学历史本体论》，天津：天津社会科学院出版社，2008 年，第 297 页。
② 李泽厚：《人类学历史本体论》，天津：天津社会科学院出版社，2008 年，第 297—298 页。

第四章 和谐合理性：现代"淑女教育"的突围

对中国传统文化一个重要的认识就是讲求巫礼的传统。《说文·巫部》在解释"巫"的意义时，说"女能事无形，以舞降神者也。像人两袖舞形"①。女巫在战国秦汉社会生活中，曾经发挥重要的作用。西汉时曾经作为正式神职人员服务于都城长安的皇家神祠："武帝时祭泰乙，上通天台，舞八岁童女三百人，祠祀招仙人。"除了在皇家从事与江山社稷相关的祭祀活动，女巫在民间占据广大的舞台，"谨按《周礼》……女巫掌岁时以祓②除衅浴③"④，"（三月）上巳，官民皆絜⑤于东流水上，曰洗濯祓除去宿垢疢⑥为大絜"⑦。这种"三月曲水"的习俗一方面透露了女子与古俗的神秘关系，暗示女巫与河水之间的神秘关系具有古远文化渊源；另一方面揭示了礼仪与农耕的关系："三月三日，清明之节，将修事于水侧，祷祀以祈丰年。"⑧ 长期以来"三月曲水"场面最明艳的景致一直是女性的活跃：汉杜笃《祓禊赋》所谓"窈窕淑女，美腰艳姝，戴翡翠，珥明珠，曳离褵，立水涯，微风掩壒，纤縠⑨低佪，兰苏肹蠁，感动情魂"⑩，张衡《南都赋》所谓"微眺流睇，蛾眉连卷"，"修袖缭绕而满庭，罗袜蹑蹀而容与"⑪，以及晋成公绥《洛禊赋》所谓"妖童媛女，嬉游河曲，或振纤手，或濯素足"⑫，无不展现了美艳香媛云集河滨的浪漫景象。除此之外，"求雨以女巫"曾经作为民间相当普及的礼仪施行。以农业为主体经济形式的民族不能不重视天时对于耕作收成的决定性作用。求雨时"禁男子无得行入市"，"市使门者无内丈夫"，"丈夫欲藏匿，女子欲和而乐"。⑬ 这一抬高"女子"而贬斥"男子"的情形的确发人深省，女巫在

---

① 王子今：《古史性别研究丛稿》，北京：社会科学文献出版社，2004年，第3页。
② 祓（fú），古时一种除灾求福的祭祀。亦泛指扫除。
③ 《文选》卷四六颜延年《三月三日曲水诗序》，李善注，《艺文聚类》卷四、《初学记》卷四、《太平御览》卷三，"衅浴"均作"疾病"。
④ 《风俗通义·祀典》，亦可参见《周礼·春官宗伯·女巫》，〔清〕阮元校刻：《十三经注疏》，北京：中华书局，1980年，第816页。
⑤ 絜（jié），同"洁"，干净。絜者，言阳气布畅，万物讫出，始絜之矣。
⑥ 疢（chèn），热病，亦泛指疾病。
⑦ 〔西晋〕司马彪撰，〔梁〕刘昭注补：《后汉书志》，北京：中华书局，1965年，第3110页。
⑧ 〔日〕小南一郎：《中国的神话传说与古小说》，孙昌武译，上海：中华书局，1993年，第276页。
⑨ 縠 hú，古称质地轻薄纤细透亮、表面起绉的平纹丝织物为縠。《周礼》疏："轻者为纱，绉者为縠。"
⑩ 〔唐〕欧阳询：《艺文类聚》卷四，上海：上海古籍出版社，1965年，第69页。
⑪ 见〔梁〕萧统编、〔唐〕李善注：《文选》卷四，上海：上海古籍出版社，1986年。
⑫ 〔唐〕欧阳询：《艺文类聚》卷四，上海：上海古籍出版社，1965年，第69页。
⑬ 〔汉〕董仲舒：《春秋繁露》，北京：中华书局，2011年，第138页。

诸如求雨等农耕巫术中进行的形式特殊的表演，反映了她们在当时社会生活中的宗教文化地位。① 更投射出女性之美与礼制、与农耕文化、与象征阴柔的水、与连通人神的神秘想象都有微妙紧密的联系，无处不是试图把女性的价值与自然相融共生。为什么妇女总是同农业巫术有密切联系呢？"农业巫术从它的起源来看是属于妇女的本分职业的"，第一，最早的劳动分工，即确定了妇女管农耕的定局；第二，妇女的生育能力，使人联想到可以促进农耕收成的丰裕。"在这样的情况下，原始人把农业生产和为农业而求雨统统同妇女联系起来，也就完全可以理解了。这种原始风俗之所以能流行全世界同样能完全理解了。"②

在现代性的审美观念中，依然承认女性美不能脱离女人的自然属性。但是却提出质疑：如果两性的审美观念处于平等的地位，男女两性的外貌特征就应当对异性具有同样的吸引力。然而在现实生活中并非如此，男性往往凭借着才情、权势、地位和金钱优势，与动物界雄性比雌性有着更加美丽的外观、雄性向雌性炫耀相反，在人类两性关系的进化中，却表现为男性对女性外貌的注意和女性向男性展示。社会文化把男女分割为互相对立的群体，在审美层面是"男才女貌""男刚女柔""女为悦己者容"等男女两性气质的对立。认为"这种对立使得女性必须尽心修饰自己、弱化自己的才智，并培养忍耐服从、温柔体贴的女性气质，才能得到男性的欣赏和喜爱。女性被动的审美客体地位是通过女性追求美的能动性来体现的，传统女性美标准的确定和巩固，不仅与男人对女人的控制有关，也与女性对男性的依赖有关"③。确实，在社会性别机制下，两性审美观念在不同性别间设定了截然不同的审美标准，在一定程度上"限制了女性的人生选择和价值取向"，但如果就此断定审美差异"贬低了女性对于自己形象的自信，使女性的追求集中于服装、美容和修饰打扮上，限制了女性的发展"④ 则过于武断。设想女性抛开自然属性赋予的天资，执着于教条生硬的男女平等观而趋同于男性气质，外在表现上抛弃凸显女性特征和女性美的装扮，内在精神上为了独立解放而挣脱甚至迷失自我，这种"女性不再是女性"的后果难道不比"女性只成为女性"的情况更差吗？因此，更为合理的女性审美判断的根据在于顺应自然，合于自

---

① 王子今：《古史性别研究丛稿》，北京：社会科学文献出版社，2004年，第18页。
② 季羡林：《原始社会风俗残余——关于妓女祷雨的问题》，载《世界历史》，1985年第10期。
③ 罗慧兰：《女性学》，北京：中国国际广播出版社，2002年，第126页。
④ 罗慧兰：《女性学》，北京：中国国际广播出版社，2002年，第126页。

然，自然给予女性的生命特征，在一定程度上勾勒出女性生长和发展的应然路径。赋予女性生育、生产的能力，而女性的美的标准恰恰就是在女性和自然的关系中积淀而成的，所以，遵从女性和自然的本来关系，遵从自然对两性的安置，本身就是对女性最大的尊重，是对女性美最合情合理的理解和坚持。

（二）阴阳和合理念是"淑女教育"的基本立场

美学—教育学是中国女性启蒙的合理途径。中国人的教育与生活自古以来就是由审美导向的，这一特征在女性教育与女性日常生活领域尤为突出。"淑女教育"是美学—教育学的实践，其主要实践场域是家庭和社会，依托传统文化濡染下的家庭生活、依附于中国国民性和审美旨趣。对于女性教育的发展思路的思考若只从政治的目的考量显然有失人道，只从女性自身的自然属性和性别差异出发也有失偏狭，更应当注重性别关系的认知和理解。因为从人的自然性上，分为男性和女性，男性有男性的性别特征和身心发展特点，女性也有女性的独特性，二者无论是哪一方想要以自身为标准去审视他者，都难以获得预期的效果，反而会引发性别的模糊、错乱和消解，改变对方是愚蠢的，而改变关系确是智慧的。因此从人的社会性上，认识自性—理解异性—反思关系—重新认识自性，这样的思路既避免了女性逃离男性，也避免了女性逃离关系，最终避免了女性对自身产生陌异感，转而大方地主动敞开自我闭锁，在精神层面和物质层面均能重拾自信，找回角色感，走向真正的自由和解放。

现代性的科学、理性、解放、自由、独立等追求，其实是以17世纪以来西欧和北美的社会为标准的，它们都是在寻求共同的特征，也就是理想的典型。但是典型如果要适用于一切具体的、个别的现代社会（如中国），势必不能不通过最高度的概括。然而"只有个别的具体的文化，而无普遍的抽象的文化"[1]，所以我们应该从一般文化的通性转向每一具体文化的个性。这种个性是有生命的东西，表现在该文化涵育下的绝大多数个人的思想行为之中，也表现在他们的集体生活之中。所谓个性就是某一具体文化与世界其他个别文化相对照而言的，若就该文化本身来说，则个性反而变成通性了。[2] 相对于

---

[1] 余英时：《中国思想传统的现代诠释》，南京：江苏人民出版社，2003年，第2页。
[2] 余英时：《中国思想传统的现代诠释》，南京：江苏人民出版社，2003年，第3—4页。

西方基本文化内涵,如:过度发展的个人主义、漫无限止的利得精神(acquisitive spirit)、日益繁复的诉讼制度、轻老溺幼的社会风气、紧张冲突的心理状态之类①,中国这一东方文化的最大承载者最具个性的文化坚持就是"和谐"。在儒学中,关于"和谐"范畴的论述可追溯至先秦,甚至更早。《尚书》《周易》《国语》《论语》《中庸》等著作都有关于"太和"、"阴阳"和谐、"和"(和而不同)、"中"、"中和"的论述。② 这里重点讨论与男女两性相关的阴阳和合。

《周易·乾卦·彖辞》:"乾道变化,各正性命,保合太和,乃利贞。""太和,和之至也。"③ 太和是一种普遍和谐,在宇宙未分化出具体事物之前,宇宙本来就是和谐的,在宇宙分化出天地万物(包括人)之后,如果不使和谐丧失,这才叫作"太和"。《易传》把宇宙和谐概括为阴阳之道:"立天之道曰阴与阳","一阴一阳之谓道,继之者善也,成之者性也"。整体和谐观念还包括阴阳之间不断地交感或交易,从自然界到人类社会都因"阴阳交感而和谐有序、生生不息"。《泰》卦的卦象是天在上地在下,人为阳,地为阴,阳气上升,阴气下降,二气交感,万物化生。天地以阴阳二气相感而万物生成,表现了自然界的和谐;人类以男女两性交感而家道亨通,表现了人类社会的和谐。④ 这些关于宇宙自然的规则和人生在世的道理的认知常常体现于器物的规制和技艺的习得过程之中,如古琴和书法。

1. 古琴的阴阳之道

古琴作为世界上唯一有着三千年历史而仍然有众多喜爱者的活的乐器,生命力主要在于它是中国文人最喜欢的乐器。文人不仅用古琴来表达内心深处的渴望,而且当作修身养性、陶冶情操的工具。他们通过古琴让自己的心灵和古人对话,视古琴为忠贞不渝的朋友,甚至视古琴为自己的生命。古琴在文人心目中具有十分神圣的地位。儒家圣哲孔夫子就是第一流的音乐家、琴学家。能鼓琴、击磬、鼓瑟、歌咏,"三百五篇孔子皆弦歌之"。孔子学乐

---

① 余英时:《中国思想传统的现代诠释》,南京:江苏人民出版社,2003年,第3页。
② 陆自荣:《儒学和谐合理性——兼与工具合理性、交往合理性比较》,北京:中国社会科学出版社,2007年,第19页。
③ 《周易正文》,〔清〕阮元校刻:《十三经注疏》,北京:中华书局,1980年,第14页。
④ 陆自荣:《儒学和谐合理性——兼与工具合理性、交往合理性比较》,北京:中国社会科学出版社,2007年,第20页。

的老师有师襄①、苌弘等。孔子学鼓琴于师襄子，十日不进。师襄子曰："可以益矣。"孔子曰："丘已习其曲矣，未得其数也。"有间，曰："已习其数，可以益矣。"孔子曰："丘未得其志也。"有间，曰："已习其志，可以益矣。"孔子曰："丘未得其为人也。"有间，有所穆然深思焉，有所怡然高望而远志焉。曰："丘得其为人，黯然而黑，几然而长，眼如望羊，如王四国，非文王其谁能为此也！"师襄子辟席再拜，曰："师盖云文王操也。"（《史记·孔子世家》）可见，琴学与修身之间有密切关联。

首先，古琴的形制（图4-3）蕴藏了天地阴阳的象征。

琴的体质，上面为梧桐木，下底为楸梓木，两木相合成琴身。为何要选取两种木材制作呢？《太古遗音》琴材论云："梧桐之材，心虚理疏，举则轻，击则松，折则脆，抚则滑，轻、松、脆、滑，谓之四善。"所以用它来做面板，能发出美妙的音响；楸梓之木，心实理坚，《洞天清禄集》择琴底云"面以取声，底以匮声，底木不坚，声必散逸"，所以用它来做底板，能凝聚美妙的音响。② 桐木/杉木属阳，用来制作琴面；梓木属阴，用来制作琴底。取其阴阳调和之意。琴面圆形，象征天；琴底方形，象征地。琴宽六寸，象征六合；长三尺六寸，象征三百六十日周天，琴徵十三个，以对应律吕天象中的十二个月，剩下一个象征闰月。除此之外，在古琴上，处处展现天地乾坤阴阳相合的象征。琴的上部称"池"，池即水，意其平整；下部叫"滨"，滨就是服从之意。古琴前宽后窄，象征尊卑，琴面最前端，名"凤额"，与其呼应琴尾微微高起处叫作"龙龈"或"龙唇"，阴阳呼应；琴背面有"龙池"和"凤沼"，龙池八寸，象征八面来风，凤沼四寸，象征四气应和；有"岳山"和"岳流"，象征山川与河流，宫、商、角、徵、羽五根弦象征君、臣、民、事、物五种社会等级。第一弦为宫，尚中央土，次弦为商，尚西方金，次弦为角，尚北方水，次弦为羽，尚东方木，次弦为徵，尚南方火，以此相递相生，合于四序。后来周文王加一弦，称"少宫"，周武王又加一弦，称"少商"，文、武二弦象征君臣之合恩，和前五弦合起来象征七星；有"凤颈""龙腰""凤翅""龙须"，腰腹四寸，象征四季气候；有"天柱"就有"地

---

① 师襄是春秋时卫国乐官，擅击磬，也称击磬襄，亦称师襄子。《史记》里说他"以击磬为官，然能于琴"。师襄的父亲也是一位乐官，是当时一位著名的琴学家，他想把琴艺传给儿子，师襄却一直学不成，为了断除眼睛左右顾有碍专注的毛病，师襄狠狠心把自己的双眼刺瞎了，专心学琴，终于学成绝代琴艺。《淮南子》说："瞽师放意相物，写神愈午，而形诸于弦者，兄不能以喻弟。"

② 顾梅羹：《琴学备要》，上海：上海音乐出版社，2004年，第4页。

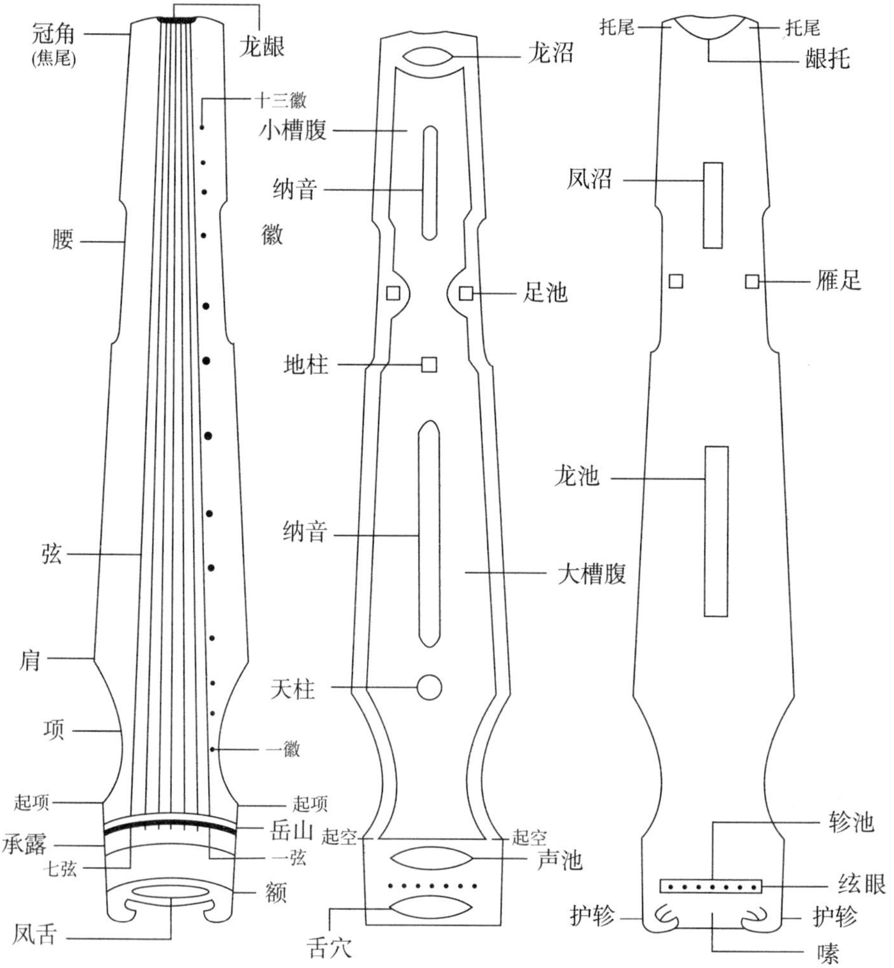

图 4-3 古琴形制

柱"……此外古琴制式发展到现在已经有很多种,如霹雳式、落霞式、仲尼式、宣和式、玉琮式、大鹏式、伏羲式、蕉叶式、神农氏、连珠式、师旷式、凤势式等,最能体现阴、阳之别的就是混沌式和正和式。这些古琴形制命名的象征意义反映出了儒家的礼乐思想以及中国人所重视和合性的观念。从古琴形制命名所借用的社会秩序、等级的名称来看,可见其制作形制即寓有教化人伦的深意。

其次,古琴的琴乐体现了天地人和的追求。

古琴有泛音、散音和按音三种音色①，传统琴学中以泛音法天，散音法地，按音法人，象征"天地人和"。弹奏时，讲求"半甲半肉"，指与弦和，音与意和，形与神和，琴与人和，"和，顺也，谐也，不坚不柔也"（《广韵》），追求的是"弦外之音"的含蓄而深邃境界。技艺的推行，实为求达到阴阳相辅相成的和合性的目的。《毛诗》说："妻子好合，如鼓琴瑟。"琴是"六艺"之一，是"雅乐"的重要载体，琴自周朝以前就有，最初是上层阶级必须学习的一种典礼（郊天、祀地、祭祖）和修身（防邪、正心）兼用的音乐。② 是习得、参悟"礼"文化的重要工具，礼的作用是为了保障个体，使个性有所发挥，乐以同和，其作用是与群体谐协。礼乐之同时并用可使个体和群体之间能互相调剂，形成人与人之间平和而合理的生活。

至于对古琴音乐的演奏，冷谦的《琴声十六法》提出了十六个范畴：轻、松、脆、滑、高、洁、清、虚、幽、奇、古、澹、中、和、疾、徐。③ 可组成四组：轻松脆滑、高洁清虚、幽奇古淡、中和疾徐。第一组为外在演奏风格的描述，第二、三组均为演奏时内在意境与曲韵表达的描述，第四组则为演奏时对乐曲整体节奏速度均衡的要求。明末清初琴坛重要人物徐上瀛④，受宋代崔遵度（953—1020）《琴笺》"清丽而静、和润而远"思想的影响，写成

---

① 泛音的奏法是用左手一指或多指正对徽位轻点琴弦，一触即起，同时右手拨弦，发出清越的琴音。古琴有119个常用泛音。散音，即空弦音，奏法是右手拨弦，左手无动作，可听到较长时间的余音。按音，又称走手音、案音、实音、走音，奏法是左手将弦按在琴面上，右手拨弦出音；继而左手揉弦以产生吟音，或移向其他音位产生滑音。

② 顾梅羹：《琴学备要》，上海：上海音乐出版社，2004年，第876页。

③ （1）轻——论音之适中和清实（技巧控制和意趣表达间相互之关系）；（2）松——论吟揉动荡之妙（技巧论）；（3）脆——论手指与手腕力度的灵活和弹性（技巧论）；（4）滑——论指法技巧在滑与涩表现上之难易（技巧论）；（5）高——论琴乐意境之深远高古（意境论）；（6）洁——论琴品与人品之配合（道德论）；（7）清——论平和洁净的环境、心境、乐器等条件在操缦时的重要（意境论）；（8）虚——论"心静"与"声虚"内外因素配合的重要（意境论）；（9）幽——论琴音之幽雅出于琴人高雅闲逸之品德（品德论）；（10）奇——论雅淡琴乐之奇特处乃在于吟逗等装饰性之指法和乐句起承转合间变化之处理（表现论）；（11）古——论琴乐古朴之风格来自和澹宽大之气度（风格论）；（12）澹——论琴音雅淡的本质（风格论）；（13）中——论偏之弊处乃言中声之妙（表现论）；（14）和——论和之本质在于技巧之无过不及（本质论）；（15）疾——中论指法徐疾之处理（兼论技巧与意境）；（16）徐——论指法舒徐之变化（本质论）。

④ 徐上瀛，别号为青山，娄县东仓人，其《溪山琴况》见于《大还阁琴谱》。

琴学最重要的论著《溪山琴况》，提出了"二十四况"①。二十四况与十六法有共同之处，如二者之"和""清""古""澹""洁""轻"项，二十四况之"静"与十六法之"虚"；二十四况之"雅"与十六法之"中"；二十四况之"圆"与十六法之"松"；二十四况之"健"与十六法之"脆"；二十四况之"迟"与十六法之"徐"；二十四况之"速"与十六法之"疾"。总体而言，"二十四况"和"十六法"所涵摄的内容主要渗透着儒道二家的色彩。此二家的影响可分别以"中正和平""清微淡远"两句来总括。前者为儒家雅正、中庸之道等观念在音乐上的体现；后者则为道家崇尚自然、隐逸、澹泊明志、虚静等思想和人生观在音乐上的落实。

最后，古琴的审美彰显了阴阳相合的趣味。

"琴学有修身养性之用，道也，非艺也"②，"美而不艳、哀而不伤、质而能文、辨而不诈、温润调畅、清迥幽奇、悲韵曲折、立声孤秀"③是"琴德"之标准。《孔丛子》曰："古之帝王，功成作乐，其功善者其乐和。"④古琴音乐主要受儒家中正和平、温柔敦厚、"德音之谓乐"和道家顺应自然、大音希声、清微淡远等思想的影响。传统琴曲主要用五声音阶，即五正音，这可说是儒家中和雅正思想在音乐上的落实，而琴乐清虚淡静的风格和意境则主要为道家思想的反映。对古琴的欣赏和认识更应作为知识分子的精神反映去理

---

① （1）和——论调弦、吟揉、音意等之和（兼论本质与技巧）；（2）静——论琴音之简静在于调气与练指（兼论品格修养与风格之配合）；（3）清——提出贞静宏远为琴度之内涵，并指出气候在演奏中之重要（兼论木质与技巧）；（4）远——论想象及弦外之音的意境（意境论）；（5）古——论琴音雅俗之辨（形式与风格论）；（6）澹——论琴元音之孤高岑寂（趣味论）；（7）恬——论恬之为君子之质和有德之养（趣味论）；（8）逸——论琴音之超逸实来自琴人品德之超逸（品德与修养论）；（9）雅——论琴之雅得于静远澹逸而不媚俗（风格论）；（10）丽——论琴音丽与媚之别在于古淡与妖冶（风格论）；（11）亮——论琴音之亮得自左右手所发清实的金石之响（音色论）；（12）采——论琴音之采得之于几经锻炼后指下之神气（音色论）；（13）洁——论琴音之意趣实得之于修指之严净（境界论）；（14）润——论琴音之中和温润（音色论）；（15）圆——论吟揉、按弹、乐句转折间婉转动荡无滞无碍之处理（技巧论）；（16）坚——论用指之坚必清劲和无力不觉乃可得金石之声（技巧论）；（17）宏——论琴音必冲和闲雅、下指必宽裕纯朴，始能合乎古调（境界论）；（18）细——论节奏、章句转折、连指与全篇细微之处理和把握（技巧与趣味论）；（19）溜——论技巧之熟练无滞得于指之坚实灵活（技巧论）；（20）健——论指之灵活刚健与琴冲和闲雅之配合（技巧论）；（21）轻——论音之轻重变化皆不离中和之旨（音量与趣味论）；（22）重——论弹琴重抵轻出之法和情气之并兼（音量与技巧论）；（23）迟——论希声与迟趣之关系（趣味与意境论）；（24）速——论小速意趣、大速意奇之旨（技巧、趣味与意境论）。

② 《琴学问答》，杨宗稷：《琴学丛书》，长沙：湖南教育出版社，2007年，第8页。

③〔南宋〕刘藉：《琴议篇》，载〔明〕袁均哲：《太音大全集》，北京：中华书局，1961年。

④〔西晋〕司马彪撰、〔梁〕刘昭注补：《后汉书》注引《孔丛子》，北京：中华书局，1965年，第1344页。

解。琴者"禁"也,禁淫、禁邪、禁贪,"雅琴者,乐之统也,与八音并行。然君子所常御者,琴最亲密,不离于身,非必陈设于宗庙乡党,非若钟鼓罗列于虞悬也,虽在穷阁陋巷,深山幽谷,犹不失琴。以为琴之大小得中而声音和,大声不喧哗而流漫,小声不湮灭而不闻,适足以和人意气,感人善心。故琴之为言禁也,雅之为言正也,言君子守正以自禁也"①。弹琴者首先应是个道德高尚的人,必须遵守社会的道德规范。而且这种道德操守的要求也要随身而行,以至"士无故不撤琴瑟"。因此,琴人在社会上是很受敬重的。

儒家的入世思想讲求中庸、和雅、道德,反映在音乐上则为雅乐、德音的推崇和俗乐、淫声、溺音的贬斥。雅乐的特色正在于其平和雅正、温厚含蓄,因而可移风易俗和导人向善,其风格是含蓄的、平静的,与所谓繁手淫声、追求声响效果复杂多变的俗乐相反,故曰"大乐必易"。此乃以道德的约制介入音乐的审美标准,所以对音乐有中和的要求而反对极端与"穷其变"。

道家超世的思想讲求自然、逍遥和超脱世俗的羁绊,反映在音乐上则为老子"大音希声"的思想,追求清和淡雅、古淡疏脱、清静和远、淳静简略、萧散简远、恬淡清逸、静远淡逸的衍生和变奏。因而道家只在音乐的精神层面积极,而对音乐的声音层面(即物化、形而下的层面)基本上是采取消极和反对的态度。

儒家和道家都对音乐的道德层面积极,对声音本身变化扩展之"技艺性"层面约制,同样排斥音声物化层面之过度发展。区别在于儒家讲求"弦外之音"的意境,道家强调"清微淡远"的道德追求。所以说,古琴是"大美无华,大音希声"的体现,正所谓"琴到无人听时工"。古琴音乐风格是倾向静态的、简单的、含蓄的、古淡的、阴柔的、抒情的、典雅的美。这像极了中国传统话语中"淑女"清柔端静的品貌。正因为古琴乐风属于淡静、虚静、深静、幽静、恬静等静态的美,最适宜于夜阑人静时弹奏,这样的环境才能与琴乐的风格和它所追求的意境配合,也是谦谦君子和窈窕淑女的寄情、抒情之物。

综上所述,古琴之学与天地阴阳、修身正己密切相关。"男女有别,吾琴亦然。不可等而视之,否则殊多执着,必有所失。因男女其力量、形容、性情各有不同。一般而言,男之长在势、在刚、在志;女之长在静、在柔、在情。若舍其长取其短,如懦夫泼妇,风雅荡然矣。如能扬长避短,便称能手。

---

① 〔汉〕应劭撰,王利器校注:《风俗通义》,北京:中华书局,2010年,第293页。

离骚与胡笳,男女操弄,心得不一,长短有别。虽言近迂腐,有至理存焉。"① "嗤阴阳至理者,皆耳食之辈也。今人不重祖宗之学,令人太息。琴中无处不合阴阳,当细细审度。如《仙翁操》中大小间相应,一散一按,一悬一傍,一甲一肉,一清一浊,一声一韵,一主一宾等,一言不尽。今人多以为其一挑一勾只音高相同而已,便用新曲替之。虽貌似一理,其失也大。知琴中阴阳,方可识先人制曲之妙。其虚实方圆轻重缓急等,皆有所依。然后玄微可察,意态可知,始得琴中真趣。不究阴阳者,惟有在实处用功,至多得流畅悦耳之音,若言玄妙深邃,遥不可得。纵有天资过人而善摹者,亦支离怪诞,得貌失神而已。"② 从这个意义上讲,琴是介质,是修心性、正己行的友伴,蔡邕的《琴操》讲:"昔伏羲氏之作琴,所以御邪辟,防心淫,修身理性,反其天真也。"唐代薛易简所著《琴谱》说:"琴之为乐,可以观风教,可以摄心魂,可以辨喜怒,可以悦情思,可以静神虑,可以壮胆勇,可以绝尘俗,可以格鬼神,此琴之善者也。"因此,"淑女教育"应当重视礼乐在修身正德方面的重要作用,重视儒道精神在技艺教学中的体悟,重视传统审美旨趣在当代女性观念中的培植。

2. 书法的中和之韵

从上古以来,中国思想一直强调"中""和","中""和"就是"度"的实现和对象化(客观化),"度"是"中""和"的本义,是"中""和"的实现行动。③ 书法作品中广泛蕴含阴阳、天地、人神的范畴,堪称"无声之乐""静态之舞",作为古人日常生活不可或缺的组成部分的书法以实用为根基,却超然于工具的意义,更负载着中国文化艺术的核心精神。"诗至杜子美,文至韩退之,书至颜真卿,画至吴道子,而尽天下之变,天下之能事毕矣。"④ 康有为也看到了书法所容纳的中国人文精神,他说:"书虽小技,其精者亦通于道焉。"无怪乎季羡林先生将书法、京剧和《周易》称为中华之国粹。西汉文学家扬雄说:"书,心画也。"可见书法是心灵的寄托与精神的承载。书法之中有中正、和谐、清净的意蕴,白纸青墨,清澈明正,笔断意连,

---

① 金蔚:《琴度》,《响山集——金蔚古琴专辑》,北京:中国科学文化出版社,2005年,第44页。
② 金蔚:《琴度》,《响山集——金蔚古琴专辑》,北京:中国科学文化出版社,2005年,第62—63页。
③ 李泽厚:《人类学历史本体论》,天津:天津社会科学院出版社,2008年,第62—63页。
④ 苏东坡:《书吴道子画后》,见山东蓬莱阁《卧碑亭》。

张弛有度，参差错落，遵章循法，轻重缓急，气和神贯。书法对于修身养性、陶冶情操的意蕴体现在以下几个方面。

第一，书法使人身心端正。

首先，练习书法，要使全身处于端坐或直立的状态，从头到脚保持正直，做到"头正、肩松、身直、臂开、足安"，一方面通过科学的指法、臂法、腕法、身法有机地将点画输送到字的结构中，手臂和腰部的肌肉得到扭转和锻炼，对颈椎、脊柱、腰椎、指腕等都是板正、调养的过程；另一方面，"书者，抒也，散也，抒脑中气，散心中郁也"①。书写前要调息、运气，排除杂念，凝神静气，物我皆忘，书写状态会激活大脑神经细胞，使全身血气通畅，对和中理气、增强心肺功能和协调脏器都有益处，正所谓"学书用于养心愈疾，君子乐之"②。长久练习，有强身健体之功效。其次，书法在调节人的心理状态方面也大有裨益。书法提供了一种"静"的力量，这使书法艺术具备了多种心理治疗的功能。在医学界，针对特殊需求学生之书法治疗处理方案研究显示：过动儿童、情绪困扰儿童与听障儿童通过书法治疗均有相当的疗效。同时，研究表明，练习书法，有助于培养儿童的专注力。对于老年人而言，书法也是最好的健身项目。所谓"志有所专，即是养生之道"。纵观中国书法史，书家普遍高寿。③ 最后，从精神情操上，书法能够陶养浩然正气，"言，心声也；书，心画也。声画形，君子小人见矣"④。三国钟繇也说："笔迹者，界也；流美者，人也。"书法艺术是人们审美情感的一种流露。纵观书法史，经典之作也是人类情感的表征：《兰亭序》是中和，《祭侄稿》是悲愤，《金刚经》是宁静，《天发神谶》是刚怒，《石门颂》是苍茫。⑤ 书法因为线条的抽象性，与人的心灵最近，是情感艺术化的表达与宣泄，反之也是映照书写者内心世界最好的镜子。综合而言，从生理的角度，书法可以达成心、眼、臂、肘、腕、指的和谐，健体益寿；从心理的角度，书法能够安

---

① 何乔：《心术篇》，俞剑明：《书法与养生》，载《华夏星火》，2002年第21期。
② 黄匡：《瓦瓯北医话》，转自郑利权：《现代人为什么需要书法》，载《美术报》，2012年3月31日。
③ 智永习书百岁而寿乡，欧阳询享年85岁，柳公权88岁，文征明99岁尚习小楷，梁书同93岁，近现代书法家中齐白石97岁，林散之90岁，陈叔亮91岁，沙孟海93岁，费新我90岁，启功94岁等，最为典型的是上海书法老人苏局仙年过百岁仍临池不辍，其养生之道"唯书画而已"。105岁时无病寿终。参见郑利权：《现代人，为什么需要书法》，《美术报》，2012年3月31日。
④〔汉〕扬雄：《法言·问神卷第五》，见汪荣宝撰，陈仲光点校：《法言义疏》，北京：中华书局，1987年，第160页。
⑤ 郑利权：《现代人，为什么需要书法》，载《美术报》，2012年3月31日。

定情绪,使人冷静平和、颐养心性;从道德的角度,书法是与人的审美情趣、精神气节、道德情操、志向追求紧密联系的,是人性向神性提升的途径。

第二,书法促进社会和谐。

书法之所以能够促进社会和谐,在于它能够养成人的"规则意识""谦恭态度""正直品格"以及"自尊自信"心理。首先,初学书法者,一般通过临摹的方式加以练习,双钩、描红是必经的过程。在这个过程中,贯彻始终的就是"典范"的引领和规范作用,让学习者明确什么是"应然"的样子,并且通过反复练习,使自己的运笔合于这种"应然"的"典范";其次,书法学习者对于每个字的结构章法的把握,总是通过"田字格""米字格""九宫格""回宫格"等来实现,"把握中线""直卓者,中竖宜正""勾拿法,其身不宜曲""体虽宜斜而字心必正"① 都是十分关键的要诀。这就使"中正"的立身法则逐渐内化于人的意识中,为人做事,不逾矩;最后,书法还可以正人伦,守秩序。以颜真卿楷书"九十二法"② 为例,第一法为"天覆者,凡画皆冒于其下",第二法为"地载者,有画皆托于其上",这是天地秩序、阴阳本分的表达。再如第十六法"左右有直,宜左收而右展",第十七法"左撇右直,须左缩而右垂"都是以右为尊原则的体现。再者第十九法"画重者,宜鳞羽参差以化板",把为人处世谦和避让、以和为贵的思想贯彻其中。第三十法"纵戈之法,最忌力弱身弯"和第三十一法"横戈不厌曲",第六十六法"虽宜肥而勿肿"和第六十七法"虽宜瘦而勿瘫痪"都阐释了强与屈、肥与瘦等二元关系的辩证和中关系。上述这些规范和要义,无不是中国传统礼文化主张的伦理观、道德观的重要部分。因而,修习书法要义,有助于"修身、齐家、治国、安天下",有助于形成尊卑有序的伦常意识,有助于树立文化自信和民族自尊,长此以往,将由个人向集体形成巨大的民族国家的认同感和凝聚力,有利于社会和谐、稳定、积极的发展。

第三,书法教育完善人性。

书法教育能够培育人的精神长相。家长和教师的使命就是让孩子逐步对自己的精神长相负责,去掉可能沾染的各种污秽,培育人身上健康的精神"种子",让人可以呼吸高山空气,可以吐气扬眉。

书法教育是美学引领下的教育实践,台湾教育界有句名言——"学书法

---

① 《颜真卿楷书九十二法》,西安:陕西人民美术出版社,2010年。
② 《颜真卿楷书九十二法》,西安:陕西人民美术出版社,2010年。

的孩子不会学坏"。根据调查,一般学习书法的孩子学习成绩好的比例很高,而犯罪的比例却非常少。① 书法潜移默化的教化功能,使孩子在学习书法的同时,在学习美,感受美,实践美。一个在美的引领和陶冶之下成长的孩子,其心灵和性情无疑是良善的,因此书法教育有益于孩子人性的完善,有益于成长为身心和谐、道德高尚、志存高远、品味高雅的人。"艺术是最高的养生法,不但足以养中华民族,且能养成全人类的福祉寿考也!""艺术养生法"不仅仅指向个人,更指向中华民族的发展与人类社会的进步,与蔡元培提倡的"以美育代宗教"有着异曲同工的理论前瞻性。现代网络的 E-mail、微博、短信、微信功能的广泛使用及其传播的共时性、互动性、超文本、超链接、多媒体、交互性等特性,速度之快、内容之丰与手段之多,挤兑了书法在传播实用性方面的价值。不夸张地说,这代表着一种文化的"失忆",因此重拾书法教育,是对当代文化的浮躁与荒芜感的拯救,是对失落的道德伦理的找寻,是对失落的文化与时代的挽回。

可见,书法是中华文化精髓的重要表征之一,它以汉字为表现对象、以毛笔为表现工具,统摄中华民族对于政治、文化、律法、道德等多视角的价值立场和审美指向。上自帝王将相、文人学士,下至平民百姓、抄经写手,都以书法为必要的技艺和高雅的追求,俨然是一种全民书写,成为普及性最广的群众性艺术形态。在现代社会,物质生活日益丰富,文化精神却日显苍白,因而更需要"书斋文化",更需要书法艺术。

综上所述,"淑女教育"的审美取向实际来源于中国传统文化心理的"天人合一"(人与自然、个体与群体的顺从、适应的协调关系)的观念。"天人合一"观念成熟在先秦,孔、孟、老、庄……都从不同角度、不同方面提出了这种观念,无论是积极的或消极的,它们都强调了"人"必须与"天"相认同、一致、和睦、协调。② 汉儒的"天人合一"是为了建立人的外在行动自由的宇宙模式,这里的"天"在实质上是"气",是自然,是身体;宋儒的"天人合一"则是为了建立内在伦理自由的人性理想,这里的"天"则主要是"理",是精神,是心性。③ 追求的都是天地阴阳的和谐相生,"天地以阴阳二气相感而万物生成,表现了自然界的和谐;人类以男女两性交感而家

---

① 周志刚,《爱好书法的,是什么样的人?》,载《中国书法微刊》,2014 年 3 月 24 日。
② 《李泽厚集——思想·哲学·美学·人》,哈尔滨:黑龙江教育出版社,1988 年,第 113 页。
③ 《李泽厚集——思想·哲学·美学·人》,哈尔滨:黑龙江教育出版社,1988 年,第 113 页。

道亨通，表现了人类社会的和谐"①，因此"唯天下之至诚，为能尽其性。能尽其性，则能尽人之性。能尽人之性，则能尽物之性。能尽物之性，则可以赞天地之化育。可以赞天地之化育，则可以与天地参矣。"故而"淑女教育"发展的方向，亦即"和谐"的路向：由自身之"安身立命"，而至"推己及人"，再至"民胞物与"，而达到"保合太和"而与天地参。②

四、"淑女教育"的时代主题

（一）朴门永续（Permaculture）理念下本土女性学建构

朴门永续（Permaculture）这个词结合了永久持续（permanent）与农耕（agriculture）、文化（culture）这三个词的含义。起源于澳洲生态学家 Bill Mollison（比尔·墨立森）与 David Holmgren（戴维·洪葛兰）及其伙伴在20世纪70年代所出版的一系列刊物。"朴门"最初意指"永恒的农业"，是一套基础广泛而宏观整体的方法，是设计论，之后迅速扩大到"永恒文化"的意涵，因为一个能真正维持永续的系统，必然涵盖各种社会面向。因此朴门永续设计是以自然美学而非人类美学去设计环境，是以满足生命所有形式的模式，整合资源，追求给地球的生命提供一种可以持续的、安全的发展方式。应该说它不止是一门科学，也是一门艺术，更是让人类重回地球生界的一种文化。一个好的朴门设计可以让生产系统获得最大产出，建立系统内各元素的链接，同时降低风险和外部能源物质输入。

朴门永续理念的精神内核是一组基础的核心价值或伦理：第一，讲求"顺其自然"。体认我们所在的地球是一切生命的起源，却也是脆弱的家园，人类只是地球生态链的一个环节——无论多么重要而伟大——都毕竟不是地球的主宰者；第二，争取"共识主动性"。人与他者之间要相互帮助与扶持，朝向不伤害人类自身与地球的生活方式转变，据此构建健康和谐的社会。第三，认同"返璞归真"。主张确保地球上各种有限的资源，都以公平而明智的

---

① 陆自荣：《儒学和谐合理性——兼与工具合理性、交往合理性比较》，北京：中国社会科学出版社，2007年，第20页。

② 陆自荣：《儒学和谐合理性——兼与工具合理性、交往合理性比较》，北京：中国社会科学出版社，2007年，第21页。

方式被使用,并分享多余以满足其他生灵的需求。

从民国以降,中国女性教育和女性文化都在"外切式"发展,导致本土女性学的建构与发展始终面临根基不稳的尴尬。我们现有的"女性学"的基本概念来自西方,也称为妇女研究、女性研究、妇女学。它的产生和发展,源于20世纪60年代至70年代的美国黑人运动和妇女运动。1970年,美国加利福尼亚州圣地亚哥女性学中心成立,此后,美国各大学相继成立女性学中心,开设女性学课程,出版女性学刊物,召开女性学学术会议等。① 在我国,女性学研究起步于80年代初,由于高校女教师和女大学生群体的产生,也由于女性学所具有的独特性,以及高等教育中课程改革的积极影响,女性学作为一种研究视角和研究方法,开始进入大学人文、社会、自然科学等学科的教学和科研之中。中国女性学的产生受到国外女性学的影响,主要是面对如何回答和研究市场经济下本土女性所遇到的实际问题。例如中国改革开放初期出现的性别歧视问题。它关系到一门新型学科究竟如何扎根,如何打下坚实的社会基础,如何建立于本土社会并推动社会的进步和发展。② 建构本土的女性学,核心任务就是要运用性别视角和跨学科的专业知识,提出、解答或者思考本土现实生活中的女性问题。例如运用社会学分层理论描述城市职业女性、城市女农民工、农村女性等不同社会层面的女性角色以及各自的流向和生存状况;运用历史学的考证方法对中国历史上大量的正史、野史、家谱、笔记、小说、戏剧和诗词中的女性事迹与形象进行挖掘,以使曾被历史忽略或者隐匿的女性形象变得清晰、具体,寻找女人的历史,网罗更多可能的"存在空间";运用教育学、心理学相关理论和教育史料,考察研究女性社会性别身份形成过程中教育如何起作用,起了怎样的作用,对于深刻认识女性是如何成为女性的,应当如何培养和教育女孩等问题具有重要启示。诸如此类,建构本土女性学,需要多学科、多专业的综合反思与协同建构,结合解剖学、生物学、社会学、历史学、法学、政治学、经济学、文学、教育学、心理学以及美学话语和视角,对女性的历史问题、理论问题、现实问题进行多维度的反思,以寻求适宜当下人类文明发展需求的再启蒙之路。

民国时期就明确指出女性解放途径就是发展女性教育,尤其是高等教育对女性的开放是重要的一步。《中国妇女教育发展报告(2008年版)》指出,

---

① 韩贺南、张健主编:《新编女性学》,北京:首都经济贸易大学出版社,2010年,第1页。
② 骆晓戈主编:《女性学》,长沙:湖南大学出版社,2004年,第2页。

新中国成立以后，妇女接受高等教育经历了三个发展高峰期：第一个高峰期是从1949年至1954年，随着新中国的成立，大批女性挣脱家庭的束缚，涌入学校接受高等教育，1949年全国女大学生只有2.3万人，占比19.77%，到1954年，所占比例达到26.27%；第二个高峰期是"文化大革命"期间，受到政策因素的影响，实行推荐上大学，同时考虑男女比例的平衡，加大了女性接受高等教育的机会，1976年女性接受高等教育的比例达到33.02%。第三个高峰期是1995年第四次世界妇女大会之后，尤其是1997年大学扩招以来，女性接受高等教育的人数和比例，从1995年的102.93万人、占比35.4%，增长到2005年735.32万人、占比47%。① 而增长幅度最大的是大学本科及硕士研究生阶段。大学本科女生所占比例，从2007年至2012年分别是：47.36%、48.15%、48.89%、49.68%、50.4%、51.03%；硕士研究生女生所占比例，从2007年至2012年分别是：47.19%、48.16%、49.63%、50.36%、50.89%、51.46%。这表明女生已然占据大学的半壁江山，真正成为"半边天"。② 根据CCTV2013年8月19日的新闻报道，"我国高等教育毛入学率达30%"，这说明我国高等教育已经进入大众教育阶段。③ 女性又是占据半数的群体，且有颠倒原来高等教育男多女少之比例的趋势。在这样的状况下，更应当反思民国以降妇女解放策略的收效和弊病，看清当时由于"外切式"发展而引发的性别趋同、女性气质受到压抑等引发的一系列问题。

因此，中国本土女性学急需从"外切式"发展向"内返式"发展转变。一方面，跟从他者经验，已然架构了女性学研究的基本框架，主要包括习得社会性别（男性气质、女性气质）问题、性与身体问题、恋爱婚姻与家庭问题、卫生与健康问题、性别与教育问题、职场中的歧视与平等问题、参政问题、性别语言问题、性别空间问题、传媒文化与女性问题、女性文学问题、女性与公共政策和法律问题、女性与生态环境问题以及女性与和平问题等。宏观上，女性学的发展相对比较充分，应当转向个性化的、特色化的、本土化的内容的开发与深挖；另一方面，西方女性学的发展本身也已经走入瓶颈

---

① 李凌、田贵兴、王之月：《女生"来袭"，大学阴盛阳衰?》，载《中国教育报》，2013年10月17日。

② 李凌、田贵兴、王之月：《女生"来袭"，大学阴盛阳衰?》，载《中国教育报》，2013年10月17日。

③ 高等教育政策专家马丁·特罗教授根据美国高等教育的发展过程和呈现出来的特征提出高等教育发展的三个阶段理论：根据不同时期高等教育入学率的变化，分为精英教育阶段（毛入学率低于15%）、大众教育阶段（毛入学率在15%—50%）、普及教育阶段（毛入学率达到或超过50%）。

期，在资本主义发达国家中工业化发展和现代性思维方式已然把女性牵引至新的精神困境，等待女性学的研究提供新的出路。同时西方女性学也已经开始把目光转向第三世界女性的问题，试图以既有经验为基础，以性别平等、女性解放为切入点，通过改变不平等的社会关系，推动社会变革。① 基于以上原因，中国的女性学必须以更博大的胸怀和前瞻性的眼光，回到原点，审慎思考最适合当下政治经济环境的发展路径设计。而无论是基于对工业社会带来的现代性危机的反思和补救，还是出于对中华民族伟大复兴的迫切渴求，朴门永续的发展和设计理念都显示出其自身强大的生命力。

（二）激活传统文化基因实现伟大复兴梦

习近平总书记在主持中共中央政治局第十三次集体学习时强调，"培育和弘扬社会主义核心价值观必须立足中华优秀传统文化。牢固的核心价值观，都有其固有的根本。抛弃传统、丢掉根本，就等于割断了自己的精神命脉"②。博大精深的中华优秀传统文化是我们在世界文化激荡中站稳脚跟的根基。③

"中国梦"，是中国共产党召开第十八次全国代表大会以来，习近平总书记所提出的重要指导思想和重要执政理念，正式提出于 2012 年 11 月 29 日。习总书记把"中国梦"定义为"实现中华民族伟大复兴"④。"中国梦"的核心目标也可以概括为"两个一百年"的目标：到 2021 年中国共产党成立 100 周年和 2049 年中华人民共和国成立 100 周年时，逐步并最终顺利实现中华民族的伟大复兴。具体表现是国家富强、民族振兴、人民幸福，实现途径是走中国特色的社会主义道路、坚持中国特色社会主义理论体系、弘扬民族精神、凝聚中国力量，实施手段是政治、经济、文化、社会、生态文明"五位一体"建设。⑤

一个国家、一个民族有自己独特的精神基因，是内在成因，是根脉，是抗体。中国有自己的文化基因，从而形成不同于他国、他民族的人文性格和

---

① 韩贺南、张健主编：《新编女性学》，北京：首都经济贸易大学出版社，2010 年，第 21 页。
② 蒋哲：《核心价值观——接续传统文化"断层"》，载《长江日报》，2014 年 3 月 20 日。
③ 《激活中华传统文化的精神基因》，载《中国青年报》，2014 年 3 月 17 日。
④ 《习近平总书记深情阐述"中国梦"：一定能实现》，人民网，2012 年 11 月 30 日。
⑤ 《中国梦，人民的梦——国家主席习近平在十二届全国人大一次会议闭幕会讲话侧记》，新华网，2013 年 03 月 17 日。

文化习惯。中华民族的精神基因,文化根脉就在传统文化里。千百年来,中华文化中凝聚、积淀、总结了许多优秀、精辟、独特的思想精华,已经融入中华民族的文化血脉之中,为一代代中华儿女所敬仰、认知、学习、传承。中华文化是中华民族最深沉的精神追求,是中华民族生生不息、发展壮大的丰富滋养。① 文化是民族的根,精神是民族的魂,传统是民族的本。时代精神强调时代的理性认同,而民族精神却立足于民族的情感认同。现代化呼唤时代精神,民族复兴呼唤民族精神。时代精神要在全民族中张扬,民族精神就要从传统文化的深厚积淀中重铸。② 传统儒家文化讲求"安身立命",有三层意涵:一是热爱生命,追求幸福;二是尊重生命,道德约束;三是敬畏生命,终极关切。面对现实中的道德失范和现代化浪潮中沉渣泛起现象,我们要从民族优秀的文化基因中,去找回和强化道德约束,以增强我们民族在现代化浪潮中的抗体,增强在各种物质诱惑中的免疫机能。

中华文化是中华民族永远不能离别的精神家园。正在接受现代市场经济考验和洗礼的中华民族,不会离别自己的精神家园。通过对传统文化的去粗取精、去伪存真,可以使之变成我们内心的源泉动力,做到格物致知、知行合一、经世致用。中华民族传统文化精神家园中"诚意、正心、修身、齐家、治国、平天下"的人生理想,"穷则独善其身,达则兼济天下"的精神境界,"为天地立心,为生民立命,为往圣继绝学,为万世开太平"的道义担当,"见贤思齐""见义勇为""知行合一""己所不欲、勿施于人""三省吾身""君子慎独"的修身之方,"百善孝为先""孝悌忠顺""家和万事兴"的齐家之略,"水能载舟、亦能覆舟""治国之道,必先富民"的理政之道,"天下为公""世界大同""致中和"的经世方略,"天下兴亡,匹夫有责""舍身取义"的爱国情怀,"富贵不能淫,威武不能屈"的凛然正气,"仁义礼智信"的基本价值,"天行健,君子以自强不息;地势坤,君子以厚德载物"的奋进态度③,为我们中华儿女的精神提供终极价值,弥补了现代化过程中精神的迷失与缺离。

"淑女教育"能够帮助中国的女性找到回归精神家园的路,并且找回文化自尊与自信的女性将成为激活中华文明精神基因的主要力量之一,构建适应

---

① 叶小文:《激活中华传统文化的精神基因》,载《中国青年报》,2014年3月17日。
② 叶小文:《激活中华传统文化的精神基因》,载《中国青年报》,2014年3月17日。
③ 叶小文:《激活中华传统文化的精神基因》,载《中国青年报》,2014年3月17日。

社会进步与发展的道德和行为规范。具有突出优势、深厚软实力和重要精神支撑的中华优秀传统文化的基因一旦激活，不断生长和放大，就可以形成百病不侵的抗体，百折不挠的动力，形成有利于中华民族伟大复兴的新伦理和新精神。①

五、现代"淑女教育"的可能出路

"妇女处在现在这一个伟大的时代里面，首先应当明白和从前的妇女有着许多的不同，从前妇女所原有的美德，现在的妇女固然不应当抛弃，但是单单具有从前妇女所具有的美德，实在还不够做一个现代的妇女。所以现代妇女应当认清时代意义的重大。……应当明白自己与男子同是人类社会中的一个人，也同是国家民族中的一分子，但是现在的妇女因为历史和环境种种关系，仍旧和男子有着许多差异的地方，而不单是生理上的天然区别……现代妇女更应当认清自身特殊的责任。"②

近几十年来，对淑女教育有所忽略，时至今日，淑女教育可以说是极其缺乏。能够认识、认同、修持传统文化的人只是少数，当今社会的诸多乱象多源于传统伦理道德教育的缺位，尤其是女性道德教育的式微，使得现代人母不母、妻不妻、女不女，给家庭、社会带来不良影响，一个民族的女性，正是该民族的文明之花，是该文明国家的国家之花。③ 治国平天下之权，女人家操得一大半。社会上如果都是善良贤淑的女性，那社会一定是祥和太平。④ 有学者就倡导"现代淑女教育"以彰显女校德育特色，提出"现代淑女教育"在汲取传统女德精华的同时融入女性自尊、自信、自立、自强的时代精神，在摒弃"三从"旧的糟粕的同时，赋予"四德"以新的内涵。⑤ 将现代"淑女"理解为：礼仪文明、儒雅友善、博爱敬业、自信自强。并对其内涵进行界定："礼仪文明"指注重外在形象，应彬彬有礼、落落大方，成为一个

---

① 叶小文：《激活中华传统文化的精神基因》，载《中国青年报》，2014年03月17日。
② 傅学文：《现代妇女》，上海：商务印书馆，1944年，第1页。
③ 《中国妇女》，辜鸿铭：《中国人的精神》，北京：中华书局，1998年。
④ 钟茂森：《窈窕淑女的标准：〈宋尚宫女论语〉研习报告》，北京：中国华侨出版社，2011年，第1页。
⑤ 许洁：《倡导"现代淑女教育"彰显女校德育特色》，载《江苏教育研究》，2013年第21期。

"舒女";"儒雅友善"是指修养内在气质、腹有诗书、有智慧有学问、气质温文尔雅、对人友善谦虚,成为一个"书女";"博爱敬业"即要兼顾事业家庭,要以博大心怀、热忱之心、热爱大千世界、热爱平凡生活、热爱服务对象,成为社会家庭中的"枢女";"自信自强"是说现代淑女要有自主独立的人格、自强不息地笑对人生,成为一个"殊女"。[①] 可见,传统淑女教育当中的一些训育良方是经过历史选择代代承传的,也是适合继承并发扬的传统女性精神的合理内核。

(一) 完善人格,多维共修

1. 由姿容之美向才情之美的深化

可以肯定的是女性是多样且复杂的,如同世间没有两片完全相同的树叶一样,世间每个女子都是独一无二的。女性对于外表美的认知和选择千差万别,但在诸多风格之中,有一种打扮始终是坚定而制胜的:优雅。

在这方面不妨把视线转向作为启蒙运动发源地、女权运动兴起之地同时又是公认的时尚之都的法国,学习法国女人的魅力密码:

法国女性打扮的关键词:

A. 胸针;

B. 高跟鞋(每个女人都要有100双鞋,鞋的概念只包括漂亮的高跟鞋、靴子、优雅的芭蕾舞鞋);

C. 丝巾(一方Hermes丝巾会让女人更加高雅);

D. 散发品位的配件(用配饰,永远把你最后戴上的东西拿下来),坚持自己的穿衣准则,却会大胆尝试新的配饰;

E. 黑白双眸与玫瑰唇(手袋里会永远放两支口红,白天用优雅的哑光,晚上用性感的亮光);

F. "没有小黑裙的女人就没有未来",而最经典的配饰莫过于高雅的珍珠项链;

G. 香水不可缺少,代表了个性、情感与品味;

H. 发型(自然的卷发是众多法国女郎的最爱);

---

① 许洁:《倡导"现代淑女教育"彰显女校德育特色》,载《江苏教育研究》,2013年,第21期。

I. 清洁的身体，光滑的肌肤；

J. 口袋镜成为不可或缺的时尚配饰；

K. "内衣很重要，它紧贴肌肤，必须性感、完美"，内衣裤一定要相配；

L. 精致的妆容（如果没有药妆，那和去修道院有什么两样）；

M. 难以摧毁的自信（认为自己很美，知道自己很美，也善于表现这种美。坚信变的是我，而非时尚，时尚的是我）；

N. 优雅地老去，对年龄不以为意。

应该说，法国女郎擅长打扮的能力其实是一种高雅的傲慢，傲慢的气质来自于一种生活态度：优雅过生活。

相比之下，比外在美更为恒久并且历久弥香的就是女性的内在美，内在美主要反映在人格、知识、技能、修养、观念、性情、习惯等方面，是对女性情商、智商等多方面的综合的要求和考量。同样看看法国女人对于内在美的修炼：

（1）经济独立。纵观法国历史，人们都格外重视这些具有革命精神的女性，包括 Coco Chanel、西蒙·波娃、高莱特夫人等。这是个物质控制精神的年代，所以，女人想要获得自由与自立，想要站在与男人平等的位置，就必争取经济上的独立。

（2）音乐。对于法国女郎来说就是一种生活习惯。

（3）艺术品味。法国女郎的生活就是和博物馆息息相关的，钱包里放一张博物馆通卡，闲暇时逛逛博物馆也是她们热衷的休闲方式。

（4）重视闲暇与享受假期。工作对于法国女郎来说还不及睡觉休息重要。

（5）孕育生命。认为生孩子大概是最有创造力的事情了。

（6）法国女郎有与众不同的魅力认知，她们的确是将"知性"当作美容必修课一样认真修读。

（7）餐桌艺术与用餐礼仪，都是法国女郎的必修课，"美食美器"的贵族精神深植于每位追求高品质生活的法国女郎心中。

（8）红酒、香槟、咖啡馆。

（9）对法国女郎来说，爱情是永远值得奋不顾身去追求的；诱惑，是法国文化的一部分，是确保法国女郎成功的基石之一，是自尊不可缺少的养料。

综合而言，女性的美分为三种层次，大美为心净，中美为修寂，小美为貌体。而女性的美与男性的智有相生相成的关系，对男性而言，大智为信仰，中智为克己，小智为财奴。图4-4（a）中，字母标注的三角形代表男性的层次：A—大智，B—中智，C—小智。男人随着修养层次的提升，智慧是向上的；数字标注的三角形代表女性的层次：1—大美，2—中美，3—小美。女性随着修养层次的提升，美感是向下的，并且越优秀越包容。因此所谓和谐的两性关系发展模式就在于发展方向上的和谐统一，即修炼大智大美，不断推进人类的全面和谐发展和文明进步；而在目标、方式、途径、评价方面承认差异、正确看待差异、有效开发差异，形成顺应天性的、多元创发的培养模式，最终旨归是实现和谐无伤对接，如图4-4（b）所示。

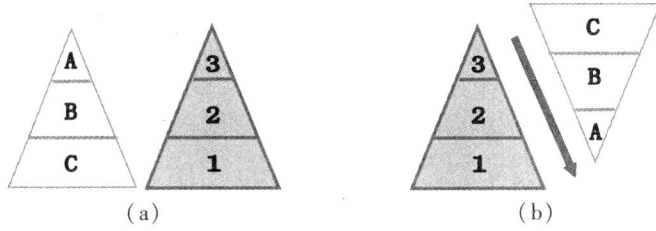

图4-4　男性美与女性美的三种层次及关系示意图

2. 由私利之德向大爱之德的提升

关于女德，《女诫》中明确指出"清闲贞静，守节整齐，行己有耻，动静有法，是谓妇德"①。司马光说："为人妻者，其德有六：一曰柔顺，二曰清洁，三曰不妒，四曰俭约，五曰恭谨，六曰勤劳。"② 其中规范了女子的品德、仪容、举止、处事几个方面：第一，"清""闲""贞""静"四个字都集中在心境上，是让人维系内心的平和寡欲，烦闷不积，不急不躁，贞定正心。要求女性放下多余的欲念，涤除繁浊的忧思，保持清净的心态，追求气质的清纯高洁，守持本分，内心高贵，不为名闻利养而忙碌，少言语，保持安静、内敛，所谓"话说多，不如少，惟其是，勿佞巧"③。第二，守节便是遵守妇道，主要是遵从夫妻之义，守义以成仁。此外妇女还有责任把家务打理得整

---

① 〔东汉〕班昭：《女诫·妇行第四》，〔清〕沈朱坤：《女四书白语解》，北京：中国华侨出版社，2012年，第12页。
② 陈东原：《中国妇女生活史》，上海：上海书店，1984年，第134页。
③ 《弟子规》，李逸安：《中华经典藏书：三字经 百家姓 千字文 弟子规》，北京：中华书局，2009年，192页。

齐有序，家居生活安排得有条不紊，做到"房屋清，墙壁净，几案洁，笔砚正"①。第三，要有节操，有羞耻之心，言行有度。第四，讲为人处世、进退之道的，法即规矩，举止言行稳重、不轻佻、懂分寸、知轻重。以往传统淑女教育强调的妇德主要集中于家庭场域，在古代，"女子以极端柔顺为生活标准，女子不必学怎样做人，只应学怎样做媳妇。（媳是对舅姑之称，妇是对丈夫之称，中国女子自来只有媳妇主义，没有贤妻良母主义）"②。尤其到了宋朝，宋儒尊古推重，使得礼教格外发生威力，妇女应重贞节的观念经程朱的一度倡导，宋代以后的妇女生活，便不像宋代以前了，宋代实在是妇女生活的转变时代。③ 集中于夫妻关系的妇德被片面、教条、严苛地加以强调，至于其他方面的女德则被弱化。到了晚清民国，这种状况随着思想启蒙有所改变，新的女性教育虽然基本保留传统淑女教育的道德标准，但是对片面的贞节观、封建的婚姻制度、女性只应做贤妻良母的教育目的都有所改变，不仅强调家庭生活中女性的道德标准，更把女性置于广大的民族国家发展的语境之中，赋予女性女公民、国民母的身份，启发女性公德意识觉醒。中国某所拥有120年历史的百年女校，就根据习近平主席强调的走向生态文明新时代，建设美丽中国，关注科技、教育和生态状况④的思想，将绿色教育融入女性教育，加强女学生的环保意识，强调培养师范女生的环保意识，通过她们传给下一代的是具有时代价值的使命。该校多年来开展的德育活动——"留短发""去脂粉""留清纯"的师范生淑女教育成为该校的特色，提出"因自信而美丽，因气质而动人"等20条"校园淑女新主张"，力图精心打造谈文雅不粗俗、衣着整洁得体不奇异、举止优雅大方不轻浮的幼师淑女。⑤ 因此，淑女教育需要与时俱进，在女德方面开拓视野，实现个体之私德与集体之公德共修。

3. 由帮辅之才向独立之才的拓展

在经济上告别依附于男主人的境遇是拥有完整独立的人格的前提和基础，坚实的经济基础是维护自我尊严的必需。通过经济的独立，可以获享成功的满足感和生存的安全感，进而才能在精神世界不做男人的附属品。

---

① 《弟子规》，李逸安：《中华经典藏书：三字经 百家姓 千字文 弟子规》，北京：中华书局，2009年，204页。
② 陈东原：《中国妇女生活史》，上海：上海书店，1984年，第38页。
③ 陈东原：《中国妇女生活史》，上海：上海书店，1984年，第135页。
④ 何娜：《将绿色融入幼师"淑女教育"》，载《新课程研究》，2013年第11期。
⑤ 何娜：《将绿色融入幼师"淑女教育"》，载《新课程研究》，2013年第11期。

独立经济地位的获得要仰赖对一定专业才能的掌握。在男权社会当中评价女性才能的标准始终是男性中心的，在家庭生活中，女性洗衣、做饭、打扫、整理的技能被认为是最基础的技能，会是应该的，不会则是丢人的；在社会工作中，女性如果是取得一定成绩，有良好的表现，往往也被认为是倚仗男性的栽培与提拔，而且也把女性的成就看作是辅助男性的成就，而不是独立的功绩。例如"老板"与"老板娘"的称谓就带有明显的男为主女为配的意味，如果是女性一手操持的一般会说"女老板"，特殊的限定本身就是一种男性中心主义逻辑的表达。

由于平等观念的逐步推进，在一定程度上震动了这种思维模式，社会对女性才能的考评标准也发生了质的改变。审视女性的才能的眼光不拘泥于家庭生活方面，拓展到了许多传统观念中女性难以涉足或没有优势的领域，例如军事、航空、数学、物理、建筑、极限运动等。告别了"女子无才便是德"的褊狭认知，反而认为女性通过学习与奋斗在这些领域的突破是对人类潜能的挖掘，是人类文明进步的标志。

4. 由内务之学向自由之学的扩充

《易经》有言："女正位乎内，男正位乎外，天地之大义也。"把女性的职能范围和知识领域以"天地大义"的名义局限在家庭范围内。在中国传统文化的五伦关系中，第一伦"夫妇有别"的别就在于正位的"内""外"之别。外，由男子来承当，主要指由男子在外承担一家的经济重担；内，由女子承担，主要是培养家族的下一代传人。在妇女解放运动的影响下，这种内外分工似乎一度被认为是反映了男尊女卑的观念，是对女性的束缚。实际上现代社会中，现实是女性往往连"内务"都做不好，尤其是八〇后、九〇后，很多女孩在处理家庭事务的能力上很弱，甚至不足以照顾好自己，更不用提照顾好整个家庭。从某种意义上看，"内"比"外"更重要。因为女性主要社会性职责是相夫教子，助夫成德，善教儿女。而二者相比，善教儿女更为紧要。这要求女子明了本分，恪守本分是女德的一个重要指标。而有尊卑之心是恪守本分的重要内驱力。"夫妇之道，参配阴阳，通达神明，信天地之弘义，人伦之大节也。"[①] 阳为尊，阴为卑，尊卑本无贬损女性之意，卑，主要有三层意涵：其一是柔弱，女性从生理层面而言，其天职是孕育繁衍，从事

---

① 〔东汉〕班昭：《女诫》，〔清〕沈朱坤：《女四书白话解》，北京：中国华侨出版社，2012年，第10页。

的劳动也是与孕育和哺养相关的家庭劳动，而非重体力劳作，女性是天然的卑弱者。其二是辅助，女性承担人类自身的再生产，男性承担家庭外部的物质再生产，这种生产的分工成就了原始的尊卑秩序。男性通过从事社会性生产，为家庭提供生存的物质保障，男性的劳作主要用来满足人类对于生存与安全的需要，而生存是任何生命体的本能诉求，也是核心要务。相比较而言，女性的作为，满足的是人类的社会需要和尊重的需要。从广泛意义上看，更是满足人类的自我实现的需要。对于基本的生理层面的需要的满足而言，女性处于帮辅的角色定位。其三是敬顺，"修身莫如敬，避强莫若顺。故曰：敬顺之道，为妇之大礼也。夫敬非他，持久之谓也；夫顺非他，宽裕之谓也。持久者，知止足也；宽裕者，尚恭下也"①。卑这个层面上意味着节制和气度。从这个意义上看，传统淑女教育在现代社会仍有时代价值，只有在内务之学基础上拓展其他领域的学问和才能，才是全面发展的人，才是不断自我完善的人，否则，连基本生活都无法安置妥当，谈何扮演更多的社会角色呢？

在现代社会，淑女的涵义绝对不等同于传统意义上的礼教名词，也不完全是西方上流社会的社交用语，它是学生们在仪表、谈吐、举止、思维上比较成熟、自我规范的一个形象用语，非但不会抹杀现代青少年的活力和朝气，相反，更能使青少年焕发纯洁、真挚的人格魅力。② 有研究对"淑女"和"绅士"提出了四项准则：一是身心健康；二是气质达观；三是品格高尚；四是行为诚信。强调"绅士""淑女"教育应"严而有格，慈而有度"③。因而现代女性应当把握"五大根本"，也是"淑女教育"在现代社会环境下发展的必要着力点：

第一根本——自信的源泉：美丽与魅力。女人的美丽具有阶段性，魅力则是不断积淀，日久弥香。内外兼修、美丽升级、魅力增益，是成就自信女人的必备条件。

第二根本——自觉培养优秀品格。包括爱、珍惜、善待自己、敬重他人、宽阔的心胸与气度。容纳无疑是一个成熟的、智慧的女性不可缺少的品质。

第三根本——财富的积累。这是不可懈怠的事业，更是美好人生的保障。独立而稳定的经济能力会给予女人淡定的心境，自信的气场将有增无减。

---

① 〔东汉〕班昭：《女诫》，〔清〕沈朱坤：《女四书白语解》，北京：中国华侨出版社，2012年，第8页。
② 逯守运：《平民教育如何培养"绅士""淑女"》，载《吉林教育》，2010年第26期。
③ 逯守运：《平民教育如何培养"绅士""淑女"》，载《吉林教育》，2010年第26期。

第四根本——见识。见识是一个很大的词汇，包罗万象，女人的心胸与格局，很大程度与之相关。淡定不是天生的，而是靠见多识广。很难想象一个没有见识的女人可以确保自己越来越有魅力。

第五根本——情感。人是社会性的动物，女人更是依赖各种关系而存在，因此拥有自己值得信赖的朋友圈尤为重要，以此确保形成一个情感的循环，让生命始终拥有令人感动的内容。

若想把握住这五大根本，就要做一个"三箱女人"：钱箱，会理财本身就是"贤"的本意，因此女性和经济本就不可分离；书箱，三毛说"读书多了，容颜自然改变，许多时候，自己可能以为许多看过的书籍都成过眼烟云，不复记忆，其实它们仍是潜在气质里、在谈吐上、在胸襟的无涯，当然也可能显露在生活和文字中"；化妆箱，虽然现代社会越发重视精神层面，但没有吸引人的外在将会失去进一步展现内在的机会。

5. 由蒙魅之行向理性之行的转变

所谓蒙魅，有两层意蕴：其一是对自己的思想和言行没有充分的理性思考，带有明显的非理性的、经验的、直觉的、感性的倾向，不具备充分运用理性的能力；其二是过于执着于某种思维定式，例如传统的、常识的、先验的，即便是意识到需要做出调整甚至改革，但仍愿意选择不作为，主观上不愿意进行改变，无法勇敢地运用自己的理性。当然这是人的启蒙过程中都必然遭遇的困扰，女人是人，而且女人的确又更为敏感、保守、服从、依赖、柔弱，因此在对女性的启蒙过程中，矛盾更为突出，阻力也更大。她们不仅需要在文化、政治、经济等场域面临与男性一样的冲击，还要面对两种生活关系的调试：一种是与男性的关系；一种是女性群体内部的关系。

如果说以往的一切努力，尤其是民国时期开启民智的努力，在很大程度上把女性带出原始的愚昧状态，妇女革命和女权运动启蒙了女性的批判与反思意识，唤醒了人权意识、民主意识、平等意识。而启蒙是未竟的事业，因此在当代社会，政治、经济、社会、文化的新景象都标示着女性启蒙进入新的阶段，承载新的历史使命。对于女性的理想人格也提出了更高要求。

现代女性教育，应有这样一些理性追求：关注自己，爱上自己；学会放弃，享受寂寞；社交自主，维护友谊；善待回忆，不忘初心；学会品酒，绝不抽烟；拥有知己，精神导师；改变自己，享受生活。这就需要女性做一个高情商的女人，具体而言，情商包括以下几个方面的内容：一是认识自身的情绪，即觉知自我；二是能妥善管理自己的情绪，即能调控自己；三是自我激励，即具备为自己补充正能量、走出低潮和困境的能力；四是认知他人的情绪，实现有效沟通；五是人际关系的管理，即领导、组织和管理能力。高情商女人可能并不是人群中最聪明的，但是热忱而顽强的人，是善于体验现实中美好事物的人，是敏锐却淡定的人，是诚实而可靠的人，是懂得发挥微笑的力量的人，是懂得关爱和感恩的人。这是一种诗意合理性教育观的体现：诗意合理性教育观基于人的"求生"与"求我"的统一这一人性假设。强调既要关注人作为动物的自然性存在，也要关注人作为超越动物性的神性存在，这表现在人与社会关系中就是人的发展既是社会发展的手段，又是社会发展的目的；诗意合理性教育观继承了实用理性教育观和诗意理性教育观的合理成分。实际上是一种有限理性①教育观。而这个"限"即以审美为尺度，以诗意为张力，以现实需要为根据，它必须以理性为主导，以实用为原则，合人性、合规律的生成；诗意合理性教育观通过自我反思批判，形成一个开放性的、生成性的而且是稳定上升的系统趋势。一个"合"使得诗意合理性教育观成为一种有生命的教育观，它以理性为基石，合理运用诗意，是二者的和合。②

（二）与时俱进，多元创发

曾经畅行两千年的封建女性观念在很大程度上束缚了中国女性的发展，限制了中国女性的自由与解放、独立与自主。正因如此，清末民国时期，当人们意识到"男尊女卑"的封建思想和"三从四德"的封建礼教误国误民的时候，陈独秀等人将"德先生"与"赛先生"请进了中国，民主和科学的口号也随着现代女学的建立回荡在中国妇女的耳畔。当然，流传千年的"淑女教育"成了中国没落的替罪羊，在"贤妻良母主义"的论争中一些学者对于

---

① 有限理性具备以下特征：第一，有限理性绝不从所谓的"理性原则"出发，相反它拒绝任何超越历史现实的先验理性。认为理性来自于历史现实，理想化的理性反过来又促进历史现实的发展，二者有着辩证互动的关系；第二，有限理性不盲目迷信理性，它信赖并依靠理性，但对理性的相对性质有充分的和清醒的了解，时刻提醒自己注意自身的历史局限性；第三，有限理性是灵活的和辩证的理性主义，它将尽力避免理性作茧自缚的可能，在自己的"历史性"中认识到自己的相对性和暂时性；第四，有限理性不排斥非理性因素，而是给予这些因素恰当的地位，容纳它们并使之转化为积极的建设性力量，可见它是试图引导非理性的。详细参见于伟：《现代性与教育——后现代语境中教育观的现代性研究》，北京：北京师范大学出版社，2008年，第110—111页。

② 关景媛：《以人的诗意的在为出发点的浪漫主义教育观问题研究》，东北师范大学硕士学位论文，2010年。

中国传统女子训育与教化问题提出了批判，尤其是对作为"淑女教育"指导思想的儒家文化加以指责。

综观淑女教育从古至今的发展，可见虽在新式女性教育兴起之后遭到冷遇，但其深刻内核从未被摒弃过，对于女子的高尚德性的教化在中国这个男权社会中一直没有并且将永远不会被丢弃，即便是在当今人们的观念如此开放自由的时代，在体制内男女所受的道德教育从内容到方法几乎无差别的情况下，淑女教育中有关女子德性教育的部分也在社会与家庭中以或隐或显的形式伴随着文化习俗渗入一代一代的女性的观念之中。只不过它看上去更像是一种非强迫的自行容纳。这种变被动为主动的自律式的德性规范更适合被解释为文明进步的硕果，这对社会角色分配的稳定以及国民素质的提升甚至人类的优质再生产都具有积极意义。但就女性的独立而言，即便是从 19 世纪到 20 世纪 90 年代在西方三次女权运动的影响下，逐渐获得了平等参政、平等就业、平等受教育、妇女财产权、选举权等社会权利，事实上这些并不能保证妇女的独立，男权社会意识通过对"女性气质"的规定和宣扬——淑女教育，使妇女自动地回到家庭中去，甘心于受支配的附庸地位。在 2006 年由中国社会科学院正式发布的首部女性生活蓝皮书《2006 年：中国女性生活状况报告》中指出，婚姻对女性幸福感的影响最大，女性幸福感与工资水平、职业等外界因素关联度并不高。[①] 可见妇女的独立实在是个难度很大的课题，笔者认为女性的经济独立是现实可行的实现女性独立自主的前提，而企图使女性完全抛开家庭事务做自己的这种独立显然是不理性也不现实的，因此好的女性教育就是帮助女性在妻子、母亲和职业人三种角色中寻求平衡并保持一定的张力，这也是淑女教育改良的方向。

近几十年，随着中国社会在经济方面取得令人称许的发展，中国人的国际地位有所提升，人们对本土文化的重视程度和自信均有所增长。正如钱穆先生曾在《国史大纲》里开宗明义地指出，吾民对吾国历史应该保持"温情与敬意"，国内掀起了"国学热"。就女性教育而言，各地各种形式的淑女学堂、女子礼仪班，多元的女性课程在学校和社会的推展，都重新看向中国传统的"淑女教育"，纷纷从中汲取元素。苏州古城淑女学堂于 2006 年创办，又名复兴私塾，其主人傅奇说创办之初主旨并不是成人教育，而是儿童读经，

[①] 彭淑媛、邓晖、蒋慧：《论教育与幸福追求——对中国女性教育的思考》，载《四川教育学院学报》，2010 年第 3 期。

但自开办了淑女教育课程后,原先的读经教育反而被公众忽视了。傅奇指出:"现代私塾是教育的真正回归,是人性回归的一扇窗口。私塾是天经地义的正统文化,现代教育最多是补充,更多的时候是在产生负面效果。"①"我们已经习惯使用'现代教育'这个词,其实我认为现代没有教育,仅仅有学校。但是古代几乎没有学校,但是有教育。"② 傅奇还强调古代有礼,礼在社会中一以贯之,人处处可以学习,而且学习的过程就是生活的过程,所以不需要学校。现代学校的产生,从开始就是功利的,而且没有办法做到可以不功利。③ 这警示我们,在历史面前,应该学会做多选题,然后才是依据选项的定位对具体路径进行判断,以找寻对当下的现实有价值的东西,而不是牵强冲动地全盘肯定或全部打倒。历史上以"贤妻良母"为女子教育宗旨的"务本"教育,发展到蔡元培的爱国女校被视为进步。④ 而广东香山女校要争"天赋之权利","当勉为世界之女豪",不再做"人间之奴隶",被认为是女子代表性宣言。⑤ 20世纪初,柳亚子曾批评清政府:"愿得贤妻良母之一资格,为女子教育的唯一目的,乃是教育界腐败的特征。"⑥ 因此,若仅以特色教育或"母亲工程"来强调现今女子学校的办学意义,说服力不大并会引发争议。因此,女校更应强调"素质教育+性别视角"的教育模式。

以历史为镜鉴,接下来的淑女教育的发展要在三点上加以把握。

1. 愿景的规定性与多元化。"淑女教育"根植于中华民族的本土文化,因为带有相对稳定的传统文化基因,因此在设定教育目的和标准上,要牢牢把握其核心精神,所谓特色必然是以民族文化的独特性为前提的,在这个意义上把握"淑女教育"愿景的规定性无可厚非。但正如后女性主义的论说,没有一种女性发展模式是可以代表全体女性的,因为女性个体的独特性形成了女性总体的魅力所在。因此在个体层面,对女性发展方向的构想不能一刀切,而应当充分尊重每个女性的特质和个性,鼓励多元化发展。但有一个规定,对于当下的社会状况而言应当是达成共识,就是依靠"淑女教育"去挽救"礼崩乐坏"的现状,恢复"礼"文化体系下的道德建设,尤其是女子道

---

① 吴小丽:《高调、姿态还是策略——对话淑女学堂主人》,载《读者》,2010年第3期。
② 吴小丽:《高调、姿态还是策略——对话淑女学堂主人》,载《读者》,2010年第3期。
③ 吴小丽:《高调、姿态还是策略——对话淑女学堂主人》,载《读者》,2010年第3期。
④ 张慧敏:《又见女校》,载《中国新闻网》,2001年10月1日。
⑤ 张慧敏:《又见女校》,载《中国新闻网》,2001年10月1日。
⑥ 张慧敏:《又见女校》,载《中国新闻网》,2001年10月1日。

德。因为"礼者,治辩之极也,强国之本也,威行之道也,功名之统也,王公由之,所以一天下也,不由之,所以陨社稷也。是故坚甲利兵,不足以为武;高城深池,不足以为固;严令繁刑,不足以为威;由其道则行,不由其道则废"①。匡扶中国传统文化精粹以及复归传统礼仪道德,是"淑女教育"规定性的任务。

2. 对象的阶层性与泛在化。传统淑女教育带有明显的阶层性特点,这与教育公平的理念有所矛盾。现代经济的发达,为在更广大的范围发展淑女教育提供了基础和保障,有利于淑女教育的推广甚至普及。当然在这个过程中,也要重视贫穷本身是重要的教育资源,这点对偏远地区的女童教育很有启示作用,父母、老师、社会环境需要为孩子提供基本的文化资料和道德成长氛围,不让孩子陷入人穷志短的自卑深渊。对于富足家境的孩子仍是很好的借鉴,富裕是另一种更高级的教育资源,西方人的经验是:"培育一个贵族需要三代人的努力。""阶层是会遗传的。"但是更高级的教育资源需要更高级的教育技艺,如果没有更高级的教育技艺,富裕的家庭反而会给孩子的成长带来灾难。

3. 内容的本土性与国际化。在淑女教育的内容上,应当充分重视传统女性教育内容的精华部分,比方说主张女子读书"女子六岁始习女工之小者;七岁始诵《孝经》《论语》;九岁为之讲解《论语》《孝经》及《列女传》《女诫》之类,略晓大意。古之贤女,无不观图史以自鉴。如曹大家之徒,皆精通经术,议论明正"②。除此之外,关于胎教、礼仪等方面的内容至今仍值得重视,最应着力发展的就是恢复对传统文化中堪称精粹的技艺的学习,如书法、古琴、香道、茶艺、刺绣等,既是对中国非物质文化遗产的保护和继承,也是打造中国特色的女性教育的重要资源。此外要了解、学习东方其他国家,如日本、韩国的女性教育,取其长处,以为己用;欧美的女性教育虽然跟我国的女性教育产生背景不同、文化土壤有别,但也有其先进之处,也可借鉴过来并实验之。

(三) 终身教育,阶段推展

"淑女教育"在实践层面上首先是一种性别教育,以往对于性别教育的认

---

① 屈守元:《韩诗外传笺疏》,成都:巴蜀书社,1996年,第373页。
② 陈东原:《中国妇女生活史》,上海:上海书店,1984年,第133页。

知核心停留于生理卫生层面，重点强调两性差别问题。当然这是性别教育的初级阶段，也是必要步骤。但放在当下的大环境考量，这类观念已经显现一定的片面性和滞后性。性别教育的目的不仅仅是男女两性在生理层面的自我认知，更是社会文化意义上的自我觉知。社会文化意义上的"女人"或"男人"都是在社会文化中被塑造而成的，也就是性别角色社会化的结果。而教育又在人的社会化过程中起到至关重要的作用，那么合理的性别关系意识的建构对于人的全面发展与解放、社会文化的科学发展、经济的可持续发展、人类文明的进步而言就具备了如"蝴蝶效应"般隐匿却巨大的作用力。因此"淑女教育"不仅仅是对女性进行的品行涵养和自性觉醒的启迪，也是对作为社会性别制度的有机组成部分的男性的人性关怀与角色确证，解构本质主义的性别制度，重构一种生态的、有机的、协同的、互为的自然主义的性别关系意识，将从根本上化解由于历史与文化发展的阶段性局限导致的两性交互关系的矛盾与紧张，并将两性之间存在的天然张力转换成人与社会文明进步的动力。

如上所述，"社会化"是两性性别角色差异形成的一个关键概念，狭义地说，主要是指青少年成长过程中学习社会规范而逐步适应社会的过程，是青少年由"生物人"成长为"社会人"的过程；广义而言，社会化就是一个人在人生历程中不断学习社会规范而适应社会的过程，这一过程贯穿人的一生。① 那么"淑女教育"对于女性的社会化以及对男性社会化的辐射作用就必然呈现阶段性特征。

需要明确"淑女教育"是陶冶心性、培育品格、完善人的过程，因此是一项持久的系统工程，是终身教育理念下，家庭教育、社会教育与学校教育相携共为的教育，其实践路径与载体大体上分为三个模块。

第一，基础教育阶段——文化活动与家庭体验。该阶段以传统技艺为载体，如琴、棋、书、画、女红、家政等，通过技艺的学习过程渗透给儿童健康的、积极的审美判断力和基本的规则意识、公民意识、道德观念。实际是一个美学—教育学的全面渗透的过程。如长春市养正高级中学，2012年8月成立"慧雅"女子实验班，提出"慧在内心、雅在举止"的口号，班级的宗旨是"秀外慧中，气质高雅；兰心智慧，学识博雅"。班级结合传统文化开设了多门特色课，如礼仪课、形体课、形象设计课、茶艺课等。旨在培养一批

---

① 骆晓戈主编：《女性学》，长沙：湖南大学出版社，2004年，第7页。

知书达理、温文尔雅、自爱自立、自信自强、深受中国传统文化熏陶的美丽东方女子。其治班特色为"目标管理精细化，小组学习赶帮超，特色课程静身心，课外活动促发展"。堪称"淑女教育"进学校的典范。

第二，高等教育阶段——社团活动与公选课程。该阶段讲求"工具—社会本体"和"心理—情感本体"这双重本体的融合，注重才艺的深造与素养的修炼。如长春市东北师范大学部分热爱传统文化的教师和学者自发组建的"静湖书院"，就扮演了推广传统文化、培养博学文雅的现代绅士和淑女的社会责任担当。"静湖书院"内设"静湖印社""静湖书画社""静湖琴社""静湖香道社""静湖茶社""静湖读经社""静湖红酒社""静湖素餐社"等主题活动社团。非营利性的、自发自组地为广大传统文化爱好者提供公益讲座，对于有深入学习需求的爱好者，"静湖书院"通过多元渠道组织学习团，外请专家开设小班专项授课的方式，进行古琴、香道、茶艺、书画、印刻等传统文化的研究学习。目前已经开设了以下课程：

1. 香道师培训课程
2. 古琴师培训课程
3. 茶艺兴趣启蒙课程
4. 兰花的鉴赏与培养
5. 饮食健康课程
6. 书法、篆刻欣赏与技法课程
7. 山水画赏析课程
8. 读经课程（《道德经》《薄伽梵歌》等）
9. 朴门永续农业微体验课程
10. 红酒品鉴课程
11. 传统诗词诵读与欣赏课程
12. 国画技法入门课程

"静湖书院"通过开展系列活动，呼吁传统文化精神价值回归，参与到社团活动中的女性学习者普遍认为，在群体内部的互动过程中，获得了认同感，从传统技艺的学习过程中，汲取智慧，学会悦纳自己，柔和自己，善待自己，生活、工作中的压抑感和疲惫感得到舒缓和排遣。学习香道、茶艺、书法、绘画、古琴等传统文化是当今都市职业女性寻求精神危机救赎的有效途径。

其研习过程中蕴含着丰富的人生智慧,帮助学习者在人与自我、人与人、人与事物、人与自然的关系中寻求平衡。在这个意义上,社会团体或组织对于女性的社会教化和人文关怀扮演着重要的角色,是"淑女教育"的社会担当,因此政府应当适度鼓励民间自发的组织兴办淑女学堂、淑女班,并逐渐完善制度保障和规范引导,以此构建良好的社会环境来推进全社会对淑女教育价值的认同,促进淑女教育的大众化。

第三,终身教育——媒介与社会组织的担当。这一阶段是致力于完全人格的修炼。是持续不断的自觉的体悟修行和对启蒙精神的永恒追求。这就需要整合一切资源和力量,在学校、家庭、社会组织当中组建共同体,搭建平台,充分利用媒介力量,利用多媒体手段,借助网络、微信等普及性高的社交平台,进行推广,使"淑女教育"形成一种教育风尚,引领新时代的女性树立正确的女性观念、审美情趣、价值范导、文化追求。此外,淑女教育的过程,核心还是女性自身的反思过程,追问自己将如何存在的过程,因此,是个不断反观自省的、寂寞的过程,也只有这份出于己心的执着,才能真正在纷繁躁动的现实生活中始终保持一颗清净心,学会在启蒙精神的拉力和传统文化基因的引力中找到平衡的支点,成为兼具自尊、自主、自强、自由意识和传统洁、善、美、和之"淑"德的新时代"淑女",进而成为一个有能力幸福的智慧女人,坚定乐观地走在外在幸福与内在幸福平衡统一的女性解放的第三条道路上。

结　语

"平治之道基于齐家，齐家之道责成夫妇……事舅姑、奉宗庙、相夫子、训子女、和娣姒伯叔诸姑，齐家之务毕集……故学于女子为尤亟。"① 维新时代的女学是以"贤母良妻"为目的的，教育取法上先归于家庭，后归于学部，女子师范的宗旨是"养成女子小学堂教习，并讲习保育幼儿方法，期于裨助家计，有益家庭"。民国初年，由于对"贤妻良母主义"有所质疑，女子教育目标变成是"造就小学校教员及蒙养园保姆"，弱化家庭，打破陈俗，男女同校同学，但在具体课程上又有所区分，反映了当时女性教育的宗旨扑朔迷离，在旧生活的大海里随着新潮高一浪低一浪地度它飘摇无定的生涯。

而如今的女子教育则更为缺失，完全抛弃了女性未来家庭生活的责任，只按照带着漏洞的部章把教科书的知识以无性别差异的形式塞给学生，导致女性未来在生活上遇到重大问题时，只好听凭她的环境去解决，只好让她自己在那新旧冲突的潮流中挣扎，学校给予她的知识对于实际生活而言收效甚微。时至今日，几乎大多数人都要承认教育对于女子不过是一种装饰品了，受教育的女性，几乎全被斥于家庭之外（没有维持家政、经营家庭、平衡多重角色的能力）。而且女性在现代社会当中，由于缺失了这些能力和素养的培养与陶冶，已然遭遇与自己、与他人、与环境之间协调发展的现代性危机：由于对性别角色和女性价值认识的偏差，导致越努力越缺乏幸福感；由于对自身性别优势的迷失和深陷于对男性化的制控性素质的追求，导致越挣扎越

---

① 〔清〕李晚芳：《女学言行录》，1786年，参见陈东原：《中国妇女生活史》，上海，上海书店，1984年3月，第276页。

呈现分裂的自我；由于对女性母职的执着和沉湎于深受儒家、道家、法家思想浸润的传统家教观念，导致越是深爱越无法还给子女放归天性的教育；由于科学技术的飞速发展和社会文化的后现代转向，导致越奋力寻找越与原初的自我渐行渐远……所有这些现代社会女性正在面临或即将遭遇的困顿与异化状态，都迫切呼喊需要一种女性特需的教育以别于男子的方式实现对女性的终极关怀。即便是男女分主内外的思想基本已经不适用于现代社会，但"女子治内"却是一项关乎现实生存和实在生活的素养，断没有主张把女子天赋的才能、精神的特质、兴味、感情、美丽一笔抹杀而使之以男子为人生极则的道理。即便是女性主义也绝不要求免除母性之责任、光荣和困苦，所以女子除受"人"的教育外，还应有她自己应受的教育——"淑女教育"。

"淑女教育"自周朝以来一直以中国男权中心的传统文化之子系统的形态传承，虽在大的社会转型期和文化断裂带上均有过不同程度的改造，但其精神内核始终是遵从儒家、道家对于"阴阳和合""天人合一"的信念，在对性别的看法上持本质主义的观点，承认生理差异及以此为基础搭建的"性别—社会性别体系"，但一定程度上扬弃了两性地位尊卑分化和具有阶级压迫性质的两性互动，转而以后女性主义视角，重审女性启蒙的现代性，认为自启蒙以降，中国女性"日以解放望其男，而身甘居被动之地位，是无自觉心"[1]。造成中国的女性启蒙肇始于西方教会势力的干预、中国男性思想启蒙家的动员及话语建构，女性作为受压迫受歧视的群体在中国现代化进程中处于一种"蒙昧"的无意识状态，处于被唤醒、被拯救、被引导和被授予的历史境遇[2]，女性始终是撑着拐杖在别人选定的解放之路上且行且思量。可以说"淑女教育"是与中国传统经典男性主义教育并行的一种亚传统、亚文化，具有极强的本土特色，是中国本土文化、习俗、观念在悠久历史中不断审查、分拣、扬弃、融合、积淀的复杂过程的一个投影，其嬗变过程体现了中国女性观、女性教育观、女性文化变迁进程的无序性和偶然性，也揭示出社会政治、经济、文化、日常生活相互影响的不均衡性以及历史选择的复杂性。

通过对传统"淑女教育"的复观与省察，认为"淑女教育"由于其人格范典体现了"洁、善、美、和"的根本价值，且淑女文化在历史中兴衰启承的过程始终是围绕主流意识形态和价值观念而进行"度"的调试，呈现以中

---

[1] 何震：《女子解放问题》，载《天义》第七卷，1907年9月，第202页。
[2] 刘慧英：《女权、启蒙与民族国家话语》，北京：人民文学出版社，2013年，第196页。

华民族核心价值体系为中轴的螺旋式发展的态势。因而已然成为中国这一民族国家的文化基因,深深植根于中华文明的土壤之中,成为主导"家国同构"背景下中国家庭教育的重要教育理念,使得母亲通过对家庭教育中的多重角色占取实现了对子女人性成长的干预与惯习的濡染,进而塑造了国民的众趋人格,以隐形而微小的力量左右着国家、民族的命运。此外,"淑女教育"作为一种诗性的教育,在求真、取善、立美的价值取向上致力于以生活美学为引领,借由传统文化中的精粹技艺为载体,在人与器物的交感之中获得对"天地""阴阳""和合""美感"的体悟,使人与宇宙协同的道德律令内化于心。需要明确,"淑女教育"肩负着重要的时代使命,它既是在朴门永续合于自然的理念下设计本土女性学的一次尝试,还是在当今风云变幻的国际局势和迅速扩张的全球化进程中,稳中求进地实现中华民族伟大复兴之梦的合理路径,更是怀抱慎终追远之情怀对女性教育改革与发展归零审思,校准航向的战略性举措。

综上所陈,从"淑女教育"的价值诉求、文化根基、审美取向以及时代使命几个维度论证"淑女教育"在当代应予以扬弃地继承之合理性,既与激进女性主义的教育主张之间形成一定的张力与拉力,又为遭受启蒙现代性危机挫伤而沦为犬儒主义者的女性施予救赎的引力和体认传统文化的可能,同时又是对于清末民国大转型时期对传统"淑女教育"的批判与反思的再反思和再批判,是对当时传统与现代、东方与西方冲突融合过程的一次更新视角的检视。最终,从现实的、历史的、理论的、实践的多个维度对"淑女教育"的合理性进行了确证。实际上是走一条中庸和合的女性自由解放之路。既不激进冒进,也不盲目复古,而是踩在中国传统文化的印记上,走出时代特色,倡行传统女性美德,但要基于现代社会需求和两性互动关系对传统进行适度超越,走出一条令中国女性更接近幸福方向的第三条道路。

参考文献

著作类

A

[1]〔美〕阿德里安娜·里奇（Adrienne Rich）：《女人所生》（*Of Woman Born*），New York，W. W. Norton，1976年。

[2] 安树芬主编：《中国女性高等教育研究》，北京：高等教育出版社，2002年。

[3]〔美〕艾尔·巴比：《社会研究方法》，邱泽奇译，北京：华夏出版社，2000年。

[4]〔美〕艾丽斯·沃克：《紫颜色》，陶洁译，北京：译林出版社，1998年。

[5]〔美〕艾丽斯·埃克尔斯（Alice Echols）：《新的阴阳女性主义》（"The New Feminism of Yin and Yang"），载安·斯尼扎（Ann Snitow）、克里斯廷·斯坦塞尔（Christine Stansell）、莎伦·汤普森（Sharon Thompson）编辑：《欲望的权力：性的政治》（*Powers of Desire: The Politics of Sexuality*），New York，Monthly Review Press，1983年。

B

[1] 鲍晓兰主编：《西方女性主义研究评介》，北京：生活·读书·新知三联

书店，1995年。

[2]〔法〕波伏娃：《人都是要死的》，马振骋译，北京：译林出版社，1997年。

[3]〔法〕西蒙德·德·波伏娃：《第二性》，陶铁柱译，北京：中国书籍出版社，1998年。

[4]〔美〕贝尔·胡克斯：《激情的政治》，沈昔译，北京：金城出版社，2008年。

[5]〔英〕勃洛尼斯拉夫·马林诺夫斯基：《两性社会学——母系社会与父系社会之比较》，李安宅译，上海：上海人民出版社，2003年。

[6]〔美〕波利·扬-艾森卓：《性别与欲望：不受诅咒的潘多拉》，杨广学译，北京：中国社会科学出版社，2003年。

C

[1]〔美〕查伦·斯普瑞特奈克：《真实之复兴：极度现代的世界中的身体、自然和地方》，张妮妮译，北京：中央编译出版社，2001年。

[2]陈东原：《中国妇女生活史》，上海：上海书店，1984年。

[3]陈方：《失落与追寻——世纪之交中国女性价值观的变化》，北京：中国社会科学出版社，2003年。

[4]《陈慕华妇女儿童工作文集》，北京：中国妇女出版社，1999年。

[5]陈平原、山口守编：《大众传媒与现代文学》，北京：新世纪出版社，2003年。

[6]陈顺馨、戴锦华选编：《妇女、民族与女性主义》，北京：中央编译出版社，2004年。

[7]〔元〕陈澔注：《礼记集说》，上海：世界书局，1936年。蔡元培：《中国伦理学史》，上海：商务印书馆，1937年。

[8]陈奇猷：《韩非子集释》，上海：上海人民出版社，1974年。

[9]程谪凡编：《中国现代女子教育史》，上海：中华书局，1936年。

D

[1]〔美〕戴维·波普诺：《社会学》，李强等译，北京：中国人民大学出版

社，1999年。

[2] 邓伟志、徐榕：《家庭社会学》，北京：中国社会科学出版社，2001年。

[3] 董美珍：《女性主义科学观探究》，北京：社会科学文献出版社，2010年2月。

[4] 〔汉〕董仲舒：《春秋繁露》，北京：中华书局，2011年。

[5] 杜芳琴：《中国社会性别的历史文化寻踪》，天津：天津社会科学出版社，1998年。

[6] 杜学元：《中国女子高等教育通史》，合肥：安徽教育出版社，1995年。

[7] 杜学元：《中国女子教育通史》，贵阳：贵州教育出版社，1995年。

[8] 杜学元：《中国女子教育史》，贵阳：贵州教育出版社，1995年。

[9] 〔清〕段玉裁撰：《说文解字注》，北京：中华书局，2013年。

F

[1] 〔南朝宋〕范晔，〔唐〕李贤等注：《后汉书》，北京：中华书局，1963年。

[2] 《法国汉学》丛书编辑委员会编：《法国汉学（第八辑）——教育史专号》，北京：中华书局，2003年。

[3] 冯沪祥：《两性之哲学》，北京：北京大学出版社，2002年。

[4] 冯天瑜：《中华元典精神》，上海：上海人民出版社，1998年。

[5] 傅学文：《现代妇女》，上海：商务印书馆，1944年。

G

[1] 干朝端、郭珣：《法官办案手记·婚姻家庭卷》，长沙：湖南大学出版社，2003年。

[2] 高瑞泉：《中国现代精神传统——中国的现代性观念谱系》，上海：上海古籍出版社，2005年。

[3] 顾梅羹：《琴学备要》，上海：上海音乐出版社，2004年。

[4] 顾世光等：《生殖健康》，北京：人民卫生出版社，1998年。

[5] 顾明远：《鲁迅作品里的教育》，福州：福建教育出版社，2013年。

[6] 谷衍奎：《汉字源流字典》，北京：华夏出版社，2003年。

［7］辜鸿铭：《中国人的精神》，北京：中华书局，1998年。

H

［1］韩贺南、张健主编：《新编女性学》，北京：首都经济贸易大学出版社，2010年。

［2］《韩少功文集》，济南：山东文艺出版社，2001年。

［3］郝铭鉴、孙为：《应用礼仪》，上海：上海文化出版社，1991年。

［4］郝军、焦宏昌主编：《大众礼仪》，北京：中国国际广播出版社，1991年。

［5］胡文楷：《历代妇女著作考》，上海：上海古籍出版社，1985年。

［6］胡堃：《蓝色的阴影——中国妇女文化观照》，西安：陕西人民教育出版社，1989年。

［7］黄敬亨主编：《健康教育学》，上海：上海医科大学出版社，1997年。

［8］黄姵莉：《人际和谐与冲突：本土化理论与研究》，台北：桂冠图书股份有限公司，1999年。

［9］黄育馥、刘霓：《e时代的女性》，北京：社会科学文献出版社，2002年。

［10］荒林、翟振明：《撩开你的面纱：女性主义与哲学的对话》，北京：北京大学出版社，2008年。

J

［1］简成熙：《教育哲学专论：当分析哲学遇上女性主义》，台北：高等教育文化事业有限公司，2005年。

［2］蒋孔阳：《美学概论》，北京：人民文学出版社，1995年。

［3］金天翮著、陈雁编校：《女界钟》，上海：上海古籍出版社，2003年。

［4］金蔚：《琴度》，载《响山集——金蔚古琴专辑》，北京：中国科学文化出版社，2005年。

［5］〔美〕贾雷德·戴蒙德：《崩溃：社会如何选择成败兴亡》，江滢、叶臻译，上海：上海译文出版社，2008年。

［6］〔美〕J.J.克拉克：《东方启蒙：东西方思想的遭遇》，于闽梅、曾祥波译，上海：上海人民出版社，2011年。

K

[1]〔美〕卡罗尔·S. 万斯（Carol S. Vance）编：《快感与危险：探索女性的性》(*Pleasure and Danger：Exploring Female Sexuality*)，Boston：Routledge &Kegan Paul，1984。

[2]《康南海自编年谱》，上海：中华书局，2012年。

L

[1] 李泽厚：《论语今读》，合肥：安徽文艺出版社，1998年。

[2] 李泽厚：《人类学历史本体论》，天津：天津社会科学院出版社，2008年。

[3] 李泽厚：《实用理性与乐感文化》（修订本），北京：生活·读书·新知三联书店，2008年。

[4] 李泽厚：《历史本体论·己卯五说》（增订本），北京：生活·读书·新知，三联书店，2006年。

[5]《李泽厚集——思想·哲学·美学·人》，哈尔滨：黑龙江教育出版社，1988年。

[6] 李小江：《平等与发展》，北京：生活·读书·新知三联书店，1997年。

[7] 李小江：《主流与边缘》，北京：生活·读书·新知三联书店，1999年。

[8] 李慧英：《社会性别与公共政策》，北京：当代中国出版社，2002年。

[9] 李银河：《女性权力的崛起》，北京：中国社会科学出版社，1997年。

[10] 李又宁、张玉法主编：《近代中国女权运动史料1842—1911》，台北：传记文学出版社，1975年。

[11] 李又宁、张玉法主编：《近代中国女权运动史料》（上、下册），台北：龙文出版有限公司，1995年。

[12]〔清〕李晚芳：《女学言行录》，电子书，1786年。

[13] 李逸安：《中华经典藏书：三字经百家姓千字文弟子规》，北京：中华书局，2009年。

[14] 刘再度、林岗：《传统与中国人》，合肥：安徽文艺出版社，1999年。

[15] 刘巨才：《中国近代妇女运动史》，北京：中国妇女出版社，1989年。

[16] 刘慧英：《女权、启蒙与民族国家话语》，北京：人民文学出版社，

2013年。

[17] 刘慧英编著：《遭遇解放：1890—1930年代的中国女性》，北京：中央编译出版社，2004年。

[18] 刘宏：《中国传媒的市场对策》，北京：北京广播学院出版社，2001年。

[19] 刘文明：《文化变迁中的罗马女性》，长沙：湖南人民出版社，2001年。

[20] 〔后晋〕刘昫：《旧唐书》，北京：中华书局，1975年。

[21] 〔西汉〕刘向：《古列女传》（影印本），北京：中华书局，1985年。

[22] 陆自荣：《儒学和谐合理性——兼与工具合理性、交往合理性比较》，北京：中国社会科学出版社，2007年。

[23] 罗慧兰：《女性学》，北京：中国国际广播出版社，2002年。

[24] 骆晓戈：《性别的追问》，长沙：湖南师范大学出版社，2000年。

[25] 骆晓戈主编：《女性学》，长沙：湖南大学出版社，2004年。

[26] 骆晓戈主编：《从神话走进现实》，长沙：湖南师范大学出版社，2000年。

[27] 吕美颐、郑永福：《中国妇女运动（1840—1921）》，郑州：河南人民出版社，1990年。

[28] 吕型伟：《吕型伟从教七十年散记——从"观察蚂蚁"到"研究人"》，上海：上海教育出版社，2004年。

[29] 〔美〕L. 达维逊、L.K. 果敦：《性别社会学》，程志民等译，重庆：重庆出版社，1989年。

[30] 〔法〕利奥塔：《后现代性与公正游戏》，谈瀛洲译，上海：上海人民出版社，1997年。

[31] 〔美〕理查德·谢弗：《社会学与生活（插图第9版）》，刘鹤群、房智慧译，赵旭东校，北京：世界图书出版公司北京公司，2006年。

[32] 〔美〕丽莎·斯冈茨尼、约翰·斯冈茨尼：《角色变迁中的男性与女性》，潘建国等译，杭州：浙江人民出版社，1988年。

[33] 〔美〕罗斯玛丽·帕特南·童：《女性主义思潮导论》，艾晓明等译，武汉：华中师范大学出版社，2002年。

M

[1] 马镛：《中国家庭教育史》，长沙：湖南教育出版社，1997年。

［2］〔英〕勃洛尼斯拉夫·马林诺夫斯基：《两性社会学——母系社会与父系社会之比较》，李安宅译，上海：上海人民出版社，2003年。

［3］梅生编辑，蔡又培校订：《中国妇女问题讨论集》（第一册），上海：新文化书社，1926年。

［4］梅生编辑，蔡又培校订：《中国妇女问题讨论集》（第二册），上海：新文化书社，1926年。

［5］梅生编辑，蔡又培校订：《中国妇女问题讨论集》（第三册），上海：新文化书社，1926年。

［6］梅生编辑，黄宪章、蔡又培、抱恨生、董寿芝校订：《中国妇女问题讨论集续集》（第四册），上海：新文化书社，1927年。

［7］梅生编辑，黄宪章、蔡又培、抱恨生、董寿芝校订：《中国妇女问题讨论集续集》（第五册），上海：新文化书社，1927年。

［8］梅生编辑，黄宪章、蔡又培、抱恨生、董寿芝校订：《中国妇女问题讨论集续集》（第六册），上海：新文化书社，1927年。

［9］孟悦、戴锦华：《浮出历史地表》，郑州：河南人民出版社，1989年。

［10］牟宗三：《中国哲学的特质》，台北：台北学生书店，1963年。

N

［1］牛宏宝：《美学新概》，北京：中国人民大学出版社，2003年。

［2］〔美〕诺丁斯：《学会关心——教育的另一种模式》，于天龙译，北京：教育科学出版社，2003年。

O

［1］〔唐〕欧阳询：《艺文类聚》，上海：上海古籍出版社，1965年。

P

［1］〔美〕佩吉·麦克拉肯主编：《女权主义理论读本》，桂林：广西师范大学出版社，2007年。

Q

［1］钱穆：《中国历史政治得失》，北京：生活·读书·新知三联书店，

2002年。

[2] 秋瑾：《致女子世界记者书》，《秋瑾集》，上海：上海古籍出版社，1979年。

[3] 屈守元：《韩诗外传笺疏》，成都：巴蜀书社，1996年。

[4] 〔英〕乔治·拉伦：《意识形态与文化身份：现代性和第三世界的在场》，戴从容译，上海：上海教育出版社，2005年。

R

[1] 〔清〕阮元校刻：《十三经注疏》，北京：中华书局，1980年。

[2] 〔法〕让-克鲁德·考夫曼：《女人的身体 男人的目光：裸乳社会学》，谢强、马月译，北京：社会科学文献出版社，2001年。

S

[1] 〔西汉〕司马迁：《史记·李斯列传》（第八册），北京：中华书局，1959年。

[2] 〔西汉〕司马迁：《史记·孔子世家》，韩兆琦评注，北京：中华书局，2010年。

[3] 〔西晋〕司马彪撰、〔梁〕刘昭注补：《后汉书志》，北京：中华书局，1965年。

[4] 苏国勋、刘小枫主编：《二十世纪西方社会理论文选Ⅱ 社会理论的诸理论》，上海：上海三联书店，2005年。

[5] 孙正聿：《哲学通论》，沈阳：辽宁人民出版社，1998年。

[6] 孙中欣、张莉莉主编：《女性主义研究方法》，上海：复旦大学出版社，2007年。

[7] 孙绍先：《英雄之死与美人迟暮》，北京：社会科学文献出版社，2000年。

[9] 〔清〕沈宋坤：《女四书白话解》，北京：中国华侨出版社，2012年。

[8] 邵台新：《中国文化史》，台北：大中国图书公司，1997年。

[10] 史敬环：《妇女教育》，长春：吉林教育出版社，2000年。

[11] 〔美〕斯诺夫里阿诺斯：《全球通史》，吴象婴、梁赤民译，上海：上海社会科学院出版社，2003年。

[12]〔意〕索菲亚·罗兰：《女性与美》，谢舒译，北京：中国文联出版公司，1986年。

[13]〔英〕索菲亚·孚卡（文），瑞贝卡·怀特（图）：《后女权主义》，王丽译，北京：文化艺术出版社，2003年。

[14]〔美〕索卡尔、德里达、罗蒂等编著：《"索卡尔事件"与科学大战——后现代视野中的科学与人文的冲突》，蔡仲、邢冬梅等译，南京：南京大学出版社，2002年。

T

[1] 谭嗣同：《仁学·谭嗣同集》，加润国选注，沈阳：辽宁人民出版社，1994年。

[2] 谭琳、陈卫民：《女性与家庭——社会性别视角的分析》，天津：天津人民出版社，2001年。

[3] 唐娅辉主编：《女性·家庭·精神文明》，北京：中国国际广播出版社，1996年。

[4] 唐娅辉、刘东发：《妇女工作知与行》，长沙：湖南人民出版社，2003年。

[5] 陶春芳等：《中国妇女主人地位概观》，北京：中国妇女出版社，1993年。

[6] 田书义：《性教育学》，北京：首都师范大学出版社，1998年。

[7]〔美〕汤尼·白露：《中国女性主义思想史中的妇女问题》，沈齐齐译，李小江审校，上海：上海人民出版社，2011年。

[8]〔英〕提摩太·贝维斯：《犬儒主义与后现代性》，胡继华译，上海：上海人民出版社，2007年。

W

[1] 汪民安、陈永国、马海朗主编：《后现代性的哲学话语——从福柯到赛义德》，杭州：浙江人民出版社，2000年。

[2] 万鄂湘：《妇女权益论》，太原：山西人民出版社，1995年。

[3]〔魏〕王弼注，楼宇烈校释：《老子道德经注校释》，北京：中华书局，2008年。

[4] 王成英：《马克思主义科学平等观对中国推进性别平等的现代启示》，岳素兰主编：《女性学研究集萃（1990—2010）》，北京：北京大学出版社，2010年。

[5] 王凤华：《女性心理与健康》，长沙：湖南人民出版社，2004年。

[6] 王红旗主编：《中国女性在行动》，北京：中国经济时代出版社，2003年。

[7] 王文锦：《礼记译解》，北京：中华书局，2001年。

[8] 〔清〕王先慎撰，钟哲点校：《韩非子集》，北京：中华书局，1998年。

[9] 王政：《女性的崛起》，北京：当代中国出版社，1995年。

[10] 王政挺：《传播文化与理解》，北京：人民出版社，1998年。

[11] 王子今：《古史性别研究丛稿》，北京：社会科学文献出版社，2004年。

[12] 巫昌祯：《妇女权益的法律保障》，北京：中央文献出版社，2002年。

[13] 吴贵明：《中国女性职业生涯发展研究》，北京：中国社会科学出版社，2004年。

[14] 吴全华：《教育现代性的合理性》，广州：广东人民出版社，2009年．

[15] 吴庆宏：《弗吉尼亚·伍尔夫与女权主义》，北京：中国社会科学出版社，2005年。

[16] 吴亚平：《女职工劳动权益维护》，北京：中国劳动社会保障出版社，2001年。

[17] 魏国英主编：《女性学概论》，北京：北京大学出版社，2000年。

[18] 魏国英、王春梅主编：《教育：性别维度的审视》，上海：学林出版社，2007年。

[19] 〔澳大利亚〕薇尔·普鲁姆德：《女性主义与对自然的主宰》，马天杰，李丽丽译，重庆：重庆出版社，2007年。

X

[1] 夏晓虹：《晚清社会与文化》，武汉：湖北教育出版社，2001年。

[2] 夏晓虹：《晚清女性与近代中国》，北京：北京大学出版社，2004年。

[3] 〔梁〕萧统编、〔唐〕李善注：《文选》，上海：上海古籍出版社，1986年。

[4] 肖巍：《女性主义教育观及其实践》，北京：中国人民大学出版社，2007年。

[5] 肖卫主编：《女性的资本》，北京：九州出版社，2002年。
[6] 熊贤君编著：《中国女子教育史》，太原：山西教育出版社，2009年。
[7] 徐玉珍：《女子世界》，丁守和：《辛亥革命时期期刊介绍》（第1集），北京：人民出版社，1982年。
[8] 徐元浩撰，王树民、沈长去点校：《国语集解》，北京：中华书局，2002年。
[9] 〔汉〕许慎：《说文解字》（孙刻本），北京：中华书局，1963年。
[10] 许自强：《美学基础》，北京：首都经济贸易大学出版社，2003年。
[11] 〔日〕小南一郎：《中国的神话传说与古小说》，孙昌武译，上海：中华书局，1993年。
[12] 〔美〕小威廉姆·E.多尔：《后现代课程观》，王红宇译，北京：教育科学出版社，2000年。

Y

[1] 杨明华编著：《有关文化的100个素养》，台北：驿站文化，2009年。
[2] 杨宗稷：《琴学丛书》，长沙：湖南教育出版社，2007年。
[3] 叶嘉莹：《中国词学的现代观》，长沙：岳麓书社，1992年。
[4] 〔汉〕应劭撰、王利器校注：《风俗通义》，北京：中华书局，2010年。
[5] 衣俊卿：《现代性的维度》，哈尔滨：黑龙江大学出版社；北京：中央编译出版社，2011年。
[6] 于伟：《理性与教育》，合肥：安徽教育出版社，2009年。
[7] 余英时：《中国思想传统的现代诠释》，南京：江苏人民出版社，2003年。
[8] 岳素兰主编：《女性学研究集萃（1990—2010）》，北京：北京大学出版社，2010年。
[9] 〔美〕伊丽莎白·格罗兹：《时间的旅行——女性主义，自然，权力》，胡继华、何磊译，王小晴校，郑州：河南大学出版社，2012年。

Z

[1] 臧克和：《说文解字的文化解说》，武汉：湖北人民出版社，1996年。
[2] 曾艳兵：《东方后现代》，桂林：广西师范大学出版社，2002年。

[3] 张岱年主编：《中国启蒙思想文库》，郑大华等编选：《强学——戊戌时论选》，沈阳：辽宁人民出版社，1994年。

[4] 张凤阳：《现代性的谱系》，南京：南京大学出版社，2004年。

[5] 张晋藩：《中国法制史》，北京：群众出版社，1997年。

[6] 张健伟、张振军：《女性禁忌》，北京：大众文艺出版社，1996年。

[7] 张京媛主编：《当代女性主义文学批评》，北京：北京大学出版社，1992年。

[8] 张立文：《和合哲学论》，北京：人民出版社，2004年。

[9] 张立文：《和合学概论——21世纪文化战略的构想》，北京：首都师范大学出版社，1996年。

[10] 张枬、王忍之编：《辛亥革命前十年间时论选集（第一卷上下）（1901—1904）》，北京：生活·读书·新知三联书店出版，1960年。

[11] 张枬、王忍之编：《辛亥革命前十年间时论选集（第二卷上下）（1905—1907）》，北京：生活·读书·新知三联书店出版，1963年。

[12] 张枬、王忍之编：《辛亥革命前十年间时论选集（第三卷）（1908—1911）》，北京：生活·读书·新知三联书店出版，1977年。

[13] 赵晋湘、吴霞主编：《大学生卫生与健康》，长沙：湖南大学出版社，2003年。

[14] 郑桂珍主编：《女性与家庭》，上海：上海教育出版社，2003年。

[15] 郑新蓉：《现代教育改革理性批判》，北京：人民教育出版社，2003年。

[16] 郑杭生主编：《社会学概论新修》，北京：中国人民大学出版社，2001年。

[17] 《中国妇女第九次全国代表大会文件汇编》，北京：中国妇女出版社，2003年。

[18] 中华民国史档案资料汇编：《文化》，江苏：凤凰出版社，1991年。

[19] 《中华全国妇女联合会四十年》，北京：中国妇女出版社，1991年。

[20] 中华全国妇女联合会编：《中国妇女运动重要文献》，北京：人民出版社，1979年。

[21] 中央档案馆编：《中共中央文件选集》（第三册，1927），北京：中共中央党校出版社，1989年。

[22] 中央档案馆编:《中共中央文件选集》(第四册,1928),北京:中共中央党校出版社,1989年。

[23] 中央人民政府法制委员会编:《中央人民政府法令汇编(1949—1950)》,北京:法律出版社,1982年。

[24] 钟茂森:《窈窕淑女的标准:〈宗尚宫女论语〉研习报告》,北京:中国华侨出版社,2011年。

[25] 周鸿铎:《传媒经济导论》,北京:经济管理出版社,2003年。

[26] 周时奋:《市井》,济南:山东画报出版社,2003年。

[27] 朱峰:《基督教与近代中国女子高等教育》,福州:福建教育出版社,2002年。

[28] 朱坚、苗林:《性健康教育教程》,北京:中国医药科技出版社,2002年。

[29] [宋]朱熹:《四书集注·大学》,江苏:凤凰出版社,2009年。

[30] 庄泽宣、陈学恂:《民族性与教育》,长沙:商务印书馆,1939年。

[31] [法]朱丽娅·克里斯蒂娃:《中国妇女》,赵靓译,上海:同济大学出版社,2010年。

外文类

[1] Athol Hughes ed.: *The Inner World and Joan Riviere: Collected Papers 1920-1958*, London: Printed in Great Britain by BPCC Wheatons Ltd, Exeter. 1991.

[2] Amy Chua, *Battle Hymn of the Tiger Mother*, Published by the Penguin Group (USA) Inc., 2011.

[3] Amanda Coffey&Sara Delamont: *Feminism and the Classroom Teacher*, Routledge Falmer, 2000.

[4] B. Russell: *Principles of Social Reconstruction*, Allen & Unwin, 1916.12.

[5] Barnett, R., & Rivers, C.: *Same difference: How gender myths are hurting our relationships, our children, and our jobs.*, New York: Basic Books. 2004.

[6] Charlotte Bunch: "Lesbians in Revolt", Marilyn Pearsall: *Women and Values*, Belmont, Calif: Wadsworth, 1986。

[7] Elizabeth Cady Stanton: *The Woman's Bible*, 2 vols., New York: Arno Press, 1972; originally published 1895 and 1899。

[8] Gayle S. Rubin: "Thinking Sex: Notes for a Radical Theory of the Politics of Sexuality." First Published in Carol S. Vance, ed., *Pleasure and Dangei: Exploring Female Sexuality.* 1984.

[9] Gray, J.: *Men are from Mars, Women Are From Venus: A Practical Guide for Improving Communication and Getting What You Want in Your Relationships.*, New York: Harper Collins. 1992.

[10] Gilligan, C.: *In a Different Voice: Psychological Theory and Women's Development*, Cambridge, MA: Harvard University Press. 1982.

[11] Gottman, J.: *Why Marriages Succeed or Fail.*, New York: Simon &Schuster, 1994.

[12] Judith Hole, Ellen Levine: *Rebirth of Feminism*, New York: Quadrangle, 1971。

[13] Juliet Mitchell: *Woman's Estate*, New York: Pantheon Books, 1971。

[14] Jeffrey Weeks: *Sex, Politics and Society: The Regulation of Sexuality Since 1800*, New York, Longman, 1981.

[15] Joan Riviere, Melanie Klein: *Developments in psycho-analysis*, Da Capo Press, 1983.

[16] Joan Riviere, Melanie Klein: *Love, Hate and Reparation*, Two Lectures, Hogarth Press and the Institute of psycho-analysis, 1967.

[17] J. S. Hyde & M. C. Linn Eds.: *The Psychology of Gender: Advances through meta-analysis*, Baltimore: Johns Hopkins University Press, 1986.

[18] Joyce Trebiloct: *Motering: Essaysin Feminist Theory*, Totowa, N. J.: Rowman & Allanheld, 1984。

L. T. Hobhouse, G. C. wheeler, M. Ginsberg: *the Material Culture and Social Institutions of the Simpler Peoples.* An Essay in Correlation, Hard Press Publishing, 2013.

[19] Lynda Stone edt.: *The Education Feminism Reader*, London: Routledge, 1994.

[20] Lyotard, Jean-François: *The Inhuman.* Trans. Geoffrey Bennington and Rachel Bowlby, Stanford: Stanford University Press, 1991.

[21] Mills, Patricia Jagentowicz: *Feminist Interpretations of G. W. F. Hegel.*, University Park: Pennsylvania State University Press. 1996.

[22] Mitchell, Juliet: *Psychoanalysis and Feminism*, Londn: Allen Lane. 1974.

[23] Mortenson, Ellen: *The Feminine and Nihilism: Luce Irigaray with Nietzsche and Heidegger*, Oslo: Scandinavian University Press. 1994.

[24] M. Devault: *Liberating Method. Feminism and Social Research*, Temple University Press. 1999.

[25] Mary Daly: *Gyn/Ecology: The Metaethics of Radical Feminism*, Boston: Beacon Press, 1978。

[26] Margaret A: Simons: *The Philesophy of Simone de Beacveir: Critical Essays*, Indiana Uaiversity Press, 2006.

[27] Nicholson, Linda J, ed.: *Feminism/Postmodernism.*, New York: Routledge, 1990.

[28] Naomi Schor, Elizabeth Weed: *The Essential Difference*, Bloomington: Indiana University Press, 1994.

[29] Oliver, Kelly: *Womanising Nietzsche: Philosophy's Relation to the "Feminine"*, New York: Routledge, 1994.

[30] Oyama, Susan: *Evolution's Eye: A Systems View of the Biology-culture Divide*, Durham, N. C.: Duke University Press, 2000

[31] Pearson, Keith Ansell: *Philosophy and the Adventure of the Virtual: Bergson and the Time of Life.*, London: Routledge, 2002.

[32] Rosemarie Tong: *Women, Sex and the Law*, Totowa, N. J.: Rowman & Littlefield, 1984。

[33] Reinharz Shulamit: *Feminist Methods in Social Research*, New York: Oxford University Press, 1992.

[34] Reisman, Judith, et al.: *Kinsey, Sex, and Fraud*, Lafayette, La: Hun-

tington House, 1990.

[35] Rosser, Sue V: *Biology and Feminism: A Dynamic Interaction*, New York: Twayne, 1992.

[36] Rubin, Paul H. Darwinian: *Politics: The Evolutionary Origin of Freedom*, New Brunswick: Rutgers University Press, 2002.

[37] Sayers, Jane: *Biological Politics: Feminist and Anti-Feminist Perspectives*, London: Tavistock, 1982.

[38] Shildrick, Margrit, and Janet Pryce, eds.: *Vital Signs: Feminist Reconfigurations of the Biological Body*, Edinburgh: University of Edinburgh Press, 1999.

[39] Trigg, Rogger: *Rationality and Science*, Blackwell Publishers UK, Cambridge USA, 1993.

[40] Tannen, D.: *You Just Don't Understand: Women and Men in Conversation.*, New York: Ballantine Books. 1991.

[41] Teresa de Lauretis: *Technologies of Gender*, Bloomington: Indiana University Press, 1987.

[42] Thornhill, Randy, and Craig T. Palmer: *A Natural History of Rape: Biological Bases of Sexual Coercion*, Cambridge, Mass.: MIT Press, 2000.

[43] Travis, Cheryl Brown, ed.: *Evolution, Gender, and Rape*, Cambridge, Mass: MIT Press, 2003.

[44] Val Plumwood: *Feminism and the Mastery of Nature*, Routledge, 1993.

[45] Eagly, A. H., Makhijani, M. G., & Klonsky, B. G.: "Gender and the Evaluation of Leaders: A Meta-analysis." *Psychological Bulletin*, 1992.

[46] Frome, P. M., & Eccles, J. S. "Parents' Influence on Children's Achievement-Related Perceptions." *Journal of Personality and Social Psychology*, 1998.

[47] Hyde, J. S., Fennema, E., Ryan, M., Frost, L. A., & Hopp, C.: "Gender Comparisons of Mathematics Attitudes and Affect: A Meta-analysis." *Psychology of Women Quarterly*, 1990.

[48] Hedges, L. V., & Nowell, A.: "Sex Differences in Mental Test Scores,

Variability, and Numbers of High – scoring Individuals. " *Science*, 1995 (7).

[49] Hyde, J. S., Fennema, E., & Lamon, S.: "Gender Differences in Mathematics Performance: A Meta-analysis." *Psychological Bulletin*, 1990.

[50] Hedges, L. V., & Becker, B. J.: " Statistical Methods in the Meta-analysis of Research on Gender Differences". In J. S. Hyde & M. C. Linn (Eds.), *The Psychology of Gender: Advances Through Meta-analysis*, Baltimore: Johns Hopkins University Press, 1986.

[51] Janet Shibley Hyde.: "The Gender Similarities Hypothesis". *American Psychologist*, September 2005.

[52] JoanRiviere "Jealousy as a Mechanism of Defence". *International Journal of Psychoanalysis*, 13, 1932.

[53] Joan Riviere "A Contribution to The Analysis of a Negative Therapeutic Reaction." *International Journal of Psychoanalysis*, 17, 1936.

[54] Kimball, M. M.: "A new perspective on women's math achievement." *Psychological Bulletin*, 1989.

[55] Leahey, E., & Guo, G.: " Gender differences in mathematical trajectories." *Social Forces*, 2000.

[56] Lummis, M., & Stevenson, H. W.: "Gender differences in beliefs and achievement: A cross-cultural study." *Developmental Psychology*, 1990.

[57] Mary Mellor. "Women, nature and the social construction of 'economic man'" *Ecological Economics*, Volume 20, Issue 2, February 1997.

[58] "On the genesis of psychic conflict in earliest infancy." *International Journal of Psycho-Analysis*, 17, 1936.

[59] Linda Alcoff: "Cultural Feminism Versus Poststructuralism: The Identity Crisis in Feminist Theory" signs: *Journal of Women in Culture and Society* 13, no. 3, 1988.

[60] Rudman, L. A., & Glick, P.: " Feminized management and backlash toward agentic women: The hidden costs to women of a kinder, gentler image of middle managers." *Journal of Personality and Social Psychology*, 1999.

[61] Rosalind Hursthouse, Gavin Lawrence, Warren Quinn: *Virtues and Reasons: Philippa Foot and Moral Theory: Essays in Honour of Philippa Foot*, Oxford University Press, USA, June 25, 1998.

[62] "The inner world in Ibsen's 'Master Builder'". *International Journal of Psycho-Analysis*, 33, 1952.

期刊类

A

[1]〔俄〕安娜·帕夫洛娃:《美容术》,春城译,载《妇女杂志(家政)》第一卷第二号,北京:商务印书馆,1915年。

B

[1]〔日〕本间久雄:《恋爱观的变迁》,玉深译,载《妇女杂志》十年纪念号,北京:商务印书馆,1924年。

C

[1] 陈望道:《自由离婚的考察》,原载《妇女评论》,梅生编辑,黄宪章、蔡又培、抱恨生、董寿芝校订:《中国妇女问题讨论集续集》(第五册),上海:新文化书社,1927年。

[2] 陈友琴:《妇女经济独立的基础》,载《妇女杂志》十年纪念号,北京:商务印书馆,1924年。

[3] 陈德征:《告知识阶级的妇女》,载《妇女杂志》第十卷第二号,北京:商务印书馆,1924年。

[4] 蔡静媛:《嫁之心得》,载《妇女杂志》第一卷第四号,北京:商务印书馆,1915年。

D

[1] DZ:《先母顺德记》,载《妇女杂志》十年纪念号,北京:商务印书馆,

1924年。

[2] 丁逢甲：《中馈谈》，载《妇女杂志》第一卷第四号，北京：商务印书馆，1915年。

F

[1] 冯飞：《妇人问题概论》，原载《妇女杂志》，梅生编辑，蔡又培校订：《中国妇女问题讨论集》（第一册），上海：新文化书社，1926年。

[2] 〔日〕帆足理一郎：《新时代之贞操论》，杨贤江节译，原载《妇女杂志》，梅生编辑，黄宪章、蔡又培、抱恨生、董寿芝校订：《中国妇女问题讨论集续集》（第五册），上海：新文化书社，1927年。

[3] 非指：《蒙台梭利教育法释义》，载《妇女杂志（女学商榷）》第一卷第四号，北京：商务印书馆，1915年。

G

[1] 高山：《谁是公民》，载《妇女杂志》第九卷第十二号，北京：商务印书馆，1923年。

[2] 〔英〕格里康：《爱情与健康——一封给姪的信》，许敬尘译，载《妇女杂志》十年纪念号，北京：商务印书馆，1924年。

[3] 高山：《求婚漫评》，载《妇女杂志》第十卷第二号，北京：商务印书馆，1924年。

[4] 〔美〕格莱哥里：《女性道德的变迁》，樊仲云译，载《妇女杂志》第十卷第二号，北京：商务印书馆，1924年。

[5] 光义：《良妻贤母主义的不通》，载《妇女杂志》第十卷第二号，北京：商务印书馆，1924年。

[6] 高旭：《孝女何爱文传》，载《妇女杂志（传记）》第一卷第一号，北京：商务印书馆，1915年。

[7] 关景媛、于伟：《母育的逻辑与传统文化的深植》，载《东北师范大学学报（哲学社会科学版）》，2013年第6期。

[8] 关景媛、于伟：《后现代教育思想民主特征论析——基于利奥塔〈后现代状况〉的研究》，载《外国教育研究》，2013年第10期。

[9] 关景媛、于伟：《从角色占取到众趋人格——从女性在家庭教育中的角色看中国国民性的塑修》，载《教育理论与实践》，2013年第31期。

[10] 关景媛：《清末民初淑女教育的断裂与传承》，载《教育领导研究（第二辑）》，2012年年刊。

[11] 关景媛：《清末民初"淑女教育"断裂之原因探析》，载《铜仁幼儿师范高等专科学校学报》，2013年（创刊号）。

H

[1] 黄石：《家庭组合论》，载《妇女杂志》第九卷第十二号，北京：商务印书馆，1923年。

[2] 黄亚中：《恋爱的悲剧》，载《妇女杂志》第九卷第十二号，北京：商务印书馆，1923年。

[3] 黄忠敬：《女性主义与课程中的性别问题》，载《教育科学》，2003年第6期。

[4] 胡适：《贞操问题》，原载《新青年》，梅生编辑，黄宪章、蔡又培、抱恨生、董寿芝校订：《中国妇女问题讨论集续集》（第五册），上海：新文化书社，1927年。

[5] 胡适之：《大学开女禁的问题》，载《少年中国》第一卷第四期。

[6] 胡术恒：《女性主义教育观及启示》，载《科教文汇》，2008年第29期。

[7] 胡锦涛：《在纪念"三八"国际劳动妇女节100周年大会上讲话》，载《人民日报》，2010年3月8日。

[8]《黑龙江省立女子教养院文告章程一束》，载《妇女杂志（纪载）》第一卷第一号，北京：商务印书馆，1915年。

[9] 刘壏：《妇女杂志发刊辞二》，载《妇女杂志》第一卷第一号，北京：商务印书馆，1915年。

[10] 惠民：《婚姻之起源》，原载《妇女杂志》，梅生编辑，黄宪章、蔡又培、抱恨生、董寿芝校订：《中国妇女问题讨论集续集》（第四册），上海：新文化书社，1927年。

J

[1] 警予：《妇女的国民革命运动》，载《妇女杂志》十年纪念号，北京：商

务印书馆，1924年。

[2]〔美〕纪尔曼夫人：《妇女的新时代》，陈佩华译，载《妇女杂志》十年纪念号，北京：商务印书馆，1924年。

[3]《教育部禁女子剪发》，载《妇女杂志》第十卷第二号，北京：商务印书馆，1924年。

[4]倦鹤：《原口氏之女子参政论》，载《妇女杂志（译海）》第一卷第一号，北京：商务印书馆，1915年。

[5]蒋梅、宋晓茹：《当代女性在构建和谐社会中的角色地位》，载《理论界》，2008年。

K

[1]康同薇：《女学利弊说》，载《知新报》第五十二册，1898年。

L

[1]罗家伦：《妇女解放》，原载《新潮》第二卷第一号，1919年10月，梅生编辑，蔡又培校订：《中国妇女问题讨论集》（第一册），上海：新文化书社，1926年。

[2]罗家伦：《大学应当为女子开放》，载《晨报》，1919年5月11日。

[3]陆镒之：《女子受了教育当怎样》，载《妇女杂志》十年纪念号，北京：商务印书馆，1924年。

[4]凌汉：《妇女运动之先决问题》，载《妇女杂志》十年纪念号，北京：商务印书馆，1924年。

[5]龙今吾：《太戈尔的恋爱观》，载《妇女杂志》第十卷第二号，北京：商务印书馆，1924年。

[6]《两性的阶级意识》，载《妇女杂志》第十卷第二号，北京：商务印书馆，1924年。

[7]鲁迅：《寡妇主义》，载《京报》附刊《妇女周刊》周年纪念特号，1925年12月20日。

[8]刘国钧译：《美国的男女同校教育》，载《觉悟》，1920年9月3日。

[9]李鹤鸣：《女子解放论》，载《解放与改造》第一卷第三号。

[10] 吕型伟：《为什么复办女子中学》，《吕型伟从教七十年散记——从"观察蚂蚁"到"研究人"》，上海：上海教育出版社，2004年。

[11] 李宗武：《独身问题之研究》，原载《妇女杂志》，梅生编辑，黄宪章、蔡又培、抱恨生、董寿芝校订：《中国妇女问题讨论集续集》（第五册），上海：新文化书社，1927年。

[12] 李凌、田贵兴、王之月：《女生"来袭"，大学阴盛阳衰？》，载《中国教育报》，2013年10月17日。

[13] 刘壃：《女子教育宜谋经济独立策》，载《妇女杂志》第一卷第二号，北京：商务印书馆，1915年。

[14] 李素筠：《论女子宜通小学》，载《妇女杂志》第一卷第一号，北京：商务印书馆，1915年。

[15] 凌蕊珠：《化妆品制造法略说》，载《妇女杂志（学艺）》第一卷第一号，北京：商务印书馆，1915年。

[16] 刘壃：《妇女迷信宗教与道德关系》，载《妇女杂志》第一卷第四号，北京：商务印书馆，1915年。

[17] 林逸嫱：《女子工艺不可废绣论》，载《妇女杂志》第一卷第四号，北京：商务印书馆，1915年。

[18] 林淑慧：《〈诗经〉中所见钟鼓在礼乐上的作用》，载《孔孟月刊》第三十八卷第五期。

[19] 李素筠：《论女子宜通小学（续）》，载《妇女杂志》第一卷第四号，北京：商务印书馆，1915年。

[20] 梁雪颖：《论近今之女学》，载《妇女杂志》第一卷第二号，北京：商务印书馆，1915年。

[21] 柳亚子：《黎里不缠足会缘起》，载《女子世界》，1904年。

M

[1] 孟禄：《女子教育》，载《晨报》，1921年12月22日。

[2] 马世复：《男女平权当自私权始》，载《妇女杂志》十年纪念号，北京：商务印书馆，1924年。

[3]〔美〕马龙麦尔柯：《女子发育时代之运动》，调均译述，载《妇女杂志

（家政）》第一卷第一号，北京：商务印书馆，1915 年。

[4] 马恩绍：《女子宜广习各项工艺说》，载《妇女杂志》第一卷第一号，北京：商务印书馆，1915 年。

N

[1]《男女教育平等之请愿》，载《民国日报》，1919 年 1 月 18 日。

[2]《男女教育平等之曙光》，载《民国日报》，1920 年 2 月 27 日。

Q

[1] 潜龙：《我国妇人问题》，载《晨报》，1919 年 5 月 27 日。

[2] 秋霖：《男女同学问题》，载《民国日报》，1920 年 3 月 9 日。

[3] 秋星：《北京师大附中男女同学纪实》，载《妇女杂志》第九卷第十二号，北京：商务印书馆，1923 年。

[4] 乔峰：《妇女运动的过去及将来》，载《妇女杂志》十年纪念号，北京：商务印书馆，1924 年。

[5] 前人：《论学校成绩》，载《妇女杂志》第一卷第二号，北京：商务印书馆，1915 年。

[6] 秦之葆：《艾迪演说记略》，载《妇女杂志》第一卷第一号，北京：商务印书馆，1915 年。

R

[1] 任雅洁：《论五四时期的男女同校问题》，石家庄：河北师范大学硕士学位论文，2004 年。

[2] 瑞华：《参观江苏省立第二女子师范附属小学笔记》，载《妇女杂志（调查）》第一卷第四号，北京：商务印书馆，1915 年。

S

[1] 沈雁冰：《男女社交公开问题管见》，载《妇女杂志》第六卷第二号，梅生编辑，蔡又培校订：《中国妇女问题讨论集》（第二册），上海：新文化书社，1926 年。

[2] 苏甲荣：《我们不可"因噎废食"》，载《晨报》，1919年12月27日。

[3] 瑟卢：《最近十年的妇女界》，载《妇女杂志》十年纪念号，北京：商务印书馆，1924年。

[4] 邵力子：《勉诸位女同学》，载《妇女杂志》十年纪念号，北京：商务印书馆，1924年。

[5] 宋步洲：《旧家庭的改革》，载《妇女杂志》十年纪念号，北京：商务印书馆，1924年。

[6] 《生殖之美丽与神圣》，载《妇女杂志》第十卷第二号（卷头言），北京：商务印书馆，1924年。

[7] 《司法部限制离婚》，载《妇女杂志》第十卷第二号，北京：商务印书馆，1924年。

[8] 倪无齐：《妇女杂志发刊辞四》，载《妇女杂志》第一卷第一号，北京：商务印书馆，1915年。

[9] 《苏州正本女学校校歌》，载《妇女杂志（译海）》第一卷第一号，北京：商务印书馆，1915年。

[10] 沈维桢：《论小半臂与女子体育》，载《妇女杂志（家政）》第一卷第一号，北京：商务印书馆，1915年。

[11] 沈芳女士：《妇女卫生谈》，载《妇女杂志（家政）》第一卷第一号，北京：商务印书馆，1915年。

[12] 素琴：《妇女劳动感》，载《妇女杂志》第一卷第四号，北京：商务印书馆，1915年。

T

[1] 屠哲隐：《男女共同教育之研究》，载《时事新报》，1919年12月6日。

[2] 陶怡：《妇女教育的永久计划》，载《妇女杂志》十年纪念号，北京：商务印书馆，1924年。

[3] 汤苍园：《与女儿论修学择业》，载《妇女杂志》十年纪念号，北京：商务印书馆，1924年。

[4] TCT女士：《牺牲者的悲哀》，载《妇女杂志》第十卷第二号，北京：商务印书馆，1924年。

[5] 屠哲隐：《贤妻良母的正义——为"贤妻良母"四字辩护》，载《妇女杂志》第十卷第二号，北京：商务印书馆，1924年。

[6] 汤修慧：《浙江女子师范学校同学录序》，载《妇女杂志（文苑）》第一卷第四号，北京：商务印书馆，1915年。

[7] 无逸：《桐邑妇女职业谈》，载《妇女杂志（调查）》第一卷第四号，北京：商务印书馆，1915年。

[8] 《提高觉悟学好本领，为建设社会主义奋勇前进》，载《中国妇女》，1958年第18期。

W

[1] 王德熙：《南京高等师范男女共校之经过》，载《少年世界》第1卷第7号。

[2] 王会吾：《中国妇女问题—圈套—解放》，载《少年中国》第1卷第四期。

[3] 邬翰芳：《男女同校的原理》，载《晨报》，1922年4月30日。

[4] 邬翰芳：《男女同校的原理》，载《晨报》，1921年4月21日。

[5] 《我们为什么要做男女共同教育的运动》，载《南风》第1卷第1号。

[6] 王庚：《妇女体育刍议》，载《妇女杂志》第九卷第十二号，北京：商务印书馆，1923年。

[7] 王方淑女士：《今后妇女地位的改进》，载《妇女杂志》十年纪念号，北京：商务印书馆，1924年。

[8] 渭川：《对于妇女界的希望》，载《妇女杂志》十年纪念号，北京：商务印书馆，1924年。

[9] 吴燮臣：《妇女与娱乐》，载《妇女杂志》十年纪念号，北京：商务印书馆，1924年。

[10] 汪精卫：《对于女界的感想》，载《妇女杂志》十年纪念号，北京：商务印书馆，1924年。

[11] 吴峥嵘：《女子职业造福社会论》，载《妇女杂志》第一卷第一号，北京：商务印书馆，1915年。

[12] 吴秉筠：《女学宜注重缝纫烹调论》，载《妇女杂志》第一卷第四号，北京：商务印书馆，1915年。

［13］王三：《妇女之天职》，载《妇女杂志》第一卷第二号，北京：商务印书馆，1915 年。

［14］王三：《妇女职业论》，载《妇女杂志》第一卷第四号，北京：商务印书馆，1915 年。

X

［1］夏晓虹：《从男女平等到女权意识——晚清的妇女思潮》，载《北京大学学报（哲学社会科学版）》，1995 年第 4 期。

［2］西冷：《异性社交的态度问题》，原载《觉悟》，梅生编辑，蔡又培校订：《中国妇女问题讨论集》（第二册），上海：新文化书社，1926 年。

［3］谢远定：《促妇女彻底的觉悟》，载《妇女杂志》十年纪念号，北京：商务印书馆，1924 年。

［4］侠侬女士：《从旧婚姻发生的新爱情》，载《妇女杂志》第十卷第二号。北京：商务印书馆，1924 年。

［5］徐珂：《天足考略》，载《妇女杂志（杂俎）》第一卷第一号。北京：商务印书馆，1915 年。

［6］谢授：《论泥古之非》，载《妇女杂志》第一卷第一号。北京：商务印书馆，1915 年。

［7］华慧纬：《论游历有益于文学》，载《妇女杂志》第一卷第一号。北京：商务印书馆，1915 年。

［8］遐珍：《余之忠告于女学生》，载《妇女杂志》第一卷第四号。北京：商务印书馆，1915 年。

Y

［1］〔日〕伊藤野枝：《贞操观念的变迁和经济的价值》，宣素译，原载《妇女杂志》，梅生编辑，黄宪章、蔡又培、抱恨生、董寿芝校订，樊春霖发行：《中国妇女问题讨论集续集》（第五册），上海：新文化书社，1927 年。

［2］袁昌英：《大学男女同校说》，载《太平洋》第二卷第五号，1920 年。

［3］颜实：《对于新女子的罪言》，载《妇女杂志》第九卷第十二号。北京：商务印书馆，1923 年。

[4] 幼雄：《合宜的家庭经济生活》，载《妇女杂志》十年纪念号，北京：商务印书馆，1924年。

[5] 杨莉馨：《试论西方女权主义理论走向》，载《南京师范大学学报（社会科学版）》，2000年第7期。

[6]〔日〕与谢野晶子：《贞操论》，周作人译，原载《新青年》，1915年第11期，梅生编辑，黄宪章、蔡又培、抱恨生、董寿芝校订，樊春霖发行：《中国妇女问题讨论集续集》（第五册），上海：新文化书社，1927年。

[7] 易家钺：《中国的离婚问题》，原载《学灯》，1922年4月，梅生编辑，黄宪章、蔡又培、抱恨生、董寿芝校订：《中国妇女问题讨论集续集》（第五册），上海：新文化书社，1927年。

[8] 咏唐：《未来社会的妇女》，载《妇女杂志》第九卷第十二号，北京：商务印书馆，1923年。

[9] 晏始：《黎明期妇女的烦闷》，载《妇女杂志》第十卷第二号，北京：商务印书馆，1924年。

[10] 虞琬正：《读荀子劝学篇》，载《妇女杂志》第一卷第一号，北京：商务印书馆，1915年。

[11] 韵唐：《英国女子之经商实验谈》，载《妇女杂志（译海）》第一卷第一号，北京：商务印书馆，1915年。

[12] 虞琬正，《为学日益为道日损论》，载《妇女杂志》第一卷第二号，北京：商务印书馆，1915年。

[13] 叶玉琴：《关于传统女性观的几点解读》，载《福建师范大学福清分校学报》，2006年第6期。

[14] 余天遂：《余之女子教育观》，载《妇女杂志》第一卷第一号，北京：商务印书馆，1915年。

Z

[1] 周建人：《性教育的理论与实际》，原载《教育杂志》，梅生编辑，黄宪章、蔡又培、抱恨生、董寿芝校订，樊春霖发行：《中国妇女问题讨论集续集》（第五册），上海：新文化书社，1927年。

[2] 周建人：《性教育与家庭关系的重要》，原载《妇女杂志》，梅生编辑，

黄宪章、蔡又培、抱恨生、董寿芝校订，樊春霖发行：《中国妇女问题讨论集续集》（第五册），上海：新文化书社，1927年。

[3] 周建人：《男女的差别》，载《妇女杂志》十年纪念号。北京：商务印书馆，1924年。

[4] 仲九：《男女同学和性欲》，载《觉悟》，1920年7月5日。

[5] 震汉：《男女同学的我见》，载《觉悟》，1920年7月20日。

[6] 朱锡昌：《男女同学的利益》，载《时事新报》，1920年7月11日。

[7] 朱枕薪：《妇女劳动问题》，载《妇女杂志》第九卷第十二号，北京：商务印书馆，1923年。

[8] 周剑虹：《妇女生计问题的将来》，载《妇女杂志》十年纪念号，北京：商务印书馆，1924年。

[9] 《知识阶级的结婚难》，载《妇女杂志》第十卷第二号，北京：商务印书馆，1924年。

[10] 张春浩：《乡村妇女教育问题》，载《妇女杂志》第十卷第二号，北京：商务印书馆，1924年。

[11] 张娴：《妇女解放的我见》，载《妇女杂志》第十卷第二号，北京：商务印书馆，1924年。

[12] 张芳芸：《妇女杂志发刊辞三》，载《妇女杂志》第一卷第一号，北京：商务印书馆，1915年。

[13] 专农：《玉台艺乘》，载《妇女杂志（美术）》第一卷第一号，北京：商务印书馆，1915年。

[14] 周闳：《论推广幼稚园之必要》，载《妇女杂志》第一卷第四号，北京：商务印书馆，1915年。

[15] 震天：《与校长再论男女同学书》，载《觉悟》，1920年12月3日。

[16] 周炳琳：《开放大学与妇女解放》，载《少年中国》第1卷第4期。

[17] 周石华、朱文叔：《今后妇女教育的改造》，载《妇女杂志》十年纪念号，北京：商务印书馆，1924年。

[18] 赵尚达：《记许樨梅先生之演说》，载《妇女杂志》第一卷第一号，北京：商务印书馆，1915年。

附 录

一、关于传统礼教的支持和反对

肯定礼教，强调君、父、夫特权			朝代		批评礼教，反抗君、父、夫特权		
强调君权	强调父权（君父并重）	强调夫权、男权	立场①		反对君权	反对父权（重视母恩）	反对夫权、男权（尊重女性）
			三皇五帝				
			夏朝				
			商朝				
			周	西周			
孔子	孔子	孔子	周	春秋	老子[1]		老子
	《孝经》		周	春秋	墨子[2]		
		孟子	周	东周 战国	庄子[3]		
荀子		荀子	周	东周 战国			
韩非子		韩非子	周	东周 战国			
		《公羊传》	周	东周 战国			
		《易传》	周	东周 战国			
		《礼记》	周	东周 战国			

---

① 此表主要依据蔡尚思所著《中国礼教思想史》中概述的自先秦至民国时期在礼教思想史上有影响的人物及其思想进行归纳、整理、注释而成。主要目的有二：其一是以高度概括的形式呈现不同历史时期思想家们关于礼教思想中君臣父子权力关系的思考热度和变化的趋势；其二是为后来的研究者提供简明的人物与思想特征的索引。由于略人所详、简要呈现，难免有失辨证周全，欲探其全面，详见蔡尚思：《中国礼教思想史》，上海：上海古籍出版社，2006年。

续表

肯定礼教，强调君、父、夫特权			朝代		批评礼教，反抗君、父、夫特权		
强调君权	强调父权（君父并重）	强调夫权、男权	立场		反对君权	反对父权（重视母恩）	反对夫权、男权（尊重女性）
			秦朝				
董仲舒			汉	西汉			
				新朝			
班固		班昭[4]		东汉		曹操[5]	
						路粹[6]	
			三国	曹魏	阮籍[7]	阮籍	阮籍
					嵇康[8]		
				蜀汉			
				孙吴			
			晋	西晋	鲍敬言[9]		
				东晋			谢安[10]夫人
			十六国				
			南北朝	南朝			山阴公主[11]
				北朝			
			隋朝				
韩愈		宋若华[12]	唐朝				武则天[13]
							陈硕真[14]
			五代十国				
		程颐[15]	宋	北宋			
		朱熹[16]		南宋			
			辽国				
			大理				
			西夏				
			金				

续表

肯定礼教，强调君、父、夫特权			朝代	批评礼教，反抗君、父、夫特权		
强调君权	强调父权（君父并重）	强调夫权、男权	立场	反对君权	反对父权（重视母恩）	反对夫权、男权（尊重女性）
			元朝	邓牧[17]		
		曹端[18]	明朝	李贽[19]		李贽
		吕坤[20]		谢肇淛[21]		谢肇淛
		李渔[22]		黄宗羲[23]		
		王船山[24]				
		周亮工[25]				
		蓝鼎元[26]	清朝	唐甄[27]		唐甄
林琴南[28]						魏禧[29]
		陈梓[30]		袁枚[31]		
		瞿中溶[32]				李汝珍[33]
		章学诚[34]				俞正燮[35]
		汪士铎[36]				李慎传[37]
郑孝胥[38]				严复[39]		严复
		叶德辉[40]		宋恕[41]		
		方绚[42]		谭嗣同[43]		
				孙中山[44]		蔡元培[45]
		辜鸿铭[46]		梁启超[47]	丁初我	
		章士钊[49]		宁调元[50]		
		卢信[51]		金一[52]		金一
				吴虞[53]		秋瑾[54]
				陈独秀[55]		陈独秀
				李石曾[56]		
				鲁迅[57]		鲁迅
				师复[58]		师复

续表

肯定礼教，强调君、父、夫特权			朝代	批评礼教，反抗君、父、夫特权		
强调君权	强调父权（君父并重）	强调夫权、男权	立场	反对君权	反对父权（重视母恩）	反对夫权、男权（尊重女性）
			清朝	邹容[59]		刘仁航[60]
				易白沙[61]		易白沙
				柳人权[62]		柳人权
				杜国庠[63]		
				李大钊[64]		李大钊
						陶行知[65]
						宋庆龄[66]
						潘玉良[67]
				杨贤江[68]		杨贤江
		夏炯[69]				向警予[70]
		潘光旦[71]				
		陈铨[72]		赵纪彬[73]		
			中华民国			

[1] 老子，姓李名耳，字伯阳。中国春秋时代思想家，确切出生地不详。著有《道德经》一书，道家后人将老子视为宗师。

[2] 墨子（公元前468—公元前376），名翟，春秋末战国初期宋国（今河南商丘）人，是战国时期著名的思想家、教育家、科学家、军事家。墨家学派的创始人。

[3] 庄子（约公元前369年—公元前286年），名周，战国时代宋国蒙邑人。著名思想家、哲学家、文学家，道家学派的代表人物。

[4] 班昭（公元49—120年），又名班姬，字惠班，班彪之女，班固、班超之妹，东汉史学家。是我国历史上有名的才女，因丈夫姓曹，历史上又称曹大家（音姑）。丈夫死后，和帝赏识她的才华，让她供职宫中，教皇后和嫔妃们读书，很受和帝及后、妃们的尊重。她在《女则》《女范》《女孝经》中提出了妇女应当遵守的封建伦理道德，为儒家和历代封建统治

者所敬重，被抬到"女圣人"的地位。

[5] 曹操（155—220年），字孟德，小字阿瞒，沛国谯（今安徽亳州）人。东汉末年著名政治家、军事家、文学家、书法家。

[6] 路粹（？—214年），字文蔚，陈留（今河南开封市东南）人。少学于蔡邕，建安初拜尚书郎。后为军谋祭酒，典记室。

[7] 阮籍（210—263年），字嗣宗，陈留尉氏（河南开封）人。三国时期曹魏末年诗人。思想上崇奉老庄，政治上采取谦退冲虚、谨慎避祸的态度。与嵇康、向秀、刘伶等七人被称为"竹林七贤"。

[8] 嵇康（224—263年，一说223—262年），字叔夜，三国时期魏国谯郡铚县（今安徽省宿州市西）人。著名思想家、音乐家、文学家。倡玄学新风，主张"越名教而任自然""审贵贱而通物情"，为"竹林七贤"的精神领袖。

[9] 鲍敬言，两晋之际思想家。"好老庄之书，治剧辩之言"，在政治思想上主张无君论。

[10] 谢安（320—385年），字安石，号东山，浙江绍兴人，祖籍陈郡阳夏（今中国河南省太康）。东晋政治家、军事家，世称谢太傅、谢安石、谢相、谢公。谢安妻刘氏，刘惔之妹，机智幽默，谢安和她感情很好，常和她一起议论时事人物。她性格刚强，不许谢安纳妾，有名言"周姥撰诗，当无此语"。

[11] 刘楚玉（446？—465年），会稽（绍兴）人，南朝刘宋山阴公主（后封会稽长公主），有皇族第一美人之称。以女权先驱闻名于世。

[12] 宋若华（？—820年），《新唐书》作宋若莘，此从《旧唐书》，贝州清阳（今河北清河）人。父宋廷棻，牛一男五女，男独愚不可教，而五女皆警慧，善属文。宋若莘最长，次为宋若昭、宋若伦、宋若宪、宋若荀，皆禀性贞素，不愿归人，欲以学名家。宋若华著有《女论语》十篇，妹宋若昭又为传申释之，传于世。

[13] 武曌（？—705年），亦作武瞾、武照，本名不详，通称武则天或武后，并州文水人，中国历史上"唯一"得到普遍承认的女皇帝。唐高宗时为皇后（655—683年），尊号为天后，与唐高宗李治并称二圣，683—690年以皇太后临朝称制，后自立为武周皇帝（690—705年），705年退位

以后，成为中国历史上唯一一位女性太上皇。

[14] 陈硕真（620—653年），女，睦州青溪县（今浙江淳安境内），中国唐朝时期农民起义的领袖。唐高宗永徽四年（653年）十月率众起义，自封为"文佳皇帝"。

[15] 程颐（1033—1107年），字正叔，北宋洛阳伊川人，人称伊川先生，理学家和教育家。与其胞兄程颢共创"洛学"，为理学奠定了基础，合称"二程"。

[16] 朱熹（1130—1200年），字元晦，一字仲晦，号晦庵、晦翁、考亭先生、云谷老人、沧洲病叟、逆翁，别号紫阳。南宋著名的理学家、思想家、哲学家、教育家、诗人，闽学派的代表人物，世称朱子，是孔子、孟子以来最杰出的儒学大师。

[17] 邓牧（1247—1306年），元代思想家。字牧心，自号三教外人，人称文行先生，钱塘（今浙江杭州）人。一生淡薄名利，精于古文。著有《洞霄图志》《大涤洞天记》等传世。

[18] 曹端，字正夫，渑池人，永乐六年的举人。主要著作有：《〈太极图说〉述解》《〈通书〉述解》《〈西铭〉述解》《四书详说》《性理文集》《夜行烛》《拙巢集》《存疑录》《〈孝经〉述解》《训蒙要纂》《家规辑略》《录粹》《尤文语录》《儒学宗统谱》《月川图诗》《月川诗文集》等。

[19] 李贽（1527—1602年），明代思想家、禅师、文学家，泰州学派的一代宗师。初姓林，名载贽，后改姓李，名贽，字宏甫，号卓吾，别号温陵居士、百泉居士等。著有《焚书》《续焚书》《藏书》等。

[20] 吕坤（1536—1618年），字叔简，号新吾，河南宁陵人。明代著名无神论思想家、哲学家。著有《呻吟语》《呻吟语摘》《去伪斋文集》等。

[21] 谢肇淛（1567—1624年），字在杭，号武林、小草斋主人，晚号山水劳人。历游川、陕、两湖、两广、江、浙各地所有名山大川，所至皆有吟咏，为当时闽派诗人的代表。曾与徐火勃重刻淳熙《三山志》，所著《五杂俎》为明代一部有影响的博物学著作。

[22] 李渔（1611—1680年），字谪凡，号笠翁。生于江苏如皋，祖籍浙江兰溪。戏剧家、文学家、艺术家。素有才子之誉，世称李十郎，

[23] 黄宗羲（1610—1695年），字太冲，一字德冰，号南雷，别号梨洲老人、

梨洲山人、蓝水渔人、鱼澄洞主、双瀑院长、古藏室史臣等，浙江绍兴府余姚县人。明末清初经学家、史学家、思想家、地理学家、天文历算学家、教育家。与顾炎武、王夫之并称"明末清初三大思想家"（或"清初三大儒"）；与弟黄宗炎、黄宗会号称"浙东三黄"；与顾炎武、方以智、王夫之、朱舜水并称为"明末清初五大家"，亦有"中国思想启蒙之父"之誉。

[24] 王夫之（1619—1692年），明末清初之际思想家，衡阳县人，字而农，号姜斋，晚年隐居衡阳金兰乡石船山附近，学者称船山先生。

[25] 周亮工（1612—1672年），字元亮，又有陶庵、减斋、缄斋、适园、栎园等别号，学者称其为"栎园先生""栎下先生"。江西省金溪县合市乡人。明末清初文学家、篆刻家、收藏家。

[26] 蓝鼎元（1680—1733年），字玉霖，号鹿洲，漳浦县赤岭人。清代知名学者和经世之材，是一位对台湾历史有很大影响的官吏。著有《鹿洲初集》《女学》《东征集》《平台纪略》《鹿洲公案》等。

[27] 唐甄（1630—1704年），中国明末清初的思想家和政论家。初名大陶，字铸万。四川省达州（今通川区蒲家镇）人。著有《潜书》。

[28] 林琴南，即林纾（1852—1924年），福建闽县（今福州）人，原名群玉、秉辉，字琴南，号畏庐、畏庐居士，别署冷红生；晚称六桥补柳翁、春觉斋主人。中国近代文学家、翻译家、书画家。著有《畏庐文集》《讽喻新乐府》《巾帼阳秋》等40余部，翻译了170多部外国文学著作，确立了林纾作为中国新文化先驱及译界之王的地位，被公认为中国近代文坛的开山祖师及译界的泰斗。

[29] 魏禧（1624—1681年），我国清代散文家。字冰叔，一字叔子，号裕斋。宁都（今属江西）人。所居之地名勺庭，人又称他为"勺庭先生"。与汪琬和侯方域并称清初"散文三大家"。

[30] 陈梓（1683—1759年），字俯恭，号客星山人，清浙江余姚人，迁嘉兴濮院。于书无所不窥，工古文及诗。行草书与北地李锴齐名，号"南陈北李"。

[31] 袁枚（1716—1797年），清代诗人、散文家。字子才，号简斋，晚年自号仓山居士、随园主人、随园老人。钱塘（今浙江杭州）人。广收诗弟

子，女弟子尤众。与赵翼、蒋士铨合称"乾隆三大家"。

[32] 瞿中溶（1769—1842年），字镜涛，一字木夫，嘉定人。生平诗文、书法、绘画，无所不能，亦擅篆刻。收藏古代印章、古钱、铜镜甚丰，精于考证，并著有《彝器图录》《石镜轩图录》《古泉山馆印存》《古官印考》《钱志补》《钱志续》等。

[33] 李汝珍（约1763—1830年），字松石，号松石道人。直隶大兴人（今属北京市），人称北平子，博学多才，精通文学、音韵等，现存最著名的作品是《镜花缘》。

[34] 章学诚（1738—1801年），清代史学家、文学家。字实斋。会稽（今浙江绍兴）人。倡导"六经皆史"之论，所著《文史通义》共9卷（内篇6卷，外篇3卷），是清中叶著名的学术理论著作。

[35] 俞正燮（1775—1840年），清代学者。字理初，安徽省黄山市黟县人。代表作有《癸巳类稿》《癸巳存稿》《说文部纬校补》《海国纪闻》，替中国妇女受到不人道的待遇讲话。

[36] 汪士铎（1814—1889年），原名鏊，字振庵，又字梅村，号悔翁，江苏江宁（今南京市）人，清末的历史地理学家。主要著作有《汪梅村先生集》《悔翁笔记》《南北史补志》《水经注图》等。

[37] 李慎传（1833—1882年），近代文学家。字子薪，山阳（今淮安）人。博通经史，著有《植庵集》。

[38] 郑孝胥（1860—1938年），近代著名政治家、书法家。福建闽侯人。书法工楷、隶，尤善楷书，为诗坛"同光体"倡导者之一。

[39] 严复（1854—1921年），原名宗光，字又陵，后改名复，字几道，汉族，福建侯官人。清末资产阶级启蒙思想家、翻译家、教育家，是中国近代史上向西方国家寻找真理的"先进的中国人"之一。

[40] 叶德辉（1864—1927年），湖南湘潭人，字奂彬，一作焕彬，号直山。著《轩今语评》《长兴学记驳义》《园丛书》。

[41] 宋恕（1862—1910年），即宋衡，近代启蒙思想家，与陈黻宸、陈虬并称"浙东三杰"。原名存礼，字燕生，号谨斋；改名恕，字平子，号六斋；后又改名衡。自幼资质颖异，有神童之誉。浙江瑞安孙锵鸣（晚清大儒孙诒让的叔叔）奇其才，以小女许为婚姻。孙氏为浙东学派名儒，

其玉海楼藏书10万卷,为海内著名藏书楼。

[42] 方绚,清人,字陶采,又字荔裳,号金园,别号丹谷、香莲博士、评花御史。著有《金园杂纂》《贯月查》《采莲船》,及评宋杨无咎《响屧谱》,以《香莲品藻》最为出名。

[43] 谭嗣同(1865—1898年),字复生,号壮飞,湖南浏阳人。中国近代资产阶级著名政治家、思想家、维新志士。"戊戌六君子"之一。代表作品《仁学》。

[44] 孙中山(1866—1925年),本名孙文,谱名德明,字载之,号日新,又号逸仙。出生在广东香山翠亨村(今广东中山),政治家、医师、革命家、中华民族主义者。曾化名"中山樵",后转化为"孙中山"。曾任中国国民党总理、第一任中华民国临时大总统等职,亦为三民主义思想的创建者。1940年,国民政府通令全国,尊称其为"中华民国国父"。

[45] 蔡元培(1868—1940年),字鹤卿,又字仲申、民友、孑民,乳名阿培,并曾化名蔡振、周子余,汉族,浙江绍兴山阴县(今绍兴县)人,原籍浙江诸暨。革命家、教育家、政治家。中华民国首任教育总长,代表作品《蔡元培自述》《中国伦理学史》等。

[46] 辜鸿铭(1857—1928年),名汤生,号立诚,自称慵人、东西南北人,又别署为汉滨读易者。英文名众多,初用 Koh Hong-beng,回国用 Ku Hweng-Ming,另外还有 Kaw Hong Beng、Amoy Ku,最为人知的是 Tomson。是中国近现代为数不多的一位学贯中西的学者,号称"清末怪杰",精通英文、法文、德文、拉丁文、希腊文、马来文等9种语言,获13个博士学位。创造性地翻译了中国"四书"中的三部——《论语》、《中庸》和《大学》,并著有《中国的牛津运动》(原名《清流传》)和《中国人的精神》(原名《春秋大义》)等英文书,热衷向西方人宣传东方的文化和精神。曾被誉为"天下第一骂人高手"。

[47] 梁启超(1873—1929年),字卓如,一字任甫,号任公,又号饮冰室主人、饮冰子、哀时客、中国之新民、自由斋主人,汉族,广东新会人,清光绪举人,和其师康有为一起,倡导变法维新,并称"康梁"。戊戌变法(百日维新)领袖之一、中国近代维新派代表人物,曾倡导文体改良的"诗界革命"和"小说界革命"。其著作合编为《饮冰室合集》。

[48] 丁初我（1871—1930年），名祖荫，字芝孙，别号初我。江苏常熟人，与徐念慈为同乡好友，1897年，二人在常熟创办中西学社。1904年10月，在常熟组建竞化女学校。主编的《女子世界》1904年创刊于上海，1906年停刊，是辛亥革命前历史最长的妇女刊物。

[49] 章士钊（1881—1973年），字行严，笔名黄中黄、青桐、秋桐，生于湖南长沙。中国爱国民主人士、学者、教育家、思想家、政治活动家。

[50] 宁调元（1873—1913年），近代民主革命烈士。字仙霞，号太一，笔名有辟支、屈魂，化名林士逸，湖南醴陵人。主编《帝国日报》，著有《太一遗书》。

[51] 卢信（1885—1933年），字信公，笔名梭功。广东省广州府顺德县人。中国民主革命家，中华民国政治人物、实业家。早年赴日本和美国学法律。

[52] 金一（1874—1947年），中国近代诗人，学者。金天翮，原名懋基，字松岑，号壮游，后名天翮、天羽，号鹤望，笔名麒麟、爱自由者、天放楼主人。江苏吴江人。主要作品有：《孽海花》前六回、《天放楼诗文集》和《论写情小说于新社会之关系》等。他翻译的俄国虚无党史《自由血》，以及《女界钟》《三十三年之落花梦》等，在清朝末年都很有影响。

[53] 吴虞（1874—1939年），字又陵，号黎明老人。四川华阳人。早年留学日本，归国后任四川《醒群报》主笔，鼓吹新学。在《新青年》上发表《家族制度为专制主义之根据论》《说孝》等文，猛烈抨击旧礼教和儒家学说，在"五四"时期影响较大。胡适称他为"中国思想界的清道夫"，"四川只手打倒孔家店的老英雄"。

[54] 秋瑾（1875—1907年），浙江省绍兴府山阴县（今绍兴市）人，生于福建省厦门。初名闺瑾，乳名玉姑，字璇卿，号旦吾，留学日本后改名瑾，字（或作别号）竞雄，自称鉴湖女侠，笔名秋千、汉侠女儿，曾用笔名白萍。近代女民主革命志士，提倡女权。

[55] 陈独秀（1879—1942年），新文化运动的倡导者之一，中国共产党的创始人和早期的主要领导人之一。原名庆同，字仲甫。安徽怀宁（今属安庆市）人。1915年创办《新青年》杂志，举起民主与科学的旗帜。

[56] 李煜瀛（1881—1973年），字石曾，笔名真民，石僧，晚年自号扩武，河北高阳人。李鸿藻第三子。中国教育家、故宫博物院创建人之一。曾为国民党四大元老之一，早年曾发起和组织赴法勤工俭学运动，为中法文化交流做出了很大贡献。

[57] 周树人（1881—1936年），字豫才。原名樟寿，字豫山、豫亭。以笔名鲁迅闻名于世。浙江绍兴人。20世纪中国新文化运动的领导人、左翼文化运动的支持者，现代文学家、思想家、革命家。

[58] 师复（1884—1915年），近代无政府主义者。原名刘思复，广东香山（今中山）人。创办隽德女学。

[59] 邹容（1885—1905年），中国清末资产阶级革命派的宣传家。原名绍陶，又名桂文，字蔚丹（威丹），留学日本时改名为邹容。四川省巴县（今重庆渝中区）人。

[60] 刘仁航（1884—1938年），又名登瀛，字镜机，号灵华。邳县官湖镇西坊村人。佛学家。自号"昆化博士"。时人称为"北方学者"。著有《印度游记》《东方大同学案》《天下太平书》《比翼集》《佛教理论学丛书》《孔教辩惑》《乐天妙味》《自然学课余谈》《身心强健法》等。

[61] 易白沙（1886—1921年），本名坤，号越村，长沙人。资产阶级革命者、近代新文化运动学者，自幼熟读经史百家。著《帝王春秋》。

[62] 柳亚子（1887—1958年），原名慰高，字安如，后改名人权，字亚卢，再更名弃疾，字亚子。出身书香门第，少从母亲学唐诗，并受其父亲影响，赞成变法维新。

[63] 杜国庠（1889—1961年），中国著名的哲学家，力图用马克思主义观点总结中国古代思想文化遗产，研究问题重视资料的占有、考证。学识渊博，精通日文、英文、德语，探涉的学术领域宽阔，在政治、经济、哲学、文学、古文献、佛学、逻辑学、因明学（印度逻辑）等方面，都有高深的造诣。著有《中国逻辑史》《中国佛学概论》《中国思想通史》《先秦诸子思想概要》《便桥集》《先秦诸子的若干研究》《杜国庠文集》。

[64] 李大钊（1889—1927年），字守常，河北乐亭人。中国共产党主要创立人之一，中国最早的马克思主义者和共产主义者之一。

[65] 陶行知（1891—1946 年），安徽歙县人，教育家、思想家，中国人民救国会和中国民主同盟的主要领导人之一。著有《中国教育改造》《古庙敲钟录》《斋夫自由谈》《行知书信》《行知诗歌集》。

[66] 宋庆龄（1893—1981 年），孙中山的第二任妻子。被尊称为"国母"。

[67] 潘玉良（1895—1977 年），中国著名女画家、雕塑家。潘女士为东方考入意大利罗马皇家画院之第一人。

[68] 杨贤江（1895—1931 年），浙江余姚人。马克思主义教育理论家。

[69] 夏炯（1897—1950 年），字斗枢，民国陆军中将，绰号"夏马刀"。四川温江人。

[70] 向警予（1895—1928 年），原名向俊贤，湖南溆浦人。中国共产党早期著名的妇女运动领导人之一，中国妇女运动的先驱者。

[71] 潘光旦（1899—1967 年），原名光亶，又名保同，号仲昂，笔名光旦，西名 Quentin pan。社会学家、优生学家、民族学家。与叶企孙、陈寅恪、梅贻琦并称清华百年历史上四大哲人。著有《优生学》《人文生物学论丛》《中国之家庭问题》等，译著《性心理学》等。

[72] 陈铨（1903—1969 年），字涛西。四川富顺人，剧作家。

[73] 赵纪彬（1905—1982 年），原名赵济焱，又名赵化南，字象离，笔名向林冰、纪玄冰。现代著名的学者、哲学家、教育家、历史学家、政治活动家、革命家。

二、女性主义浪潮、流派、思想概览

附表一 女性主义三次浪潮概览

时期	目标/基调	代表人物	代表流派	结果
19世纪末—20世纪初	为女性争取选举权；女性受教育的权利；女性就业问题。	泰勒(Harriet Tyler Mill)；穆勒(John Stuart Mill)；贝蒂·弗里丹(Betty Friedan)。	自由主义女权主义(Liberal feminism)。	欧美妇女赢得选举权，财产继承权、受高等教育权、经商权等基本权利。
20世纪60—70年代	消除两性差别，并把这种差别视为造成女性对男性从属地位的基础。	凯特·米利特(Kate Millett)；舒拉米斯·费尔斯通(Shulamith Firestone)。	社会主义女权主义(Socialist feminism)；激进主义女权主义(Radical feminism)。	认识到父权制在所有的社会中运行，并通过教育、文学和宗教等手段进行强化。
20世纪70年代后期	解构宏大理论体系；反对本质主义的社会结构论；关于话语即权力的理论；关于身体与性的思想；多元论、相对论的思想；个人主义政治。	克里斯蒂娃(Julia Kristeva)；塞克瑟斯(Helene Cixoous)；伊丽加莱(Luce Irigaray)。	后现代女权主义(Postmodern feminism)。	为女性主义者提供重新思考政治、历史和知识的产生与传播的机会；为解决女性认同问题做出努力，在多样性差异认同与看似相互排斥的领域之间建立联结的纽带。

/337/

附表二 女性主义各派流派概览

流派	时期	基本观点	思想来源	代表人物/作品	目标	评价
自由主义女性主义 (Liberal feminism)	18世纪。20世纪60年代。	早期：提倡理性，看重公正，机会均等性，选择的自由。通过改良"制度"，即铲除在教育、法律和经济政策上的社会歧视来达到社会性别平等。反对强调性别差异，以男性规范为标准，认为女性解放靠个人努力。	妇女权利团体中兴起。西方启蒙运动资产阶级自由主义思想，自由主义政治哲学。	早期的沃斯通克拉夫特、泰勒、穆勒；后期的弗里丹·波伏娃、伊丽莎白·卡迪·斯坦顿。	认为女性应当享有与男性同等的权利：投票选举权、教育权、就业的权利，并把平等的权利诉诸于法律。	忽略两性差异和女性品质的特有价值；忽略女性群体的不利地位和集体行动的必要性。
激进主义女性主义 (Radical feminism)	20世纪60年代出现。	内部分为"激进－自由派"和"激进－文化派"[1]。"性别就是阶级"，"性/社会性别制度"是女人受压迫的根本原因，女人不是男人的主要敌人是"男权制理论"。男权的统治不仅限于公众领域，且存在于私人生活领域，例如家庭，主张消除家庭，抛弃为母之道，不与男性恋，赞美女性优越。	妇女解放团体中兴起。民权运动、新左派政治，和平运动。[2]	舒拉米斯·费尔斯通《性的辩证法》；艾丽斯·艾克尔斯（Alice Echols）《新的阴阳女性主义》。	摧毁男性对女性的统治机制，代之以赋权机制（Systems of empowerment）认为只有消灭男权制才能达到女权运动的目标。妇女运动的目标是使妇女摆脱生育的生物革命。	将女性的低下地位归答于生理结构，特别是女性的生育。认为生育是女性受压迫的根源。只有避孕技术、试管婴儿、人工授精技术才能把女性从压迫她们的生理功能中解放出来。

[1] 随着女性主义思想中所谓本质主义（essentialism）的出现，激进女性主义群体分化为两个阵营：激进自由派女性主义者（radical-libertarian feminists）和激进文化派女性主义者（radical-cultural feminists），详见［美］罗斯玛丽·帕特南·童：《女性主义思潮导论》，艾晓明等译，武汉：华中师范大学出版社，2002年，第69页。

[2] Judith Hole, Ellen Levine: *Rebirth of Feminism*, New York: Quadrangle, 1971:108

续表

流派	时期	基本观点	思想来源	代表人物/作品	目标	评价
社会主义女性主义（Socialist feminism）	产生于20世纪70年代的欧洲和比美。	私有制是性别压迫的起源，资本主义社会的妇女面临资本主义制度和父权制度的双重压迫。	马克思女性主义和激进女性主义的合理成分。	Hidi Hartmann：《马克思主义与女性主义的不幸结合》。Juliet Mitchell：《女性，最漫长的革命》。	女性问题在工人运动、社会民主运动和马克思主义运动中将得到根本的解决。使社会上男女阶级的划分归于消失。鼓励妇女进入公共劳动领域，主张家务劳动、儿童养育的社会化。	把男女两性的位置固定在生产的"公"领域和生殖的"私"领域，这种划分未体现了男权制思想，对改变妇女的命运不利。社会主义取代了资本主义的结合，并没有出现完美的结局，并没有说明能用什么来取代父权社会。
文化女性主义（Cultural feminism）	20世纪60年代的美国。	"女性优越论"（Female as superior）①。抛弃男性视角，主张重估女性的重要性，认为女性特质是人类行为的最佳价值和正面价值，女性价值高于男性价值，特别是女性特征的关爱价值。强调在女性特征基础上建立独立存在的女性文化。	激进文化派女性主义、宗教与伦理。	Carol Gilligan；Nel Noddings；Sara Ruddick；Charlotte Perkins Gilman.	创造独立的女性文化，赞美女性气质，限定男性统治文化的价值。	抛弃了用男性价值准则和行为标准来衡量女性存在意义的传统框架，建立了积极挖掘女性自身意义的理论模式。具有分离主义倾向。完全脱离男性社会，主张建立单独的女性社区，甚至发展女同性恋社区经济，逃避现实的态度只会导致脱离现实，在政治上是失败的。

① 文化女性主义的女性优越论三个阶段：阶段一，主张消除和减少男女两性的生理差异，以消除性别歧视；阶段二，谴责男性的生理特征，主张排斥和脱离男性；阶段三，转而赞美女性的生理特征，主张女性的生理优越和道德优越。将"女性优越"甚至追溯到染色体等生物特性。

续表

流派	时期	基本观点	思想来源	代表人物/作品	目标	评价
存在主义女性主义（Feminist existentialism）	20世纪60—70年代。	用存在主义来解释女人的文化身份和政治地位。在一个父权制的文化氛围里，男性或男性化是积极的或标准的，是"自我"（self）；而女性或女性化则是消极的，非主要的，反常的，总之，是"他者"（other）。女人生活在男人强迫她接受"他者"地位的世界当中。生育是女性受役的直接原因，妇女解放与做母亲无法共存。	生物学；弗洛伊德学派的精神分析；马克思主义的经济学分析；存在主义思想（萨特、黑格尔、胡塞尔、海德格尔）。	Simone de Beauvoir:《第二性》。	女性解放的途径主要是个人的努力而非整体的行动。女人只有选择像"自为"一样生存，像超越性主体一样创造性的设计并构筑自己的未来，才能获得解放或达到完善。	提出了妇女可以采用的四种超越策略：1. 去工作；2. 成为知识分子，为推动社会转向先锋者；3. 为社会主义努力；4. 拒绝内化她们的他者性，拒绝通过社会里占统治地位群体的眼睛来认同自己。社群主义者批判存在主义对女性身体的贬低与不信任存在主义的态度；从哲学角度对存在主义的批判集中在把"超越"作为解放的理想是把自己置身于悖论之中。
生态女性主义（Ecological feminism）	20世纪70年代出现，90年代新发展。	反对人类中心论和男性中心论，主张把女性同题结合起来，批评男权文化价值观，赞美女性本质。强调人与自然，男性与女性的相互依存性。	对人类中心论的环保主义和男性中心论的批判；文化女性主义；	弗朗索瓦・德・埃奥博尼：《女性主义・毁灭》；苏珊・格里芬：《女性与自然》。	要改变人统治自然的思想，因为这一思想来自人统治人的思想。女性自身存在着解决地球生态困境的本质，追求的目标是人类和自然界的和谐相处。	生态女性主义认识到对女性的压迫与对自然的压迫有着直接的联系，即父权中心体制是导致"宰制"女性"和"宰制"自然"的根源。

/340/

续表

流派	时期	基本观点	思想来源	代表人物/作品	目标	评价
		文化生态女性主义①、社会生态女性主义②、第三世界的生态女性主义③	生态学的女性原则；基督教教思想。	Karen Warren:《自然之死》；[印度] Vandana Shiva。		强调尊重多样性和差异性，解构男人/女人、文化/自然、精神/肉体、理智/情感等二元对立思维方式，确立了非二元思维方式和非等级观念，是一种后现代女性主义。
有色人种女性主义(Colored women feminism) 也称第三世界女性主义或黑人女性主义。		关注性别压迫与种族压迫的交错。过去女性主义所有派别具有共同的缺失：它们的成员都是西方中产阶级白人女性；它们关注的问题也是西方中产阶级白人女性面临和关注的问题，忽略了第三世界女性，下层女性和有色人种。	在种族斗争中，白人男性和黑人男性是主角，黑人女性被边缘化了；在性别斗争中，白人男性和白人女性是主角，黑人女性再次充当了被边缘化的角色。		使黑人女性的权利和地位问题受到关注与重视，摆脱被边缘化的境遇。	黑人女性主义让人认为白人女性比黑人男性享有更多权利，导致黑人们将性别歧视放在次要位置，转而关注种族矛盾，城乡矛盾。发达国家和发展中国家的矛盾，而使性别不平等问题被边缘化。

① 文化生态女性主义赋予自然一种女性身份。将妇女的生育力和生理周期与大自然的农业多产和季节周期性相比较，将妇女维持家庭的生计、生存与大自然的可持续性相比较。

② 社会生态女性主义尝试削弱自然与女性的联系，不再强调其重要性。将妇女与文化之间的差异不意味着其中的一种存在方式一定要优于另一种。主张女性更接近自然的观点是幼稚的，把妇女束缚在她们的生物学命运上。承认自然与文化，男性与女性之间的联系作女性从属于男性，以及人类对自然的剥削的根源，是一种父权制的错误形态。

③ 发达的西方白人女权运动从她们的掌握控制中拿走，会毁掉女性生计的生产和生活活动，同时也毁掉了资源。殖民主义和跨国公司给第三世界国家带来的父权意义上的恶性发展造成女性、自然和处于不利地位文化的毁灭。将这些资源从她们必考虑生存问题，但是中产妇女更加注重照顾的第三世界妇女更加依赖土地、水和森林资源。环境的恶化会加重她们的家务劳动负担。

续表

流派	时期	基本观点	思想来源	代表人物/作品	目标	评价
心理分析女性主义（Psycho-analysis feminism）		目前社会中的两性关系用生理区别来解释是无效的；两性的区别主要属于心理的范畴，是男女儿童的社会教化（socialization）过程造成的。男性对女性的压制不是政治的和经济的，而是心理的，即女性是下等人这一心理的内化。①	弗洛伊德的心理分析理论；荣格的心理分析理论。	米利特（Kate Millett）；霍妮（Karen Horney）；斯托勒（Stoller）	心理分析基本是一种男权制话语，女性主义不应当借用心理分析的任何理论，而应当对它采取全面批判的态度。	对弗洛伊德理论的批判集中在他对性别认同理论方面。这种理论中关于女性性格的假设强调，小女孩从发现无阴茎嫉妒起，阴蒂低等和阴茎嫉妒压倒，而发展出补偿性性格，进而被动和依赖性，受虐倾向，自恋倾向，这种性别认同理论认为有男权主义的偏差。
女同性恋女性主义（Lesbian feminism）	20世纪70—80年代早期的北美和欧洲。	不仅反对男性霸权，也反对异性恋霸权，认为异性恋是与敌共眠。女同性恋分离主义（lesbian separatism）提出"多元"（diversity）口号作为对"变态"（perversity）指责的回应。酷儿理论②（queer theory）也是实践女性主义的理论。	激进主义女性主义；生理决定论；社会建构论；社会政治选择论；后现代理论。		试图摆脱妇女解放运动和男性同性恋解放战线，解放同性恋伴侣应当获得与异性恋配偶同等的权利。	作为酷儿理论的主要学背景的后现代理论解构了所有的分类和身份，固然带来极大的解放感，但也使一切现实斗争可能虚化为乌有，对女性主义来说是个问题。

① 心理学对女性思维模式有刻板印象（stereotype），包括她是异性恋的，被动的，富于抚育性的，嫉妒男性的，较少伦理观念的，缺乏理智的，即所谓女性是"孩童"，是未发展完善的人。

② 酷儿理论是20世纪90年代西方兴起的新的性理论，也是目前性政治中的活跃分子和学术界十分熟悉和钟爱的理论。"酷儿"原是西方主流文化对同性恋者贬义称呼，有"怪医"之意，后来被敌视的激进派借来概括他们的理论，其中不无反讽之意。这一概念指的是在文化中所有非常态（nonstraight）的表达方式。这一范畴包括男同性恋、女同性恋和双性恋的立场，也包括所有其他潜在的、不可归类的非常态立场。

/342/

续表

流派	时期	基本观点	思想来源	代表人物/作品	目标	评价
后现代女性主义(Postmodern feminism) 被称为女性运动的"第三次浪潮"。	20世纪60年代后期兴起。	不仅颠覆男权主义秩序,而且要颠覆女性主义三大流派据以存在的基础。将后现代理论导向对男权制文化和生殖器中心话语的女性主义批判。反对性别的两分,而且反对那种以为性别是天生的、不可改变的思想,并认为这些差异外的差别,更形成不仅与生理有关,更是社会和心理的。	女性主义;心理分析;后解构主义;后现代主义(福柯,德里达,拉康);后殖民主义。	伊丽加莱	挑战宏大叙事,否定宏大理论体系。① 打破排斥异己、有等级色彩的观念,提倡多元的、容纳差异的模式。主张实行"模式转换",即不只关注事物而更关注话语,要发明女性的话语。	带有非政治或政治倾向;质疑宏大叙事会减少知识的可能性;后现代主义使女性主义理论失去了稳定的基础,导致深刻的不安和身份威胁,西方启蒙话语(关于解放)是极为重要的,女性至今还没有真正享受过启蒙话语的正面后果,因此对启蒙话语的批判是女性主义难以承受的奢侈行为;后现代女性主义对男性的意识形态缺乏分析批判,好像女性主义的理论也必须从男性理论中推衍出来,并不是基于女性经验的新知识。

① 后现代女性主义反对一切有关人类社会发展规律的大型理论体系,主张只有分散、局部的小型理论才有效。挑战启蒙主义时代形成的一整套现代思想,包括知识、理性和科学范畴。宏大理论将自己普适性标称为普适的和性别中立的,但后现代女性主义者则认为它们是局部的,以男性为标准的,完全忽略女性的经验。反对女性别、阶级、种族做宏观分析,认为这些分析都过于概括。没有一个单一的女性主义理论。因为女性属于不同的阶级、种族、民族、能力、性倾向、年龄,并没有一类女性可以代表所有的女性。反对西方所知只结构中最为根深蒂固的两分主义(dualism),其中包括像理性与非理性、主观与客观、文化与自然这样经典的两分概念。

/343/

附表三 后女性主义思想概览

派别	相关阵营	代表人物	人物简介	核心观点	思想来源	备注
女权革命运动小组（FR）	英美女权主义阵营 特征：以通过改变家庭和社会关系中的劳动关系来结构动摇父权制的根基，并以之为一个目标。	西蒙·德·波伏娃（1908—1986）	作家，社会活动家。1968年成为女权主义者并成为FR一员。	1. 女人是被社会建构成女性的； 2. 反对女性气质，因为女性气质就是天生的被动与依赖； 3. 反对生理决定论，反对生理本质论。	萨特	存在主义女性主义。
		朱丽叶·米切尔（Juliet Mitchell,1940—）	生于新西兰，《新左派评论》的编委，剑桥大学耶稣学院研究员，精神分析与性别研究的教授，英国精神分析局退休人员。	1. 为弗洛伊德和拉康辩护。指出弗洛伊德的理论被女权主义者误解并错误地阐释。弗洛伊德的理论并不是由鼓吹男性优势的欲望所激发，它是通过观察，揭示了父权文化是怎样规定女人的，是描述性的而非规定性的。所以精神分析学为女权主义提供了一个视角，以此来透视男权意识形态是怎样被男人和女人双方内在化的。同时还对于生理差异的理解提供了一种不依赖于生理的理解，若非如此，对生理差异的理解是不可能的。 2. 反对自然主义（先设了一种生理的身份进化）和环境决定论观点（将身份分解为一种对环境的产物），指出身份既是天然赋予的又是环境产生的。	弗洛伊德、拉康	《心理分析和女权主义》（1970）标志着英美女性主义理论的一次转向。

续表

派别	相关阵营	代表人物	人物简介	核心观点	思想来源	备注
女权革命运动小组（FR）	英美女权主义阵营 特征：以通过改变家和劳动关系中的社会结构来动摇父权制的根基，并以之为一个目标。	苏珊·桑塔格（Susan Sontag，1935—）	美国文化批评家和小说作家。主要研究对象是与美学和伦理学相关的议题。	批判性文章《作为隐喻的疾病》（1978）考察了肺结核和瘟疫等疾病是怎样被看成难以理解的苦恼的，指出肺结核被诊断为一种源于受挫之激情的疾病，而癌症则源于一种压抑的激情。隐喻是按照时代风尚来建构的。 ——《艾滋病及其隐喻》（1989）中考察了媒体对艾滋病的反应是怎样铭刻上恐惧之隐喻和灾难性结局的，这些"授权之隐喻"（metaphors of empowerment）的控诉部分提出病人对疾病的抵制能够唤起意志力。		研究涉及广泛主题：哲学、风俗、军队生活、电影、色情文学、法西斯主义、摄影技术和疾病。
		卡米尔·帕格里亚（Camille Paglia，1947—）	费城艺术大学人文学科教授，社会理论界有争议的人物，从事有高吸引力形象的宣传研究。	1. 对女性主义的第二次浪潮表现出不满，将其贬为献祭女权主义（victim feminism）； 2. 将大众偶像麦当娜推崇为"真正的女权主义"的典范。 3. 劝告年轻女性要有完全的女人气，完全的性感，同时仍然要争取掌握自己的生活； 4. 性别差异根植于生理差异，女性特征和男性特征是根据二元模式建构的。		

续表

派别	相关阵营	代表人物	人物简介	核心观点	思想来源	备注
	法国后女权主义阵营特征：在话语（discourse）中为女人谋得一席之地，以此来动摇父权制的根基。	安东妮特·弗克（Antoinette Fouque,1936—）	欧盟议会议员，MLF发起人之一，政治与精神分析组织的发言人，妇女周刊的创办者。	女权运动有双重指向，其一是平等；其二是认同（独特性而非同一性）。		
政治与精神分析组织（po et psych）		莫妮克·卫提格（Monique Wittig,1935—）	亚利桑那大学教授，女权革命运动代言人，与波伏娃一同创办《女权主义问题》杂志。	1. 关注社会性别差异的生理起源；2. 女人是由社会建构的，因此女性对立的框架中，嵌在男女两性同性恋者不是女人，因为她们不属于男性界定的女人。3. 女人和女同性恋都是文化的产物，但与女人不同的是，女同性恋者驳斥了社会性别和生理性别之间由异性恋确定的联系。	弗洛伊德	
		梅兰妮·克莱因（Melanie Klein,1882—1960）	开创了英国的"对象关系（Object Relations）"精神分析学派，非女权主义者。	对弗洛伊德所谓俄狄浦斯情结形成于性器官期（3岁以前）提出根本性挑战，认为婴儿1岁前已经在一种原始而又常常是暴力的"压抑焦虑"的幻想剧中将其父母内在化（internalize）了；女孩子会拥有一种与男孩子阉割焦虑相对等的经历，但具有与男孩子不同的幻想；孩子利用玩具来展示他们内心与父母、家庭及其他人之间的关系。	弗洛伊德	

续表

派别	相关阵营	代表人物	人物简介	核心观点	思想来源	备注
		琼·雷维尔（1883-1962, Joan Riviere)	弗洛伊德的同事，对研究女人的俄狄浦斯情结形成的过程有巨大贡献。非女权主义者。	1. 女性特征是根据社会惯例建构起来的，女性主体借此惯例通过一个掌拟过程而变成女人； 2. 真正的女性气质与女性面具（womanly masquerade）无论在根本上还是表面上都是一回事，女性气质能够假装并作为一个面具带上。	弗洛伊德	
政治与精神分析组织（po et psych)	法国后女权主义阵营特征：在话语（discourse)中为女人谋得一席之地，以此来动摇父权制的根基。	艾莱娜·西克苏（1937—, Helene Cixous)	巴黎第八大学教授，支持政治与精神分析组织和《妇女周刊》，但从未参与到某一运动或事业中去，宣称"我不是女权主义者"。是女栏写作（écriture féminine）最早的理论倡导者之一。	1. 反对女权主义要求尊重和社会认可的目标，认为这与女权利这个平庸的平等主义是一致的； 2. 西方哲学话语已将女性建构成二元对立体系中一种语言差异的产物，通过动摇这种二元结构，阴具中心主义的主体优势的基础将会被动摇； 3. 写作是双性同体（bisexuality）的，女性写作有颠覆潜能，能够通过他者经验的表达重构现存结构，承认他者差异，不试图在男性特征的统治地位中建构自身。文本愉悦（Jouissance）如同女性快感一样不能被理论化，归纳或是符号化。	德里达，拉康	虽然在政治和精神分析组织阵营之中，但这与拉康对的支配地位提出挑战，并且影响了美国女权主义。

/347/

续表

派别	相关阵营	代表人物	人物简介	核心观点	思想来源	备注
政治与精神分析组织 (po et psych)	法国后女权主义阵营 特征：在话语(discourse)中为女人谋得一席之地，以此来动摇父权制的根基。	露丝·伊瑞格瑞(Luce Irigaray,1932—)	致力于精神—语言学研究的精神分析学者，从1964年起在法国国家科研中心做研究员。后来由于批判父权制的精神分析，被指政治色彩太浓厚而被逐出拉康的艾德尔-弗洛伊德精神分析学派。	1. 通过对父权制的一种精神分析批判赞美女性气质，采用女性写作并鼓吹"描写躯体"； 2. 精神分析的话语也是由历史和文化决定的，是阳具中心主义的，不能充分认识到母性的或女性的性欲所扮演的角色； 3. 提出要看到女人独特的东西需要——面向内看的镜子——反射镜。 4. 提出一种文化的女性阅读，解构了父权制，并在一种乌托邦式的后父权文化中寻求一种替代，从女性立场质询哲学传统； 5. 揭示形而上的建构中意欲隐藏的东西——不被承认的母亲，指出全部西方文化都是以对母亲的扼杀为基础的； 6. 通过给予母性与女性同等的地位而使性别差异得到承认。	弗洛伊德，拉康，德里达	虽然在政治和精神分析组织阵营之中，但这三位都对拉康的"象征法则(Symbolic Law)"的支配地位提出挑战，并且影响了美国女权主义。

续表

派别	相关阵营	代表人物	人物简介	核心观点	思想来源	备注
政治与精神分析组织（po et psych）	法国后女权主义阵营特征：在话语（discourse）中为女人谋得一席之地，以此来动摇父权制的根基。	朱莉亚·克里斯蒂娃（Julia Kristeva,1941——）	生于保加利亚，是法国巴黎第七大学的教授，符号学家、语言学家，实践精神分析学家。融合语言学理论与精神分析学说，关注话语主体。拒绝将自己称为女权主义者。	反对一种在既存框架中寻求权利的"女权主义"——赞美女权主义，认为她们是"资产阶级的"自由主义的，并不是广泛的与法国政治与精神分析组织的知识界女权主义相关联的那些策略家的代表；反对父权势力，认为歇斯底里的运动（歇斯底里在女权运动是女权主义观点中并不是一个具有破坏性意义的术语）。反女权主义起源于对女权主义会敌主流话语同化的这种担心；母性意义的符号态（semiotic）作为对父权象征的破坏创造性力量而活着，而象征态（symbolic）与身份在父权制的社会秩序和指示性的法则中的形成联系在一起；借用"超若"（chora）解释符号不可思议性。超若是指存在于可命名之前的一种无法命名的、神奇的、子宫般的滋养性空间，是不可言说的，是母亲与孩子共有的驱体空间。在语言的音乐的节律中留下它的前意指踪迹，这一空间排斥表现，但依然保留着欲望的经历。	拉康，索绪尔，费希特	虽然在政治和精神分析组织阵营之中，但这三位都对拉康的"象征法则（Symbolic Law）"的支配地位提出挑战，并且影响了美国女权主义。

/349/

三、后女性主义理论的核心范畴与内部歧见

女性主义在 19 世纪中后期打着政治运动的旗号兴起之时，聚焦于公共领域谋得与男性同等的地位，为妇女争得经济上、法律上、政治上的合法权利，集中论证女性的天性、理性、德性、知识、能力方面与男人并无二致。① 但自 20 世纪 60 年代以来，西方女性主义关注的重心转移到意识形态领域，借鉴各种新兴的后现代文化理论对各个领域中的性别歧视提出挑战，并试图以女性主义理论来补充、修正、重建男性话语主导的西方文化理论。② 尽管并没有放弃对平等和解放的要求，但这种追求已经超出了政治领域，进入更加宏阔的文化领域，超出既定的男权话语，去寻求一种体现性别差异的平等。因此本研究中将这种对经典女性主义和男权话语主导的西方文化进行反思、批判、解构、超越的女性理论与实践冠以"后女性主义"之概念，以此与之前的女性主义和女权运动加以区分，值得强调的在于它并非仅仅局限于时间维度上的先后，而是包括更广泛的、非时间性的差异于在场主流话语的言说。

1968 年，在法国出现了形形色色的女性主义群体，这些群体后来被法国出版署创造了一个词 MLF（Mouvement de Liberation des Femmes，妇女解放运动）作为指称。MLF 有两大派别：一个是女权革命运动小组（FR, féministes révolutionnaires）③；另一个是政治与精神分析组织（politique et psychanalyse，po et psych）。FR 反对政治与精神分析组织，因为后者更愿意强调某些差异。在他们看来，对平等的渴望会导致被同化。FR 更倾向于一系列在全社会中反对父权制的政治进程，追求通过媒体得以彰显，筹划了一些破坏性的公共活动。例如一群女人在巴黎一个并不知名的士兵的坟冢上放了一个花圈，为纪念这位士兵那不知名的妻子；或在母亲节、父亲节发表一些公开声明，组织"谴责对女性犯罪日"；参与帮助未婚母亲；打断政府生命权利机构的关于反堕胎的会议等。FR 还强烈呼吁反对生理决定论，即女人臣服于男性标准的观点，20 世纪 70 年代向原先认为母亲地位是一种受压迫情境的观点提出挑战，

---

① 雷康平：《20 世纪下半叶以来的女权主义》，载《全国新书目》，2003 年第 11 期。
② 雷康平：《20 世纪下半叶以来的女权主义》，载《全国新书目》，2003 年第 11 期。
③ 女权革命运动小组（FR）是 MLF 中的一个派别，成立于 1970 年。小组借鉴被称为意识觉醒团体的美国模式而反对弗洛伊德的精神分析学。FR 要求平等，并带有主张独立的倾向。这种倾向特别得到这一群体中同性恋者的支持。

导致对女性身份和母亲地位的重新维护。而政治与精神分析组织探索吸收了弗洛伊德、拉康、德里达创立的精神分析和解构主义理论，借用精神分析学来发掘女性的性欲、快感、性幻想和女性文本。其关键作用在于揭示父权的潜意识的运作过程。政治与精神分析一派是反人文主义的，倾向于强调社会经济和心理结构决定并限制了个人能够采取的活动方式，认为身份是由差异建构的，强调差异，不追求平等（渴求平等意味着被同化），因为我们维护女性的价值。

FR 与"政治和精神分析组织"在女性主义内部的差别恰恰是英美女权运动和法国女权运动模式的差别所在。但正如后现代主义内部派别的纷杂一样，后女性主义思潮的思想观点从来就不是铁板一块，当然她们也并不屑于打造一块坚不可摧的思想铁板。这不符合女性的天然属性和思维特点，因为女性从来就是差异的、诗意的、非线性的、变化的、矛盾的、创造性的、非理性的存在，她的独特性才是最大的价值，无论是理论的还是历史的还是实践的价值。

通观后女性主义的思想观点（见附录二），会有这样一种总体感受，即彼此观点和立场呈现纷繁复杂的多样性，唯一共同认同的是都致力于动摇父权的根基。后女性主义思想的理论来源也大体都可以追溯到存在主义、解构主义、精神分析学。除此之外，几乎无法用一个稳定的系统安置所有的话语，所以试图为后女性主义理论贴标签的想法看来是对女性主义者们不想依赖任何父权制思想重建女性哲学之努力的贬损。当然这个任务令人生畏，甚至有风险，但客观上，女性主义思潮总体的发展确已依靠一套"标签"勾勒出一个完整的思想史。例如"自由主义的""激进的"（"激进—自由派"和"激进—文化派"）"马克思主义—社会主义的""精神分析的""存在主义的""后现代的""多元文化的和全球的"以及"生态主义的"。① 而后女性主义作为女性主义的批判、修正、超越力量始终不同程度地或明或暗地作用于女性思想史始末，即便是对后女性主义精神彰显的最为显著的后现代女性主义，其内部也大致可根据思想的不同倾向性贴上存在主义、精神分析、解构主义等标签。从这个意义上，为了表达一种显著的倾向性，这些遭到质疑的、随时可能被撕去的旧标签依然有些用处——对更广大的公众昭示女性主义并不

---

① 〔美〕罗斯玛丽·帕特南·童：《女性主义思潮导论》，艾晓明等译，武汉：华中师范大学出版社，2002年，第1页。

是铁板一块的意识形态,女性主义者也并非以同样的方式思考问题,女性主义思潮在不同阶段也有不同的倾向性。

为了清晰梳理后女性主义思想的主张,同时彰显其内部的差异性、多样性,将从"平等 VS 差异"的本质主义之争、"自我 VS 他者"的主体性之争、"宏观体制 VS 微观精神"的压迫根源之争、"殖民者 VS 黑人"的种族主义之争、"放纵 VS 反色情"的道德之争来概述后女性主义思想的基本特征。

1. 平等 VS 差异——本质主义之争

平等主义的女性主义者主张,对于男女两性来说,社会化的"原始素材"在根本上是相同的:每一性都有类似的生物或"自然"潜能,由于社会强加给男女两性的角色不平等,所以这种潜能的发展也是不平等的。如果可以重新调整社会角色,或者激烈打破旧的角色设定,则重新建构新的社会角色①;如果男女两性的社会化可以重新安排,两性就可能被造就成平等的。两性之间的差异也就会如同个人之间的差异一样不重要。② 妇女可以是"不女性的"(unfeminine),男人也可以是"不男性的"(unmasculine)。③ 较具代表性的是"激进—自由派女性主义者"的观念,即一个人的性(男性或女性)与其社会性别(男性气质或女性气质)没有联系或没有必要的联系。因此驱除男人统治女人的不公正的途径是两性应该发展出一种男性气质和女性气质的结合体。④ 无论这种结合是什么样的,它都将包括那些最能反映其个人独特人格的女性特点和男性特点⑤,是一种雌雄同体(androgyny)的取径。

差异主义的女性主义者与平等主义者的歧见在于对男女性别差异之根源的认识上。虽然后现代是反本质主义的,但在后现代女性主义者当中,部分人的思想基础却是本质主义的。例如卡米尔·帕格里亚,虽然主张发展女性气质的优越性,但她对于社会性别的理解是本质主义的,认为男女两性的差异根源仍然是由生理上的根本差异决定的,男性特征代表着积极(顽强、进取、好奇、雄心勃勃、有计划、负责任、有独创精神、富于竞争性),而女性

---

① 董娟娟:《苏青女子教育思想评述》,西安:陕西师范大学硕士学位论文,2009 年。
② Elizabeth Grosz, "Sexual Difference and the Problem of Essentialism", Naomi Schor、Elizabeth Weed: *The Essential Difference*, Bloomington: Indiana University Press, 1994, P88.
③ 李晓光:《从女权主义到后女权主义——西方女性主义/女权主义的理论转型》,《思想战线》,2005 年第 3 期。
④ 宋岩:《男性气质和女性气质的社会性别分析》,载《中华女子学院学报》,2010 年第 12 期。
⑤ 〔美〕罗斯玛丽·帕特南·童:《女性主义思潮导论》,艾晓明等译,武汉:华中师范大学出版社,2002 年,第 72 页。

特征等同于消极（有爱心、顺从、共鸣、善于同情和赞许地回应、乐观、亲切和友善）。因此在对于性别本质认识上，与平等主义的女性主义有着根本立场的不同。不过之所以仍然是被归于后女性主义思想，就在于根本目的是寻求女性的自由与个性解放，且在途径上是反传统的，即不是在父权制的逻辑阴影下寻求平等权利和地位，而是承认差异的基础上，为女性的独特的、变化的、差异的、自由的存在呐喊，是以新的方式对男性二元的主次思维、专制、权威的男性文化的反叛。

2. "自我 VS 他者"的主体性之争

事实上关于女性"主体性"的讨论是任何一个派别的女性主义者必须正视的一个问题，或对"他者"成因的确证（如生物学从生育角色角度的论证、精神分析学从性欲角度的论证、马克思主义从劳动分工角度的论证），或对"自我"的张扬与呼唤（如以波伏娃为代表的存在主义女性主义），以及他们之间的争论与批判，都成为女性主义思想史中的一个核心主题。但这里，迫切需要介绍两个较有创建的、带有后工业社会气息的关于主体性的讨论。

当（激进的）女性主义者关注到女性气质的概念以及妇女的生育、性角色和责任常常被用以限制妇女完整自我发展时，技术为这种生育和性的解放带来革命性的欢愉。赛伯女权主义（Cyberfeminism）积极地认可并歌颂后现代数字化信息革命、人工智能和远程控制，它存在于后女性主义在其技术的具体化中。① "赛伯"（cyber）来自于控制论一词（出自希腊语 kybernates，意为"舵手"），这个词是由数学教授诺伯特·威于 1947 年创造的。赛伯是一个可自我调试的普遍理论和控制系统，是一种控制系统的科学，是人与机器间交流的科学。而由此延展出"赛伯空间"（Cyberspace）② 和"赛伯格"（Cyborg）③ 的概念。丹娜·哈瑞卫（1944—，Donna Haraway）将赛伯格作为女人贴切的后现代隐喻。赛伯格是一种拆分而又重组的存在，是一种后现代

---

① 《全新的女权主义理论和实践》（6），载《读书人》，2008 年 8 月 3 日。
② 赛伯空间：由科幻小说家威廉·吉布森创造的一个术语，用以定义计算机产生的对真实存在多种感觉的经验，以及在因特网上全球性的互动空间。
③ 赛伯格：是通过化学药品、仿生修复和神经系统移植而得到加强的人类主体。赛伯格不同于较早期机械化的自动装置——自动仪器（robot，源于捷克语 robota，意为强制劳动力，第一次出现在 K·卡夫卡的戏剧中），也不同于机器人——外观像人的自动仪器。

的聚合性而又个人化的自我，是女性主义者现在必须学会破译的自我。① 哈瑞卫反对女人作为生儿育女者，也反对强制的异性爱的核心家庭。她反对个体的完整性和整体性、《圣经》中的等级制度（神/人/动物）、对死亡的惧怕和自动作用的观念。她攻击弗洛伊德的家庭戏剧以及拉康的母亲/他者的观点，试图动摇二元对立，因为她认定这是策划来压迫次等等级的。② 赛伯格的复制并不依赖于有机体的有性繁殖或是有机的核心家庭。赛伯格既是动物又是机器；既是虚构的又是社会实存。赛伯格打破了传统人文主义的樊篱：人与动物、人与机器、有形的和无形的。它是"父权制、殖民主义和资本主义的私生子"③。毋庸置疑技术正在彻底地建构着世界，但"文化话语"自身和女人（由于缺少教育和技能训练）没有参与并学会控制这些技术。另一位技术理论家沙迪·普兰特（Sadie Plant，1964—）宣称父权制文化中的机器是女性的，因为它们是无法预料的，并由男人操作，她们没有能动作用，没有自主性和自我意识④，是技术理性时代的他者，男人将技术作为其发展至高控制权的途径。但是虽然文本是父权制的，可非线性的超文本（hyper-text）打乱了父权制叙事，超文本是电子文本，它允许读者在信息中无序的穿梭，现在它是世界宽带网的核心技术⑤。数字化和传统的女性编织艺术相似，恰恰是男权文化造就的技术的创造性发展使得女性的主体性突破了男权文化的樊篱，实现了从他者地位的挣脱，现在技术已经变得极易"受赛伯女权主义的侵染"了。还有一种对于技术闯入人类生活持欢迎态度的折衷主义代表即"赛伯朋克"（cyberpunk）女权主义，其代表作家凯西·阿克（1947—1997，Kathy Acker）歌颂了一个虚拟世界，在其中脱离现实的主体将性别定位看作可任意选择的，使得自我与他者的界限模糊化了，呈现主体间性的样态。⑥

在我国20世纪80年代，女性主义学者李小江的思想观点带有开拓女性

---

① 《全新的女权主义理论和实践》（6），载《读书人》，2008年8月3日。亦见杨纪平：《堂娜·哈拉维和玛丽·雪莱的对话——〈弗兰肯斯坦〉的赛博女性主义解读》，载《小说评论》，2011年6月1日。
② 〔英〕索菲亚·孚卡（文），瑞贝卡·怀特（图）：《后女权主义》，王丽译，北京：文化艺术出版社，2003年，第139页。
③ 〔英〕索菲亚·孚卡（文），瑞贝卡·怀特（图）：《后女权主义》，王丽译，北京：文化艺术出版社，2003年，第140页。
④ 李燕：《全新的女权主义理论和实践》，载《读书人》，2007年5月17日。
⑤ 《全新的女权主义理论和实践》（6），载《读书人》，2008年8月3日。
⑥ 〔英〕索菲亚·孚卡（文），瑞贝卡·怀特（图）：《后女权主义》，王丽译，北京：文化艺术出版社，2003年，第138—141页。

商业主体性的目的①,成为市场女性主义(market feminism)思想的代表。80年代后半期,形成了一个全国性的女性主义学者网络,着重讨论这样一些问题:如何发展妇女解放理论?女性主义理论如何才能适当地安置"妇女"主体?

3. "宏观体制 VS 微观精神"的压迫根源之争

自由主义女性主义者坚持女性受压迫的根源在于社会上存在错误信念,即妇女的智力和体力生来就不如男人,因此女性被排除在学术、公共论坛和商贸界之外,作为这种排斥政策的结果,许多妇女真正的潜能都得不到实现。②所以自由主义女性主义者在权利的平等问题上着力,认为社会性别公正需要首先制订公平的游戏规则,确定在追求社会财产和服务的赛跑里,任何参赛者都不会处于体制性的不利条件之下,社会性别公正并不要求我们给胜负双方颁奖。③其要旨在于认为妇女受压迫、屈从的地位根源于一整套社会习惯和法律限制,这一切妨碍女性进入公共领域并在其中获得成功。通过争取权利的平等来驱除女性的被动地位,实际上是对父权社会政治、经济、文化政策的一种改良。

激进主义女性主义者却批判自由主义女性主义者的想法,认为父权制度是以权力、控制、等级制度和竞争为特征的。不能寄望于改良父权制,而应该斩草除根,在妇女解放的道路上,不仅必须推翻父权制的法律和政治结构,还必须铲除它的社会和文化制度(特别是家庭、教会和学术)。④例如让社会能够学会像重视男性气质一样重视女性气质,或者给女性气质以新的女性中心的意义,或者使女性有能力抛弃父权制赋予的虚假的女性自我而支持她真正的女性自我。再比如通过生育控制技术和生育辅助技术,防止或终止不希望发生的妊娠,或者作为选择手段使女性想要孩子的时候拥有孩子、决定如何怀孩子、跟谁有孩子。但也有观点认为生物性的母亲身份是妇女力量的终极源泉⑤,妇女应当保卫和赞美这种决定生死存亡、决定物种延续的生命的力量。

---

① 〔美〕汤尼·白露:《中国女性主义思想史中的妇女问题》,沈齐齐译,李小江审校,上海:上海人民出版社,2011年,第337页。
② 万昆:《新疆哈密地区女性公务员人力资源开发研究》,新疆大学硕士学位论文,2010年。
③ 〔美〕罗斯玛丽·帕特南·童:《女性主义思潮导论》,艾晓明等译,武汉:华中师范大学出版社,2002年,第2页。
④ 〔美〕罗斯玛丽·帕特南·童:《女性主义思潮导论》,艾晓明等译,武汉:华中师范大学出版社,2002年,第2页。
⑤ Adrienne Rich: *Of Woman Born*, New York, W. W. Norton, 1976.

马克思主义女性主义者认为在以阶级为基础的社会，任何人（特别是妇女）不可能获得真正的自由，私有财产的引入是妇女受压迫之起源，这个制度彻底毁灭了人们从前所享受的社群内的所有平等。被少数人、最初是所有男人占有生产资料的私有制开创了阶级制度，它的现代表现形式就是集团的资本主义和帝国主义。资本主义就是妇女受压迫的根源，所以真正解放妇女要求以社会主义制度取代资本主义制度，使生产资料属于所有人，只有妇女经济上独立才能获得像男人一样的自由。

社会主义的女性主义认同马克思主义女性主义对于妇女受压迫根源是资本主义的基本判断，也同意激进女性主义认为父权制是压迫妇女的根源的观点。也就是说，社会主义女权主义更为复杂地看待妇女受压迫的根源问题，妇女的这种处境是多因素决定的，有生产结构（马克思主义女性主义所认为的）、生育和性（激进女性主义所确信的），还有儿童的社会化（自由主义女性主义所坚持的）。① 阿利森·贾格尔（Alison Jaggar）指出各派女性主义观点都认识到妇女承担多重相互矛盾的角色要求（妻子、母亲、女儿、情人、劳工），社会主义的女性主义最独特，因为它致力于把压迫妇女的各种形式联系起来给予全面观照。贾格尔采用"异化"（alienation）这一观念来解释资本主义制度下，原本可以成为妇女作为人的完整性之源泉的各种因素——一切事物（工作、性和游戏），一切人（家庭、朋友）——都反过来成为她的分裂状况的原因。②

在某种程度上，自由主义的、激进的、马克思主义—社会主义的女性主义者，她们对妇女受压迫的解释都聚焦在宏观世界（父权制或资本主义），而精神分析和社会性别女性主义者则进入个人的微观世界。她们指出，压迫妇女的根源深藏在妇女的精神内部。③

精神分析女性主义者从弗洛伊德理论中汲取营养，关注女性受压迫的性角色，关注前俄狄浦斯阶段。通过这个阶段，男孩放弃他的初恋对象——母亲，以便消除"阉割恐惧"，他的自我（欲望）向超我（集体的社会道德良知）屈服，于是男孩与文化充分融为一体，继续与父亲一起征服含有同样的非理性力量的自然和女人；女孩没有阴茎可以失去，所以没有所谓的阉割恐

---

① Juliet Mitchell：*Woman's Estate*，New York：Pantheon Books，1971。
② 〔美〕罗斯玛丽·帕特南·童：《女性主义思潮导论》，艾晓明等译，武汉：华中师范大学出版社，2002年，第6页。
③ 马元龙：《女性主义的多样性》，载《中华读书报》，2002年第10期。

惧，因此与母亲的分离是缓慢的，当然也无法完全融入文化。虽然这样解释有把文明解释为仅仅是压抑性冲动或性欲升华的产物的嫌疑，而且把女性的他者地位归结为女人"阴茎嫉妒"，有失偏颇，但它使我们逃离了混乱的自然状态，描述了将个人融入社会的经验。是一种天才式的想法。

社会性别女性主义者，如卡罗尔·吉列根（Carol Gilligan）和内尔·诺丁斯（Nel Noddings）则不像精神分析女性主义者一样把讨论聚焦在前俄狄浦斯情结和俄狄浦斯主题，而是重点讨论与女性气质相联系的美德和价值问题，以及探寻妇女的心理和道德关系。提出全人类解放的关键是否可以是采纳传统上和妇女相联系的美德与价值的问题，因为在她们看来，女性气质是妇女的祝福，而不是妇女的负担。

存在主义女性主义的代表波伏娃指出妇女受压迫源于她的他者性质。男人把自己作为有能力在战斗中冒险的主体来感知，把女人看作对象，仅仅是给予生命的对象。[①] "使男人超越于动物的，不是给予生命，而是拿生命冒险；这就是为什么人性的优越性没有赋予带来生命的一性，却给予了杀戮生命的一性。"[②] 一旦男人声称自己是"主体和自由的存在，他者的概念（就产生了）"[③] ——特别是妇女作为他者的概念就产生了，妇女成为男人所"不是"的一切，成为一种"异己的力量"；男人最好牢牢控制这种力量，以免反过来妇女成为自我，男人成为他者。所以女性就是这样被强硬地作为他者被压迫了。

后现代的女性主义者把波伏娃对他者性的理解完全颠倒过来使用了，首先认可女性的他者地位，但不把他者解释为应该拒绝的处境，却积极肯定女性的他者性。指出妇女的他者性由于其与那些被排斥、被回避、被拒绝、不受欢迎、被抛弃和边缘化的事物有联系，所以有其自身的优越性，能使作为个体的妇女摆脱出来批评主导的男性文化力图强加于所有人的那些规范、价值和实践。他者性是承认变化和差异的存在方式，妇女不是单一的自我，不

[①] 郑美琴：《女性的选择权与劳动参与决策的经济学分析》，武汉：华中农业大学博士学位论文，2006年。

[②] 〔法〕西蒙德·德·波伏娃：《第二性》，陶铁柱译，北京：中国书籍出版社，1998年，第72页。

[③] 〔法〕西蒙德·德·波伏娃：《第二性》，陶铁柱译，北京：中国书籍出版社，1998年，第89—90页。

是等待定义然后被这个定义僵化的本质,妇女是自由的精神。①

4. "殖民者 VS 黑人"的种族主义之争

在全球女性主义者的判断里,欧洲和北美的殖民者不仅掠夺了许多发展中国家人民的土地和资源,而且也剥夺了他们的自我身份,让这些地区的人有种自我分裂的感受,因为他们面对殖民文化的侵袭无处躲藏,而这些地区的妇女更是承担着双重的压迫:一个来自于殖民主义的压迫;另一个来自于民族内部的压迫。相比之下,种族的问题在某种程度上比性别问题更为迫切。例如,在被白人帝国主义者占领之前,非洲人民并不认为自己首先是"黑人"。相反,他们认为非洲人各自都是有着独特语言和文化的人群,他们的语言和文化在整个非洲大陆是完全不一样的;而在他们的自我定义中,非洲人的肤色并不起多少作用。是殖民者把"黑人"身份加诸殖民对象,给非洲人灌输了这样的观念:黑人就是"坏的",而白人就是"好的"。② 殖民者认为非洲人是未开化的"野蛮人",在一定程度上,非洲人内化了这种殖民者的观点,更糟糕的是殖民者统治的时间越长,被殖民的对象就越难以摆脱对"白人身份"的渴求。一旦头脑被"殖民",精神的解放就非常困难。

黑人妇女不但必须在阳具中心主义象征秩序的措辞中,而且还不得不在黑人身份的殖民属性中完成自己的身份认定。文化和文化权威不仅是以男性气质表现出来,同时还以超越历史的方式表现出来。在精神分析中,女人已经被隐喻性地定位为"黑色大陆"——非洲。所以女性主义被修正,把女人说成是被殖民的主体。白种女性主义在理论上阐明了屈从于父权制压迫的"全部"女人已被殖民化,但黑人女性主义者发现这种立场是可疑的,在呼唤一种"全球的姐妹关系"时,忽视了各自独特的文化境遇。贝尔·胡克斯(Bell Hocks)对后现代主义与非裔美国人的关系提出质疑,尽管后现代话语将人们的注意力引到他者经历和差异,但还是被非裔美国人看作排他的,因为后现代主义是对"高度现代化"这一独特的西方现象的反映,所以它几乎不涉及黑人,尤其是黑人妇女的经历与作品,当然她也同时批判那种均化差异的"黑人可靠性(black authenticity)"的观点,毕竟涉及黑人身份的后现代话语仍然无法在白人占主导地位的大学机构中取得排他性定位。

---

① 〔美〕罗斯玛丽·帕特南·童:《女性主义思潮导论》,艾晓明等译,武汉:华中师范大学出版社,2002年,第8页。

② 马元龙:《女性主义的多样性》,载《中华读书报》2002年第10期。

此外，还有一个具有殖民性质的话语值得关注，即由爱德华·萨义德（Edward Said）创造的术语"东方主义"，它表达了一种西方之于东方的偏见——不同于欧洲的一切事物，西方的主体认识和把握了东方客体，显示了东方和西方之间权力机制是通过附着在知识自身的权力而发生的：通过一系列不同的领域——历史、地理、科学、文化、旅游、勘探以及掠夺和战争——西方社会创造了某些文化意义，这些文化意义提供了一种详尽而权威的东方知识。尽管是虚构的，但东方的这些变体最终被看作"自然的"了。可见东方主义这一话语是权力和控制的话语，西方通过将东方作为自身的他者来建构自身虚幻的"自我身份"——"白人"这一范畴与"东方人"这一范畴相似，是一个虚构的被作为自然状态创造出来的建构，其政治动机被遮掩了。[1]

5. "放纵 VS 反色情"的道德之争

放纵/自由主义女权主义者（Libertine Feminists）以马奎斯·德·萨德（Marquis de Sade，1740—1814）为代表，他创立了一个极其虚幻的世界，在那里性动力学成为社会关系的一种隐喻在发挥作用。他的著作影响了许多反叛并颠覆保守的"道德优先"观点的知识界人士和作家。此外苏珊·桑塔格和英国作家安格拉·卡特（Angela Carter，1941—1992）也是放纵的女性主义者代表，都反对"软核心"[2] 色情品或"色情作品"，但是将 S&M（施虐狂与受虐狂）或"硬核心"的色情作品作为一种能够获得创造性颠覆和超越的反叛体验而为其辩护。宣称以 S&M（原先被看作强力者的特殊空间）来使因社会性软弱而经历的痛苦转变成欢愉。[3] 此外，反对审查的女性主义者反对用一种所谓道德的标准对女性性欲的规约，认为幻想是人类固有的，所有主体都会幻想，是不可控的，提倡审查则会限制女人发现自身性欲及其表现方式的空间。按精神分析学的观点，欲望的升起与一种得到满足的欲望相关，而非与一个对象相关。激进派的女性主义者一方面倡导多重性角色体验，主张对一个解放了的女人而言，不应把任何一种明确具体的性经验指定为对她来说最好的一种。[4] 每个女人都应该受到鼓励去和自己、和其他女人、和男人进

---

[1] 〔英〕索菲亚·孚卡（文），瑞贝卡·怀特（图）：《后女权主义》，王丽译，北京：文化艺术出版社，2003年，第118—119页。

[2] 所谓软核心是无力的庸俗主义，充斥着消费文化的享乐主义。

[3] 〔英〕索菲亚·孚卡（文），瑞贝卡·怀特（图）：《后女权主义》，王丽译，北京：文化艺术出版社，2003年，第82页。

[4] Carol S. Vance：*Pleasure and Danger*：*Exploring Female Sexuality*，Boston：Routledge &Kegan Paul，1984。

行性实验。对女人来说，难以知道什么时候真正愿意对男人的性要求说同意，她必须感受到自己是自由的，自由地遵循自己欲望的引导。更为激进的观点甚至认为女性要得到解放必须逃离异性恋性欲的限制，因为男性通过色情作品、嫖娼、性骚扰、强奸、殴打妇女①，通过让女人裹脚、殉夫自焚、不许外人窥其容貌等深闺制度、阴蒂切除、烧死女巫以及妇科学②，已然控制了女性，去满足男性快感的需要。因此女性应当通过独身、自愉或女同性恋创造出妇女独有的性欲。③ 彻底排斥异性恋，单身或与其他女人共同生活，女人能够发现真正的性快乐。

反色情文学的女性主义者的代表是安基·多肯（Andrea Dworkin，1946—），是反色情斗士的核心人物。她指出对女性施暴是色情读物和男人在总体上拥有女人的观点所共有的模式。色情幻想是一种欲望的表演，要求女人：如果她们的幻想内容是压抑女性的，那么就要改变她们的幻想。于是产生了一种对非人性的性行为的道德指责，这种观点与右翼讨伐者的指责相一致。对性行为的清晰描述腐蚀了性关系应该发生在婚后的基督教观点，性欲不应该与被视为潜在破坏因素的激情混为一谈。④ 值得注意的是，一些后现代的德性理论家指出道德的考究必然以某种方式与利害相关联，德性的意义可以变化。⑤ 维特根斯坦的学生伊丽莎白·安斯康伯（1919—，Elizabeth Anscombe）指出传统道德标准在现代世界中不再有什么意义，因为它们无视人类的需要与欲望。道德是一种语言游戏，不能超越使其产生的社会，既然道德是社会环境的产物，那么伦理原则也许只是一种使社会群体在历史中得以兴旺发展的惯例和行为。朱迪斯·亚维斯·托马森（1929—，Judith Jarvis Thomson）进一步提出道德权利是任何关于道德的哲学论述的中心，在《为流产辩护》（1971）一文中坚持一个怀孕的女人和她没有出生的孩子，就像一位来帮助一个稀有血型的肾脏病人的血液捐赠者和病人之间的关系，只有捐赠者有权利决定是否继续提供自己的血液，母亲在终极意义上有权利决定是否需要

---

① Rosemarie Tong: *Women, Sex and the Law*, Totowa, N. J.: Rowman & Littlefield, 1984。
② Mary Daly: *Gyn/Ecology: The Metaethics of Radical Feminism*, Boston: Beacon Press, 1978。
③ Charlotte Bunch: "Lesbians in Revolt", Marilyn Pearsall: *Women and Values*, Belmont, Calif: Wadsworth, 1986, pp. 128-132。
④ 〔英〕索菲亚·孚卡（文），瑞贝卡·怀特（图）：《后女权主义》，王丽译，北京：文化艺术出版社，2003年，第80页。
⑤ Rosalind Hursthouse, Gavin Lawrence, Warren Quinn: *Virtues and Reasons: Philippa Foot and Moral Theory: Essays in Honour of Philippa Foot*, Oxford University Press, USA, June 25, 1998.

继续留住腹中的胎儿，胎儿需要母亲的仁慈才能存活。女人不一定要为保护其他人的性命而牺牲自我决策和躯体完整。①

上述关于后女性主义内部的"本质主义""主体性""压迫根源""种族主义""道德"的歧见，将为本研究提供丰富而坚实的分析之资，尤其用以审视当今现实社会中女性对于自我身份认同、社会角色体认过程中的矛盾与困境，或用以检视后现代文化中女性的异化样态，都将成为刺穿现代性启蒙精神引领下女性精神文化危机的重要的思想武器。

---

① 〔英〕索菲亚·孚卡（文），瑞贝卡·怀特（图）：《后女权主义》，王丽译，北京：文化艺术出版社，2003年，第129页。

后　记

　　距离博士论文写就已经过去三年，当翻看博士论文的后记，昔日的感受又被悉数唤醒："二零一四年四月四日深夜，完成了博士论文的收尾，意味着我将告别十年的大学生活，带着三十二万字的博士论文，走向新的人生旅程。与想象中的狂喜不同，搁笔一刻，是长吁一口气之后的空荡感。若说整个论文写作过程，给予我最体己关切和陪伴的，当属我的母亲和见证我不良作息时间的星星月亮。"

　　应该说我的研究之所以聚焦在女性问题上，是因为我的母亲——小梅。她是恰到好处地融合了温柔和刚强的伟大女性，是一位名副其实的贤妻良母。不夸张地说，在写作过程中，我对于完美的"淑女"的想象总是源于我的母亲。此番将文稿重新修改出版，一个最温情的目的就是要献给我的母亲，盼望我最亲爱的小梅每次翻阅都能扎实地感受到女儿的成长和对她的爱。

　　毕业论文的写作过程，是一个不断说服自己的过程，是一个不断自我确证的过程，更是一个磨炼信念的过程。正是这段孤独而充实的历练，帮助我在博士毕业后顺利完成了师资博士后艰巨的科研任务，现在的我确实是打心底里感谢当初努力的自己。

　　最要感谢的是为我提供了一切成文所需材料、书籍和智慧启迪的我敬爱的导师——于伟教授，您对我的培养、关怀是我用简单的

后 记

文字不足以表达的，可谓如师如父。记得当初面临找工作和论文的双重压力，我偶尔会情绪低落、消极，您总能以儒雅的气度和温和的话语帮助和劝导，所表现出的"纵容"与"溺爱"更像是父亲对一个青春期的孩子。您默默地帮我搜集资料，提供思路。专门为我的选题订购几十本专业书籍供我使用，我还发现每当您看书看到与我论文相关的语句段落的时候，还会在页边标注一个"g"字符，提示我应当细致阅读。我十分清楚您这一良苦用心所蕴藏的深意，在此我只能用最朴实的话表达我最复杂的情感：老师，谢谢您！

衷心感谢对"联校教育社科医学研究论文奖计划"提供无偿资助的香港圆玄学院和汤伟奇博士、"联校论文奖计划"发起人之一的杜祖贻教授，感恩你们投身教育、鼓励学人的义举。

感谢爸爸、妈妈对我的希望和给予我的一切信任，我必须说我做一切事情的最大的信心都来自于你们，来自于我们这个充满幸福和爱的家庭。

感谢我的爱人马韧石博士，还记得我们结婚典礼上我们互赠博士论文作为结婚礼物，因为博士论文里融合了我们的青春、梦想、坚持与奋斗，是带有彼此最深刻印记的物件。我很感激马大夫在婚后仍然对我的深造学习、努力工作以及诸多跟传统文化有关的爱好给予充分的包容、理解和支持，让我能在婚姻生活中仍然保有多彩而富足的精神成长力，这在我看来，是绝顶幸运的事。

感谢我的师爷爷王逢贤教授对我的关切，记得最后一次见他老人家，是在医院的病房里，当时师爷爷脚已经肿了，不能久坐，他对我说："小媛啊，你论文写怎么样了？你快点写，写完我看一下框架，再让于伟看一下，估计就没什么大问题了……"如今最大的遗憾，就是没能让师爷爷见到我的专著，着实遗憾。唯愿逝者安息，后生晚辈定会带着您的殷切期望继续努力，请放心！

感谢北京师范大学石中英教授、曲阜师范大学咸万学教授、东北师范大学孙鹤娟教授、姚伟教授见证了我的毕业答辩，带来了很有价值的问题给予我很好的启发。特别鸣谢台湾屏东大学简成熙教授,与我就本研究核心概念问题的讨论以及对本研究价值的肯定,且在我毕业之后一直关注我的研究方向,为我提供台湾地区的学术研究资料,不胜感激!感谢教育学部的杨兆山教授、张海波教授对我论文给出的建设性意见和细致入微的修改建议,为论文拔高、增色,使我受益良多,十分感恩!你们的提点和肯定是我此次出版专著的精神动力。

感谢苏忠民教授、柳海民教授、石艳教授、陈欣教授、盖笑松教授、王澍教授、周霖教授、社科处米睿老师、魏琳娜老师、关丰富老师、于洋老师,对我的关心、督促、帮助和指导。感谢东北师范大学张守伟教授、张铁民教授、何劲鹏教授、柴娇教授、张晓义教授、杨光教授、陶玉晶教授、陶萍教授、王劭励教授、魏永康副教授、白军鹏老师、韩文娜博士、杜放老师对我跨学科研究的培养和帮扶。感谢刘欣、韩爽、孙中华、李国庆、崔国涛、白冰、杨晶、陶玉婷、许适琳、刘炳赫、李姗姗、栾天、孙颖、李新殿、赫宸、孙诗尧、高晓文、吴春薇、魏凤云、张新昕、赵光磊、张敬威等全体"于"音绕梁的兄弟姐妹们,伴我度过研究过程的茫然,见证了我每一次的成长和突破。

感谢"静湖书院"院长马卓女士、中国三亚民俗博物馆名誉馆长张广清先生对于我学习、体认、反思传统文化给予的帮助和指导。

感谢我的母校东北师范大学,我在这里度过了十年的学习时光,现在又留校任教,可以说我不仅仅把最美好的青春年华留给了东北师范大学,更将用我未来的智慧和创造力继续编筑更加美好的"人民教师的摇篮"!

关景媛
2017年7月12日
吉林·长春